宁波大学学术著作出版基金资助出版

渎职犯罪的理论与实践

张兆松　李志雄　章晓民 著

中国检察出版社

图书在版编目（CIP）数据

渎职犯罪的理论与实践/张兆松　李志雄　章晓民著．—北京：中国检察出版社，2008.3

ISBN 978-7-80185-899-3

Ⅰ．渎…　Ⅱ．张…　Ⅲ．渎职罪—研究—中国　Ⅳ．D924.393.4

中国版本图书馆 CIP 数据核字（2008）第 018216 号

渎职犯罪的理论与实践

张兆松　李志雄　章晓民　著

出 版 人：袁其国
出版发行：中国检察出版社
社　　址：北京市石景山区鲁谷西路 5 号（100040）
网　　址：中国检察出版社（www.zgjccbs.com）
电子邮箱：zgjccbs@vip.sina.com
电　　话：（010）68687781（编辑）　68650015（发行）　68650029（邮购）
经　　销：新华书店
印　　刷：三河市燕山印刷有限公司
开　　本：720mm×960mm　16 开
印　　张：20.75 印张
字　　数：355 千字
版　　次：2008年3月第一版　2008年3月第一次印刷
书　　号：ISBN 978-7-80185-899-3/D·1875
定　　价：36.00 元

Preface

序

在反腐倡廉的时代强音下，职务犯罪问题一直以来都是我国法律理论界和实务界关注的热点问题之一。我国 1997 年修订刑法时对渎职犯罪作了重大修改后，理论界和实务界对渎职犯罪作了不少研究，发表了大量的学术论文，甚至出版了一些专著。但与另一职务犯罪领域即贪污贿赂罪相比，渎职犯罪的研究明显不够，主要表现在：研究的领域不够开阔；研究的内容深度不够；理论与实践结合不足等。同时，渎职犯罪理论研究成果的相对匮乏以及渎职犯罪的立法缺陷直接导致了司法实践中办理渎职犯罪案件的尴尬局面。可以说，如何有效查处渎职犯罪案件已经成了困扰广大司法实务工作者尤其是检察人员的一大难题。在此背景下，《渎职犯罪的理论与实践》一书在选题上具有强烈的务实性和开拓性，对于推动我国渎职犯罪的理论深化和立法完善，以及解决司法实践中的具体问题和加强反腐败斗争，都具有较大的参考价值和现实意义。

本书是作者申报的最高人民检察院 2006 年课题《渎职犯罪的理论与实践》的最终研究成果。本书着眼于解决司法实践中普遍存在的法律适用问题，坚持思辨和实证相结合、理论和实践相结合，既对有些渎职犯罪的深层次理论问题，如渎职罪主体的界定、渎职犯罪中“徇私”的含义以及渎职罪的主观方面等，进行大胆的、有益的探索并提出了一些独特见解，又对实践中查处渎职犯罪案件的疑难点提出了一套行之有效的解决措施。本书作者为此付出的艰辛努力，值得赞许。书中有些内容作为阶段性成果，已经在《人民检察》、《检察日报》、《宁波大学学报》等刊物上发表。

本书是宁波市江东区人民检察院和宁波大学法学院精诚合作的结晶，是检校合作的成功范例。本书第一作者张兆松副教授是浙江省刑事法学理论的知名学者，宁波大学法学院法律系副主任。另两位作者李志雄同志、章晓民同志分别是宁波市江东区人民检察院副检察长、研究室主任，都具有扎实的理论功底和丰富的实践经验。近几年，宁波市江东区人民检察院调研工作进步很大、硕果累累。尤其是2007年以来，江东区人民检察院在周如郁检察长的带领下，立足办案实践，以服务办案为宗旨，以研究和解决检察工作面临的新情况、新问题为目标，探索出了一条实践——上升为理论——指导实践的良性调研之路，形成了一套行之有效的调研工作机制。本书的出版就是这条良性调研之路的成果，也是这种调研工作机制有效运转的有力证明。对一个有着繁重业务工作的基层院来说，能出版40余万字的专著，着实不易。看到江东区人民检察院取得这样的成绩，我由衷地感到高兴，遂欣然提笔作序。

宁波市人民检察院检察长

Abstract

内容提要

第一章　渎职罪犯罪主体研究

一、渎职罪主体的法律特征

关于渎职罪的本质特征，即对国家机关工作人员内涵的认识，理论界和实务界存在着“身份说”、“公务说”、“身份与公务兼具说”和“三位一体的‘新公务论’”等观点。对渎职罪法律特征的界定，即对国家机关工作人员内涵的理解，不能单从身份或公务某个方面着手，而应当结合身份和公务两个方面来理解。其中身份是形式要件，从事公务是本质要件。从形式上看，国家机关工作人员应当具备从事公务的身份或资格，取得职务身份是行为人成为国家机关工作人员的必要条件和途径。根据我国法律、立法解释以及司法解释的规定，从事公务资格的取得方式主要有以下几种：1. 由宪法和法律明确规定；2. 由法律、法规授权；3. 受国家机关委托。在司法实践中对委托关系的认定不能限制过严，不管是书面委托，还是口头委托，都应按委托关系对待。

二、国家机关工作人员范围的界定

对于“国家机关”范围的认定，必须基于法律的规定。国家机关是指依法成立的，以国家预算拨款作为独立活动经费的，行使国家权力、管理国家事务的组织。国家机关工作人员是指各级国家权力机关、行政机关、审判机关、检察机关、军事机关中从事公务的人员。我国的公务员是指依法履行公职、纳入国家行政编制、由国家财政负担工资福利的工作人员。国家机关工作人员与公务员不是同一概念，两者存在着一定的交叉关系。我国未将国家各级军事机关中从事公务的人员纳入公务员的范围，而已纳入公务员范围的中国共产党机关的工作人员、政协机关的工作人员和民主党派机关的工作人员则不属于国家机关工作人员。

三、“人民团体”在渎职罪中的法律地位

不论从现行刑法条文的表述来看，还是从历史沿革来说，立法机关对

"人民团体"这一概念的使用是经过慎重选择的。刑法中"人民团体"这一概念有广义、狭义之分。狭义上的"人民团体"是指历史形成的、具有政治属性的、并有一定的行政管理职能，由国家组织成立的、财产属国家所有的团体组织，是党和国家联系群众的桥梁和纽带，其范围应当包括参加中国人民政治协商会议的八个团体；广义上的"人民团体"是指由国家财政拨款或者由国有单位的国有财产作为其存在的物质基础或者活动经费的团体，如各种国有性质的协会、学会、联合会、研究会、基金会、联谊会、促进会、商会等。我国刑法中的"社会团体"与《社会团体登记管理条例》中的"社会团体"不是同一概念。《社会团体登记管理条例》中的"社会团体"包括了上述广义上的"人民团体"和利用非国有资产组建的各种非营利性社会组织；而现行刑法中的"社会团体"仅指利用非国有资产组建的各种非营利性社会组织。在现行的政治体制下，将狭义上的"人民团体"工作人员视为国家机关工作人员是符合实际的。从《刑法》第 93 条第 2 款的规定看，"人民团体"是与"国有公司、企业、事业单位"并列规定的，"人民团体"在逻辑上应当与国有公司、企业、事业单位相当。但是这一规定，并不具有合理性。在我国，"人民团体"的法律地位明显高于"国有公司、企业、事业单位"，而与国家机关相当。因此，对由历史形成的、具有政治属性的、并有一定的行政管理职能，由国家组织成立的、财产属国家所有的"人民团体"中从事公务的人员，应当纳入"准国家机关工作人员"范围。

四、"其他依照法律从事公务的人员"的法律地位

"其他依照法律从事公务的人员"包括以下人员：1. 人民陪审员；2. 协助人民政府从事行政管理工作的村民委员会等农村基层组织人员；3. 其他由法律授权从事公务的人员。依据不同的立法解释，对村民委员会等农村基层组织人员的渎职行为可以作完全不同的法律评价。而之所以出现这种立法解释之间有矛盾，立法与现实相脱节的现象，根本原因在于：《刑法》第 93 条第 2 款规定："……其他依照法律从事公务的人员，以国家工作人员论"缺乏科学性、合理性，因此，应当在《刑法》第 93 条第 1 款后，增设如下规定："……其他依照法律从事公务的人员，以国家机关工作人员论"，同时删去刑法第 93 条第 2 款所规定的"……其他依照法律从事公务的人员，以国家工作人员论"的规定。

五、国家机关委派到非国有公司、企业、事业单位、社会团体中从事公务的人员可以成为《刑法》分则第九章渎职罪的主体

理由是：1. 国家机关之所以向非国有单位委派人员，就是为了保护其

作为所有者的权益和国有资产的安全。受委派人员在国家参股、控股公司所拥有的这一管理经营权，来源于国有投资主体（股东）的控股权，即其所具有的管理行为是国家权力（控股）派生的。受委派人员的工作性质就是代表国家行使管理职权。2. 从刑法条文的适用上看，把国家机关委派到国有控股或者参股公司从事公务的人员视为国家工作人员，会引发一系列的逻辑矛盾。3. 根据司法解释的规定，国有公司、企业委派到国有控股、参股公司从事公务的人员，可以认定为国有公司、企业人员。同理，国家机关委派到国有控股、参股的股份有限公司从事公务的人员只能认定为国家机关工作人员，而不是国家工作人员。

六、村委会等基层组织人员能否成为渎职罪主体

从应然角度，不论从村民委员会等农村基层组织人员渎职行为的社会危害性看，还是从这类危害行为的常见性以及推进农村基层组织人员的廉政勤政建设等方面看，都应当将他们纳入渎职罪主体范围。但目前不将村民委员会等农村基层组织人员纳入渎职罪主体理由更充分一些。因为立法解释已明确把村民委员会等农村基层组织人员纳入《刑法》第 93 条第 2 款规定的“其他依照法律从事公务的人员”范围。

七、“准国家机关工作人员”概念之提倡

根据我国的立法、立法解释及司法解释的规定，结合司法实践的客观需要，有必要对严格意义上的国家工作人员作进一步的划分，即将严格意义上的国家工作人员划分为：严格意义上的国家机关工作人员和“准国家机关工作人员”。严格意义上的国家机关工作人员是指在国家机关中从事公务的人员；“准国家机关工作人员”是指在国家机关以外的单位中从事国家管理活动的人员，它可以分为以下几类：1. 中国共产党机关、民主党派机关和人民政协机关中从事公务的人员；2. 人民团体中从事公务的人员；3. 在依照法律、法规规定行使国家行政管理职权的组织中从事公务的人员；4. 在受国家机关委托代表国家机关行使职权的组织中从事公务的人员。

第二章　渎职罪主观方面研究

一、渎职罪的罪过形式

对滥用职权罪的主观方面当前存在着“故意说”（“故意说”中又有“直接故意说”、“间接故意说”和两者兼而有之的分歧）、“过失说”和“复合罪过说”。“复合罪过说”具有相当的合理性，该说的理论价值和实践意义在于：1. 这是研究学研究方法上的突破，是折中研究范式的成果；2. 这是借鉴国外罪过刑事立法和刑法理论的产物；3. 这是刑事一体化思想的产物；4. 这是尊重法律，回应立法和司法实践的结果。但“复合罪过说”

否定滥用职权可以由直接故意构成值得商榷。滥用职权罪主观方面主要是由过失构成，但也可以由故意构成；在故意形态中主要是间接故意，但也可以是直接故意。

二、渎职罪中的徇私问题

除《刑法》第399条之外，徇私舞弊型渎职罪中的徇私应包括徇私情。这种理解既符合罪刑法定原则，也符合刑法的体系解释精神。对于“徇私、徇情”在定罪量刑中具有什么意义，目前理论界存在着“行为说”、“目的说”、“动机与行为说”和“动机说”。笔者认为“动机说”是正确的。理由是：1. 将“徇私、徇情”认定为本罪的犯罪动机而非犯罪目的，符合我国刑法中犯罪动机和犯罪目的的内涵；2. 从《刑法》第399条第1款的规定来看，可以将“徇私、徇情”看做行为人的主观动机；3. 符合相关司法解释的规定。渎职罪中的徇单位之私应认定为“徇私”，依据是：1. 符合渎职罪侵犯的法益；2. 符合体系解释精神；3. 将徇“单位或者小团体”之私的枉法行为作为滥用职权罪处理，会导致刑罚之间的不平衡；4. 将徇单位、集体之私排除在徇私之外，必然导致处罚范围不当缩小；5. 符合最高人民检察院司法解释规定。在司法实践中认定徇私和徇情的动机时，应该根据行为人的主客观表现并结合案件的具体事实实事求是地进行认定：1. 应当考察司法工作人员是否明知他人为有罪或无罪的人，以推断其是否可能具有徇私或徇情的动机；2. 从司法工作人员枉法追诉或裁判的原因出发，考察其是否是因为徇私或徇情而有意枉法；3. 根据案件的具体事实，考察司法工作人员与被追诉或裁判对象之间的关系。

第三章　渎职罪客观方面研究

一、渎职罪的危害行为

渎职罪的危害行为是指代表国家行使管理职权的行为人在履行职责和行使职权过程中，玩忽职守、滥用职权或者徇私舞弊，致使公共财产、国家和集体利益遭受重大损失的行为。1. 渎职危害行为的基本形式：（1）作为形式的渎职危害行为。作为形式的渎职危害行为是指行为人在代表国家行使管理职权过程中，用积极的身体活动实施的刑法所禁止的，妨碍国家机关正常行使国家权力、管理国家事务活动的违背职责要求的行为。（2）不作为形式的渎职危害行为。不作为形式的渎职危害行为是指行为人在代表国家行使管理职权过程中，在能够履行自己应尽义务的情况下，故意或过失不尽职责，不履行特定义务，严重危害社会，依法应当追究刑事责任的行为。2. 渎职危害行为的主要类型。渎职危害行为的主要类型可以概括为：玩忽职守、滥用职权、徇私舞弊三种。玩忽职守行为是指代表国家行使管理职权的工作人员在管理过程中，严重不负责任，不履行或者不正确履行职责，致使公共财产、国家和人民利益遭受重大损失的行为。滥用职权行为是指代表国家行使管理职权的工作人员在管理过程中，违反法律、法规或者规章制度对其职责义务的要求，超越职权或者违规处理公务，致使公共财产、国家和人民利益遭受重大损失的行为。徇私舞弊行为是指代表国家行使管理职权的行为人在履行职责过程中，违反公职人员职务公正廉洁性的要求，徇私情、私利，故意违背事实和法律，弄虚作假，隐瞒真相，损害公共利益、国家和人民利益的行为。

二、渎职罪的危害结果

危害结果就是危害行为给刑法所保护的法益所造成的具体侵害事实。渎职罪的危害结果指的就是渎职危害行为对国家机关的正常管理活动以及公共财产、国家和人民利益所造成的具体侵害事实。1. 渎职罪危害结果的特征。渎职罪的危害结果具有以下四个特征：渎职罪的危害结果是由渎职行为引起的；渎职罪的危害结果是渎职行为对国家机关的正常管理活动以及公共财产、国家和人民利益所造成的实际损害；渎职罪的危害结果是绝大多数渎职罪的构成要件，但并不是所有渎职犯罪都要求具有特定的危害结果；渎职罪的危害结果具有复杂性和多样性。2. 渎职罪危害结果的种类。按照不同的标准可以将渎职罪的危害结果划分为不同的种类：（1）属于渎职罪构成要件的危害结果与不属于渎职罪构成要件的危害结果；（2）物质性危害结果与非物质性危害结果；（3）直接结果和间接结果。

第四章　渎职罪犯罪形态研究

一、渎职犯罪中的共犯问题

国家（机关）工作人员利用职务之便，与无身份者（普通人员）内外勾结，共同实行职务犯罪的，应以国家（机关）工作人员所定之罪定罪。其理由是：1. 充分体现了刑法对职务犯罪从严惩处的立法精神；2. 符合共同犯罪的基本理论；3. 符合职务犯罪构成要件；4. 国外刑事立法可资借鉴；5. 符合我国刑事立法规定；6. 有利于刑事司法实践。

二、渎职罪法条竞合的适用

1. 渎职罪中的法条竞合与想象竞合犯的区别表现在：（1）法条竞合的本质是单纯的一罪，而想象竞合犯则是观念上的数罪、实质上的一罪。（2）想象竞合犯的处理原则是“从一重处断”；法条竞合的适用原则是特别法优于普通法、重法优于轻法。两者的根本区别在于：一行为触犯数个罪名，如果数罪名之间具有从属关系，属于法条竞合；如果数罪名之间不具有从属关系的，则是想象竞合犯。《刑法》第 397 条规定的普通滥用职权、玩忽职守罪与《刑法》第398条至第419条规定的具体渎职罪之间存在着这种从属关系，所以它们之间是法条竞合关系。

2. 如何认识渎职犯罪中的法条竞合现象？（1）普通法条与特殊法条之间由于犯罪构成上的差异，出现行为不符合特殊法条的规定，但符合普通法条规定，这种情况严格来说，不是法条竞合关系，但与法条竞合有密切的联系，把它放在法条竞合中加以研究是必要的。这不仅有助于拓宽法条竞合的研究视野，而且有助于解决司法中的实际问题。（2）普通法条与特殊法条之间由于犯罪构成上的差异，出现行为不符合特殊法条的规定，但符合普通法条的规定，在一定条件下，可以按普通法条定罪处罚。而之所以可以按普通法条定罪，就渎职罪来说，主要是一个如何正确认识特别法条内容不周全的问题。

3. 渎职犯罪中法条竞合的司法适用。主体符合特殊渎职罪主体要求，或主体虽不符合特殊渎职罪主体要求，但与具备特殊主体身份的人构成共同渎职犯罪的，按特殊渎职罪定罪处罚。主体条件虽不符合特殊渎职罪主体要求，又不构成共同犯罪，但符合滥用职权、玩忽职守罪主体，且达到滥用职权、玩忽职守罪案立案标准的，应以《刑法》第397条追究刑事责任。

三、渎职犯罪中的牵连犯的认定与处理

1.《刑法》第399条第4款之规定属于牵连犯形态，即行为人出于一个最终的犯罪目的（受贿），实施了数个犯罪行为（目的行为是受贿行为，方法行为是枉法行为），而分别触犯不同罪名（受贿罪和徇私枉法罪）的犯罪形态。2. 收受贿赂后，实施渎职犯罪行为的，应当数罪并罚。3.《刑法》第399条第4款之规定，是特别规定而非注意性规定。

四、渎职犯罪中结果犯的认定

关于渎职罪的结果犯中是否存在未遂。结果犯是以法定的犯罪结果的发生为犯罪构成要件的犯罪，发生了法定的危害结果，则成立犯罪；反之，则不构成犯罪。涉及渎职犯罪，凡属于渎职罪中的结果犯，都要求具备法定的危害结果，法定的危害结果没有发生的，不构成犯罪，当然也不存在未遂问题。

第五章　渎职罪立案标准研究

一、《立案标准》的重大进展

2006年7月26日最高人民检察院颁布了《关于渎职侵权犯罪案件立案标准的规定》（以下简称《立案标准》）。这一《立案标准》与1999年9月9日最高人民检察院《关于人民检察院直接受理立案侦查案件立案标准的规定（试行）》相比，在不少方面取得了重大进展，主要表现在：1. 进一步明确了国家机关工作人员的范围，渎职罪主体更加清楚；2. 对一般渎职罪与特殊渎职罪的法律适用作了具体的规定；3. 从严规定了一些犯罪案件中应予立案情形的条件，有利于惩治渎职犯罪；4. 进一步明确重大损失的标准及认定方法；5. 统一规定兜底条款，严密了刑事法网。

二、《立案标准》的缺陷

《立案标准》的某些规定仍存在着缺陷，这些缺陷在一定程度上将直接影响渎职犯罪案件的查办，表现在：1.《立案标准》将个人财产与公共财产、法人或者其他组织财产损失分别加以规定，不具有合理性和正当性，理由是：（1）违背了刑法的平等性；（2）违背了犯罪构成原理；（3）缺乏科学性，主要是标准不明确、不统一；（4）对司法实践将产生消极影响。2.《立案标准》与其他司法解释的冲突问题：（1）渎职罪中的"徇私"问题规定不明确，容易造成司法适用中的混乱；（2）《立案标准》与最高人民法院颁布的《关于审理环境污染刑事案件具体应用法律若干问题的解释》关于"公私财产遭受重大损失"和"人身伤亡的严重后果"的规定之间有矛盾。3.《立案标准》对非物质性损失缺乏明确的规定。

三、关于《立案标准》的溯及力问题

1. 如何理解"行为时没有相关司法解释"？《立案标准》是最高人民检察院对检察工作中具体应用法律问题所作的具有法律效力的解释。《立案标准》于 2006 年 7 月 26 日公布施行，该标准是对上述 1999 年施行的最高人民检察院试行立案标准的完善。司法解释是从属于刑法的，司法解释的效力不同于刑法的效力。司法解释的依附性决定了司法解释的效力及于刑法生效后的施行期间。《立案标准》只是对试行标准有关内容的修改和完善，它并没有增加具体罪名的新的立案标准。所以，对国家机关工作人员渎职和利用职权实施的侵犯公民人身权利、民主权利犯罪案件不存在行为时没有相关立案标准的问题。

2. 如何把握《立案标准》中的"从旧兼从轻"的溯及力原则？在 2002 年 12 月 28 日第九届全国人民代表大会常务委员会第三十一次会议通过《刑法修正案（四）》之前，我国刑法中没有执行判决、裁定失职罪和执行判决、裁定滥用职权罪。《刑法修正案（四）》增设了执行判决、裁定失职罪和执行判决、裁定滥用职权罪后，《立案标准》也随之增设了这两个罪的立案标准。但对《刑法修正案（四）》颁布之前，司法工作人员玩忽职守或者滥用职权，对能够执行的案件不执行或者故意拖延执行，或者违法采取诉讼保全措施、强制执行措施，给当事人或者他人的利益造成重大损失的行为，完全可以按滥用职权罪、玩忽职守罪的立案标准追究刑事责任。罪刑法定的价值在于定罪的时候必须以法律的明文规定为根据，但法律的明文规定不等于明确规定。法律的明文规定不仅指法律的字面规定，而且指法律的逻辑涵括。法律规定包括两种情形：一是显形规定，二是隐形规定。对2002年12月28日之前的执行判决、裁定失职和执行判决、裁定滥用职权的行为定罪处罚，不是没有司法解释，而是“行为时已有相关司法解释”。既然当时已有立案标准，那么在适用有关刑法条文和立案标准时，应严格遵守刑法“从旧兼从轻”的溯及力原则。

3. 如何处理《立案标准》施行前已办结的案件？“司法解释施行前已办结的案件”应当理解为司法解释施行前已判决生效的案件，而不是指司法解释施行前已侦查终结的案件。行为人滥用职权造成公司、企业等单位停业、停产3个月，按原试行立案标准应予追究刑事责任，而《立案标准》则不应追究刑事责任。类似案件即使在《立案标准》施行前已侦查终结，但如果目前案件尚处在审查起诉和审判阶段的，都应当作无罪处理。

第六章　渎职犯罪的预防和控制对策研究

一、当前渎职犯罪的特点与趋势

1. 当前渎职犯罪的特点，主要表现在：（1）事实上的模糊性；（2）犯罪的隐蔽性和专业性；（3）渎职行为的相关性和利益的一致性；（4）责任的分散性和背景的复杂性；（5）案件的多变性和反复性；（6）案件查处的艰滞性。2. 当前渎职犯罪的趋势表现在：（1）渎职与贪污贿赂等经济犯罪相互交织；（2）领导干部渎职犯罪逐年上升；（3）行政执法人员的失职渎职犯罪涉案领域广泛；（4）司法人员徇私枉法、危害司法公正的犯罪日渐引起社会关注；（5）渎职窝案串案及跨部门犯罪增多；（6）危害严重，一些个案造成经济损失数额巨大、人员伤亡严重。

二、渎职犯罪的产生原因

1. 渎职犯罪的政治原因：（1）权力失去制衡；（2）严重官僚主义；（3）民主与法制不健全。2. 渎职犯罪的经济原因：（1）商品经济的负面影响；（2）新旧体制之间的矛盾。3. 渎职犯罪的法文化原因。4. 公众思想认识的错位。5. 刑事惩治不力。

三、预防渎职犯罪的基本原则

渎职犯罪的预防和控制的基本原则是：1. 坚持党的领导原则；2. 依靠群众支持和参与原则；3. 坚持打防结合原则；4. 坚持服务大局原则。

四、渎职犯罪的预防和控制对策

要彻底遏制渎职犯罪，必须建立一个完整的预防体系，这一预防体系应包括事前预防和事后制裁两大部分。事前预防主要包括对现行渎职犯罪立法及司法的完善，监督机制，政治经济改革举措，规章制度的建立和完善等；事后制裁包括对现已发生的渎职犯罪所运用的惩治手段和种类。预防和控制渎职犯罪的基本对策包括：1. 在思想上构建“不会渎职”的机制。2. 充分发挥刑事法律惩治渎职犯罪的作用：（1）完善现有刑事立法；（2）建立和完善反渎职犯罪机制；（3）加大打击力度，依法严惩渎职犯罪分子；（4）优化刑事执法环境。3. 建立和完善相关配套制度：（1）建立、健全规章制度，狠抓监督管理；（2）建立和完善公务员制度；（3）进一步完善渎职犯罪的举报机制。4. 加强对权力的监督和制约。5. 构建社会化预防渎职犯罪格局。

CONTENTS

目录

Chapter 1

第一章 渎职罪犯罪主体研究

第一节 渎职罪主体的法律特征

1997年《中华人民共和国刑法》（以下简称《刑法》）关于渎职罪主体的规定，是刑法理论界和司法实务界长期争论的问题之一。《刑法》对渎职罪的主体作了明确规定。根据《刑法》规定，除了《刑法》第398条所规定的故意泄露国家秘密罪和过失泄露国家秘密罪，其主体既可以是国家机关工作人员，也可以是一般主体以外，其他都是特殊主体，即必须是国家机关工作人员。由此，关于渎职罪主体的争论也是围绕着如何理解国家机关工作人员展开的。

一、渎职罪主体法律特征的理论纷争

要正确认定国家机关工作人员的范围，首先要明确国家机关工作人员的内涵。只有科学地界定国家机关工作人员的内涵才能对渎职罪主体范围作出合理的界定。关于渎职罪的本质特征，即对国家机关工作人员内涵的认识，理论界和实务界进行了长期的争论，至今仍观点纷呈，主要存在以下几种不同观点：

（一）“身份说”

“身份说”认为，职务犯罪是一种身份犯，身份犯要求行为人必须具备一定的身份才能构成犯罪。所以国家工作人员的职务犯罪应当具有国家工作人员的资格身份，这是从事公务的前提，故主张在界定国家工作人员范围时，应当以行为人是否具有上述资格身份来确定。最早倡导“身份说”的是最高人民法院。1995年12月25日最高人民法院在《关于办理违反公司法受贿、侵占、挪用等刑事案件适用法律若干问题的解释》中将全国人大常委会1995年2月28日通过的《关于惩治违反公司法的犯罪的决定》第12条所指的“国家工作人员”解释为：“在国有公司、企业或其他公司、企业中行使管理职权，并具有国家工作人员身份的人员，包括受国有公司、国有企业委派或者聘请，作为国有公司、国有企业代表，在中外合资、合

作、股份制公司、企业中，行使管理职权，并具有国家工作人员身份的人员。”在上述司法解释中，对什么是“国家工作人员身份”并不明确。根据法院内部解释，所谓“具有国家工作人员身份”是指具有国家干部身份，即必须根据国家组织人事部门的有关规定，正式列入国家干部编制序列的人员。① 而干部身份的主要认定标准是：是否填写过国家统一制定的《干部履历表》，是否经县以上组织人事管理部门审批或备案，是否是经国家正式分配的大中专毕业生以及军转干部，在单位是否有编制等。按照该观点，不具有干部身份的人即使在国有企业中行使管理职权（如厂长、经理等），仍不属于国家工作人员。以“国家干部身份”为判断标准认定国家工作人员在相当长时间内成为审判机关的通说。② 由于国家工作人员包括国家机关工作人员，因此，从国家工作人员身份论中必然推导出国家机关工作人员身份论。根据该说，在国家机关从事公务的人员理应是具有国家机关工作人员身份的人。

① 为什么把“国家工作人员身份”解释为“国家干部身份”，笔者百思不得其解，并寻遍所有的司法解释及有关的会议纪要，都没有找到答案。据法院的同志说，将“国家工作人员身份”解释为“国家干部身份”是上述司法解释颁布后最高人民法院在上海召开的一次全国性法院工作会议上口头传达的。

② 97《刑法》实施后，不少同志对最高人民法院的解释提出质疑。但最高人民法院仍将“国家工作人员身份”解释为“国家干部身份”。最典型的是由最高人民法院刑事审判一庭编的《刑事审判参考》1999 年第 1 辑（法律出版社 1999 年版，第 34—37 页）刊登的苟兴良等贪污受贿案。被告人苟兴良（原系四川省通江县百货公司经理）于 1993 年至 1995 年 8 月，伙同毕宏兴（百货公司副经理）、苟在全（百货公司党支部副书记）、刘书洪（百货公司副经理），利用职务上的便利，大肆收受、索取他人贿赂，并采取收入不入账和虚开发票等手段，侵吞公共财产。其中苟兴良伙同他人或单独受贿 14 次，分得赃款 68000 元；伙同他人或单独贪污公款 6 次，分得赃款 19000 元。苟在全伙同他人受贿 8 次，分得赃款 49000 元；伙同他人贪污 6 次，分得赃款 13000 余元。毕宏兴伙同他人或单独受贿 5 次，分得赃款 26900 元；伙同他人贪污 7 次，分得赃款 15500 元。刘书洪伙同他人受贿 4 次，个人分得赃款 17500 元；伙同他人贪污 7 次，个人分得赃款 1600 余元。该案一审以共同受贿、贪污犯罪数罪并罚分别判处被告人苟兴良无期徒刑、苟在全有期徒刑 13 年、毕宏兴有期徒刑 9 年、刘书洪有期徒刑 5 年的刑罚。被告人不服上诉，四川省高级人民法院审理后认为，被告人苟兴良在任百货公司经理期间，虽行使管理职权，但不具有国家工作人员的身份（非国家干部），其行为应构成商业受贿罪和职务侵占罪，被告人苟兴良在共同犯罪中起主要作用，是本案主犯。被告人毕宏兴、苟在全、刘书洪在担任百货公司副经理等职务期间，具有国家工作人员的身份（国家干部），其行为应构成受贿罪和贪污罪，他们在共同犯罪中系从犯。原审判决认定基本事实清楚，审判程序合法，但认定苟兴良国家工作人员身份及对其适用法律不当。故撤销一审判决，以商业受贿罪和职务侵占罪数罪并罚判处被告人苟兴良有期徒刑 5 年，以受贿罪和贪污罪数罪并罚分别判处被告人毕宏兴、苟在全、刘书洪有期徒刑 5 年、8 年、3 年。由于该案例刊登在最高人民法院刑事审判一庭编辑的“立足实践，突出实用，重在指导，体现权威”的杂志上，尽管它仍属于学理解释的范围，但这是一种特殊的学理解释，“是由同最高人民法院直接相关的隶属性机构或个人或间接的、实质上的以最高人民法院的名义所作出的有关具体适用刑事法律问题的解释”（参见林维：“论准刑事司法解释的形成和发展”，载陈兴良主编：《刑事法评论》（第 11 卷），中国政法大学出版社 2002 年版，第 337—338 页）。

否则，不管行使何种职权，只要不具有国家机关工作人员身份就不属于国家机关工作人员。如最高人民法院刑二庭审判长会议《关于教师能否成为招收学生徇私舞弊罪主体问题》的纪要认为，《刑法》第418条所规定的招收学生徇私舞弊罪的主体是国家机关工作人员，学校的教师属于文教事业单位人员，不属于国家机关工作人员，因此不能成为招收学生徇私舞弊罪的构成主体；教师接受委托或者聘请担任考试监考员等与招收学生相关职务的，并不具有国家机关工作人员的身份，同样不能成为招收学生徇私舞弊罪的犯罪主体。可见，97《刑法》实施后，2002年12月28日第九届全国人大常委会第三十一次会议通过《关于〈中华人民共和国刑法〉第九章渎职罪主体适用问题的解释》（以下简称《渎职罪主体立法解释》）之前，最高人民法院仍固守“身份说”。①

（二）“公务说”

“公务说”（有的学者又称之为“职能说”）认为，衡量是否为国家机关工作人员应当以是否从事国家机关公务为标准。从事公务是国家工作人员的本质特征，主张在确定行为人是否是国家工作人员时，应以其是否从事公务来界定，无论行为人是否具有国家工作人员的身份，只要是依法从事公务者，均应视为国家工作人员，如果行为人的职业不是从事公务就不是国家工作人员。这一观点得到最高人民检察院司法解释的认可。1995年11月7日最高人民检察院在《关于办理公司、企业人员受贿、侵占和挪用公司、企业资金犯罪案件适用法律的几个问题的通知》中将“国家工作人员”解释为：“1. 国家机关工作人员，即在国家各级权力机关、各级行政机关、各级司法机关和军队工作的人员；2. 在国家各类事业机构中工作的人员；3. 国有企业中的管理工作人员；4. 公司、企业中由政府主管部门任命或者委派的管理人员；5. 国有企业委派到参股、合营公司、企业中行使管理职能的人员；6. 其他依法从事公务的人员。”该《通知》旨在强调国家工作人员的本质特征是“从事公务”及“管理职能”，这是具有代表性的公务论。按照该观点，凡是在国家企业或受国有企业委派从事公务的人员都是国家工作人员，不管他本身是否具有国家干部身份。97《刑法》颁布后，“公务说”得

① 但最高人民法院在2000年9月14日给吉林省高级人民法院的《关于未被公安机关正式录用的人员、狱医能否构成失职致使在押人员脱逃罪主体问题的批复》中指出：“对于未被公安机关正式录用，受委托履行监管职责的人员，由于严重不负责任，致使在押人员脱逃，造成严重后果的，应当依照《刑法》第400条第2款的规定定罪处罚。不负监管职责的狱医，不构成失职致使在押人员脱逃罪的主体。但是受委托承担了监管职责的狱医，由于严重不负责任，致使在押人员脱逃，造成严重后果的，应当依照刑法第400条第2款的规定定罪处罚。”该解释采纳的是“公务说”。这表明最高人民法院已开始修正“身份说”。

到不少同志的赞同。如有的学者认为，从修订《刑法》第93条可以看出，无论是国家机关工作人员，还是以国家工作人员论的三类人员，与以往相比，更加明确地强调这四类人员必须是“从事公务”的人员。可见，从事公务是国家工作人员的本质特征。①

（三）“身份与公务兼具说”

该说认为，“身份”和“公务”是构成国家工作人员或以国家工作人员论者的两大要素，二者是难以截然分开的有机整体。如果行为人根本不具有国家工作人员或以国家工作人员论者的“身份”，从事公务便无从说起。换句话讲，“身份”是从事公务的资格，没有国家工作人员或以国家工作人员论者的身份，便没有资格去从事公务。而“从事公务”则是国家工作人员的本质属性，如果抽去这一实质性问题，国家工作人员或以国家工作人员论者，亦不复存在。可见，在国家工作人员问题上，“身份”和“公务”是相辅相成，密不可分的有机整体。②

（四）“三位一体的‘新公务论’”

该说认为，关于渎职罪的本质特征，应坚持以具备资格为前提，以所拥有职责和职权为基础，以职务名义从事国家管理、公共管理和社会管理等公务为核心的三位一体的“新公务论”。“新公务论”将其学说概括为“‘三三’模式”。模式一：法定身份+职责权限+以职务名义从事国家管理、公共管理或社会管理等公务；模式二：经合法授权+职责权限+以职务名义从事国家管理、公共管理或社会管理等公务；模式三：受有权机关委托+职责权限+以职务名义从事国家管理、公共管理或社会管理等公务。三者合一，即为“资格+职责权限+以职务名义从事国家管理、公共管理或社会管理等公务”。这是统率渎职罪主体的灵魂，也是界定国家机关工作人员内涵的基本标准。③

二、渎职罪主体本质特征的理论纷争评析

笔者认为，上述诸观点都有一定的合理性，但都存在一定的缺陷。下面试对各种观点加以辨析，在此基础上对国家机关工作人员本质特征加以探讨。

（一）对“身份说”的评析

“身份说”之所以被高法所采纳和坚持，在于其确有某些合理之处，表

① 王菊芬、陈文飞：“试析修订刑法关于国家工作人员的范围”，载《浙江省政法管理干部学院学报》1998年第1期。

② 江礼华：“论国家工作人员范围的界定”，载《国家检察官学院学报》1998年第2期。

③ 贾济东：《渎职罪构成研究》，知识产权出版社2005年版，第54—57页。

现在：1. 国家干部制度是我国人事制度最重要的内容。新中国成立以来，我国始终以是否是国家干部来划分人的身份。改革开放以后，人事制度虽然有了重大变革，但干部制度仍直接影响着当前的人事制度。国家干部无论其职权是否来自国家或国有公司、企业、事业单位，公务性质如何转换，只要人事管理关系不变，就仍保留干部身份。具有国家干部身份的人在调动、任免、聘用等方面比不具有干部身份的人占优势。从改革方向看，国家干部制度在较长时期内还会存在。2. 从限定国家工作人员范围看，“身份说”严于“公务说”。从缩小国家工作人员范围，突出职务犯罪打击重点来看，这一观点有其可取之处。但总体而言，“身份说”不符合修订刑法的立法精神，与我国当前的政治、经济体制改革的现状不相吻合，从实践看不具有合理性。

首先，从我国刑事立法过程看，立法机关没有用是否具有国家干部身份来界定国家工作人员范围。国家干部制度是党管干部政策的具体表现。国家干部始终由各级党委和组织部门批准和管理。但无论是原刑法，还是修订后的刑法，立法机关始终没有把干部这一概念纳入法律的视野。79《刑法》第83条及1982年全国人大常委会《关于严惩严重破坏经济的罪犯的决定》均采用国家工作人员概念，新刑法承袭了原《刑法》的这一规定。《刑法》修订时，高法解释已实施一年多，如果“身份说”确实合理科学，理应会得到立法机关的重视。何况在讨论修订刑法时，高法一直主张应将国家工作人员范围限定为国家机关工作人员。[1] 但从《刑法》修订结果看，高法的观

---

① 1997年1月2日最高人民法院在给全国人大常委会法制工作委员会《关于对〈中华人民共和国刑法〉（修订草案）的修改意见的函》中第2条，就建议缩小刑法中的“国家工作人员范围”，将其限定为“国家机关中依法从事公务的人员”。理由是：1. 刑法是在计划经济体制下制定的。该法第83条将“一切企业、事业单位”的人员包括在国家工作人员的范围之内，是可以理解的。而目前我国正在建立和完善社会主义市场经济体制。在这种情况下，如果继续把国家公司、企业、事业单位的工作人员作为国家工作人员，既不符合政企分开的经济体制改革的方向，也不符合干部分类管理的人事制度改革的方向。2. 公司、企业、事业单位从事经营管理职权的人员在性质上不同于在国家行政机关、权力机关、司法机关和军队中依法从事公务的人员，前者是代表单位管理企业、事业，后者则是代表国家管理社会。3. 对国家工作人员的范围从严掌握，有利于突出刑法打击重点，维护国家机关及其工作人员的廉洁性。4. 将国家工作人员的范围从严掌握，不影响对国有资产的保护。保护国有资产主要靠加强管理；而且对国有企业、事业单位中的人员的经济犯罪的惩处，修订后的刑法中已规定有侵占罪、商业受贿罪、挪用资金罪，因而并不影响对国家工作人员以外的企业、事业单位人员的经济犯罪的打击。5. 司法实践中对于公司、企业、事业单位中哪些是国家工作人员，哪些是非国家工作人员，很难有一个具体、明确的标准，不好认定。6. 将企业、事业单位中的工作人员划出，不作为国家工作人员，在《关于惩治违反公司法的犯罪的决定》中已有规定，执行了一段时间，效果较好，客观上也可以少判一些死刑，符合党的一贯政策。修订刑法，应将已确定的好的规定延续下去。参见高铭暄、赵秉志编：《新中国刑法立法文献资料总览》，中国人民公安大学出版社1998年版，第2444—2445页。

点并没有被立法机关采纳。1997 年 3 月 6 日在八届人大五次会议上王汉斌副委员长在《关于〈中华人民共和国刑法〉（修订草案）的说明》中指出："关于国家工作人员的范围，有些同志主张应限于国家机关工作人员。考虑到国有公司、企业的管理人员经手管理着国家财产，以权谋私、损公肥私、化公为私的现象比较严重，草案原则上维持刑法规定的国家工作人员的范围。"① 从立法解释可以看出，"身份说"不符合立法精神。如果说《关于惩治违反公司法的犯罪的决定》因没有对国家工作人员范围作出新的规定，高法对其作限制性解释尚可理解的话，那么在新刑法实施以后，高法仍坚持原来的观点，就有违法之嫌了。

其次，从我国政治经济体制改革的现状看，建立和完善社会主义市场经济体制是一个渐进的过程，政企分开也要经过一个长期艰难的过程。就国有企业而言，由于现代企业制度尚未完全建立，不少国有企业在人事管理方面还明显受政府行政行为的干预。一些行政性或垄断性公司、企业的行政管理职能难以在短期内取消。国有资产严重流失是转轨时期国家亟待解决的难题之一。为了有效地保护国有资产，对国有企业管理人员从严要求是完全正确的。并且，随着人事制度改革的推进，企事业单位中的用人制度发生了很大变化，工人和干部的界限已被打破，一大批不具有干部身份的职工通过招聘、竞聘、民主选举走上国有企业事业单位的领导岗位，而一些具有干部身份的人则被淘汰出管理岗位，有的则下岗待业。同样是国有企业的管理人员，利用职务之便，侵吞国有资产，有干部身份的人适用《刑法》第 382 条，以贪污罪定罪处罚（最高刑是死刑，定罪起点标准是 5000 元）；而没有干部身份的人则适用《刑法》第 271 条，以职务侵占罪定罪处罚（最高刑是有期徒刑 15 年，定罪起点标准是 5000 元至 2 万元）。二者同属企业管理人员，但罪名不同，量刑悬殊，显失公平，这显然有悖法律面前人人平等的刑法原则。

最后，从司法实践看，"身份说"缺乏合理性。如被告人陈拥军侵占案。被告人陈拥军系湖南省石门县化肥厂（国有企业）出纳，他于 1988 年 5 月至 1991 年 11 月，利用职务上的便利，采取收入不入账、偷支本厂在银行的存款、监守自盗等手段，先后作案 62 次，侵吞公款 1756551.94 元。罪行暴露后，销毁部分单据后携带公款 5.4 万元潜逃，后被抓获归案。陈系国

① 王汉斌副委员长 1997 年 3 月 6 日在第八届全国人民代表大会第五次会议上所作的《关于〈中华人民共和国刑法〉（修订草案）的说明》。参见高铭暄、赵秉志编：《新中国刑法立法文献资料总览》，中国人民公安大学出版社 1998 年版，第 1828 页。

有企业出纳，当属企业管理人员。他利用职务之便，侵吞国有资产数额特别巨大，1994 年 3 月、1994 年 6 月一审法院和二审法院按照贪污罪判处其死刑，后报请最高人民法院复核。最高人民法院经复核后认为，“第一、第二审认定犯罪事实清楚，证据确实、充分，审判程序合法。本案在报请复核期间，全国人大常委会《关于惩治违反公司法的犯罪的决定》已经颁布并且施行，被告人陈拥军身为国企职工，利用职务之便侵吞公款。这种行为在《决定》施行前，依照全国人大常委会《关于惩治贪污贿赂罪的补充规定》第 1 条的规定，应当认定为贪污罪，并应当依照补充规定的第 2 条处罚。《决定》第 10 条把公司职工利用职务或者工作上的便利侵吞公司财物的行为，另行规定为侵占罪。第 14 条规定，有限责任公司、股份有限公司以外的企业职工犯侵占罪的，也适用《决定》。贪污罪的处刑比侵占罪重，依照《刑法》第 9 条的规定，当新法不认为是犯罪或者处刑较轻时，应当适用新法。”据此，最高人民法院于 1996 年 3 月 26 日改判被告人陈拥军犯侵占罪，判处有期徒刑 10 年，剥夺政治权利 2 年，[①] 即依照“身份说”对被告人陈拥军定罪处罚。这种改判缺乏合理性。司法实践证明，在企事业单位中以是否具有国家干部身份划分国家工作人员与非国家工作人员不利于惩治犯罪，势必会造成对渎职犯罪打击不力和执法不平衡的情况。

“身份说”不符合实际情况，也不适应司法实践的需要，是一种违法解释，尽管最高人民检察院对“身份说”一直持有异议，但因为审判机关具有最终的定罪权，检察解释实际上失去效用，致使“身份说”在司法实践中被违法适用多年，至今仍然有一定影响。

（二）对“公务说”的评析

“公务说”较好地把握了国家工作人员的本质特征，有利于打击犯罪，比较符合我国打击犯罪的实际需要。但是从实践看，“公务说”也存在着一定的缺陷：

第一，“从事公务”是国家机关工作人员与国家工作人员的共同特征，而国家机关工作人员作为国家工作人员的一部分，必然与后者有相异之处，而该说对此往往不加以区分。在修订《刑法》将渎职罪主体限定为国家机关工作人员后，该说难以正确划分国家工作人员与国家机关工作人员的界限。

第二，该说片面强调了从事公务的渎职罪主体内涵，忽略了从事公务的前提条件，即从事公务的合法性来源。若以此推定渎职罪的主体范围，势必造成所有从事公务的人无论是否具有合法资格，都可能构成渎职犯罪。如持

---

① 《最高人民法院公报》1996 年第 4 期。

“公务说”的同志一般都把工会、共青团、妇联等群众性组织的人员，部分行政机关的直属事业单位以及诸如烟草专卖局（公司）、粮食局（公司）、盐业局（公司）等“两块牌子、一套班子”的单位统统纳入国家机关工作人员的范围。[①] 可见，“公务说”有将渎职罪主体泛化的倾向。

第三，“公务说”虽被检察机关所肯定，但往往不被审判机关认可，而审判机关具有最终的定罪权，致使一些案件检察机关立案侦查后，最终难以定罪处罚，这不仅损害法律的统一性和权威性，而且也不利于保障人权。

（三）对“身份与公务兼具说”和“三位一体的‘新公务论’”的评析

“三位一体的‘新公务论’”是近年一些学者提出的观点。但对这一观点，笔者持有异议。第一，该说将渎职罪主体所必须具备的“从事公务”，理解为所有从事国家管理、公共管理或社会管理等公务，值得商榷。第二，该说将“以职务名义”从事国家管理、公共管理或社会管理等公务作为构成渎职罪的要件之一。所谓“以职务名义”，其形式表现为以职务的名义而非个人或本单位的名义行使权力履行职责。[②] 那么什么是“以职务名义”？“以职务名义”与以“个人或本单位的名义”如何区分？对此类问题，“三位一体的‘新公务论’”都没有作出令人信服的解说。该说在实践中既不利于把握渎职罪的本质特征，也不具有可操作性。

“身份与公务兼具说”与“公务说”相比具有更多的合理性。笔者基本同意这一观点。但对公务和身份的含义还有进一步明确的必要。

三、渎职罪主体法律特征界说

笔者曾一度赞同“公务说”。[③] 但随着认识的深入，深感“公务说”仍有待重新认识。笔者认为，对渎职罪主体法律特征的界定，即国家机关工作人员内涵的理解，不能单从身份或公务某个方面着手，而应当结合身份和公务两个方面来理解。其中身份是形式要件，“从事公务”是本质要件。

首先，从形式上看，国家机关工作人员应当具备从事公务的身份或资格。其次，从本质上看，国家机关工作人员必须从事公务。“从事公务”是国家机关工作人员的本质特征。“从事公务”是指依法从事组织、领导、监督、管理国家事务和公共事务的行为。“从事公务”问题将在下文重点研

---

① 刘生荣、张相军、许道敏：《贪污贿赂罪》，中国人民公安大学出版社 1999 年版，第 28—29 页；张穹主编：《贪污贿赂渎职“侵权”犯罪案件立案标准精释》，中国检察出版社 2000 年版，第 32—34 页；宋长春：“论渎职罪主体的界定”，载《人民检察》2000 年第 11 期。

② 贾济东：《渎职罪构成研究》，知识产权出版社 2005 年版，第 56 页。

③ 张兆松：“再论刑法中的国家工作范围”，载《人民检察》1998 年第 8 期。

究，这里不再赘述。下面着重就国家机关工作人员的形式要件加以探讨。

我们认为，取得职务身份是行为人成为国家机关工作人员的必要条件和途径。从事国家机关工作人员的公务活动须先取得行使国家管理职权的合法资格，而获取合法资格需要通过一定的形式或者说途径。诸如宪法规定了国家主席等国家机关工作人员的产生办法、职权、一些事业单位的工作人员通过法律法规授权或者直属行政单位委托取得行使国家管理职权的资格、一些非国家机关的工作人员通过聘用取得行使国家管理职权的资格等就是国家机关工作人员的形式特征。

（一）渎职罪主体身份要件的法律依据

从形式上看，国家机关工作人员应当具备从事公务的身份或资格，这是行为人从事公务的前提条件。这种国家机关工作人员的身份，是从事公务的资格，没有这种身份，就没有资格从事公务。

持“公务说”的同志认为，“从《刑法》第 93 条的规定可看出，立法上并未要求国家机关工作人员应具备正式身份，而只确定在国家机关中从事公务即可”。[①] 笔者则认为，如果说必须具有正式身份才算国家机关工作人员，这当然不当，但如果说身份问题可有可无，则是从一个极端走向另一个极端，也是不妥的。从立法规定、立法解释、司法解释以及国际公约中我们都难以得出身份问题在认定渎职犯罪中无关紧要的结论。

《刑法》第 93 条第 1 款规定：“本法所称国家工作人员，是指国家机关中从事公务的人员。”根据这一规定，国家机关工作人员的特征是：1. 他必须在国家机关中工作；2. 他必须是从事公务的人员。既然在国家机关中工作，那他就必然具备一定的身份。目前国家机关中人事关系比较复杂。就以审判机关来说，不少法院内部人员结构相当复杂，其中有法官和非法官之分，在非法官中，又有事业编制的和职工编制的区分，在职工编制中又有正式工和临时工的划分。但不管编制如何，也不论是从事公务还是劳务，只要在法院工作，每个人都具有一定的身份。这个身份是其从事具体工作的前提。一个不具有任何身份的人不可能成为国家机关工作人员。

第九届全国人民代表大会常务委员会第三十一次会议 2002 年 12 月 28 日通过的《渎职罪主体立法解释》规定：“在依照法律、法规规定行使国家行政管理职权的组织中从事公务的人员，或者在受国家机关委托代表国家机关行使职权的组织中从事公务的人员，或者虽未列入国家机关人员编制但在

① 杨雅衡：“滥用职权罪主体研究”，载最高人民检察院渎职侵权检察厅编：《惩治与预防渎职侵权犯罪指南》（2004 年第 1 辑），人民法院出版社 2004 年版，第 98 页。

国家机关中从事公务的人员，在代表国家机关行使职权时，有渎职行为，构成犯罪的，依照刑法关于渎职罪的规定追究刑事责任。”这一立法解释增加了三类渎职罪主体。在第一、第二类主体中，立法解释明确规定应当是“依照法律、法规规定”行使国家行政管理职权以及“受国家机关委托”代表国家机关行使职权的人员。“依照法律、法规规定”以及“受国家机关委托”是行为人从事公务的身份资格来源。而第三类虽未列入国家机关人员编制但在国家机关中从事公务的人员，已经具备了国家机关工作人员的形式和实质特征，立法解释实际上只是对“编制”这一中国特色的人事问题进行了明确，即行为人是否列入国家机关人员编制对渎职罪主体的认定没有影响。而要在国家机关中从事公务，即使不是在编人员，也须有相应的身份，没有相应身份是不能从事任何公务活动的。

在《渎职罪主体立法解释》出台之前，“两高”曾先后颁布过一系列司法解释，对渎职罪主体作出规定。在这些规定中，也或多或少地强调了身份的重要性。如最高人民检察院在2000年5月4日给上海市人民检察院的《关于镇财政所所长是否适用国家机关工作人员的批复》中指出：“对于属行政执法事业单位的镇财政所中按国家机关在编干部管理的工作人员，在履行政府行政公务活动中，滥用职权或玩忽职守构成犯罪的，应以国家机关工作人员论。”最高人民检察院在2000年10月31日给江西省人民检察院的《关于属工人编制的乡（镇）工商所所长能否依照刑法第397条的规定追究刑事责任问题的批复》中指出：“根据刑法第93条第2款的规定，经人事部门任命，但为工人编制的乡（镇）工商所所长，依法履行工商行政管理职责时，属其他依照法律从事公务的人员，应以国家机关工作人员论。如果玩忽职守，致使公共财产、国家和人民利益遭受重大损失，可适用刑法第397条的规定，以玩忽职守罪追究刑事责任。”最高人民检察院2001年1月2日《关于工人等非监管机关在编监管人员私放在押人员行为和失职致使在押人员脱逃行为适用法律问题的解释》规定：“工人等非监管机关在编监管人员在被监管机关聘用受委托履行监管职责的过程中私放在押人员的，应当依照刑法第400条第1款的规定，以私放在押人员罪追究刑事责任；由于严重不负责任，致使在押人员脱逃，造成严重后果的，应当依照刑法第400条第2款的规定，以失职致使在押人员脱逃罪追究刑事责任。”最高人民检察院始终执行“公务说”，但在上述规定中，它也强调行为人须具有“在编干部管理的工作人员”、“经人事部门任命”、“被监管机关聘用”等身份要件。最高人民法院在2000年9月14日给吉林省高级人民法院的《关于未被公安机关正式录用的人员、狱医能否构成失职致使在押人员脱逃罪主体问题的批复》中指出：

“对于未被公安机关正式录用，受委托履行监管职责的人员，由于严重不负责任，致使在押人员脱逃，造成严重后果的，应当依照刑法第400条第2款的规定定罪处罚。不负监管职责的狱医，不构成失职致使在押人员脱逃罪的主体。但是受委托承担了监管职责的狱医，由于严重不负责任，致使在押人员脱逃，造成严重后果的，应当依照刑法第400条第2款的规定定罪处罚。”该《批复》也规定行为人须具备“受委托”身份而履行监管职责的，才能以渎职案定罪处罚。

2003年10月31日第58届联大通过的《联合国反腐败公约》（我国政府2003年12月10日签署，2005年10月27日第十届全国人大常委会第十八次会议批准）第2条中规定：本公约所指的“公职人员”系指：“1. 无论是经任命还是经选举而在缔约国中担任立法、行政、行政管理或者司法职务的任何人员，无论长期或者临时，计酬或者不计酬，也无论该人的资历如何；2. 依照缔约国本国法律的定义和在该缔约国相关法律领域中的适用情况，履行公共职能，包括为公共机构或者公营企业履行公共职能或者提供公共服务的任何其他人员；3. 缔约国本国法律中界定为‘公职人员’的任何其他人员。但就本公约第二章所载某些具体措施而言，‘公职人员’可以指依照缔约国本国法律的定义和在该缔约国相关法律领域中的适用情况，履行公共职能或者提供公共服务的任何人员。”根据这一规定，再结合《公约》第三章“定罪和执法”的有关内容，就可以发现，《公约》的规定，否定了“身份论”，而在“公务论”的基础上，又进了一步，即把“资格身份”和“从事公务”有机地结合起来。从某种意义上说，“资格身份”和“从事公务”犹如一个硬币的两面，因为“从事公务”必须以取得相应的资格身份为前提。①

总之，根据现有的法律、司法解释规定，我们仍然可以得出渎职罪主体是需要具备身份条件的结论。即行为人要构成渎职罪除必须具备“从事公务”的本质特征外，还必须同时具备在特定的单位、机构、组织中任职或者以特定的方式“从事公务”的形式特征。当然，这种身份不是指必须具备“身份说”所强调的干部身份。

（二）渎职罪主体身份的取得

国家机关工作人员是指通过一定的形式依法取得从事行使国家管理、公共管理职权资格的人员。这种身份的取得必须具有合法性。

---

① 莫洪宪、胡隽：“论渎职罪主体立法的反思与完善——以《联合国反腐败公约》为视角”，载李希慧、刘宪权主编：《中国刑法学年会文集》（2005年度）第二卷：实务问题研究（上册），中国人民公安大学出版社2005年版，第117页。

根据我国法律、立法解释以及司法解释的规定，从事公务资格的取得方式主要有以下几种：

1. 第一种是由宪法和法律明确规定的。

这一类人员是指在国家机关中从事公务的人员，这是严格意义上的国家机关工作人员。根据《中华人民共和国宪法》（以下简称《宪法》）第三章关于国家机构的规定，我国的国家机关包括各级国家权力机关、行政机关、审判机关、检察机关、军事机关。在这些机关中从事公务的人员属于国家机关工作人员。2005 年 4 月 27 日第十届全国人民代表大会常务委员会第十五次会议通过的《中华人民共和国公务员法》（以下简称《公务员法》）第 2 条规定："本法所称公务员，是指依法履行公职、纳入国家行政编制、由国家财政负担工资福利的工作人员。"《公务员法》的出台，为我们认定国家机关工作人员提供了一个简明的标准：如某人已被录用为国家公务员，那么他就取得了国家公务员的身份和资格。

2. 第二种是由法律、法规授权的。

这类人员本身不是国家机关工作人员，但根据法律法规的授权，行使国家管理职能。1996 年 3 月 17 日第八届全国人民代表大会第四次会议通过的《中华人民共和国行政处罚法》（以下简称《行政处罚法》）第 17 条规定："法律、法规授权的具有管理公共事务职能的组织可以在法定授权范围内实施行政处罚。"根据我国法律的规定，除国家机关外，一些非国家机关组织也行使着国家管理职能。这主要有以下有两种情况：

一是某些法律、法规直接规定某些非国家机关组织在某些领域行使国家行政管理职权。如根据《中华人民共和国证券法》（以下简称《证券法》）的规定，国务院证券监督管理机构依法对全国证券市场实行集中统一监督管理；根据《中华人民共和国保险法》（以下简称《保险法》）的规定，国务院保险监督管理机构负责对保险业实施监督管理。中国证监会和保监会都是国务院直属事业单位，并不是国家机关，但两者根据《证券法》、《保险法》的授权规定，行使行政监督管理职权。从该角度说，中国证监会和保监会在编制序列上是事业单位，但因其在行使具体管理职权时，又具有行政机关的性质，故属于具有行政职责的事业单位。

二是在机构改革中，有些国家机关被调整为事业单位，但仍然保留着某些国家行政管理职权。例如，国家知识产权局、气象局、地震局等单位，都属于国务院直属事业单位，但是我国法律、法规明确规定了它们在相关行业仍具有行政管理职权。

凡是法律、法规授权的具有管理公共事务职能的组织，其工作人员经录用、任命等取得从事公务的资格。[①]

3. 第三种是受国家机关委托的。

受国家机关委托的情形，我们认为可以分为以下两种：

(1) 有关组织接受国家机关的委托。

《渎职罪主体立法解释》规定：受国家机关委托代表国家机关行使职权的组织中从事公务的人员，在代表国家机关行使职权时，有渎职行为，构成犯罪的，依照刑法关于渎职罪的规定追究刑事责任。《行政处罚法》第 18 条规定："行政机关依照法律、法规或者规章的规定，可以在其法定权限内委托符合本法第 19 条规定条件的组织实施行政处罚。行政机关不得委托其他组织或者个人实施行政处罚。委托行政机关对受委托的组织实施行政处罚的行为应当负责监督，并对该行为的后果承担法律责任。受委托组织在委托范围内，以委托行政机关名义实施行政处罚；不得再委托其他任何组织或者个人实施行政处罚。"第 19 条规定："受委托组织必须符合以下条件：(一) 依法成立的管理公共事务的事业组织；(二) 具有熟悉有关法律、法规、规章和业务的工作人员；(三) 对违法行为需要进行技术检查或者技术鉴定的，应当有条件组织进行相应的技术检查或者技术鉴定。"

① 这类人员能否构成渎职罪的主体，关键是看其公共管理职能的取得是否有明确的法律、法规的授权。下面试举一例说明。1997 年 1 月，时任四川省自贡市某区政府直属事业单位城市工业办公室（以下简称城工办）主任的贺德钧，擅自将城工办的房产与其下属集体所有制企业华南机电厂（以下简称华南厂）联营。同时，没有通过单位领导班子研究和国资局审核批准，擅自将城工办国有房产 505 平方米（实际建筑面积为 698 余平方米）为华南厂向该区工商联借款 48 万元提供抵押担保，借款期限 12 个月。借款期满，华南厂无力偿还借款本金及服务费，工商联向法院提起民事诉讼，1999 年 1 月法院作出民事判决，认为该借款合同无效，借款双方均承担相应的民事责任，城工办为借款担保的合同亦无效，应承担相应的民事责任。该民事判决生效后，原告向法院申请强制执行。同年 5 月，法院在执行中裁定查封（扣押）用于借款担保抵押的城工办的房产；同年 11 月 12 日，法院裁定将该房产按评估价 22 万余元，抵偿给工商联以偿还借款。某检察机关起诉指控贺德钧涉嫌犯玩忽职守罪，一审法院认为起诉指控贺德钧犯玩忽职守罪证据不足，于 2003 年 5 月 22 日判决宣告贺德钧无罪。一审宣判后，检察机关认为一审判决有错误，改变原控罪名，以贺德钧涉嫌犯滥用职权罪，向四川省自贡市中级人民法院提起抗诉。二审认为：贺德钧身为城工办主任，超越职权，擅自决定以其单位的房产为华南厂向工商联借款提供抵押担保，造成了国有资产的流失。抗诉机关提出的贺德钧的事实行为成立。贺德钧行为时所在单位属政府直属事业单位，行使行政职能，贺德钧本人为事业编制，其主体身份是国家工作人员；刑法规定滥用职权罪和玩忽职守罪的主体均为特殊主体，即国家机关工作人员，由于贺德钧行为时不属国家机关工作人员，不具备滥用职权罪和玩忽职守罪的主体特征，其行为构成滥用职权罪缺乏主体要件，故贺德钧不构成滥用职权罪。二审法院裁定：驳回抗诉，维持原判（参见邓维聪："抗诉机关改变原控罪名提起抗诉如何处理"，载《人民法院报》2007 年 7 月 31 日）。此案检法两家之所以有争议，除涉及刑事诉讼程序外，关键是对贺德钧主体的认识不同。笔者认为，如果城工办是经法律、法规授权行使行政管理职能的，行为人应当构成渎职罪；反之则不构成犯罪。

实践中一些国家机关按照一定的程序将某些管理职能委托给非国家机关的组织代为行使，受委托的组织对外以国家机关的名义行使国家管理职能，其行为的后果由委托的国家机关承担。例如受卫生行政部门委托行使食品卫生检查监督职权的卫生防疫站，受文化局委托负责开办文化娱乐场所审批工作的文化市场管理办公室等。受委托组织接受委托后，其组织内从事公务的人员即取得“从事公务”的资格。

根据《渎职罪主体立法解释》及《行政处罚法》的有关规定，有关组织接受国家机关的委托，须具备以下条件：

第一，委托人必须是国家机关。只有国家机关才有权将自己行使的职权委托于其他组织。

第二，委托的事项必须是在国家机关的职权范围内。

第三，被委托的对象是有关事业组织。

第四，委托机关与被委托组织之间应有明确的意思表示。就委托机关而言，其必须有委托某组织以某种方式从事国家管理的明确意思表示，并赋予受委托组织一定的职权和职责；就受委托组织而言，也必须有接受国家机关委托的明确意思表示。只有这样，刑法上的委托关系才能成立。

第五，委托行为必须具有合法性。委托的合法性包含两层意思：首先，实质的合法性。即必须是委托其他组织从事合法的管理活动，而不是进行违法犯罪活动。其次，程序的合法性。即必须由有权机关按照一定的方式和程序进行委托。一般国家机关工作人员，超越职权，擅自将本人应当履行的职责委托他人履行的，不能成立刑法上的委托。

有的同志认为，“不论何种性质的组织，只要接受了国家机关的委托，代表国家机关行使了某种行政管理职权，都可以成为‘受国家机关的委托代表国家机关行使职权的组织’”。[①] 我们不同意这一观点。在社会生活中，有关组织范围非常广泛，如果国家机关可以委托任何社会组织从事行政管理活动，显然不利于国家权力的正确行使。参照《行政处罚法》第18条、第19条的规定，我们认为，受委托组织必须是依法成立的具有管理公共事务职能的事业组织。

（2）有关个人接受国家机关的委托。

《渎职罪主体立法解释》规定：虽未列入国家机关人员编制但在国家机关中从事公务的人员，在代表国家机关行使职权时，有渎职行为，构成犯罪的，依照刑法关于渎职罪的规定追究刑事责任。这种情形实质上是有关个人

---

① 马长生、邱兴隆主编：《刑法热点问题研究》，湖南人民出版社2003年版，第391页。

接受国家机关的委托从事公务活动。2002 年 12 月 23 日在第九届全国人民代表大会常务委员会第三十一次会议上，全国人大常委会法制工作委员会副主任胡康生在《关于〈中华人民共和国刑法〉第九章渎职罪主体适用问题的解释（草案）的说明》中就专门对立法解释之所以作出这样的规定进行了说明，指出这样规定是因为，实践中有的国家机关根据工作需要聘用了一部分国家机关以外的人员从事公务。这些人员虽然在形式上未列入国家机关编制，但实际是在国家机关中工作或者行使国家机关工作人员的权力，一些部门认为，这些人员在行使国家权力时，玩忽职守、滥用职权、徇私舞弊构成犯罪的，也应按照国家机关工作人员渎职罪的规定处罚。[①] 国家机关根据工作需要聘用了一部分国家机关以外的人员从事公务，实际上就是这些本不具有国家机关工作人员身份的人员接受了国家机关的委托，从而取得了从事公务的身份。

在关于国家（机关）工作人员的身份问题上，还有一个身份取得的形式要件问题。即口头决定（委托）是否具有效力？有的学者认为，法定身份，“既可以是依据法律任命的，也可以是根据法律选举的，还可以是有关组织或者主管单位决定的，并且须有一定的档案材料或者文字记录证明，除非情况特殊或者有充分的理由，否则口头决定一般不能作为依据”。[②] 强调委托行为要有书面形式无疑是正确的。但在司法实践中，过分拘泥于书面要件，可能不利于惩治渎职犯罪。笔者认为，只要委托关系事实存在，不管这种存在是基于书面委托，还是口头委托，都应按委托关系对待。

（三）渎职罪主体身份要件的意义

我们认为，界定渎职罪主体，之所以要强调身份要件，其意义在于：

1. 有助于树立国家权力的权威性、严肃性。现代法治社会在权力问题上所要解决的首要问题是权力来源和取得形式的合法性问题。其中包括两层内涵：一是实质要件上，权力必须来自于人民，取得于人民，受托于人民，服务于人民，这一实质的深层本质是人民利益，其权力形态是人民主权。二是形式要件上，一切权力的取得必须由法律予以规定和确认，即法定授权，它否认、排除和摒弃以其他各种非法治方式取得的权力，即强调权力法定的唯一性和排他性。上述实质要件解决了权力的本质问题，而形式要件则解决了权力取得的方式问题，只有权力来自于人民，取得于法律，才能说它具备

① 《全国人大常委会公报》2003 年第 1 期。

② 江启疆、申勋潮：“论刑法中的国家工作人员”，载《人民检察》1999 年第 10 期。

了合法性，因而才具有法定效力。[1] 可见国家权力的合法性原则是法治国家的基本原则。任何国家权力都必须基于法律的授予才能存在，任何权力的授予和委托及其运用都必须具有法律依据，符合法律宗旨。未经法律、法规授予或有关国家机关委托，任何人不得行使国家权力，也不得从事任何国家管理活动。

2. 有助于正确定罪量刑。行为人只有具有合法的主体身份，才能构成渎职犯罪。是否具有合法的主体身份是区分罪与非罪、此罪与彼罪的重要界限。行为人假冒国家机关工作人员，侵犯国家、社会和他人合法权益，情节严重的，不能构成渎职犯罪，而只有按照普通刑事犯罪定罪处罚。行为人未经依法委托，在擅自“从事公务”过程中，“滥用职权、玩忽职守或者徇私舞弊”的行为，给国家和人民利益遭受重大损失的，不构成渎职犯罪，如果构成其他犯罪的，可以按其他犯罪追究相关人员的刑事责任。

3. 有助于明确诉讼证明责任。自高法执行“身份说”后，检察机关在办理贪污贿赂渎职犯罪案件时，就必须就被告人是否具有国家干部身份承担证明责任。如被告人是否填写过国家统一制定的《干部履历表》，是否经县以上组织人事管理部门审批或备案，是否经国家正式分配的大中专毕业生以及军转干部，在单位是否有编制等。但随着“身份说”被质疑，越来越多的同志认为，身份问题已不重要，关键是看行为人是否从事公务。只要实质上是从事公务，不管从事公务的权源是否合法，都认定为国家机关工作人员，身份证据不再重要。我们认为，这是不妥的。在查办渎职犯罪案件中，检察机关应当切实承担起被告人具有渎职罪主体身份的证明责任，行为人的身份来源必须查证清楚。行为人的职务身份事实不清，证据不足的，不能认定其构成渎职犯罪。

第二节　国家机关工作人员范围的界定

一、国家机关的概念

如何理解和把握国家机关工作人员的范围，是研究渎职罪主体首先应当解决的问题。而要界定国家机关工作人员的范围，首先就要明确国家机关的范围。

关于国家机关的范围，理论界有以下几种观点：

---

① 刘作翔：《迈向民主与法治的国度》，山东人民出版社 1999 年版，第 169—170 页。

第一种观点（最狭义说）认为，国家机关是指从事国家管理和行使国家权力，以国家预算拨款作为独立活动经费的中央和地方各级组织，具体包括权力机关、行政机关、检察机关、审判机关以及军队系统和各级机构。①

第二种观点（狭义说）认为，我国《刑法》中的国家机关概念与《宪法》及有关法律中狭义的国家机关概念不尽相同。具体地说，《刑法》中的国家机关是指一切管理国家事务（包括地方事务）的各级机构和组织。它既包括各级国家权力机关、行政机关、司法机关和军事机关，也包括中国共产党的各级机关和人民政协的各级机关。②

第三种观点（广义说）认为，所谓国家机关，是行使国家职能的各种机关的通称。它包括以下 8 种：1. 中国共产党机关；2. 国家各级权力机关；3. 行政机关；4. 审判机关；5. 检察机关；6. 军队中的各级机关；7. 中国人民政治协商会议的各级机关；8. 一些名为总公司但实为国家行政部门的机构，例如石油天然气公司（原石油部）、电力总公司（原电力部）、纺织总会（原纺织部）、轻工总会（原轻工部）、国家船舶工作总公司（原六机部）等。这些公司并不适用企业的经营机制，而是依靠国家行政拨款，从事行政管理的职能部门，因而其本质上仍属于国家机关。③

第四种观点（最广义说）认为，国家机关在广义说的基础上，还应包括工会、共青团、妇联等群众性组织、部分行政机关的直属事业单位等。④

我们赞同第一种观点。国家机关是指依法成立的，以国家预算拨款作为独立活动经费的，行使国家权力、管理国家事务的组织。对于“国家机关”范围的认定，必须基于法律的规定。根据我国《宪法》第三章关于国家机构的规定，我国的国家机关包括各级国家权力机关、行政机关、审判机关、检察机关、军事机关。其他任何组织、机构，都不是宪政意义上的国家机关。《宪法》是国家的根本大法，具有最高的法律效力，作为基本法的《刑法》规定以及《刑法》立法解释、司法解释都不能违背《宪法》的规定。

有的学者认为，“虽然‘国家机关’的概念和‘国家机构’的概念具有密切的联系，但毕竟不同，至少一个是上位概念（国家机构），一个是下位

---

① 贾济东：《渎职罪构成研究》，知识产权出版社 2005 年版，第 47 页。

② 高铭暄主编：《新编中国刑法学》，中国人民大学出版社 1998 年版，第 1002 页；阮方民：“‘国家工作人员’概念若干问题辨析”，载《浙江大学学报》（人文社科版）2000 年第 2 期。

③ 侯国云、白岫云：《新刑法疑难问题解析与适用》，中国检察出版社 1998 年版，第 186—187 页。

④ 宋长春：“论渎职罪主体的界定”，载《人民检察》2000 年第 11 期。

概念（国家机关），因而不能等同”，[①] 并以此说明，国家机关并不限于上述五种机关。还有的认为，我国《刑法》中的“国家机关”，与《宪法》中规定的“国家机构”，其立法旨趣不同，前者指的是一切在实质上行使国家事务的组织、领导、管理、监督的部门，而后者的界定主要是国家权力分配关系的确定。因此，凡是在实质上行使国家事务的组织、领导、管理、监督的部门都应当被认为是国家机关。[②] 我们认为，这种推论和论证不具有说服力。我国《刑法》中的“国家机关”，与《宪法》中规定的“国家机构”的含义是一致的。所谓国家机构，权威的解释是指“统治阶级为了行使国家权力，实现国家职能而建立起来的国家机关的总称”。[③] 也有的认为，“所谓国家机构是反映国家机关体系的总和，它包括全部中央和地方国家机关，是对全部中央和地方国家机关的总称”。[④] 可见，国家机构是国家机关的总和。我国《宪法》所规定的各级国家权力机关、行政机关、审判机关、检察机关、军事机关构成了我国的国家机构。

明确了国家机关的含义之后，我们就可以得出相应结论：

（一）党派机关不是国家机关。中国共产党虽然是执政党，但在性质上不能等同于国家机关。我国《宪法》第 5 条第 3 款规定：“一切国家机关和武装力量、各政党和各社会团体、各企业事业组织必须遵守宪法和法律……”这一规定，从逻辑上表明国家机关与政党、社会团体、各企业事业组织是一种并列而非包含的关系。《宪法》第三章关于国家机构的规定中也没有把党的机关、政协机关纳入国家机构范围。把党派机关和人民政协机关解释为国家机关是违背《宪法》规定的。

（二）一些名为总公司但实为国家行政部门的机构，不是国家机关。理由是：1. 从法律性质上看，这些部门在机构改革过程中，已从过去的行政机关，改组为国有（总）公司、国有事业单位（社会团体），所以在性质上就和国家机关有根本的区别。既然已不是国家机关，那么“名为总公司但实为国家行政部门的机构”这种提法就不科学。2. 从历史发展角度看，这些部门在计划经济体制下曾经作为行政机关存在过，但随着市场经济体制的确立与完善，这些机构最终将转变为国有经济组织或社会服务组织。3. 从

---

① 缪树权：《渎职罪疑难问题研究》，中国检察出版社 2006 年版，第 72 页。

② 肖中华、张建：“渎职罪认定中的几个共性问题探析”，载李希慧、刘宪权主编：《中国刑法学年会文集》（2005 年度）第二卷：实务问题研究（上册），中国人民公安大学出版社 2005 年版，第 51 页。

③ 《中国大百科全书·法学》，中国大百科全书出版社 1984 年版，第 246 页。

④ 王惠岩主编：《政治学原理》，中央广播电视大学出版社 1994 年版，第 224 页。

职能转变看，许多“部分留有”、“暂时代行或委托代行部分行政管理职能的国有企业事业单位及社会团体”，会随着社会各行各业职能转变的深化与调整，逐步减少或完全取消，即使暂时取消不了，也会逐渐由行政管理关系嬗变为法律、合同、经济与业务交往关系。4. 从管理的科学性看，将这些部门视为国家行政管理机构，既不科学也不符合市场管理规则。[①] 我们认为，随着市场经济体制的确立、改革不断深入，作为政企分开的改革要求的具体体现，这些原先的行政管理机关正在逐步地转变成为国家的经营管理组织，其管理经济的模式也逐步地摆脱原来的行政管理而转向经济管理。所以，尽管这些所谓“名为总公司实为国家行政部门的机构”，在目前仍可能具有原来的行政机关的痕迹，但从其性质以及发展来看，把它们纳入国家行政机关是不合适的。

（三）工会、共青团、妇联等群众性组织，不是国家机关。工会、共青团、妇联等群众性组织属于人民团体的范围，不应也不宜纳入国家机关范围。

（四）部分行政机关的直属事业单位，也不是国家机关。虽然部分行政机关的直属事业单位，根据法律、法规的授权行使行政管理职权，但它们既然已经纳入国有事业单位，就不应看做国家机关。

二、国家机关工作人员的范围

明确了国家机关之后，国家机关工作人员的范围就迎刃而解了。《刑法》第 93 条第 1 款规定：“本法所称国家工作人员，是指国家机关中从事公务的人员。”所谓“国家机关工作人员”是指各级国家权力机关、行政机关、审判机关、检察机关、军事机关中从事公务的人员。

（一）国家各级权力机关中从事公务的人员

即全国人民代表大会及地方各级人民代表大会中从事公务的人员，具体包括全国人民代表大会常务委员会组成人员、地方各级人民代表大会常务委员会组成人员以及各级人民代表大会常务委员会各工作机构中履行组织、领导、监督和管理等职责的人员。

在理论和实践上有一个问题值得研究，即国家各级权力机关中从事公务的人员是否包括各级人民代表大会的代表？

对此，一直有两种不同的意见：一种意见（否定说）认为，所谓权力

① 李晓明：“我国刑法中‘国家工作人员’的再研究”，载《湖北警官学院学报》2002 年第 3 期。

机关的工作人员并不是指人大代表，而是指为了权力机关的工作正常进行而从事日常机关事务管理工作的人员。即使当人大代表作为人民代表大会的成员，在国家权力的具体行使过程中行使一定的权力，也没有必要将其作为国家机关工作人员对待。① 理由是：从法律规定看，我国人民代表大会的代表具有非专职性。同时，人大代表在整体上以人民代表大会的形式从事管理活动、行使国家权力。权力行使的整体性，决定了各人大代表在日常工作中并不是直接行使国家权力，而仅仅是“协助宪法和法律的实施”，其行为显然并不是公务行为。另一种观点（肯定说）认为，正在执行职务的人大代表，作为国家权力机关的组成人员，是我国根本政治制度的直接体现。作为人民代表，他由人民依法直接或间接选举产生，并代表人民行使管理国家事务的权力，依法执行职务既是其法定权利，又是其法定义务。而且人大是产生其他国家机关的基础，如果人大代表都不属于国家机关工作人员，那么就从根本上否定了国家机关职权的产生。因而，人大代表理应属于国家机关工作人员。②

我们认为，只要是人大代表，依法行使人大代表的职权，参与管理国家事务的，都应当以国家机关工作人员论。《宪法》第 57 条规定：“中华人民共和国全国人民代表大会是最高国家权力机关。它的常设机关是全国人民代表大会常务委员会。”第 96 条规定：“地方各级人民代表大会是地方国家权力机关。县级以上的地方各级人民代表大会设立常务委员会。”1992 年 4 月 3 日第七届全国人民代表大会第五次会议通过的《中华人民共和国全国人民代表大会和地方各级人民代表大会代表法》第 2 条第 3 款规定：“全国人民代表大会和地方各级人民代表大会代表，代表人民的利益和意志，依照宪法和法律赋予本级人民代表大会的各项职权，参加行使国家权力。”第 6 条规定：“代表依照本法的规定在本级人民代表大会会议期间的工作和在本级人民代表大会闭会期间的活动，都是执行代表职务。国家和社会为代表执行代表职务提供保障。”第 39 条规定：“一切组织和个人都必须尊重代表的权利，支持代表执行代表职务。有义务协助代表执行代表职务而拒绝履行义务的，有关单位应当予以批评教育，直至给予行政处分。阻碍代表依法执行代表职务的，根据情节，由所在单位或者上级机关给予行政处分，或者依照治安管理处罚条例第 19 条的规定处罚；以暴力、威胁方法阻碍代表依法执行

① 周振想、林维：“贪污罪主体研究”，载《刑事司法指南》2000 年第 1 辑。

② 彭浩：“关于刑法‘国家工作人员’的法律辨析”，载《江西公安专科学校学报》2001 年第 2 期。

代表职务的，依照刑法第157条的规定追究刑事责任。……”因此，我国各级国家权力机关都是由广大公民通过选举产生的人民代表组成的，各级人大代表代表人民的意志和利益行使国家权力，依法管理国家和社会事务，管理经济和文化事务等。可见，人大代表是国家权力机关的组成人员，是人民代表大会的主体，也是国家权力机关的一种职务。人民代表履行代表职务的行为，属于依法从事公务。各级人民代表大会的代表一般具有双重身份，即他们除了在人大及人大常委会开会与闭会期间执行法律、法规赋予自己的职务时具有人大代表身份外，在平时还具有国家机关工作人员、工人、农民、教师、公司职员等身份。只要他们是以人大代表身份，执行自己“人大代表”职务的，就属于在国家机关中从事公务活动，就应当认定为国家机关工作人员。当然不具有国家机关工作人员身份的人大代表，在自己的工作岗位上工作，不具有从事公务的性质，不能视为国家机关工作人员。否认人大代表具有国家机关工作人员身份，无异于否认作为权力机关的人民代表大会属于国家机关，以权力行使的整体性来否定人大代表职务行为的公务性是难以成立的。

（二）国家各级行政机关中从事公务的人员，即国家公务员

包括中央和地方的国家公务员，具体指国务院（包括国务院组成人员以及国务院设置的职能部门、直属机构、办事机构及其各部、委、局）和地方各级人民政府及其组成部门中各级国家公务员。同时，还包括省、自治区、直辖市、市、自治州、市辖区、县、自治县、乡、民族乡、镇人民政府及所属工作部门派出机关中从事公务的各级公务员。

（三）国家各级审判机关中从事公务的人员

具体指最高人民法院、地方各级人民法院和军事法院等专门人民法院中从事公务的人员。包括人民法院院长、副院长、审判委员会委员、庭长、副庭长、审判员、助理审判员等各级法官，还包括书记员、行政人员、司法警察等从事公务的非法官序列人员。

（四）国家各级检察机关中从事公务的人员

具体指最高人民检察院、地方各级人民检察院和军事检察院等专门人民检察院中从事公务的人员。包括人民检察院检察长、副检察长、检察委员会委员、检察员、助理检察员等各级检察官，以及书记员、行政人员、司法警察等从事公务的非检察官序列人员。

（五）国家各级军事机关中从事公务的人员

具体包括中央军委机关、四总部、大军区、地方各级军区、军分区、人武部机关中从事公务的现役军官、文职干部、士官，以及解放军部队（含

驻港、驻澳部队)、武警各部队机关中从事公务的现役军官、文职干部、士官。同时，还包括执行军事任务的预备役人员和其他人员，因为《刑法》第450条将其与现役军官、文职干部等并列作为军人违反职责罪的犯罪主体，所以应视为军事机关工作人员。

三、国家机关工作人员与公务员的关系

2005年4月27日第十届全国人民代表大会常务委员会第十五次会议通过了《公务员法》。《公务员法》第2条规定："本法所称公务员，是指依法履行公职、纳入国家行政编制、由国家财政负担工资福利的工作人员。"根据这一条的规定，我国《公务员法》对公务员范围的划定是比较广泛的。那么，公务员与国家机关工作人员之间是一种什么关系？公务员是否就是国家机关工作人员？公务员是否都是渎职罪主体？这些问题都有必要加以研究。

(一)我国公务员的含义

在制定《公务员法》的过程中，如何确定公务员的范围，国内各方面都有不同看法。第一种意见，即小范围，沿用1993年8月14日国务院公布的《国家公务员暂行条例》的做法，将公务员范围限定在国家行政机关之内；第二种意见，即中范围，把包括人大、政府、法院、检察院在内的所有国家机关的工作人员列为公务员；第三种意见，即大范围，把中国共产党机关和人大、政府、法院、检察院、民主党派等各类机关的工作人员全部列入公务员范围。在讨论过程中多数人赞同这种意见。[①] 从国外情况看，关于公务员的概念也不统一，范围亦不尽相同，但主要有三种类型：一是将公务员限定在行政系统内，并排除选举职和任命职，如英国；二是将公务员范围扩大到整个行政系统的所有工作人员，包括选举产生和政治任命的政务官在内，如美国；三是将所有国家机关，包括立法、行政、司法三大系统的工作人员以及公共企事业单位的人员统称为公务员，如法国。各国在确定公务员范围时都普遍掌握三条标准：一是职能标准，即公务员是从事国家公务的人员；二是编制标准，即公务员是严格执行国家编制限额的人员；三是经费标准，即公务员的工资、福利、津贴都由国家财政支付。

我国《公务员法》确定的公务员概念，既不同于外国，也不同于《国家公务员暂行条例》的规定。我国的公务员是指依法履行公职、纳入国家行政编制、由国家财政负担工资福利的工作人员。根据这一规定，公务员应

① 林弋主编：《公务员立法研究》，中国人事出版社、党建读物出版社2006年版，第41—42页。

当具备以下三个条件：

1. 依法履行公职。

这是从职能上对公务员规定的条件，也是公务员最本质的特征。根据这一条件，公务员是必须依照《宪法》、法律的规定从事公务活动的人员，他们承担国家和社会事务管理等职能，通过履行法律赋予的职责，为国家、社会和全体公民服务。

2. 纳入国家行政编制。

根据组织机构的性质和功能及其与国家的经济关系，我国人员编制大体可分为行政编制、事业编制、军事编制等几种类型。其中行政编制是指其经费由行政经费开支的人员编制。公务员作为依法履行国家和社会事务管理等职能的人员，纳入国家行政编制。

3. 由国家财政负担工资福利。

我国《公务员法》的规定，实际上划出了当今世界上最为广泛的公务员范围。立法之所以这样规定，主要考虑是多年来我党对干部管理的实际做法，有利于保持各类机关干部的整体一致性，有利于统一管理，有利于党政机关干部之间的交流使用。

（二）我国公务员的范围

根据上述对于公务员概念的界定，在我国公务员有以下七类机关的工作人员：

1. 中国共产党机关的工作人员。

中国共产党的组织由中央组织、地方组织、基层组织三部分组成。党的机关中的下列人员是公务员：（1）中央和地方各级党委、纪检委的领导人员；（2）中央和地方各级党委工作部门的工作人员；（3）中央和地方各级纪检机关内设机构的工作人员；（4）街道、乡、镇党委机关的工作人员。

2. 人大机关的工作人员。

我国人大组织包括全国人民代表大会及其常务委员会、地方各级人民代表大会及其常务委员会。人大机关中的下列人员是公务员：（1）各级人大常委会的领导人员；（2）各级人大常委会工作机构的工作人员；（3）各级人大专门委员会的办事机构的工作人员。

3. 行政机关的工作人员。

我国的行政机关包括国务院和地方各级人民政府。行政机关的下列人员是公务员：（1）各级人民政府的组成人员；（2）县级以上各级人民政府工作部门和派出机构的工作人员；（3）乡镇人民政府机关的工作人员。

4. 政协机关的工作人员。

我国的政协机关包括中国人民政治协商会议全国委员会和地方各级委员会。政协机关中的下列人员是公务员：（1）政协各级委员会领导人员；（2）政协各级委员会工作机构的工作人员；（3）政协专门委员会的办事机构的工作人员。

5. 审判机关的工作人员。

我国的审判机关包括最高人民法院、地方各级人民法院、军事法院等专门人民法院。审判机关中的下列人员是公务员：最高人民法院、地方各级人民法院、军事法院等专门人民法院的法官、审判辅助人员和行政管理人员。

6. 检察机关的工作人员。

我国的检察机关包括最高人民检察院、地方各级人民检察院和军事检察院等专门人民检察院。检察机关的下列人员是公务员：最高人民检察院、地方各级人民检察院和军事检察院等专门人民检察院的检察官、检察辅助人员和行政管理人员。

7. 民主党派机关的工作人员。

我国的民主党派有：中国国民党革命委员会、中国民主同盟、中国民主建国会、中国民主促进会、中国农工民主党、中国致公党、九三学社、台湾民主自治同盟等八个民主党派。民主党派机关中的下列人员是公务员：（1）中央和地方各级委员会的领导人员；（2）中央和地方各级委员会职能部门和办事机构的工作人员。①

从上述论及的国家机关工作人员范围和公务员范围可以看到，国家机关工作人员与公务员不是同一概念，两者存在着一定的交叉关系。我国未将国家各级军事机关中从事公务的人员纳入公务员的范围，而已纳入公务员范围的中国共产党机关的工作人员、政协机关的工作人员和民主党派机关的工作人员则不属于国家机关工作人员。由于我国对公务员范围的划定采纳了广义说，从一般意义上来说，公务员的范围大于国家机关工作人员的范围。

---

① 有的学者不把民主党派机关的工作人员列入公务员的范围（参见周盈主编：《公共基础知识》，时事出版社2005年版，第288—289页），笔者认为，这是欠妥的。全国人大法律委员会副主任委员胡光宝2005年4月24日在第十届全国人大常委第十五次会议上所作的《关于〈中华人民共和国公务员法（草案）〉审议结果的报告》中明确指出，中国共产党和民主党派机关的工作人员是公务员（参见《全国人大常委会公报》2005年第4期）。

第三节 “人民团体”在渎职罪中的法律地位

《刑法》第93条第2款规定：“国有公司、企业、事业单位、人民团体中从事公务的人员和国家机关、国有公司、企业、事业单位委派到非国有公司、企业、事业单位、社会团体从事公务的人员，以及其他依照法律从事公务的人员，以国家工作人员论。”除本条外，我国《刑法》第54条、第280条、第382条、第387条、第391条、第396条中，均涉及“人民团体”这一概念。学界对如何理解“人民团体”争议很大，而且对这一问题的把握直接影响渎职罪主体的认定，所以有必要单独加以研究。

一、“人民团体”的含义

关于“人民团体”的含义至今缺乏明确的权威解释。我国《辞海》中无“人民团体”词条，在《现代汉语词典》中对“人民团体”的解释是“民间的群众性组织，如红十字会、中华医学会、中国人民外交学会等”。在刑法学界，关于“人民团体”的含义和范围，存在很大分歧，主要有以下几种观点：[①]

第一种观点认为，人民团体是指各民主党派、工商联、各级共青团、工人、妇女等人民团体。

第二种观点认为，人民团体是指经政府核准登记并由政府划拨经费的各种社会组织。

第三种观点认为，人民团体是指各民主党派、各级工会、共青团、妇联等组织，不应包括各种学会、协会、联合会等社会团体。

第四种观点认为，人民团体是指由若干成员为了共同的目的而自愿组成的，经过政府核准登记并由政府划拨经费的各种社会组织。人民团体中的人员是指为了公众利益而进行政治活动、社会活动的各党派、团体，包括各党派、政协、各级工会、共青团、妇联等人民团体中依法从事公务的人员。

第五种观点认为，所谓人民团体是指依据一定的章程设立的具有一定自主机构的非政府性的组织，是我国政治体制的一个重要组成部分，是党和群众的桥梁和纽带。

第六种观点认为，人民团体是指各民主党派及经政府批准登记的群众性

① 周振想主编：《公务犯罪研究综述》，法律出版社2005年版，第103—104页。

组织，也是由国家经费开支，实行经济核算的单位。如工会、共青团、妇联、红十字会、中华医学会、中国人民外交学会等。在这些单位从事公务的人员有些就是受国家有关机关委派或任命从事公务的。

第七种观点认为，所谓人民团体是指公民依法自愿结合起来，有健全的机构、完整的章程，从事合法活动的社会组织，如人民政协等。

第八种观点认为，人民团体是指由国家预算划拨经费的政治性群众组织，它主要包括各民主党派、各级工会、共青团、妇联，等等。

从以上表述可以看到，当前学界对“人民团体”的概念和范围的理解是很不统一的。而且问题还在于：尽管“人民团体”是一个非常重要的刑法概念，但至今为止，对此没有任何具有法律效力的规定和解释。我国《宪法》中规定了“人民团体”的概念，其他法律中也有使用“人民团体”概念的。[①] 而在《刑法》中则多处使用了“人民团体”的概念。鉴于“人民团体”概念的重要性及分歧的严重性，最高人民法院曾试图对这一概念作出解释，2002 年 6 月在《全国法院审理经济犯罪案件工作座谈会讨论办理贪污贿赂和渎职犯罪案件适用法律问题意见综述》中曾规定“人民团体是指由国家组织成立的、财产属于国家所有的非营利性社会组织，乡级以上工会、共青团、妇联等组织”。[②] 但 2003 年 11 月 13 日最高人民法院以“法［2003］167 号”颁布的《全国法院审理经济犯罪案件工作座谈会纪要》则将这一规定删去。“人民团体”的刑法地位不明确，直接影响《刑法》相关法条的适用。

有的学者认为，应当废止人民团体的概念，理由是：第一，人民团体不是一个严格的法律概念。“人民团体”用“人民”来修饰“团体”，意在表明这种团体是人民的团体。显然它是一个与“反动团体”这类概念相对立的概念。这就表明“人民团体”概念是一个政治概念。这个概念出现于中国人民争取解放的年代，并在解放后强调阶级和阶级斗争的背景下沿袭使用。在我国阶级关系已经发生重大变化的今天，从法律对概念所要求的精确性出发，继续沿用“人民团体”的概念已经不合时宜。第二，人民团体的概念难以定义，从前述可知，在我国权威辞典中，“人民团体”的词义并未得到确定。从前述学者对“人民团体”的定义来看，一种是以由政府划拨经费为特征予以定义；一种则是以为公众利益进行政治活动、社会活动为特

① 《中华人民共和国全国人民代表大会和地方各级人民代表大会选举法》第 29 条第 2 款规定：“各政党、各人民团体，可以联合或单独推荐代表候选人。……”

② 《刑事审判参考》2002 年第 4 辑，法律出版社 2002 年版，第 213—214 页。

征予以定义。这两种定义都有缺陷。就前种定义而言，是否由政府划拨经费是一个因时而异、因地而异的问题。国家的财政状况有时也可能决定是否给某一团体拨款。而且，有的团体往往是上层组织由国家财政拨款，而对基层组织国家并不予拨款。如工会组织，全国和地方的总工会由政府拨款，一般的企业中的工会则并无政府拨款。又如中国法学会，中央和省级国家均有拨款，省级以下的法学会却往往没有国家拨款。就后一种定义而言，为公众利益进行政治活动、社会活动是所有政治性团体的共同特征（至少在名义上是如此），而政治性团体的范围比我国政治生活中的人民团体的范围大得多。因此，政府划拨经费或者为公众利益进行政治活动和社会活动都难以用来定义“人民团体”。而一个难以定义的概念必将带来认识上的模糊和司法实践中的混乱。所谓“人民团体”，除了我们平时列举的“各民主党派、工会、共青团、妇联”之外还有没有？如果说有，究竟包括哪一些？以什么为标准？如果说没有，凭什么说“中国法学会”、“中国外交学会”等不是“人民团体”？这一切似乎说不清，道不明，使人难识“人民团体”的庐山真面目。第三，人民团体在法律上没有予以特别提出的必要。包括《刑法》在内的一般法律赋予社会团体的权利义务应当是一致的，并没有必要对人民团体作特别的规定，故也没有使用“人民团体”这一概念的必要。①

我们认为，无论是从现行《刑法》条文的表述来看，还是从历史沿革来说，立法机关对“人民团体”这一概念的使用是经过慎重选择的。《刑法》中“人民团体”这一概念有广义、狭义之分。狭义上的“人民团体”是指历史形成的、具有政治属性的、由国家组织成立的、财产属国家所有的团体组织，是党和国家联系群众的桥梁和纽带。广义上的“人民团体”是指国有性质的团体，即由国家财政拨款或者由国有单位的国有财产作为其存在的物质基础或者活动经费的团体。

二、“人民团体”的法律特征

我们认为，狭义上的“人民团体”具有以下法律特征：

（一）“人民团体”的政治性

即“人民团体”具有政治属性。关于人民团体的政治属性，除了学界的论述外，可从以下几点得到更进一步的证实：②

---

① 吴平：“刑法中‘人民团体’概念辨析”，载《法律科学》2000年第1期。

② 刘建国、刘宪权主编：《刑事司法中实务的疑难问题》，中国人民公安大学出版社2006年版，第359—360页。

1. 从字面意义来说，人民团体表达的是团体的人民属性，而“人民”是一个政治意义很强的词，用“人民”来修饰，表达了团体的政治属性。

2. 在《宪法》序言第十段的表述中，人民团体是已经结成的最广泛的爱国统一战线的重要参加者。《宪法》在序言中指出：“社会主义的建设事业必须依靠工人、农民和知识分子，团结一切可以团结的力量。在长期的革命和建设过程中，已经结成由中国共产党领导的，有各民主党派和各人民团体参加的，包括全体社会主义劳动者、社会主义事业的建设者、拥护社会主义的爱国者和拥护祖国统一的爱国者的广泛的爱国统一战线，这个统一战线将继续巩固和发展。中国人民政治协商会议是有广泛代表性的统一战线组织，过去发挥了重要的历史作用，今后在国家政治生活、社会生活和对外友好活动中，在进行社会主义现代化建设、维护国家的统一和团结的斗争中，将进一步发挥它的重要作用。”而在国家政治生活实践中，人民团体向来是政治协商会议这一统一战线组织的重要参与者。

3. 《全国人民代表大会和地方各级人民代表大会选举法》第29条规定，“各政党、各人民团体可以联合或单独推荐候选人”。结合我国目前选举工作中仅允许工会、共青团、妇联等团体推荐候选人的实际做法，显然，人民团体具有不同于一般社会团体的政治属性。

4. 从对人民团体的管理以及相关人员的录用、提拔任命以及职级待遇等来看，均是比照国家机关公务员进行。另外依据《公务员法》第63条、第64条等关于公务员交流制度的规定，人民团体中从事公务的人员可以调入国家机关担任职务或进行其他形式的交流，具有不同于一般社会团体的准机关（或官方、半官方）性质，有明显的政治属性。

5. 团体的政治属性也必然体现在经核准的团体章程之中。如工会等团体的章程中就直接表明，工会等是党和国家联系群众的桥梁和纽带。

（二）“人民团体”的历史性

即“人民团体”具有历史属性。狭义上“人民团体”是指在历史中形成并被认可为人民团体的某些特定的团体组织。根据《宪法》序言第十段中“在长期的革命和建设过程中，已经结成……各人民团体参加的……爱国统一战线”之表述，“人民团体”是在历史发展中形成的。

《中国人民政治协商会议组织法》第2条规定：凡赞成本组织法第一条之规定的民主党派及人民团体，经中国人民政治协商会议全国委员会协商同意，得参加中国人民政协；个人经中国人民政协全国委员会协议邀请者，亦得参加中国人民政协的全体会议，并得被选为全国委员会委员。在中国人民政治协商会议第一届全体会议召开前，为确定参加全体会议的单位和名额，新政协筹备会经过充分协商于1949年6月19日通过《关于参加新政治协商会议的单位及其代表名额的规定》。根据规定，参加新政协的代表分为党派代表、区域代表、军队代表、团体代表（共45个单位）和特邀代表5大类。1954年，中国人民政治协商会议第二届全国委员会第一次会议开会时，政协的参加单位发生了变化，区域代表、军队代表由于已经参加人大，不再作为政协的参加单位，中国人民政协全国委员会改由党派、团体、界别、特邀四个方面组成。即由中共、民革、民盟、民建、无党派、民进、农工、致公、九三、台盟、青年团、工会、农民、妇联、青联、合作社、工商联、文联、自然科学团体、社会科学团体、教育界、新闻出版界、医药卫生界、对外和平友好团体、社会救济福利团体、少数民族、华侨、宗教界共28个单位和特别邀请人士组成。以后各届全国委员会的参加单位略有变化。至第九届全国委员会，则由中共、民革、民盟、民建、民进、农工、致公、九三、台盟、无党派、共青团、工会、妇联、青联、工商联、科协、台联、侨联、文学艺术界、科学技术界、社会科学界、经济界、农业界、教育界、体育界、新闻出版界、医药卫生界、对外友好界、社会福利界、少数民族界、宗教界、特邀香港人士、特邀澳门人士33个参加单位和特别邀请人士组成。十届全国政协由34个界别组成，包括中国共产党、中国国民党革命委员会、中国民主同盟、中国民主建国会、中国民主促进会、中国农工民主党、中国致公党、九三学社、台湾民主自治同盟、无党派民主人士、中国共青团、全国总工会、全国妇联、全国青联、全国工商联、中国科协、全国台联、全国侨联、文化艺术界、科技界、社科界、经济界、农业界、教育界、体育界、新闻出版界、医药卫生界、对外友好界、社会福利和社会保障界、少数民族界、宗教界、特邀香港人士、特邀澳门人士和特别邀请人士。

（三）"人民团体"的国有性

即"人民团体"具有国有属性。人民团体的国有属性，同时表现在两个方面，一是国家组织成立（通常情况下由一级政府作为国家的代表而组织成立），二是财产的性质或归属为国有，如由国家财政拨款或利用国有资产组建而成。

"人民团体"必须是指国有性质的团体，主要是基于如下理由：1.《刑法》第93条第2款在规定"国有公司、企业、事业单位、人民团体中从事公务的人员"作为"国家工作人员"对待时，条文将"人民团体"与"国有公司、企业、事业单位"并列规定，"人民团体"逻辑上其性质应当与国有公司、企业、事业单位相当，即均属于"国有"。2. 在受委派从事公务的人员以国家工作人员论的规定中，《刑法》采取将"社会团体"与"非国有公司、企业、事业单位”并列规定，这就意味着“社会团体”是非国有性质的。作相反解释，那么，与之对应的“人民团体”则应当理解为是“国有”性质的团体。3. 根据《刑法》第382条第2款的规定，也可以解释“人民团体”是国有性质的。因为如果“人民团体”不是国有性质，它又如何能够“委托”他人管理、经营国有财产呢?①

因此，广义上的“人民团体”是指由国家财政拨款或者由国有单位的国有财产作为其存在的物质基础或者活动经费的团体。

三、“人民团体”的范围

根据“人民团体”的法律特征，笔者认为，狭义上的“人民团体”是指历史形成的、具有政治属性的、并有一定的行政管理职能，由国家组织成立的、财产属国家所有的团体组织，是党和国家联系群众的桥梁和纽带。因此，狭义上的“人民团体”应当包括参加中国人民政治协商会议的八个团体：

1. 中华全国总工会（简称“全总”）是全国各地方总工会和各产业工会全国组织的领导机关。全总的主要社会职能是：维护职工的合法权益和民主权利；动员和组织职工群众参加建设和改革，完成经济和社会发展任务；参与企业的民主管理，教育职工不断提高思想道德素质和科学技术文化素质。

2. 中国共产主义青年团（简称“共青团”）是中国共产党领导的先进青年的群众组织。共青团在现阶段的基本任务是：团结带领广大青年，以经济建设为中心，在建设有中国特色社会主义的伟大实践中，造就有理想、有道德、有文化、有纪律的接班人。

3. 中华全国妇女联合会（简称“全国妇联”）是中国共产党和中国政府联系妇女群众的桥梁和纽带，是国家政权的重要社会支柱之一。全国妇联的基本职能是：代表和维护妇女利益，促进男女平等。

4. 中华全国工商业联合会（简称“全国工商联”）又称中国民间商会，是中国工商界组织的全国性的人民团体。全国工商联是中国共产党和中央政府联系非公有制经济人士的桥梁和纽带，是政府管理非公有制经济的助手。

5. 中华全国归国华侨联合会（简称“中国侨联”）是中国共产党领导的由全国归侨、侨眷组成的全国性人民团体，是党和政府联系广大归侨、侨眷和海外侨胞的桥梁和纽带。

6. 中华全国台湾同胞联谊会（简称“全国台联”）1981年12月27日

---

① 唐世月：《贪污罪研究》，人民法院出版社2002年版，第115页。

在北京成立，是台湾各族同胞在祖国大陆的同乡会组织，是台湾各族同胞的爱国民众团体。

7. 中国科学技术协会（简称“中国科协”）是中国科学技术工作者的群众组织，是党和政府联系科技工作者的桥梁和纽带，是国家推动科学技术事业发展的重要力量。

8. 中国文学艺术界联合会（简称“中国文联”）是由全国性文学艺术家协会，各省、自治区、直辖市文学艺术界联合会和全国性的产业文学艺术工作者联合会组成的人民团体。

从性质上说，这八类“人民团体”与1998年10月25日国务院颁布的《社会团体登记管理条例》中所规定的社会团体都属于社会团体法人。但根据《社会团体登记管理条例》第3条的规定，参加中国人民政治协商会议的“人民团体”是免予登记的。

至于今后狭义上的“人民团体”是否还包括其他国有性质的团体、应当包括哪些国有性质的团体，应当由国家人事编制及党的组织部门，根据党的有关政策及其法律特征确定。

狭义上的“人民团体”以外的，由国家财政拨款或者由国有单位的国有财产作为其存在的物质基础或者活动经费的团体，依法属于广义上的“人民团体”，如各种国有性质的协会、学会、联合会、研究会、基金会、联谊会、促进会、商会等。财产属于国有，但不具备政治属性、历史属性的团体组织都属于广义上的“人民团体”。

四、“人民团体”与“社会团体”、“群众团体”的区别

《社会团体登记管理条例》第2条规定，“本条例所称社会团体，是指中国公民自愿组成，为实现会员共同意愿，按照其章程开展活动的非营利性社会组织”。我国社会团体经过多年来的发展，已经形成了遍布城乡、广泛存在于社会生活的各个领域和各种层次的民间组织体系。从全国的统计数字来看：1965年我国有全国性社团近100个，地方性社团6000多个，1989年初全国性社团已经发展到1600多个，地方性社团则猛增到20多万个。[①] 20世纪90年代初期，政府对各类社团进行重新登记和清理，社团数量稍有减少。1996年6月各级民政部门登记注册的社团法人曾经有20万个，其中在民政部登记注册的全国性社团大约有1800个。[②] 据民政部门统计，截至

---

① 吴忠泽、陈金罗：《社团管理工作》，中国社会出版社1996年版，第5页。

② 高丙中：“社会团体的合法性问题”，载《中国社会科学》2000年第2期。

2006年6月底，我国共有各类民间组织321426个，其中社会团体172610个，民办非企业单位147797个，基金会1019个。[①] 社会团体具有组织性、民间性、非营利性、自治性、非政治性、公益性和志愿性等特征。[②]

专门调整社会团体活动的法律有：《工会法》、《红十字会法》、《公益事业捐赠法》，其他法律（如《教师法》、《律师法》、《执业医师法》、《注册会计师法》、《消费者权益保护法》、《妇女权益保障法》、《残疾人保障法》、《归侨侨眷权益保护法》、《体育法》、《科学技术进步法》等）中也对各种职业团体、行业组织或多或少地作出了规定。如《律师法》第五章"律师协会"以专章对职业协会进行了规范，对律师协会的性质、组织、会员、职责等作出了比较明确的规定；《体育法》第五章"体育社会团体"对各级体育总会、中国奥林匹克委员会、体育科学社会团体、全国性的单项体育协会等行业性组织分别作出了界定。

有的学者认为，"人民团体"的概念应当取消。"人民团体"的概念取消后，可用"社会团体"的概念取而代之。这是因为，第一，社会团体的概念在我国法律中已经广为使用。无论是我国的《宪法》还是一般法律，都是如此。第二，由于社会团体存在的公共的性质，理应把所有社会团体置于与公司、企业、事业单位同等的法律地位。第三，社会团体也是一个国际上通用的概念，使用社会团体的概念，有利于国际上的交流与合作。[③]

我国《刑法》第382条第2款、第387条第1款、第391条第1款、第396条第1款在有关贪污贿赂方面的犯罪的规定中，凡涉及单位的地方，都采用了"国家机关、国有公司、企业、事业单位、人民团体"的表述，而在1988年全国人大常委会《关于惩治贪污罪贿赂罪的补充规定》中的相应条文中都是使用"团体"的概念的。这种不同的表述也说明了立法者在修订《刑法》时把有关罪名中的单位从"团体"限制到"人民团体"的范围之内的指导思想。[④] 虽然我们无法从这种规定中确定"人民团体"这一概念的内涵与外延，但《刑法》条文的这种表述足以说明，立法机关对"人民团体"和"社会团体"这两个概念的使用是经过慎重选择的。用"社会团体"的概念取代"人民团体"的概念是不合适的。

有的同志认为，人民团体和社会团体的区分在于人民团体是参政的，是

---

① 林兆木："发挥各类社会组织在促进社会和谐中的作用"，载《党建研究》2006年第12期。

② 乔申乾、李勇："中国社会团体发展的历史、现状和未来"，载吴玉章主编：《社会团体的法律问题》，社会科学文献出版社2004年版，第275页。

③ 吴平："刑法中'人民团体'概念辨析"，载《法律科学》2000年第1期。

④ 吴平："刑法中'人民团体'概念辨析"，载《法律科学》2000年第1期。

政协的正式成员，而社会团体则不是。[①] 这是从政治属性上区分人民团体和社会团体。

有的同志认为，"人民团体"和"社会团体"的区别表现在：第一，人民团体费用由国家财政支付，社会团体费用自筹；第二，人民团体在现行体制下行使一定的行政管理职能，社会团体则行使自我约束、自我管理、自我规范、自我发展的职能；第三，人民团体由国家编委统一制定编制，社会团体则没有编制；第四，人民团体由国家组织，无须在民政部门登记，而社会团体则必须经业务主管单位审查同意，在民政部门登记。[②] 有的甚至认为，凡按条例规定必须到民政部门进行登记的团体组织，应排除在人民团体范围之外。[③] 笔者认为，上述观点有相当的合理性，但还是值得商榷。理由是：按照这一观点，凡按条例规定必须到民政部门进行登记的团体组织，都不是"人民团体"。那么，那些由国家财政拨款或者由国有单位的国有财产作为其存在的物质基础或者活动经费，需要到民政部门进行登记的团体组织只是"社会团体"。在这种社会团体中工作的人员就不是国家工作人员，当然也就不是贪污受贿罪的主体。这是与我国《刑法》第 93 条、第 382 条第 2 款、第 387 条第 1 款、第 391 条第 1 款、第 396 条第 1 款的规定相矛盾的。而且根据《社会团体登记管理条例》第 3 条的规定，除参加中国人民政治协商会议的"人民团体"免予登记外，以下两类团体也是免予登记的：由国务院机构编制管理机关核定，并经国务院批准免予登记的团体；机关、团体、企业、事业单位内部经本单位批准成立、在本单位内部活动的团体。此外，还有一种只需备案的社会团体，即那些法律、法规规定的，自成立之日即具备法律地位、具有法人资格的社会团体，如中国律师协会、中国仲裁协会、中国红十字会等。一概把这些免予登记的社会团体排除在广义的"人民团体"范围之外是不妥的。

有的同志认为，在《刑法》中，凡是由国家财政拨款或者由国有单位的国有财产作为其存在的物质基础或者活动经费的团体，都可以认定为"人民团体"，而那些不享受国家财政拨款或者不是利用国有资产组建的团体，则属于《刑法》上的"社会团体"。[④] 立法者把"社会团体"和"人民

---

① 李景鹏："中国现阶段社会团体状况分析"，载《唯实》1999 年第 8—9 期。

② 缪树权：《渎职罪疑难问题研究》，中国检察出版社 2006 年版，第 101 页。

③ 刘建国、刘宪权主编：《刑事司法实务中的疑难问题》，中国人民公安大学出版社 2006 年版，第 359—360 页。

④ 唐世月：《贪污罪研究》，人民法院出版社 2002 年版，第 115—116 页。

团体”这两个概念是作为同一层次的两个具有全异关系的概念来使用的。[①] 笔者赞同这一观点。

根据上述分析，笔者可以得出以下结论：我国《刑法》中的“社会团体”与《社会团体登记管理条例》中的“社会团体”不是同一概念。《社会团体登记管理条例》中的“社会团体”包括了上述广义上的“人民团体”（广义上的“人民团体”既包括参加中国人民政治协商会议的免予登记的八个“人民团体”，也包括利用国有资产组建的，必须到民政部门进行登记的各种非营利性社会组织[②]）和利用非国有资产组建的各种非营利性社会组织；而现行《刑法》中的“社会团体”仅指利用非国有资产组建的各种非营利性社会组织。

在《公务员法》起草过程中，还曾出现“群众团体”的概念。2004 年 12 月 25 日提交第十届全国人民代表大会常务委员会第十三次会议审议的《公务员法（草案）》第 102 条第 1 款规定：“人民团体、群众团体中除工勤人员以外的工作人员，参照本法进行管理。”而《公务员法》之所以作这样的规定，是因为“人民团体、群众团体的工作人员，鉴于其性质虽不同于国家机关工作人员，但管理上历来属于干部范畴，草案仍按现行做法，规定对其参照公务员法进行管理”。[③] 但在以后的审议过程中，这一规定被否定。“一些常委委员提出，人民团体、群众团体属于非政府组织，规定一律参照适用公务员法，不利于其作为非政府组织开展活动。同时，群众团体的数量很大、情况复杂，也不宜笼统规定参照本法进行管理。人民团体、群众团体工作人员管理中的实际问题可以由国家或中央有关部门另行规定予以解决。法律委员会经研究，赞成这一意见，建议删去这一款”。[④] 尽管“群众团体”这一概念没有最终在《公务员法》加以规定，但这里的“群众团体”显然

---

① 吴平：“刑法中‘人民团体’概念辨析”，载《法律科学》2000 年第 1 期。

② 有的学者指出，我国“许多社团依靠财政生存，为政府办事，成为政府的一个部门，而真正作为相对独立的社会力量而存在的社团微乎其微”（参见陈斯喜、吴国舫：“我国社团立法的现状与展望”，载《行政法学研究》2003 年第 4 期）。“目前，我国相当一部分社团是借助于政府的力量自上而下建立的，或者是从政府职能部门转变过来的，或者是由政府机构直接建立的。……1998 年我国社团组织的资金来源中政府财政拨款占 53.55%”（参见龚常、高义强：“当代中国社团发展的问题与路径探讨”，载《华中师范大学学报》（人文社会科学版）2003 年第 4 期）。

③ 参见人事部部长张柏林 2004 年 12 月 25 日在第十届全国人民代表大会常务委员会第十三次会议上所作的《关于〈中华人民共和国公务员法（草案）〉的说明》，载《中国人大》2005 年第 4 期。

④ 参见全国人大法律委员会副主任委员胡光宝 2005 年 4 月 24 日在第十届全国人民代表大会常务委员会第十五次会议上所作的《关于〈中华人民共和国公务员法（草案）〉审议结果的报告》，载《中国人大》2005 年第 4 期。

不是指一般的民间社会团体，而应是指由国家财政拨款或者由国有单位的国有财产作为其存在的物质基础或者活动经费的非营利性社会组织，也即笔者所说的属于广义上的“人民团体”。

五、“人民团体”的工作人员能否成为渎职罪主体

关于“人民团体”的工作人员能否成为渎职罪主体，主要有以下几种观点：

第一种观点认为，由国家设立并享受国家财政拨款的工会、共青团、妇联、各种学会以及各民主党派等人民团体，无论是其领导机关或者是基层组织，都不宜视为国家机关，其工作人员不能成为渎职罪主体。①

第二种观点认为，各级工会、共青团、妇联机关虽然不是严格意义上的国家机关，但应将其视为国家机关，对在其中从事公务的人员，应适用国家机关工作人员的有关规定。②

第三种观点认为，对人民团体中从事公务的人员，既不能一概视为国家机关工作人员，也不能一概不视为国家机关工作人员，而应该根据他们从事的工作性质来具体分析，依法行使国家管理职权的，视为国家机关工作人员；不行使国家管理职权的，不属于国家机关工作人员。③

笔者基本赞同第三种观点，但该观点仍有不明确之处。笔者认为，狭义上的“人民团体”，即参加中国人民政治协商会议的八个团体的工作人员应当视为国家机关工作人员，属于渎职罪主体。理由是：

1. 2006 年 2 月 8 日中共中央《关于加强人民政协工作的意见》指出：人民政协是中国共产党把马克思列宁主义统一战线理论、政党理论和民主政治理论同中国具体实践相结合的伟大创造，是中国共产党同各民主党派、人民团体和各族各界人士风雨同舟、团结奋斗的伟大成果。人民政协的主要职能是政治协商、民主监督、参政议政。这就表明，参加中国人民政治协商会议的八个团体是参与组织国家政权，共同参与决定国家的大政方针政策，共同参与管理国家事务的。

2. 《工会法》第 5 条规定：“工会组织和教育职工依照宪法和法律的规定行使民主权利，发挥国家主人翁的作用，通过各种途径和形式，参与管理

---

① 王作富主编：《刑法分则实务研究》，中国方正出版社 2007 年版，第 1751 页。

② 张穹主编：《解读最高人民检察院司法解释》，人民法院出版社 2003 年版，第 230 页。

③ 熊选国：《刑法刑事诉讼法实施中的疑难问题》，中国人民公安大学出版社 2005 年版，第 96—97 页。

国家事务、管理经济和文化事业、管理社会事务；协助人民政府开展工作，维护工人阶级领导的、以工农联盟为基础的人民民主专政的社会主义国家政权。”

《妇女权益保障法》第7条规定：“中华全国妇女联合会和地方各级妇女联合会依照法律和中华全国妇女联合会章程，代表和维护各族各界妇女的利益，做好维护妇女权益的工作。”第13条规定：“中华全国妇女联合会和地方各级妇女联合会代表妇女积极参与国家和社会事务的民主决策、民主管理和民主监督。”

从上述规定可以看到，《工会法》、《妇女权益保障法》都赋予了工会、妇联一定的行政管理职权。

3.《公务员法》已将中国共产党机关的工作人员、政协机关的工作人员和民主党派机关的工作人员纳入公务员的范围。虽然《公务员法》最终未明确将“人民团体”纳入调整范围，而“从现实管理来看，在有关人民团体、群众团体工作人员管理的专门性规定出台前，作为过渡需要区分不同情况，由中央有关部门规定，哪些团体参照以及如何参照公务员法执行”。[①] 而从目前实际情况看，参加中国人民政治协商会议的八个团体的工作人员，是参照《公务员法》管理的。

总之，在现行的政治体制下，将参加中国人民政治协商会议的八个“人民团体”的工作人员视为国家机关工作人员是符合实际的，也是一种实事求是的做法。如某市总工会的负责人滥用职权，擅自将收取的各下属工会交的会费用于高风险经营活动，造成巨大损失。对行为人可按滥用职权罪定罪处罚。[②] 笔者认为，这种处理方法是可行的。

这里还有一个问题需要研究，即国家机关中的工会主席能否成为渎职罪主体？如引起争议的高德江滥用职权案就是一例。

高德江，原系四川省建设委员会工会工作委员会副主任兼机关工会主席。高德江是因为成都家喻户晓的那起“天海骗局”事件，而牵涉到“滥用职权”的。“天海骗局事件”的始作俑者名叫田芳华。1992年10月，四川省建设委员会（后为建设厅）批准成立了四川省建设实业总公司（下简称川建实业公司），由省建委工会主管。1993年，田芳华出任川建实业公司总经理、法人代表。1996年5月，川建实业公司取得了位于成都市荷花池

① 杨景宇、李飞主编：《〈中华人民共和国公务员法〉释义》，法律出版社2005年版，第9页。

② 熊选国：《刑法刑事诉讼法实施中的疑难问题》，中国人民公安大学出版社2005年版，第96—97页。

地区一块2900平方米土地的18年有偿使用权后，决定出资在此开工修建“四川天海大市场”。随后，总经理田芳华在“天海”修建尚未竣工之时，就决定公司先后与111户商家签订了营业用房经营权的出让合同，将“天海”综合楼的一楼全部摊位和二楼部分摊位的18年有偿使用权分别转让给了这些商家，收取了18年的有偿使用费，金额达1000余万元。到1997年年底，为解决公司因开发造成的资金紧张窘况，田芳华想办法获得了主管部门和各相关部门的批准。其中包括省建委工会出具的《关于同意四川天海大市场发售营业展位试点工作的批复》（以下简称《批复》）。之后，川建实业公司委托成都一家投资公司对“四川天海大市场”进行大肆策划、包装和宣传，以虚构的营业展位向公众发售，骗取巨额资金用以周转。一个营业展位根据楼层的不同分别以1万元、5000元和3000元不等的价格发售，川建实业公司还与购买展位的商户、群众签订了合同，承诺购买的营业展位使用权自购买之日起就委托给发售人统一管理；委托期限分为两年期和三年期两种，其中年委托经营回报率为15%至17%，远高于同期银行利率；并约定委托期满后，再由川建实业公司以不低于原价格的方式进行回购。这种“既不用亲自管理，又有丰厚回报”的优惠条件迅速吸引了众多商户和投资者，一时间成为成都地区的一大投资热点。从1997年12月至1999年12月间，川建实业公司便以高额回报率和回购等“保险”方式为诱饵骗取公众巨额资金高达1356万余元，随后迅速将所获资金耗用。

据成都市公安机关事后调查发现，田芳华“发售”的“天海”展位中还包括以前已经出售给111户商家的一楼全部摊位和二楼部分摊位，川建实业公司施展了“一女二嫁甚至三嫁”的骗局。合同约定的委托经营期限届满后，由于川建实业公司承诺的展位和回报资金情况一直没有兑现，投资者和商户发觉情况不妙，立即向成都市公安机关报案。随后，“天海骗局”大白天下，该案受害群众达550余户之多，多数是退休职工和下岗工人，他们为了买到“天海”商铺的使用权，把半生的积蓄，甚至向亲戚朋友东挪西凑来的钱，投入了田芳华一手操作的“天海骗局”中。2003年5月，成都市武侯区公安分局将田芳华以涉嫌合同诈骗案移送至区检察院审查起诉。2004年2月9日，成都市武侯区法院第二次开庭审理“天海骗局”案，同年3月25日，武侯区人民法院以集资诈骗罪，判处田芳华有期徒刑12年，同时判处川建实业公司罚金100万元。

2005年12月末，成都市武侯区人民法院以“滥用职权罪”判处高德江有期徒刑3年。高德江在上诉期间，其辩护律师邹登峰向四川省总工会提交了一份《律师咨询函》，其中提出三个问题：“一、各级行政机关组建的工会组织，是否可以代表或等同于国家行政机关？二、省级机关的专职工会副主席，在履行其所在单位工会的工作职责时，是属于履行群团组织的工作职责，还是属于国家行政机关工作人员在履行行政职责？三、各级专职工会干部在工会工作时，是否可以视为是在执行国家行政机关工作人员的职责？”2006年1月16日，四川省总工会法律工作部“经研究”认为：一、《工会法》第2条第1款规定：“工会是职工自愿结合的工人阶级的群众组织。”这一规定明确了我国工会组织的性质，指明了我国工会是工人阶级的群众组织，是我国政治、经济和社会生活中重要的社会团体，但不是代表国家、政府行使权力的机关。二、《工会法》第6条规定：“维护职工合法权益是工会的基本职责……”各级工会工作人员（包括工会主席、副主席）在履行工会职责时，属于履行群团组织的工作职责，并非履行国家行政机关的工作职责，也不是执行国家行政机关的公务。

2006年2月17日，成都市中级人民法院终审裁定高德江“滥用职权罪”罪名成立。法院认为，高德江虽为四川省建设委员会工会副主任，但其身份应当是四川省建设委员会的机关工作人员，向川建实业公司出具的《关于同意四川天海大市场发售营业展位试点工作的批复》未向有关领导汇报，而超越职权擅自作出；《批复》从发文形式和内容是对企业具体请示的明确批复，不属于对企业的一般指导行为，其主体及行为特征符合滥用职权罪的构成要件。①

我们认为，法院的认定和做法是正确的，将国家机关中的工会工作人员视为国家机关工作人员是符合实际的。高德江身为四川省建设委员会工会副主任，属于四川省建设委员会的机关工作人员，他未向有关领导汇报，超越职权，擅自作出向川建实业公司出具《关于同意四川天海大市场发售营业展位试点工作的批复》体现的是一种管理职能。这个《批复》被川建实业公司利用，导致投资者和商户购买“天海”展位，使川建实业公司的诈骗活动得逞，《批复》与诈骗之间存在刑法上的因果关系。

六、“人民团体”刑法地位的立法完善

从《刑法》第93条第2款规定看，“人民团体”是与“国有公司、企业、事业单位”并列规定的，“人民团体”在逻辑上应当与国有公司、企业、事业单位相当。这一规定，并不具有合理性。在我国，“人民团体”的法律地位明显高于“国有公司、企业、事业单位”，而与国家机关相当。

① 王甘霖：“工会主席‘滥用职权罪’法律之辩”，载《法制早报》2006年3月27日。

有鉴于此，笔者建议，对由历史形成的、具有政治属性的、并有一定的行政管理职能，由国家组织成立的、财产属国家所有的“人民团体”中的从事公务的人员应当纳入“准国家机关工作人员”范围。同时将《刑法》第93条第2款中的“国有公司、企业、事业单位、人民团体从事公务的人员”改为“国有公司、企业、事业单位、社会团体从事公务的人员”。这样不仅将“人民团体”（狭义上的“人民团体”）与“社会团体”（广义上的“人民团体”）严格加以区分，而且也使《刑法》中的与“国有公司、企业、事业单位”地位相当的“社会团体”限于由国家财政拨款或者由国有单位的国有财产作为其存在的物质基础或者活动经费的团体。①

同时，为保证刑法条文的协调性，应当将《刑法》第382条第2款、第387条第1款、第391条第1款、第396条第1款有关贪污贿赂方面的犯罪的规定中，均将“国家机关、国有公司、企业、事业单位、人民团体”的表述，改为“国家机关、国有公司、企业、事业单位、社会团体”。

第四节 “其他依照法律从事公务的人员”的法律地位

《刑法》第93条第2款规定：“国有公司、企业、事业单位、人民团体中从事公务的人员和国家机关、国有公司、企业、事业单位委派到非国有公司、企业、事业单位、社会团体从事公务的人员，以及其他依照法律从事公务的人员，以国家工作人员论。”在该规定中，对如何理解“其他依照法律从事公务的人员”争议很大，而且对这一问题的把握直接影响渎职罪主体的认定，所以也有必要单独加以研究。

一、“其他依照法律从事公务的人员”的法律特征

“其他依照法律从事公务的人员”的法律特征应如何界定？理论界和实务界认识并不统一，主要观点有：

1. 第一种观点认为，根据我国实际并结合所定标准，其他依照法律从事公务的人员是指依照法律规定被选举或任命的，从事国家管理的人员。②

2. 第二种观点认为，对于“其他依照法律从事公务的人员”应当从界

① 这样就将“社会团体”分为国有性质的“社会团体”和非国有性质的“社会团体”。

② 朱旭光、张奋鹏、裴王建：“关于国家工作人员范围的界定”，载《河北法学》1999年第4期。

定国家工作人员的标准出发，身份和公务应当兼顾：一是行为人从事公务要有一定的法律依据，即要有法律的明确授权；二是行为人要代表行使一定的管理权。[①]

3. 第三种观点认为，“依照法律”是指从事公务的法律根据，不仅指法律、法规，还包括通过选举、任命、聘请等方式从事公务。因为国家工作人员的本质特征是从事公务，被聘请、委托从事公务的人员也属于国家工作人员。至于那些依法被选举、任命者，就更属于国家工作人员。[②]

4. 第四种观点认为，其他依照法律从事公务的人员应当是具备以下三个基本条件：（1）必须是依法从事公务；（2）必须是在国家机关、国有单位管辖、管理范围内从事公务；（3）从事的公共事务必须是属于国家性质一类的公务。符合上述条件的，即可纳入“其他依照法律从事公务的人员”之列，否则，则不宜视为是“其他依照法律从事公务的人员”之列。[③]

5. 第五种观点认为，其他依照法律从事公务的人员应具备四个条件：（1）必须是从事公务；（2）必须是在国家单位从事公务；（3）必须是受委托从事公务；（4）必须是依法从事公务。该观点强调，如果因为被选举、被任命在国家机关、国有企事业单位或社会团体从事公务的人，本来就要以国家工作人员论，均不属于“其他”行列。[④]

6. 第六种观点认为，由于从事公务是国家工作人员的本质特征，而从事公务的内涵在于代表国家行使国家管理职能，从事公务本身并不应受取得从事公务资格的方式的限制，也不应受在何种单位从事公务的限制。所以，只要能认定行为人是在代表国家对公共事务进行管理、领导、监督，只要行为人的这种公务活动具有法律依据，那么无论是被任命从事公务，还是受委派或受委托从事公务，也无论其是否在国有单位从事公务，都应视为其他依照法律从事公务的人员。[⑤]

7. 第七种观点是最高人民法院的观点。最高人民法院 2003 年 11 月 13 日发布的《全国法院审理经济犯罪案件工作座谈会纪要》规定：《刑法》第 93 条第 2 款规定的“其他依照法律从事公务的人员”应当具有两个特征：一是在特定条件下行使国家管理职能；二是依照法律规定从事公务。

从上述罗列的观点来看，大家对“其他依照法律从事公务的人员”的

---

① 熊瑛：“论国家工作人员的范围”，载《重庆工学院学报》2005 年第 4 期。
② 石德和：“正确理解‘国家工作人员’”，载《人民司法》2000 年第 5 期。
③ 江礼华：“论国家工作人员范围的界定”，载《国家检察官学院学报》1998 年第 2 期。
④ 侯国云、白岫云：《新刑法疑难问题解析与适用》，中国检察出版社 1998 年版，第 194 页。
⑤ 赵秉志、于志刚、孙勤：“论国家工作人员范围的界定”，载《法律科学》1999 年第 5 期。

认识非常不统一。

我们认为，对刑法条文的解释首先应当进行文理解释。文理解释是指根据刑法用语的文义及其通常使用方式阐释刑法意义的解释方法。文理解释包括字面解释和语法解释。字面解释是指从词义上对刑法规定所使用的词汇予以阐释。语法解释是指对刑法规定的词组联系、句子结构、文字排列和标点符号等进行语法上的分析，从而阐明刑法规定的含义和内容。如果文理解释的结论合理，则没有必要采取论理解释方法；如果文理解释的结论不合理或产生多种结论，则必须进行论理解释。对“其他依照法律从事公务的人员”的把握也必须遵守这一点。

对“其他依照法律从事公务的人员”的理解应注意以下几点：

1. 这是一个兜底性法律条款。但对兜底性法律条款的掌握要从严，以免成为“口袋性”条款。

2. 这类人员在性质上类似于国有公司、企业、事业单位、人民团体从事公务的人员和国家机关、国有公司、企事业单位委派到非国有公司、企业、事业单位、社会团体从事公务的人员。

3. 这一规定旨在解决“准国家工作人员”的范围，而不是解决国家工作人员的范围，更不是解决国家机关工作人员的范围。

根据以上分析，我们认为，“其他依照法律从事公务的人员”应具备两个基本特征：

1. 从事公务活动。这是这类人员的本质特征。如何理解从事公务？详见本章第二节。当前绝大部分学者认为，这类人员从事的必须是国家管理活动。我们持有异议。这里的从事公务，并不限于国家管理活动，公共管理活动、社会管理活动均属于公务活动的范围。

2. 依照法律产生。这是这类人员的形式（身份）特征。即这类人员的身份是根据国家法律的规定，经过一定的法律程序而取得的。对“依照法律”的理解应当从严掌握。我国《刑法》第 96 条规定：“本法所称违反国家规定，是指违反全国人民代表大会及其常务委员会制定的法律和决定，国务院制定的行政法规、规定的行政措施、发布的决定和命令。”2001 年 8 月 31 日第九届全国人民代表大会常务委员会第二十三次会议通过的《关于〈中华人民共和国刑法〉第 228 条、第 342 条、第 410 条的解释》规定：“刑法第 228 条、第 342 条、第 410 条规定的‘违反土地管理法规’，是指违反土地管理法、森林法、草原法等法律以及有关行政法规中关于土地管理的规定。”参照上述规定，所谓“依照法律”应当理解为：依照全国人民代表大会及其常务委员会制定的法律以及国务院制定的行政法规。没有法律、法规的明确授权，不能成为“其他依照法律从事公务的人员”。比如受委托从事公务的人员就不能成为“其他依照法律从事公务的人员”。

二、“其他依照法律从事公务的人员”的范围

由于对“其他依照法律从事公务的人员”的法律特征理解不一，对“其他依照法律从事公务的人员”的范围理解则更是众说纷纭。主要看法有：

1. 第一种观点认为，其他依照法律从事公务的人员包括以下两类人员：（1）依法执行职务时的人大代表、政协委员和人民陪审员；（2）村（居）民委员会和基础党组织工作人员在执行特定事项时。①

2. 第二种观点认为，其他依照法律从事公务的人员，一般应当包括：（1）中国共产党的各级机关中从事公务的人员；（2）中国人民政治协商会议的各级机关中从事公务的人员；（3）各级人民代表大会代表；（4）依法受委托从事公务的人员。②

3. 第三种观点认为，其他依照法律从事公务的人员包括：（1）各民主党派的专职工作人员；（2）人民陪审员；（3）农村的村民委员会、城镇的居民委员会等基层群众的自治组织中的工作人员；（4）由法律、法规授权行使行政管理职能的组织的人员；（5）受行政机关委托行使行政管理职能的组织的人员等。③

4. 第四种观点认为，其他依照法律从事公务的人员包括：（1）村民委员会等村基层组织人员协助人民政府从事行政管理的人员；（2）不具有国家工作人员身份的各级人民代表大会代表；（3）与国家机关签订了用人合同的临时人员，如人民法院的陪审员，公安、税务等部门的临时执法人员，人民检察院的特邀检察员，监察部门的特邀监督员等；（4）受委托管理、经营国有财产的人员。《刑法》第382条第2款规定：“受国家机关、国有公司、企业、事业单位、人民团体委托管理、经营国有财产的人员，利用职务上的便利，侵吞、窃取、骗取或者以其他手段非法占有国有财物的，以贪污论。”受委托管理、经营国有财产的人员与国家机关、国有公司、企业、事业单位、社会团体中从事公务的人员不同。但由于其受托后是管理、经营国有财产，符合界定国家工作人员的标准，“具有一定的资格”和“从事公

---

① 朱旭光、张奋鹏、裴王建：“关于国家工作人员范围的界定”，载《河北法学》1999年第4期。

② 赵秉志主编：《中国刑法案例与学理研究（六）》，法律出版社2004年版，第10页。

③ 刘生荣、张相军、许道敏：《贪污贿赂罪》，中国人民公安大学出版社1999年版，第30页。

务”，因此，应以国家工作人员论。①

5. 第五种观点认为，其他依照法律从事公务的人员，是指除国有公司、企业、事业单位、人民团体从事公务的人员和国家机关、国有公司、企事业单位委派到非国有公司、企业、事业单位、社会团体从事公务的人员以外，其他一切依照法律规定在国家机关、国有单位职能管辖、管理范围内从事公务的人员，如：非国家工作人员因受国家机关、国有单位的合法委托而从事公务的人员；全国人民代表大会和地方各级人民代表大会中原本不是国家工作人员的代表，如原本是工人、农民、演艺员、运动员、专职教师、专职科技人员、个体经商户等人民代表；人民法院的陪审员、人民检察院的特邀检察员、监察部门的特邀监督员等。②

6. 第六种观点认为，其他依照法律从事公务的人员，包括各政党中从事公务的人员以及基层群众性自治组织（居民委员会、村民委员会）中经手管理财物的人员。③

7. 第七种观点认为，其他依照法律从事公务的人员，包括：依法履行职责的各级人民代表大会的代表；依法履行职责的各级人民政协委员；履行审判职责的人民陪审员；协助人民政府从事行政管理工作的居民委员会等基层组织人员。④

8. 第八种观点认为，其他依照法律从事公务的人员，一般应包括：中国共产党的各级机关、各种组织中专职从事党务的人员（兼任国家机关工作者除外）；中国人民政治协商会议的各级机关中从事公务的人员（兼任国家机关工作者除外）；人民法院的陪审员；各级人大代表；各民主党派的专职工作人员；由法律、法规授权行使某项行政管理职能的组织的人员；受行政机关委托行使某项行政管理职能的工作人员等。⑤

9. 第九种观点认为，其他依照法律从事公务的人员，主要指被依法选出的在人民法院履行职务的人民陪审员以及履行特定手续被聘为特邀检察员的人员等。根据立法解释规定，村民委员会等村基层组织人员协助人民政府从事行政管理工作的，属于其他依照法律从事公务的人员。⑥

---

① 熊瑛：“论国家工作人员的范围”，载《重庆工学院学报》2005 年第 4 期。

② 江礼华：“论国家工作人员范围的界定”，载《国家检察官学院学报》1998 年第 2 期。

③ 周光权：《刑法各论讲义》，清华大学出版社 2003 年版，第 515 页。

④ 陈兴良：《规范刑法学》，中国政法大学出版社 2003 年版，第 670 页。

⑤ 于志刚主编：《多发十种职务犯罪的定罪与量刑》，中国方正出版社 2001 年版，第 74—75 页。

⑥ 周道鸾、张军主编：《刑法罪名精释》，人民法院出版社 2003 年版，第 709—710 页。

10. 第十种观点是目前最具权威的观点，即最高人民法院的观点。最高人民法院在《全国法院审理经济犯罪案件工作座谈会纪要》中规定：《刑法》第93条第2款规定的“其他依照法律从事公务的人员”，具体包括：（1）依法履行职责的各级人民代表大会代表；（2）依法履行审判职责的人民陪审员；（3）协助乡镇人民政府、街道办事处从事行政管理工作的村民委员会、居民委员会等农村和城市基层组织人员；（4）其他由法律授权从事公务的人员。

我们认为，上述观点均值得商榷。

1. 人大代表不属于“其他依照法律从事公务的人员”。各级人民代表大会的代表，只要他们是以人大代表身份，履行自己“人大代表”职务的，就属于在国家机关中从事公务活动，就应当认定为国家机关工作人员，而不是准国家工作人员。①

2. 中国共产党的各级机关中从事公务的人员、政协委员、各民主党派的专职工作人员不属于“其他依照法律从事公务的人员”。《刑法》第93条第2款解决的是“准国家工作人员”的范围，而党的机关、人民政协机关和民主党派机关中从事公务的人员属于“准国家机关工作人员”，而不是“准国家工作人员”。既然他们不是“准国家工作人员”，自然也就不属于“其他依照法律从事公务的人员”。

最高人民法院在《全国法院审理经济犯罪案件工作座谈会纪要》中也没有把这三机关工作人员纳入“其他依照法律从事公务的人员”，这是完全正确的。②

3. 受委托从事公务的人员（包括受委托管理、经营国有财产的人员）不属于“其他依照法律从事公务的人员”。第一，如前文所述，没有法律、法规的明确授权，不能成为“其他依照法律从事公务的人员”。所以，受国有单位委托从事公务的人员不能成为“其他依照法律从事公务的人员”。第二，从立法技术看，如果“其他依照法律从事公务的人员”包括受托人员，那么《刑法》第382条第2款就根本没有特别规定的必要。《刑法》第382条第2款规定：“受国家机关、国有公司、企业、事业单位、人民团体委托管理、经营国有财产的人员，利用职务上的便利，侵吞、窃取、骗取或者以

① 参见本章第二节：国家机关工作人员范围的界定。

② 最高人民法院曾经在《全国法院审理经济犯罪案件工作座谈会讨论办理贪污贿赂渎职犯罪案件适用法律问题意见综述》中把“依法履行职责的各级人民政协委员”纳入“其他依照法律从事公务的人员”范围，但在《意见综述》基础上经修改颁布的《全国法院审理经济犯罪案件工作座谈会纪要》中把该内容删去。参见《刑事审判参考》2002年第4辑。

其他手段非法占有国有财物的，以贪污论。”这一规定表明：立法机关并不认为准国家工作人员中包括受托人员。修订《刑法》第382条之所以增设第2款完全是因为：“有的代表提出，贪污罪的主体中未能包括国家机关、国有公司、企业、事业单位委托管理、经营国有财产的人员，不利于对国有财产的保护。因此，建议在贪污罪中增加一款规定。”① 可见，根据第382条的立法精神，如果不增加这一款，那么对“受国家机关、国有公司、企业、事业单位委托管理、经营国有财产的人员”以贪污罪定罪处罚就缺乏立法依据。可见，“受国家机关、国有公司、企业、事业单位委托管理、经营国有财产的人员”并不是准国家工作人员。第三，2000年2月13日最高人民法院《关于对受委托管理、经营国有财产人员挪用国有资金行为如何定罪问题的批复》规定：“对于受国家机关、国有公司、企业、事业单位、人民团体委托，管理、经营国有财产的非国家工作人员，利用职务上的便利，挪用国有资金归个人使用构成犯罪的，应当依照刑法第272条第1款的规定定罪处罚。”这一规定表明，受国家机关、国有公司、企业、事业单位、人民团体委托，管理、经营国有财产的非国家工作人员，利用职务上的便利，挪用国有资金归个人使用，不构成挪用公款罪。这也说明最高人民法院也不认可受委托从事公务的人员是“准国家工作人员”。②

至于将人民检察院特邀检察员、监察部门的特邀监督员等纳入“其他依照法律从事公务的人员”也还缺乏法律依据。

有鉴于此，我们认为，根据现行的法律、法规规定，“其他依照法律从事公务的人员”包括以下人员：

1. 人民陪审员。

我国《刑事诉讼法》、《民事诉讼法》、《人民法院组织法》均规定：人民陪审员在人民法院执行职务，同审判员有同等权利。2004年8月28日第十届全国人民代表大会常务委员会第十一次会议通过的《关于完善人民陪审员制度的决定》第1条规定：“人民陪审员依照本决定产生，依法参加人民法院的审判活动，除不得担任审判长外，同法官有同等权利。”第10条规定：“依法参加审判活动是人民陪审员的权利和义务。人民陪审员依法参加审判活动，受法律保护。人民法院应当依法保障人民陪审员参加审判活动。人民陪审员所在单位或者户

---

① 薛驹：“第八届全国人大法律委员会《关于〈中华人民共和国刑法修订草案〉审议结果的报告》”，载高铭暄、赵秉志编：《新中国刑法立法文献资料总览》，中国公安大学出版社1998年版，第1936页。

② 关于受委托从事公务的人员的刑法地位，参见本章第七节。

籍所在地的基层组织应当保障人民陪审员依法参加审判活动。”根据上述规定，人民陪审员理应属于“其他依照法律从事公务的人员”。

2. 协助人民政府从事行政管理工作的村民委员会等农村基层组织人员。

《村民委员会组织法》第4条第2款规定：“村民委员会协助乡、民族乡、镇的人民政府开展工作。”根据这一规定，村委会成员协助人民政府开展工作是其法定职责，其协助人民政府所开展的工作具有政府行政管理的性质。2000年4月29日第九届全国人大常委会第十五次会议通过的《关于〈中华人民共和国刑法〉第93条第2款的解释》（以下简称《关于刑法第93条第2款的解释》）规定：“村民委员会等村基层组织人员协助人民政府从事下列行政管理工作时，属于刑法第93条第2款规定的‘其他依照法律从事公务的人员’：（一）救灾、抢险、防汛、优抚、移民、救济款物的管理；（二）社会捐助公益事业款物的管理；（三）国有土地的经营和管理；（四）土地征用补偿费用的管理；（五）代征、代缴税款；（六）有关计划生育、户籍、征兵工作；（七）协助人民政府从事的其他行政管理工作。”这七项工作都属于村委会协助乡、镇人民政府所开展的具有行政管理性质的工作，具有行使行政权的特征。可见，把协助人民政府从事行政管理工作的村民委员会等农村基层组织人员纳入“其他依照法律从事公务的人员”是有法律依据的。

3. 其他由法律授权从事公务的人员。

如体育裁判。我国《体育法》第31条第3款规定：“全国单项体育竞赛由该项运动的全国性协会负责管理。”第49条规定：“在竞技体育中从事弄虚作假等违反纪律和体育规则的行为，由体育社会团体按照章程规定给予处罚；对国家工作人员中的直接责任人员，依法给予行政处分。”可见，《体育法》已授予一些体育协会对全国单项体育活动的管理权力及对竞技体育中违规违纪行为的处罚权。这些体育协会应属于“其他依照法律从事公务”的组织。体育裁判受体育协会聘请在体育比赛中执法，理应属于“其他依照法律从事公务的人员”。①

① 被告人龚建平在2000年至2001年间，在受中国足球协会指派担任全国甲级队A组、B组联赛主裁判期间，利用职务之便，收受他人贿赂37万元，2003年3月28日被北京第一中级人民法院终审判决有期徒刑10年。判决认定：“根据《中华人民共和国体育法》的规定，全国足球甲级联赛作为全国单项体育竞赛由中国足球协会负责管理，上诉人龚建平受中国足球协会指派在全国足球联赛中执裁，属于刑法第93条第2款规定的‘其他依照法律从事公务的人员’，依法应以国家工作人员论。”参见《刑法审判参考》2003年第2辑。笔者认为，这一认定是符合法律精神的。

三、“其他依照法律从事公务的人员”与《渎职罪主体立法解释》中所列人员的关系

《渎职罪主体立法解释》规定：“在依照法律、法规规定行使国家行政管理职权的组织中从事公务的人员，或者在受国家机关委托代表国家机关行使职权的组织中从事公务的人员，或者虽未列入国家机关人员编制但在国家机关中从事公务的人员，在代表国家机关行使职权时，有渎职行为，构成犯罪的，依照刑法关于渎职罪的规定追究刑事责任。”这一规定旨在解决《刑法》分则中渎职罪主体的法律适用问题。而“其他依照法律从事公务的人员”解决的是《刑法》总则中“准国家工作人员”的范围问题。看起来两者界限明确，但细细一深究，便觉问题并不简单。

从《刑法》的规定看，渎职罪主体是国家机关工作人员，即只有符合《刑法》第93条第1款规定的人员才能构成渎职犯罪的主体。《刑法》第93条第2款规定的是“准国家工作人员”范围，“准国家工作人员”是贪污受贿罪的主体，而不是渎职罪主体。可见，《刑法》第93条第2款的规定与渎职罪主体是相互排斥的。

但我们将《刑法》第93条第2款的规定与《渎职罪主体立法解释》规定加以比较，从逻辑上是难以得出两者相互排斥的结论的。从法律条文的字面含义来看，“其他依照法律从事公务的人员”自然应当包括“其他‘在依照法律、法规规定行使国家行政管理职权的组织中从事公务的人员’”。[①] 也就是说《渎职罪主体立法解释》中所规定的“在依照法律、法规规定行使国家行政管理职权的组织中从事公务的人员”，理所当然地也属于《刑法》第93条第2款规定的“其他依照法律从事公务的人员”。但这样理解显然又会产生矛盾。因为“其他依照法律从事公务的人员”作为“准国家工作人员”不可能构成渎职犯罪的主体。

但不少学者恰恰没有注意这一点。有的一方面认为，“其他依照法律从事公务的人员”，包括各级人民代表大会代表、中国共产党的基层组织的工作人员、各民主党派的专职工作人员、人民陪审员、基层群众自治组织中依照法律从事公务和社会公益事业的人员、由法律、法规授权行使行政管理职能的组织的人员、受行政机关委托行使行政管理职能的人员以及其他依照法

① 按照大多数学者的观点，受国有单位委托从事公务的人员也属于“其他依照法律从事公务的人员”，那么《渎职罪主体立法解释》中所规定的“受国家机关委托代表国家机关行使职权的组织中从事公务的人员”也应属于“其他依照法律从事公务的人员”。

律从事公务的人员；另一方面又认为，各级人民代表大会代表、人民陪审员是严格意义上的国家工作人员，各民主党派的专职工作人员、由法律、法规授权行使行政管理职能的组织的人员、受行政机关委托行使行政管理职能的人员是“准国家机关工作人员”。① 也有的一方面认为，中国共产党的各级机关中从事公务的人员、政协委员属于“其他依照法律从事公务的人员”；另一方面又肯定他们属于国家机关工作人员，可以构成渎职罪主体。② 这种解释是自相矛盾的。

下面我们以“协助人民政府从事行政管理工作的村民委员会等农村基层组织人员”为例加以分析。

根据全国人大常委会《关于刑法第93条第2款的解释》，协助人民政府从事行政管理工作的村民委员会等农村基层组织人员，属于“其他依照法律从事公务的人员”。所以，村民委员会等村基层组织人员在从事该解释所规定的七项公务时，利用职务上的便利，非法占有公共财物、挪用公款、索取他人财物或者非法收受他人财物，构成犯罪的，适用《刑法》第382条和383条贪污罪、第384条挪用公款罪、第385条和第386条受贿罪的规定。他们既然属于《刑法》第93条第2款所规定的“准国家工作人员”中的“其他依照法律从事公务的人员”，那么也就不属于渎职罪主体。他们在协助人民政府从事行政管理工作中，滥用职权或者玩忽职守，致使公共财产、国家和人民利益遭受重大损失的，也就不构成渎职犯罪。

但是，根据《渎职罪主体立法解释》的规定来看，这些协助人民政府从事行政管理工作的村民委员会等农村基层组织人员可以构成渎职罪主体。目前绝大多数学者认为，这些人员属于“在受国家机关委托代表国家机关行使职权的组织中从事公务的人员”。③ 但笔者不同意这一观点。我们认为，如果村民委员会等农村基层组织人员可以构成渎职罪主体，那么，这些人员应属于“在依照法律、法规规定行使国家行政管理职权的组织中从事公务的人员”。理由是：《村民委员会组织法》第4条第2款规定：“村民委员会协助乡、民族乡、镇的人民政府开展工作。”根据这一规定，村委会成员协助人民政府开展工作是其法定职责。《关于刑法第93条第2款的解释》所规定的七项工作都属于村委会协助乡、镇人民政府所开展的具有行政管理性

---

① 张穹主编：《解读最高人民检察院司法解释》，人民法院出版社2003年版，第230—233页。

② 张军主编：《解读最高人民法院司法解释》，人民法院出版社2006年版，第606—607页。

③ 杜国强：《身份犯研究》，武汉大学出版社2005年版，第133—134页；缪树权：《渎职罪疑难问题研究》，中国检察出版社2006年版，第100页。

质的工作，具有行使行政权的特征。这种行政权的行使是基于行政授权，而不是行政委托。行政授权和行政委托是两种完全不同的行政行为。村委会成员在从事《关于刑法第93条第2款的解释》所规定的七项工作时，是属于依照《村民委员会组织法》从事公务的人员，是基于行政授权。《关于刑法第93条第2款的解释》只不过进一步明确他们是否属于《刑法》第93条第2款规定的“其他依照法律从事公务的人员”。1999年12月17日在第九届全国人大常委会第十三次会议上，全国人大常委会法制工作委员会向全国人大常委会作的《关于刑法第93条第2款的解释（草案）》的报告中，曾建议全国人大常委会对《刑法》第93条第2款作如下解释：“农村村民委员会等基层组织依法或受政府委托从事村公共事务的管理工作属于依法从事公务，应以国家工作人员论。如果在从事公务时利用职务上的便利，非法占有公共财物，挪用公款或者收受贿赂，应当依照刑法关于国家工作人员贪污罪、挪用公款罪、受贿罪追究刑事责任，而不应适用刑法关于侵占罪、挪用资金罪、业务受贿罪的规定。”[①] 但九届全国人大常委会第十五次会议通过的《关于刑法第93条第2款的解释》，不仅把“从事村公共事务的管理工作”一词删去，而且也把“受政府委托”一词删去，只规定“村民委员会等村基层组织人员协助人民政府从事下列行政管理工作时，属于刑法第93条第2款规定的‘其他依照法律从事公务的人员’……”这一修改恰恰表明，立法机关是把村委会等村基层组织人员看做依法授权行使行政管理职能的人员而纳入《刑法》第93条第2款所规定的“其他依照法律从事公务的人员”范围的。

不管把协助人民政府从事行政管理工作的村民委员会等农村基层组织人员看做是“在受国家机关委托代表国家机关行使职权的组织中从事公务的人员”，还是看做“在依照法律、法规规定行使国家行政管理职权的组织中从事公务的人员”，按照《渎职罪主体立法解释》规定，他们都可以构成渎职罪主体。但按照《关于刑法第93条第2款的解释》，这些人员是“准国家工作人员”，而不是国家机关工作人员，既然是“准国家工作人员”，那么，他们就不能成为渎职罪主体。

依据不同的立法解释，对同一主体可以作出完全相反的结论，那司法机关如何适用呢？协助人民政府从事行政管理工作的村民委员会等农村基层组织人员是否可以成为渎职罪主体呢？

一种观点认为，村委会等村基层组织人员实际上是受国家机关委托代为

---

① 《全国人民代表大会常务委员会公报》2000年第3期，第224页。

行使管理职权的人员，应当视为国家机关工作人员，依法可以成为渎职罪主体。①

另一种观点认为，这些人员不能成为渎职罪主体。从近年司法实践来看，笔者还没有看到这类人员有被追究刑事责任的案例。在与检察人员（主要是渎职犯罪侦查局的人员）的访谈中，他们普遍认为，这类人员不能成为渎职罪主体。

从司法适用的角度，我们同意第二种意见。理由是：第一，从立法解释的原意看，村民委员会等农村基层组织人员没有纳入渎职罪主体范围。2002年12月23日全国人大常委会法制工作委员会副主任胡康生在第九届全国人民代表大会常务委员会第三十一次会议上所作的《对全国人民代表大会常务委员会关于〈中华人民共和国刑法〉第九章渎职罪主体适用问题的解释（草案）的说明》中，阐述之所以要制定这个立法解释的背景时指出："近年来，在司法实践中遇到一些新情况：一是法律授权规定某些非国家机关的组织，在某些领域行使国家行政管理职权。如根据证券法的规定，证券业和银行业、信托业、保险业实行分业经营、分业管理。证券公司与银行、信托、保险业务机构分别设立。国务院证券监督管理机构依法对全国证券市场实行集中统一监督管理。保险法也作了修改，规定国务院保险监督管理机构负责对保险业实施监督管理，而这些权力过去法律规定是由中国人民银行行使的。二是在机构改革中，有的地方将原来的一些国家机关调整为事业单位，但仍然保留其行使某些行政管理的职能。三是有些国家机关将自己行使的职权依法委托给一些组织行使。四是实践中有的国家机关根据工作需要聘用了一部分国家机关以外的人员从事公务。上述这些人员虽然在形式上未列入国家机关编制，但实际是在国家机关中工作或者行使国家机关工作人员的权力。一些部门认为，这些人员在行使国家权力时，玩忽职守、滥用职权、徇私舞弊构成犯罪的，也应按照国家机关工作人员渎职罪的规定处罚。"②从这一段说明中，可以看到，这个立法解释没有考虑解决村民委员会等农村基层组织人员是否可以成为渎职罪主体的问题。第二，从刑法解释原理看，村民委员会等农村基层组织人员不应纳入渎职罪主体范围。刑法解释的方法中体系解释是一种基本的解释方法。所谓体系解释是指根据刑法条文在整个刑法中的地位，联系相关法条的含义，阐明其规范意旨的解释方法。在解释

---

① 杜国强：《身份犯研究》，武汉大学出版社2005年版，第133—134页；缪树权：《渎职罪疑难问题研究》，中国检察出版社2006年版，第100页。

② 《全国人民代表大会常务委员会公报》2003年第1期。

《刑法》分则条文时，不仅应当将《刑法》分则作为一个整体来解释，而且要将分则与总则作为一个整体来解释。如果根据《渎职罪主体立法解释》规定，将村民委员会等农村基层组织人员纳入渎职罪主体，就明显与《刑法》第93条第2款规定相矛盾。正因为如此，我们认为，目前不将村民委员会等农村基层组织人员纳入渎职罪主体的理由更充分一些。

但问题是：从应然角度，村民委员会等农村基层组织人员不纳入渎职罪主体是否具有合理性呢？我们认为，不论从村民委员会等农村基层组织人员渎职行为的社会危害性，还是从这类危害行为的常见性以及推进农村基层组织人员的廉政勤政建设等方面，都应当将他们纳入渎职罪主体范围。

依据不同的立法解释，对村民委员会等农村基层组织人员的渎职行为可以作出完全不同的法律评价，而从应然角度这些人员理应纳入渎职罪主体范围。这种现象在人民陪审员以及其他由法律授权从事公务的人员中都同样存在。

那么，这其中的矛盾是如何产生的呢？我们认为，之所以出现这种立法解释之间有矛盾、立法与现实相脱节的现象，根本原因在于：《刑法》第93条第2款规定"……其他依照法律从事公务的人员，以国家工作人员论"缺乏科学性、合理性。

根据上述分析，我们建议，在《刑法》第93条第1款后，增设如下规定："……其他依照法律从事公务的人员，以国家机关工作人员论"，同时删去《刑法》第93条第2款所规定的"……其他依照法律从事公务的人员，以国家工作人员论"的规定。

我们认为，之所以应作这样的修改，其依据是：

1. 符合"其他依照法律从事公务的人员"的本质特征。"其他依照法律从事公务的人员"的本质特征是依法从事国家公务。渎职罪侵犯的客体是国家机关的正常管理活动与公众对国家机关工作人员职务活动客观公正的信赖。而"其他依照法律从事公务的人员"行使的也是国家法律赋予的国家权力，他们滥用职权、玩忽职守或者徇私舞弊，使国家和人民利益遭受重大损失的，侵犯的客体也是正常行使国家权力、管理国家事务的活动和公众对他们的职务活动客观公正的信赖。也就是说，"其他依照法律从事公务的人员"在渎职犯罪中侵犯的客体与国家机关工作人员是一样的。所以将他们纳入渎职罪主体范围符合《刑法》对犯罪主体分类的基本原理。

2. 有助于将"准国家机关工作人员"与"准国家工作人员"加以区分。在高度集中的计划经济体制下，国家既是国有资产的所有者，又是国有资产的经营管理者。国有企业隶属于政府并作为国家的代表，直接组织生产经营。

企业活动是行政活动，是代表国家的公务活动。所以把国有企、事业单位工作人员与“其他依照法律从事公务的人员”放在一起有其历史必然性和现实合理性。但在市场经济条件下，随着现代企业制度的建立，国家与企业之间的关系已发生根本性变化，国有企业作为市场主体已不直接体现国家管理职能。随着国有事业单位改革的推进，除国家授权行使行政管理职能的事业单位以外，绝大部分国有事业单位的活动已不直接行使国家权力。所以在市场经济条件下国有企、事业工作人员已不再是行使国家管理职能的工作人员，将他们与“其他依照法律从事公务的人员”明确加以区分是十分必要的。

3. 有助于惩治渎职犯罪。按照目前学界的通说和司法实践的一般做法，“其他依照法律从事公务的人员”，不属于《刑法》分则第九章所规定的渎职罪主体。这也就意味着：这类人员除可以构成贪污罪、受贿罪、挪用公款罪外，其他渎职犯罪将不能定罪处罚。他们不属于《刑法》分则第九章所规定的渎职罪主体，又因为他们不是国有公司、企业、事业单位的人员，所以他们又不属于《刑法》第168条所规定的犯罪主体。按照罪刑法定原则，他们滥用职权、玩忽职守或者徇私舞弊，使国家和人民利益遭受重大损失的，只能按无罪处理，这显然是放纵犯罪。反之，如果将他们“以国家机关工作人员论”，则可以适用《刑法》分则第九章所规定的渎职罪规定。这必将严密刑事法网，有助于惩治渎职犯罪，有利于“其他依照法律从事公务的人员”的廉政勤政建设，预防渎职犯罪。

第五节　受委托从事公务的人员的法律地位

在认定渎职犯罪中，如何界定和正确认识受委托从事公务人员（以下简称受托人员）的法律地位具有十分重要的意义。但刑事立法、刑事立法解释及刑事司法解释对此规定不一，理论界对此也没有予以足够的关注，缺乏深入的探讨。实践中司法机关对受托人员的认定处理宽严不同，直接影响犯罪的认定和刑法平等原则的实现。

一、《刑法》修订之前，受委托从事公务人员的法律地位

《刑法》修订之前，对受委托从事公务人员的法律地位的规定和认识可以分为三个阶段：

（一）第1阶段：1980年至1988年1月

1979年《刑法》第83条规定：“本法所说的国家工作人员是指一切国

家机关、企业、事业单位和其他依照法律从事公务的人员。”1982 年 3 月 8 日全国人大常委会通过的《关于严惩严重破坏经济的罪犯的决定》规定：“本决定所称国家工作人员，包括在国家各级权力机关、各级行政机关、各级司法机关、军队、国营企业、国家事业机构中工作的人员，以及其他各种依照法律从事公务的人员。”上述两个法律对国家工作人员范围的解释均没有明确规定是否包括受托人员。1979 年《刑法》第 155 条第 1 款规定：“国家工作人员利用职务上的便利，贪污公共财物的，处 5 年以下有期徒刑或者拘役……”第 2 款规定：“犯前款罪的，并处没收财产或者判令退赔。”第 3 款规定：“受国家机关、企业、事业单位、人民团体委托从事公务的人员犯第 1 款罪的，依照前两款规定处罚。”这一规定表明：“受国家机关、企业、事业单位、人民团体委托从事公务的人员”不能逻辑地包括在“其他依照法律从事公务的人员”的范围内。

1979 年《刑法》在渎职罪一章的八个条文中都没有规定犯罪主体是否包括受托人员。那么对于受托人员利用职务上的便利，收受贿赂、玩忽职守、徇私枉法、体罚虐待被监管人员、私放罪犯等渎职行为该如何处理呢？理论和实践中存在分歧。一种观点认为，受托人员实施严重渎职行为的，应按渎职犯罪处理；另一种观点认为，受托人员按渎职犯罪处理没有法律依据。这种争论在玩忽职守罪和受贿罪中表现得尤为突出。为了解决实践中的争议，最高人民检察院首先对受托人员的法律地位作出了解释性的说明。1986 年 3 月 24 日最高人民检察院颁布《人民检察院直接受理的法纪检察案件立案标准的规定（试行）》，在其所附的《关于〈人民检察院直接受理的法纪检察案件立案标准的规定（试行）〉中一些问题的说明》（以下简称《说明》）中规定：“关于《人民检察院直接受理的法纪检察案件立案标准的规定（试行）》中所说的‘国家工作人员’，是指在国家权力机关、各级行政机关、各级司法机关、军队、国营企业、国家事业机构中工作的人员，以及其他依照法律或受国家机关、团体、企业、事业单位委托从事公务的人员。”该解释是根据全国人大常委会颁布的《关于严惩严重破坏经济的罪犯的决定》中所规定的“国家工作人员”的范围作出的，其主要内容与该决定基本一致，不同在于：它将该决定所规定的“其他各种依照法律从事公务的人员”扩大到“其他依照法律或受国家机关、团体、企业、事业单位委托从事公务的人员”，这一规定显然已经超出了立法原意。随之，1987 年 8 月 31 日最高人民检察院颁布的《关于正确认定和处理玩忽职守罪的若干意见（试行）》规定：“玩忽职守罪的犯罪主体必须是国家工作人员。根据刑法第 83 条规定和全国人大常委会《关于严惩严重破坏经济的罪犯的决定》精神，所谓国家工作人员，是指在国家各级机关、军队、社会团体，全民所有制企业、事业单位中工作的人员，以及其他各种依照法律从事公务的人员。所谓依照法律从事公务的人员，是指根据法律，经人民选举或受国家机关、军队、社会团体，全民所有制、集体所有制的企业、事业单位的委托、聘用，从事管理工作的人员。”“全民所有制或集体所有制的企业、事业单位，将其全部或部分资产发包给个人或若干人负责经营，其承包经营的负责人员和管理工作人员，应视为国家工作人员范围。”该解释把受托人员直接归入国家工作人员中的“依照法律从事公务的人员”或者视为国家工作人员。这一解释不仅没有克服1986年《说明》中存在的问题，而且更加不合理：1. 从贪污罪的规定看，1979年《刑法》第83条规定的“其他依照法律从事公务的人员”中并不包括“受国家机关、企业、事业单位、人民团体委托从事公务的人员”。在同一法律中，同一法律术语的内涵和外延必须一致。既然贪污罪中国家工作人员不包括受托人员，为什么在玩忽职守罪中国家工作人员又可以包括受托人员呢？2. 全国人大常委会《关于严惩严重破坏经济的罪犯的决定》中所规定的“国家工作人员”已明确将集体所有制的企业、事业单位的人员排除在“国家工作人员”范围之外，但该解释却把受集体所有制的企业、事业单位的委托、聘用，从事管理工作的人员纳入“国家工作人员”范围。

（二）第2阶段：1988年1月至1995年2月

1988年1月21日全国人大常委会颁布《关于惩治贪污罪贿赂罪的补充规定》（以下简称《补充规定》）。该《补充规定》将贪污罪、挪用公款罪的犯罪主体规定为“国家工作人员、集体经济组织工作人员或者其他经手、管理公共财物的人员”，而将受贿罪主体规定为“国家工作人员、集体经济组织工作人员或者其他从事公务的人员”。1989年11月6日最高人民检察院和最高人民法院颁布《关于执行〈关于惩治贪污罪贿赂罪的补充规定〉若干问题的解答》（以下简称“两高”《解答》）。“两高”《解答》在规定贪污罪、挪用公款罪主体时指出：“‘其他经手、管理公共财物的人员’包括：刑法第155条规定的‘受国家机关、企业、事业单位、人民团体委托从事公务的人员’；基层群众性自治组织（如居民委员会、村民委员会）中经手、管理公共财物的人员；全民所有制企业、集体所有制企业的承包经营者……”即把受托人员纳入“其他经手、管理公共财物的人员”的范围。“两高”《解答》在规定受贿罪主体时指出：“‘其他从事公务的人员’，是指国家工作人员、集体经济组织工作人员以外的依照法律从事公务或者受委托从事公务的人员。”即把受托人员纳入“其他从事公务的人员”的范围，从而使受托人员的法律地位问题在贪污罪、挪用公款罪和受贿罪中得到了较好的解决。一些权威性的教科书对受托人员可以成为贪污罪、挪用公款罪、受贿罪主体给予了充分肯定。① 笔者认为，在这一阶段，由于《补充规定》扩大了贪污罪、挪用公款罪、受贿罪的主体，“两高”《解答》是在这一基础上制定的，并把受托人员纳入“其他经手、管理公共财物的人员”或“其他从事公务的人员”，从解释内容和解释权限看，没有超出《刑法》用语的可能文义的范围，是符合立法精神的解释。上述立法规定和司法解释清楚地表明，国家工作人员与受托人员是有严格区别的。

但上述解释精神，最高司法机关并未在其他罪名中加以贯彻。在这一阶段，贪污罪、挪用公款罪和受贿罪的主体得到了扩大，而玩忽职守罪的主体仍然限于国家工作人员。按理最高人民检察院应对原来的越权解释及时进行修改。但遗憾的是，最高人民检察院不仅没有对《关于正确认定和处理玩忽职守罪的若干意见（试行）》中的违法解释作出修正，而且还在其他规定中进一步强调受托人员属于国家工作人员。如 1989 年 11 月 30 日最高人民检察院颁布的《人民检察院直接受理的侵犯公民民主权利、人身权利和渎职案件立案标准的规定》的所附说明中规定：“刑法第 136 条刑讯逼供案的犯罪主体是国家工作人员，在司法实践中，主要是指公安、安全、检察、法院的工作人员，企业、事业单位的保卫干部，以及受国家机关委托协助办理刑事案件的人员。”即受委托协助办理刑事案件的人员可以成为刑讯逼供罪的主体。1994 年 1 月 10 日最高人民检察院在《关于受监管机关正式聘用或委托履行监管职务的人员能否成为体罚虐待人犯罪和私放罪犯罪主体的批复》中规定：受监管机关正式聘用或委托实际履行监管职务的人员可以作为体罚、虐待人犯罪和私放罪犯罪的主体。

笔者注意到，对受托从事公务的人员是否属国家工作人员，最高人民检察院也曾作过否定规定。如 1988 年 3 月 10 日最高人民检察院《关于护林护水等人员在执行职务时受到不法侵害对不法侵害者是否以妨害公务罪论处问题的答复》中指出：“刑法第 83 条规定的‘国家工作人员’，不包括护林护水等受委托从事公务的人员。他人以暴力、威胁方法阻碍护林护水等人员执行任务的，不宜以妨害公务罪论处，其中致人受伤、死亡的，可

① 高铭暄主编：《中国刑法学》（高等学校文科教材），中国人民大学出版社 1989 年版，第 524 页、第 605 页；林准主编：《中国刑法教程》（全国法院干部业余法律大学教材），人民法院出版社 1989 年版，第 536 页、第 637 页；何秉松主编：《刑法教科书》，中国法制出版社 1995 年版，第 734 页、第 848 页。

按相应的罪名处罚；尚未构成犯罪的，可由公安机关按照《治安管理处罚条例》处罚。”该解释肯定了受委托从事公务的人员不是国家工作人员。

（三）第3阶段：1995年2月至1997年9月

1995年2月28日全国人大常委会颁布《关于惩治违反公司法的犯罪的决定》（以下简称《决定》）。该《决定》第12条规定：“国家工作人员犯本决定第9条、第10条、第11条规定之罪的，依照《关于惩治贪污罪贿赂罪的补充规定》的规定处罚。”《决定》实质上对《补充规定》所规定的贪污罪、挪用公款罪和受贿罪的主体作了重大修改。即将职务侵占罪、挪用资金罪、公司、企业人员受贿罪（《刑法》修订前罪名为“侵占罪、挪用资金罪、商业受贿罪”）从贪污罪、挪用公款罪和受贿罪分解出来。贪污罪、挪用公款罪和受贿罪的主体只限于国家工作人员。这时迫切需要重新界定国家工作人员范围。随后最高人民检察院、最高人民法院分别颁布司法解释对国家工作人员的范围作出规定。1995年11月7日最高人民检察院《关于办理公司、企业人员受贿、侵占和挪用公司、企业资金犯罪案件适用法律的几个问题的通知》中规定：“所谓‘国家工作人员’，是指：1. 国家机关工作人员，即在国家各级权力机关、各级行政机关、各级司法机关和军队工作的人员；2. 在国家各类事业机构中工作的人员；3. 国有企业中的管理工作人员；4. 公司、企业中由政府主管部门任命或者委派的管理人员；5. 国有企业委派到参股、合营公司、企业中行使管理职能的人员；6. 其他依法从事公务的人员。”1995年12月25日最高人民法院《关于办理违反公司法受贿、侵占、挪用等刑事案件适用法律若干问题的解释》规定：“《决定》第12条所说的国家工作人员，是指在国有公司、企业或者其他公司、企业中行使管理职权，并具有国家工作人员身份的人员，包括受国有公司、国有企业委派或者聘请，作为国有公司、国有企业代表，在中外合资、合作、股份制公司、企业中，行使管理职权，并具有国家工作人员身份的人员。”“两高”对《决定》中所规定的国家工作人员范围分别作出了不同规定，但两个司法解释均未涉及受托人员的主体地位，而且最高人民法院把国家工作人员身份理解为“国家干部身份”，从而使国家工作人员的范围更小了，受托人员已不能构成贪污罪、挪用公款罪和受贿罪的主体。

总之，我们可以看到，《刑法》修订之前，除1979年《刑法》在贪污罪中对受托人员的法律地位作出明确规定外，受托人员的法律地位主要是通过司法解释予以明确的。但这些司法解释除“两高”《解答》符合立法精神外，其他将受托人员纳入国家工作人员范围的解释都是扩张司法解释。虽然这些扩张解释有利于打击渎职犯罪，维护国家正常管理秩序，但解释的内容违反法律规定，影响对同一法律用语的理解，徒增刑法条文之间的逻辑混乱。

二、《刑法》修订之后，受委托从事公务人员的法律地位

如何界定国家工作人员的范围及完善渎职犯罪立法是《刑法》修订的主要内容之一。修订后的《刑法》第93条把国家工作人员分为国家机关工作人员和准国家工作人员。国家机关工作人员是指国家机关中从事公务的人员。准国家工作人员包括三种人员：国有公司、企业、事业单位、人民团体中从事公务的人员；国家机关、国有公司、企业、事业单位委派到非国有公司、企业、事业单位、社会团体从事公务的人员；其他依照法律从事公务的人员。从这一规定看，国家工作人员不能当然地包括受托人员。

修订《刑法》进一步完善了渎职犯罪立法。首先，将贪污贿赂罪单列一章。其次，在渎职罪一章中改变了1979年《刑法》对渎职罪的规定过于笼统的做法，分解玩忽职守罪，新增一些具体的渎职犯罪行为，从而形成以第397条所规定的玩忽职守罪、滥用职权罪为渎职罪的一般规定，以第398条至第419条所规定的具体渎职犯罪为渎职罪的特殊规定的渎职罪法律规范体系。在《刑法》分则所有渎职罪条文中，除《刑法》第382条第2款规定“受国家机关、国有公司、企业、事业单位、人民团体委托管理、经营国有财产的人员”可以成为贪污罪主体外，其他条款均未规定受托人员可以成为渎职罪主体。

修订《刑法》实施后，受托人员能否成为渎职罪主体成为摆在司法人员面前亟待解决的问题。从贪污贿赂罪的立法发展看，贪污罪与挪用公款罪的犯罪主体一直是相同的。但修订《刑法》在规定受委托管理、经营国有财产的人员可以成为贪污罪主体的同时，却并未在第384条规定受委托管理、经营国有财产的人员可以成为挪用公款罪的主体。2000年2月16日最高人民法院《关于对受委托管理、经营国有财产人员挪用国有资金行为如何定罪问题的批复》规定：“对于受国家机关、国有公司、企业、事业单位、人民团体委托，管理、经营国有财产的非国家工作人员，利用职务上的便利，挪用国有资金归个人使用构成犯罪的，应当依照刑法第272条第1款的规定定罪处罚。”即受委托从事公务的人员不构成挪用公款罪的主体。但2000年9月14日最高人民法院《关于未被公安机关正式录用的人员、狱医能否构成失职致使在押人员脱逃罪主体问题的批复》规定：“对于未被公安机关正式录用，受委托履行监管职责的人员，由于严重不负责任，致使在押人员脱逃，造成严重后果的，应当依照刑法第400条第2款

的规定定罪处罚。”该批复肯定了《刑法》第400条规定的司法工作人员包括受托人员。

最高人民检察院对受托人员的法律地位也是予以肯定的。2000年4月24日最高人民检察院《关于以暴力、威胁方法阻碍事业编制人员依法执行行政执法职务是否可对侵害人以妨害公务罪论处的批复》规定：“以暴力、威胁方法阻碍国家机关中受委托从事行政执法活动的事业编制人员执行行政执法职务的，可以对侵害人以妨害公务罪追究刑事责任。”2000年10月9日最高人民检察院《关于合同制民警能否成为玩忽职守罪主体问题的批复》又规定：“根据刑法第93条第2款的规定，合同制民警在依法执行公务期间，属其他依照法律从事公务的人员，应以国家机关工作人员论。对合同制民警在依法执行公务活动中的玩忽职守行为，符合刑法第397条规定的玩忽职守罪构成要件的，依法以玩忽职守罪追究刑事责任。”2001年3月2日最高人民检察院《关于工人等非监管机关在编监管人员私放在押人员行为和失职致使在押人员脱逃行为适用法律问题的解释》规定：“工人等非监管机关在编监管人员在被监管机关聘用受委托履行监管职责的过程中私放在押人员的，应当依照刑法第400条第1款的规定，以私放在押人员罪追究刑事责任；由于严重不负责任，致使在押人员脱逃，造成严重后果的，应当依照刑法第400条第2款的规定，以失职致使在押人员脱逃罪追究刑事责任。”这几个解释均肯定了受托人员属于国家机关工作人员范围。

尽管最高司法机关对某类人员或个别案件的渎职罪主体问题作出了一些司法解释，但不能从根本上解决司法实践中关于渎职罪主体的法律适用问题。最高人民法院、最高人民检察院要求全国人大常委会对此作出立法解释。2002年12月28日第九届全国人大常委会第三十一次会议通过的《渎职罪主体立法解释》规定：“在依照法律、法规规定行使国家行政管理职权的组织中从事公务的人员，或者在受国家机关委托代表国家机关行使职权的组织中从事公务的人员，或者虽未列入国家机关人员编制但在国家机关中从事公务的人员，在代表国家机关行使职权时，有渎职行为，构成犯罪的，依照刑法关于渎职罪的规定追究刑事责任。”这一立法解释肯定了“受国家机关委托代表国家机关行使职权的组织中从事公务的人员”可以构成《刑法》第九章渎职罪的主体。

从以上简评，我们可以看到，现行《刑法》除贪污罪外，对受托人员的法律地位没有作出规定。受托人员的法律地位仍是由立法解释和司法解释予以明确的。但立法解释、司法解释也还存在诸多不明确、不合理的地方。表现在：

1. 立法解释不明确。《刑法》立法解释是全国人大常委会对《刑法》条文本身需要进一步明确而进行的解释。这就要求《刑法》立法解释必须明确、具体。虽然《渎职罪主体立法解释》明确了三类人员可以构成《刑法》第九章渎职罪主体，但这三类人员是否属于“国家机关工作人员”，《渎职罪主体立法解释》没有明确予以回答，而是泛泛规定“依照刑法的规定”。

2. 司法解释不合理。首先，最高人民检察院《关于合同制民警能否成为玩忽职守罪主体问题的批复》规定，“根据刑法第 93 条第 2 款的规定，合同制民警在依法执行公务期间，属其他依照法律从事公务的人员，应以国家机关工作人员论”。合同制民警属于受国家机关聘用从事公务的人员，聘用是典型的委托行为。[①] 该批复并没有把这类人员归入《刑法》第 93 条第 1 款所规定的“国家机关工作人员”范围，而是把它纳入《刑法》第 93 条第 2 款规定的“其他依照法律从事公务的人员”，并称之为“以国家机关工作人员论”。只要我们认真审视《刑法》第 93 条第 2 款的规定就不难发现，《刑法》第 93 条第 2 款规定的三类人员只是“以国家工作人员论”而不是“以国家机关工作人员论”。“以国家机关工作人员论”的人员当然可以构成《刑法》第九章渎职罪主体，而“以国家工作人员论”的人员则不能构成《刑法》第九章渎职罪主体。该批复明显偷换概念，是一个自相矛盾的解释。其次，最高人民法院《关于对受委托管理、经营国有财产人员挪用国有资金行为如何定罪问题的批复》规定：“对于受国家机关、国有公司、企业、事业单位、人民团体委托，管理、经营国有财产的非国家工作人员，利用职务上的便利，挪用国有资金归个人使用构成犯罪的，应当依照刑法第 272 条第 1 款的规定定罪处罚。”根据这一规定，受委托管理、经营国有财产的非国家工作人员，挪用国有资金归个人使用，不构成挪用公款罪，但构成《刑法》第 272 条第 1 款规定的挪用资金罪。最高人民法院之所以如此解释，是因为在挪用公款罪中没有规定“受国家机关、国有公司、企业、事业单位、人民团体委托管理、经营国有财产的人员”可以构成挪用公款罪主体。从这一角度看，最高人民法院的解释是正确的。但问题是：《刑法》第 272 条也没有规定受托人员可以构成挪用资金罪的主体。既然都是法无明文规定，为什么在挪用公款罪不允许，而在挪用资金罪中就允许呢？另外，既然受托人员不能构成挪用公款罪，那么未被公安机关正式录用，受

---

① 参见 1999 年 8 月 6 日最高人民检察院制定的《关于人民检察院直接受理立案侦查案件立案标准的规定（试行）》第 1 条第 1 项。

委托履行监管职责的人员，由于严重不负责任，致使在押人员脱逃，造成严重后果的，又何以构成失职致使在押人员脱逃罪呢？显然司法解释本身不能自圆其说，也缺乏立法依据。

三、关于受托人员法律地位问题的再认识

关于受托人员的法律地位问题，从理论层面还有必要进一步澄清和探讨以下几个问题：

（一）受托人员是否属于国家机关工作人员

随着最高司法机关一些司法解释的出台，特别是全国人大常委会《渎职罪主体立法解释》的颁布，不少同志认为，受托人员实质上已经纳入国家机关工作人员范围。笔者认为，这种理解是错误的。有的同志认为，根据《渎职罪主体立法解释》的规定，在依照法律、法规规定行使国家行政管理职权的组织中从事公务的人员，或者在受国家机关委托代表国家机关行使职权的组织中从事公务的人员，或者虽未列入国家机关人员编制但在国家机关中从事公务的人员，即视为国家机关工作人员。[①] 笔者认为，这一观点有失偏颇。《渎职罪主体立法解释》虽然规定三类人员可以构成《刑法》第九章渎职罪主体，但这三类人员是否属于"国家机关工作人员"，立法解释没有作出明确规定。曾参与该立法解释制定的同志指出："根据此解释，除国家机关工作人员以外，在行使国家权力时，玩忽职守、滥用职权、徇私舞弊构成犯罪的，应当依照刑法关于渎职罪的规定追究刑事责任"，"本立法解释所要解释的不是这三类人的'血统'、'身份'问题，而是要解决当这些人在行使国家机关职权过程中，有渎职行为构成犯罪时，如何适用刑法追究刑事责任的问题"。[②] 这说明《渎职罪主体立法解释》的主旨并非解释"国家机关工作人员"的范围，更不能据此推导出立法机关已认可受托人员是国家机关工作人员。

笔者认为，"两高"通过司法解释把一些受国家机关委托从事公务的人员直接纳入渎职罪主体不具有合法性。不容否认，这些司法解释具有实质合理性，有利于惩治渎职犯罪。但修订《刑法》并没有把受托人员纳入国家机关工作人员范围，这属于立法中的疏漏。对于立法上的漏洞只能通过修改

---

① 周其华：《刑法的修正与适用》，中国方正出版社2004年版，第345页；熊选国、苗有水："如何把握'国家机关工作人员'的范围"，载《人民法院报》2004年11月8日。

② 黄太云："全国人大常委会《关于刑法第九章渎职罪主体适用问题的解释》的理解与适用"，载《刑事审判参考》2003年第1辑。

《刑法》的方法予以解决。司法解释必须恪守解释权限。“在罪刑法定主义原则下，严格解释是刑法解释的基本原则”。[①] 最高司法机关必须在立法原意的范围内对《刑法》具体应用中的问题予以明确化、具体化。同一法律用语在不同的司法解释中必须保持相同的解释含义，绝不允许出现超越《刑法》规定内容的司法解释。在存在立法缺漏的情况下，为了充分实现《刑法》的社会保护功能，试图超越解释权限对《刑法》条文进行创造性弥补，只能造成立法权与司法权的混同，妨碍刑法人权保障功能的发挥，最终将破坏刑事法治的建构。通过扩张司法解释的方法，把受托人员纳入国家机关工作人员范围是不合适的。因此，不宜通过司法解释直接将受托人员纳入国家机关工作人员范围。再说立法机关实际上已注意到司法解释把一些受国家机关委托从事公务的人员直接纳入渎职罪主体的合法性问题，否则全国人大常委会也就没有必要制定《渎职罪主体立法解释》了。

（二）受托人员是否属于国家工作人员

当前，理论界和实务界有不少同志认为，受托人员属于《刑法》第93条第2款规定的“其他依照法律从事公务的人员”。[②] 笔者认为，这种观点同样不能成立。受托人员与依照法律从事公务的人员是有重大区别的，表现在：1. 从事公务的依据不同。前者来源于国有单位的委托，委托形式既可以是书面的，也可以是口头的，未经委托或解除委托即失去行使职权的合法基础；后者则直接来源于法律的规定，即必须是依照法律规定选举、任命和授权产生。2. 行使的职权不同。受托人是在受托的范围行使职权；而依照法律从事公务的人员，只要经人民选举或者依法任命和授权，即拥有法律赋予的职权。如人民代表依据《全国人民代表大会和地方各级人民代表大会法》行使权力，人民陪审员根据《刑事诉讼法》、《人民法院组织法》行使权力。3. 从立法技术看，如果“其他依照法律从事公务的人员”包括受托人员，那么《刑法》第382条第2款就根本没有特别规定的必要。立法机关并不认为国家工作人员包括受托人员。4. 从司法解释沿革看，除最高人民检察院曾在《关于正确认定和处理玩忽职守罪的若干意见（试行）》中把受托人员纳入“其他依照法律从事公务的人员”以外，都

---

① 甘雨沛、何鹏：《外国刑法学》，北京大学出版社1984年版，第21页。

② 侯国云、白岫云：《新刑法疑难问题解析与适用》，中国检察出版社1998年版，第194页；赵秉志主编：《中国刑法案例与学理研究》，法律出版社2001年版，第14页；游伟主编：《刑法理论与司法问题研究》，上海文艺出版社2001年版，第550页；高铭暄主编：《刑法专论》，高等教育出版社2002年版，第779页；房清侠等：《刑法理论问题专题研究》，中国人民公安大学出版社2003年版，第330页。

把受托人员与“其他依照法律从事公务的人员”加以区分。《刑法》修订后，最高人民法院《关于对受委托管理、经营国有财产人员挪用国有资金行为如何定罪问题的批复》中，之所以规定受委托从事公务的人员挪用国有资金的不构成挪用公款罪，也是基于受委托从事公务的人员不能包含在“其他依照法律从事公务的人员”中。2003 年 11 月 13 日最高人民法院《全国法院审理经济犯罪案件工作座谈会纪要》第 1 条第 3 项规定：“刑法第 93 条第 2 款规定的‘其他依照法律从事公务的人员’应当具有两个特征：一是在特定条件下行使国家管理职能；二是依照法律规定从事公务。具体包括：（1）依法履行职责的各级人民代表大会代表；（2）依法履行审判职责的人民陪审员；（3）协助乡镇人民政府、街道办事处从事行政管理工作的村民委员会、居民委员会等农村和城市基层组织人员；（4）其他由法律授权从事公务的人员。”[①] 它没有把受托人员纳入“依照法律从事公务的人员”。这一规定是符合立法精神的。

2000 年 4 月 29 日第九届全国人大常委会第十五次会议通过《关于刑法第 93 条第 2 款的解释》。该解释规定：村委会等村基层组织人员协助人民政府从事七项行政管理工作时，属于《刑法》第 93 条第 2 款规定的“其他依照法律从事公务的人员”。有的同志认为，该解释属立法扩张解释，立法机关已认可受委托从事公务的人员属国家工作人员。[②] 笔者认为，这种结论不能成立。扩张解释是指将《刑法》条文作大于其字面含义的解释。该解释的规定没有扩大条文的字面含义。《村民委员会组织法》第 4 条第 2 款规定:“村民委员会协助乡、民族乡、镇的人民政府开展工作。”根据这一规定，村委会成员协助人民政府开展工作是其法定职责，其协助人民政府所开展的工作具有政府行政管理的性质。该解释所规定的七项工作都属于村委会协助乡、镇人民政府所开展的具有行政管理性质的工作，具有行使行政权的特征。这种行政权的行使是基于行政授权，而不是行政委托。行政授权和行政委托是两种完全不同的行政行为。村委会成员在从事该解释所规定的七项工作时，是属于依照《村民委员会组织法》从事公务的人员，是基于行政授权。该解释只不过进一步明确他们是否属于《刑法》第 93 条第 2 款规定的“其他依照法律从事公务的人员”。因此该解释符合立法原意，也符合 2000 年 3 月 15 日第九届全国人大常委会第三次会议通过的《立法法》第

① 《最高人民法院公报》2003 年第 6 期，第 3 页。

② 赵秉志、时延安：“略论关于刑法第九十三条第二款的立法解释”，载《法制日报》2000 年 5 月 28 日。

42条所规定的“法律的规定需要进一步明确具体含义的”由全国人大常委会进行解释的精神。该解释不是扩张解释，而是严格解释。笔者还注意到：1999年12月17日在第九届全国人大常委会第十三次会议上，全国人大常委会法制工作委员会在向全国人大常委会所作的《关于刑法第93条第2款的解释（草案）》的报告中，是建议全国人大常委会对《刑法》第93条第2款作如下解释：“农村村民委员会等基层组织依法或受政府委托从事村公共事务的管理工作属于依法从事公务，应以国家工作人员论。如果在从事公务时利用职务上的便利，非法占有公共财物，挪用公款或者收受贿赂，应当依照刑法关于国家工作人员贪污罪、挪用公款罪、受贿罪追究刑事责任，而不应适用刑法关于侵占罪、挪用资金罪、业务受贿罪的规定。”[①] 但九届全国人大常委会第十五次会议通过的《关于刑法第93条第2款的解释》，不仅把“从事村公共事务的管理工作”一词删去，而且也把“受政府委托”一词删去，只规定“村委会等村基层组织人员协助人民政府从事下列行政管理工作时，属于刑法第93条第2款规定的其他依照法律从事公务的人员’……”这一修改恰恰表明，立法机关未把“受政府委托”从事公务的人员纳入《刑法》第93条第2款规定的“其他依照法律从事公务的人员”范围。

（三）如何正确认识《刑法》第382条第2款的规定

《刑法》第382条第2款规定：“受国家机关、国有公司、企业、事业单位、人民团体委托管理、经营国有财产的人员，利用职务上的便利，侵吞、窃取、骗取或者以其他手段非法占有国有财物的，以贪污论。”除本条款外，在贪污贿赂罪和渎职罪的其他条文中均无类似规定。那么应如何认识这一立法现象呢？也就是说，这一规定是属于注意规定还是法定拟制呢？

注意规定是指刑法已作基本规定的前提下，提示司法人员注意，以免司法人员忽略的规定。注意规定只具有提示性意义，它不改变刑法的相关规定或刑法的基本原理。如《刑法》第163条的前两款规定了非国家工作人员受贿罪，第3款则规定：“国有公司、企业或者其他国有单位中从事公务的人员和国有公司、企业或者其他国有单位委派到非国有公司、企业以及其他单位从事公务的人员有前两款行为的，依照本法第385条、第386条的规定定罪处罚。”根据这一规定，只有当上述人员的行为完全符合《刑法》第385条所规定的受贿罪的构成要件时，才能以受贿罪论处；如果上述人员的行为不符合《刑法》第385条的规定，那么就不能认定为受贿罪。所以，

① 《全国人民代表大会常务委员会公报》2000年第3期，第224页。

《刑法》第163条第3款属于注意规定。而法定拟制则与注意规定不同，“法学上的拟制是：有意地将明知为不同者，等同视之……”。[1] 法定拟制的特点在于：即使某种行为原本不符合刑法的相关规定，但在刑法明文规定的特殊条件下，也必须按相关规定论处。如《刑法》第267条第2款规定：“携带凶器抢夺的，依照本法第263条的规定定罪处罚。”携带凶器抢夺行为并不符合《刑法》第263条规定的抢劫罪的构成要件，但立法者将该行为赋予与抢劫罪相同的法律效果。区分注意规定与法定拟制的意义在于：注意规定对于类似条款具有兼容性，可以将注意规定的内容适用在其他条文上；而法定拟制对于类似条款的适用则具有排他性，它只适用于刑法所限定的情形。将某种刑法规定视为注意规定还是法定拟制，会导致适用条件的不同，形成不同的法律结论。因此，正确界定注意规定还是法定拟制就显得非常重要。

《刑法》第382条第2款规定是属于注意规定还是法定拟制呢？如果属于注意规定，那么“受国家机关、国有公司、企业、事业单位、人民团体委托管理、经营国有财产的人员”原本就属于国家工作人员，因此其他类似条款（如挪用公款罪、受贿罪）也可以适用该规定；如果属于法定拟制，那么他们原本就不属于国家工作人员，其他类似条款则应排斥适用该规定。张明楷教授认为，《刑法》第382条第2款规定属于注意规定，对于相同主体实施的其他犯罪，即使对此没有设立注意规定，也应认定为国家工作人员犯罪。如“受国家机关、国有公司、企业、事业单位、人民团体委托管理、经营国有财产的人员”，利用职务上的便利，挪用国有资金的，应认定为挪用公款罪；“受国家机关、国有公司、企业、事业单位、人民团体委托管理、经营国有财产的人员”，利用职务上的便利，索取他人财物或者非法收受他人财物，为他人谋取利益的，应认定为受贿罪。[2]

笔者不同意这一观点。虽然注意规定与法定拟制的界限大多是比较清楚的，但在个别条文中要严格区分两者的界限并不容易。《刑法》第382条第2款规定就属此类。笔者认为，既然注意规定和法定拟制都属立法的特别规定，那么正确区分两者界限必须从立法精神入手。注意规定是对刑法已有规定的重申，它与某罪名的基本规定相比，并没有内容上的增减，即使条文中不设置注意规定，也存在相应的定罪处罚依据；而法定拟制则对某罪名的基本规定在内容上作了增减，没有这一规定，则缺乏相应的定罪处罚依据。

---

① 〔德〕卡尔·拉伦茨：《法学方法论》，陈爱娥译，商务印书馆2003年版，第142页。

② 张明楷：《刑法分则的解释原理》，中国人民大学出版社2004年版，第273—276页。

"受国家机关、国有公司、企业、事业单位委托管理、经营国有财产的人员"并不是国家工作人员。《刑法》第382条之所以增设第2款完全是因为："有的代表提出，贪污罪的主体中未能包括国家机关、国有公司、企业、事业单位委托管理、经营国有财产的人员，不利于对国有财产的保护。因此，建议在贪污罪中增加一款规定。"① 可见，根据第382条的立法精神，如果不增加这一款，那么对"受国家机关、国有公司、企业、事业单位委托管理、经营国有财产的人员"以贪污罪定罪处罚就缺乏立法依据。所以，笔者认为，《刑法》第382条第2款规定属于法定拟制，其他类似条款应排斥适用该规定。

总之，我们认为，对受托人员认定为渎职罪主体，除法律、司法解释有明文规定的以外，应当慎重，不能轻易扩大法律、司法解释的适用范围。同时，我们认为，将受托人员纳入国家工作人员范围是非常必要的。但将受托人员纳入国家工作人员范围是增加新的犯罪主体，属于对《刑法》的补充修改，必须采用刑事立法方式。笔者建议，通过刑法修正案的方式将《刑法》第93条修改为：

"本法所称国家机关工作人员是指下列人员：

（一）在国家机关中从事公务的人员；

（二）在人民团体中从事公务的人员；

（三）依照法律规定从事公务的人员；

（四）受国家机关、人民团体委派从事公务的人员；

（五）受国家机关、人民团体委托从事公务的人员。

本法所称国家工作人员是指下列人员：

（一）国家机关工作人员

（二）国有公司、企业、事业单位中从事公务的人员；

（三）国有公司、企业、事业单位委派到非国有公司、企业、事业单位、社会团体从事公务的人员；

（四）受国有公司、企业、事业单位委托从事公务的人员。

同时删去《刑法》第382条第2款规定。"

① 薛驹："第八届全国人大法律委员会《关于〈中华人民共和国刑法修订草案〉审议结果的报告》"，载高铭暄、赵秉志编：《新中国刑法立法文献资料总览》，中国人民公安大学出版社1998年版，第1936页。

第六节　渎职罪若干争议主体辨析

一、国家机关委派到非国有公司、企业、事业单位、社会团体中从事公务的人员能否成为渎职罪主体

国家机关委派到非国有公司、企业、事业单位、社会团体中从事公务的人员（以下简称"'受委派从事公务'型国家工作人员"）能否成为《刑法》第九章渎职罪主体一直是一个有争议的问题。有的学者认为，这类人员不能成为渎职罪主体。理由是：渎职罪侵犯的客体是"国家机关的正常管理活动，即国家机关实现其基本职能的正常工作活动"，因此行为人虽然可能保留国家机关工作人员的身份，但其已被委派到国家机关以外的单位工作，其本身从事工作的性质决定其活动已不属于国家机关活动，那么也不可能侵犯国家机关的正常活动，所以不能成为渎职罪主体。①

我国《刑法》第93条规定："本法所称国家工作人员，是指国家机关中从事公务的人员。国有公司、企业、事业单位、人民团体中从事公务的人员和国家机关、国有公司、企业、事业单位委派到非国有公司、企业、事业单位、社会团体从事公务的人员，以及其他依照法律从事公务的人员，以国家工作人员论。"简单直观地适用这一规定，似乎否定说不无道理。但细细一推敲，答案并非如此。

如何认定"受委派从事公务"型国家工作人员？理论和实践一直存有争论，最高人民法院曾作过多个解释。如2001年5月22日最高人民法院《关于在国有资本控股、参股的股份有限公司中从事管理工作的人员利用职务便利非法占有本公司财物如何定罪问题的批复》规定："在国有资本控股、参股的股份有限公司中从事管理工作的人员，除受国家机关、国有公司、企业、事业单位委派从事公务的以外，不属于国家工作人员。对其利用职务上的便利，将本单位财物非法占为已有，数额较大的，应当依照刑法第271条第1款的规定，以职务侵占罪定罪处罚。"2003年11月13日最高人民法院颁布的《全国法院审理经济犯罪案件工作座谈会纪要》又进一步规定："国家机关、国有公司、企业、事业单位委派在国有控股或者参股的股份有限公司从事组织、领导、监督、管理等工作的人员，应当以国家工作人员论。国有公司、企业改制为股份有限公司后，原

① 郭立新、杨迎泽：《刑法分则适用疑难问题解》，中国检察出版社2000年版，第453页；张俊霞："论职务犯罪的主体范围"，载高铭暄、马克昌主编：《刑法热点疑难问题探讨》，中国人民大学出版社2002年版，第882页。

国有公司、企业的工作人员和股份有限公司新任命的人员中，除代表国有投资主体行使监督、管理职权的人外，不以国家工作人员论。”根据这一规定，国家机关委派到国有控股、参股的股份有限公司从事公务的人员，是国家工作人员而不是国家机关工作人员。这类人员可以构成贪污受贿罪主体。① 应当说，最高人民法院的上述解释是符合《刑法》第 93 条规定的。但这类人员能否构成《刑法》第九章所规定的滥用职权、玩忽职守罪主体则值得研究。

笔者认为，将国家机关委派到国有控股、参股的股份有限公司从事公务的人员认定为国家工作人员，不具有合理性和科学性。国家机关委派到非国有公司、企业、事业单位、社会团体中从事公务的人员不能成为《刑法》第九章渎职罪主体，需要重新审视。理由是：

1. 从委派的特征及受委派人员的工作性质上看。对于委派人员法律主体地位的认定，必须把握两点，即委派性和从事公务性。受国家机关委派从事公务的人员，具有以下特征：首先，委派性要求委派的形式必须是合法、有效的。具体而言，委派必须具备以下要件：第一，委派的主体特定，即委派的主体必须是国有单位；第二，委派的方式有效，即以书面形式确认；第三，委派的内容合法，即委派的内容没有超出委派方的职权范围；第四，委派目的特定，即为了使被委派者到被委派单位代表委派的国家机关从事领

① 1997 年至 2001 年 6 月，被告人孙某在上海豫园（集团）有限公司（国有独资公司）任总经理，全面负责公司的管理工作，并直接分管集团财务工作。期间，孙某利用职务之便，为上海常宏国际贸易有限公司提供信用证担保。该公司经理王某于 2000 年和 2001 年春节到孙某家中，分别送给孙某人民币各 1 万元，合计 2 万元。另外，1997 年 1 月，经原上海市南汇区人民政府研究并建议，孙某被增补为上海豫园商城股份有限公司（系国有资本控股、参股的股份有限公司，以下简称豫园商城）董事，并向豫园商城建议：“孙某任豫园商城副董事长、总经理。”孙某在当时并无个人持股的情况下，经豫园商城第二届董事会第七次会议决定，被聘任为公司总经理。被告人孙某于 1997 年至 2001 年 6 月担任豫园商城总经理，全面负责该公司的管理工作，并直接分管公司进出口工作。期间，孙某利用职务之便，在向上海顺安物资贸易有限公司提供资金经营橡胶业务活动中，先后收受该公司经理杨某给予的金条一块和价值人民币 2900 元的柯达数码照相机一架。同时，孙某还利用职务之便，擅自为下属单位亚一金店副经理俞某解决住房补贴，并收受俞某给予的美金 5000 元（折合人民币 41397 元）。上海市黄浦区人民法院经审理后认为，孙某原系国家机关干部，个人并不持有豫园商城股份，经政府机关建议，以国有股代表身份被增补为豫园商城董事，是受国家机关委派到股份有限公司从事管理、经营国有资产的公务人员。根据法律规定，国有公司中从事公务人员和国家机关委派到非国有公司从事公务人员以国家工作人员论。孙某符合法律规定的以国家工作人员论的主体身份。被告人孙某身为国有公司从事公务人员和国家机关委派到股份有限公司从事公务人员，在业务活动中，利用职务之便，为他人谋取利益，非法收受他人财物，数额达人民币 64000 余元，其行为已触犯《中华人民共和国刑法》第 93 条第 2 款、第 385 条规定，构成受贿罪。上海市黄浦区人民法院于 2001 年 12 月 20 日以（2001）黄浦刑初字第 651 号刑事判决书对孙某作出有罪判决，认定其行为构成受贿罪，判处有期徒刑 5 年，没收财产人民币 3 万元（参见曹京燕、谢锡美：“‘委派’人员职务犯罪的司法适用——孙某受贿案判决之检讨”，http：//www. sfyj. org/list. asp？ unid＝838）。

导、监督、管理等公务活动，而不是从事一般的生产、服务等劳务活动；第五，委派关系的隶属性，即委派关系成立后，受委派人要接受委派的国家机关的领导、监督、管理，在受委派事项范围内，两者之间是行政隶属关系。其次，从事公务性，刑法意义上的“公务”是指带有国家性质的公务，应当具有权力性或职能性、管理性、合法性。

受委派人员不管他原来的身份如何，一旦受国家委派在非国有单位从事组织、领导、监督、管理工作，他就属于受委派从事公务的人员。国家机关之所以向非国有单位委派人员，就是为了保护其作为所有者的权益和国有资产的安全。委派人员在国家参股、控股公司所拥有的这一管理经营权，来源于国有投资主体（股东）的控股权，即其所具有的管理行为是国家权力（控股）派生的。受委派人员的工作性质就是代表国家行使管理职权。

2. 从《刑法》条文的适用上看。把国家机关委派到国有控股或者参股公司从事公务的人员视为国家工作人员，会引发一系列的逻辑矛盾。按照最高人民法院《关于在国有资本控股、参股的股份有限公司中从事管理工作的人员利用职务便利非法占有本公司财物如何定罪问题的批复》和《全国法院审理经济犯罪案件工作座谈会纪要》的规定，既然国家机关委派到国有控股或者参股公司从事公务的人员，应当以国家工作人员论。那么，这类人员在国有控股或者参股公司中滥用职权、玩忽职守，使公共财产、国家和人民利益遭受重大损失的，应如何处理呢？如果按照《刑法》第九章渎职罪的有关规定定罪处罚，则明显违反《刑法》第93条的规定。如果按照《刑法》第167条、第168条规定定罪处罚，则又和最高人民法院解释的主旨相矛盾。因为这两个解释主要是明确以下界限：国有资本控股、参股公司不是国有公司、企业。既然国有资本控股、参股公司不是国有公司、企业，那么，受国家机关委派到国有控股或者参股公司从事公务的人员当然也就不是国有公司、企业工作人员，自然也就不能构成《刑法》第167条、第168条所涉罪名，否则有违罪刑法定原则。但是，国有公司、企业委派到国有控股、参股公司从事公务的人员可以构成签订、履行合同失职被骗罪、国有公司、企业人员失职罪和国有公司、企业人员滥用职权罪，而国家机关委派到国有控股或者参股公司从事公务的人员反而不能以犯罪论处，这显失公平。

3. 从刑事立法精神上看。《渎职罪主体立法解释》规定：“在依照法律、法规规定行使国家行政管理职权的组织中从事公务的人员，或者在受国家机关委托代表国家机关行使职权的组织中从事公务的人员，或者虽未列入国家机关人员编制但在国家机关中从事公务的人员，在代表国家机关行使职权时，有渎职行为，构成犯罪的，依照刑法关于渎职罪的规定追究刑事责任。”这一立法解释增加了三类渎职罪主体。这三类主体之所以能成为渎职罪主体是因为他们都具有从事公务的身份资格来源。而国家机关委派到国有控股或者参股公司从事公务的人员也具有合法的身份资格。既然前者可以成为渎职罪主体，那么后者也同样可以成为渎职罪主体。

4. 从相关司法解释的内容上看。尽管最高人民法院在有关解释中曾规定，国家机关委派到国有控股、参股的股份有限公司从事公务的人员应认定为国家工作人员，但属于国家工作人员中的哪一类则并不明确。2005 年 8 月 1 日最高人民法院《关于如何认定国有控股、参股股份有限公司中的国有公司、企业人员的解释》规定：“国有公司、企业委派到国有控股、参股公司从事公务的人员，以国有公司、企业人员论。”该解释表明，国有公司、企业委派到国有控股、参股公司从事公务的人员，可以认定为国有公司、企业人员。同理，国家机关委派到国有控股、参股的股份有限公司从事公务的人员只能认定为国家机关工作人员，而不是国家工作人员。

综上所述，笔者认为，国家机关委派到非国有公司、企业（包括国有控股、参股股份有限公司）、事业单位、社会团体从事公务的人员应视为国家机关工作人员。

二、村委会等基层组织人员能否成为渎职罪主体

2000 年 4 月 29 日第九届全国人大常委会第十五次会议通过《关于刑法第 93 条第 2 款的解释》。该解释规定：村委会等村基层组织人员协助人民政府从事七项行政管理工作时，属于《刑法》第 93 条第 2 款规定的“其他依照法律从事公务的人员”。这一立法解释解决了村委会等村基层组织人员在什么条件下可以构成贪污、受贿、挪用公款罪，但对村委会等村基层组织人员符合什么条件可以构成渎职犯罪仍未解决，从而给司法实践带来困惑。

对村委会等村基层组织人员的渎职行为应如何处理，当前有两种不同的意见：一种意见认为，根据全国人大常委会《关于刑法第 93 条第 2 款的解释》规定：村委会等村基层组织人员协助人民政府从事七项行政管理工作时，属于《刑法》第 93 条第 2 款规定的“其他依照法律从事公务的人员”，而不能视为《刑法》第 93 条第 1 款的国家机关工作人员。这类人员可以构成贪污、受贿、挪用公款罪，但不能构成渎职罪。这种观点得到了普遍的认可和执行。另一种意见认为，2002 年 12 月 28 日第九届全国人大常委会第三十一次会议通过的《渎职罪主体立法解释》规定：“在依照法律、法规规定行使国家行政管理职权的组织中从事公务的人员，或者在受国家机关委托代表国家机关行使职权的组织中从事公务的人员，或者虽未列入国家机关人

员编制但在国家机关中从事公务的人员，在代表国家机关行使职权时，有渎职行为，构成犯罪的，依照刑法关于渎职罪的规定追究刑事责任。”根据这一规定，村委会等村基层组织人员实际上是受国家机关委托代为行使管理职权的人员，应当视为国家机关工作人员，依法可以成为渎职罪主体。①

笔者认为，从应然角度，不论从村民委员会等农村基层组织人员渎职行为的社会危害性，还是从这类危害行为的常见性以及推进农村基层组织人员的廉政勤政建设等方面，都应当将他们纳入渎职罪主体范围。但目前不将村民委员会等农村基层组织人员纳入渎职罪主体的理由更充分一些。因为立法解释已明确把村民委员会等农村基层组织人员纳入《刑法》第93条第2款规定的“其他依照法律从事公务的人员”范围。仅仅因为“其他依照法律从事公务的人员”从事管理活动，而将其纳入渎职罪主体范围有悖立法精神。②

三、实习人员能否成为渎职罪主体

实习人员能否成为渎职罪的主体，实践中较有异议。如犯罪嫌疑人王某和林某系某警校的学生，均年满18周岁，在实习期间，他们被安排在某刑警中队实习。某日，他们受刑警中队指派看守在押疑犯，在执行看守涉嫌盗窃数额100万元的犯罪嫌疑人何某任务的过程中，擅离看守岗位，工作严重不负责任，致使犯罪嫌疑人何某乘机脱逃。对于本案的定性，有以下两种不同的意见：③

第一种意见认为，王某和林某不构成犯罪。理由是王某和林某系在校学生，他们作为刑警中队的实习生被安排看守在押人员，处于学习、锻炼阶段，其行为并不代表国家机关行使职权。刑警中队安排他们看守在押人员是无效的行为，委托执行公务关系并不能成立，他们的看守行为仅仅是纯劳务行为，无论是从“身份论”还是“职权论”来看，都不符合渎职罪的主体，因此，他们的行为并不构成犯罪。

第二种意见认为，王某和林某的行为构成失职致使在押人员脱逃罪。理由是：1. 王某和林某是代表国家机关从事活动。首先，王某和林某在刑警中队实习期间，虽然其身份是学生，没有侦查权和处分权，但是他们在学习过程中也是办案人员的助手，他们也必须遵守办案的规章制度，如保守秘

① 杜国强：《身份犯研究》，武汉大学出版社2005年版，第134页。

② 具体论证详见本章第四节。

③ 许金约、陈开艺、蔡文硕：“实习生也能成为渎职罪主体”，载《检察日报》2006年4月10日。

密、依法取证等，侦查机关也可以委托他们从事简单的侦查工作，如记录、追捕、押解、看守等，并不能因为他们是学生而在执行任务中有违法犯罪行为可以不受处罚；其次，刑警中队的委托行为是合法、有效的。侦查机关所委托的对象，对其能力的要求仅需与所委托的公务相适应，本案中，所委托的公务是看守在押人员，这要求被委托的对象只要具有相应的民事行为能力就可以了，并不要求如鉴定等需要特殊的身份或特别的技能，王某和林某虽是学生，但他们都年满18周岁，具有完全的民事行为能力，能够胜任看守的任务，退一步说，即使是自愿者也可以成为委托的对象，并不能因为他们是学生而使委托关系无效。因此，王某和林某的行为是受国家机关的委托，代表国家机关从事一定的活动。2. 王某和林某的行为是从事刑法意义上的公务活动。王某和林某的行为符合从事刑法意义上公务活动的三个基本特征。第一，公务活动具有国家权力性。看守在押人员的行为是国家权力在司法活动中的具体体现，王某和林某受委托执行看守在押人员的任务，其活动具有国家权力性；第二，公务活动具有管理性，即行使管理国家某一方面事务的行为，保证国家机关的管理活动得以正常进行。王某和林某的看守行为是在保证国家监管制度和正常管理秩序得以正常进行，具有一定的管理性；第三，公务活动具有强制性。对犯罪嫌疑人的羁押，是保证侦查活动得以顺利进行所采取的强制措施，对在押人员的看守，是对保证这种强制性措施得以实施的强制手段，具有鲜明的强制性。因此，王某和林某的看守行为是从事刑法意义上的公务活动。王某和林某不认真履行看守的职责，致使犯罪嫌疑人何某脱逃，造成严重的后果，破坏了国家监管制度和正常管理秩序，具有严重的社会危害性。因此，王某和林某的行为符合失职致使在押人员脱逃罪的犯罪特征，依法应以该罪进行定罪处罚。

又如2003年6月引起全国关注的“李思怡案件”，[①] 对警校学生穆羽是

---

① 2003年6月4日，成都市金堂县公安局城郊派出所值班民警黄小兵、王华麟将实施盗窃行为的妇女李桂芳抓获。审查处理期间，李桂芳多次向城郊派出所副所长王新、副所长卢晓辉等办案人员反映其女儿李思怡独自被反锁在家，无人照顾，请王、卢等人帮助联系其姐照顾女儿。王、卢打电话与其姐联系不上，便通知李桂芳户籍所在地——成都市青白江区公安分局团结村派出所，接电话的是实习的市警校学生穆羽，穆羽未将与李桂芳的姐姐联系不上的情况向其他值班民警和所领导汇报，此后，这两个派出所就再无人过问此事，金堂县公安局城郊派出所的办案警察也未按法律规定给李桂芳的家属、所在单位和户籍所在地派出所送达《强制戒毒通知书》，由此断绝了这个可怜的3岁孩子本来应该有的一次又一次的生机。到6月21日，团结村派出所社区民警接到群众反映，才发现李桂芳的女儿已活活地饿死在家中多日。2003年8月19日，成都市新都区法院对原金堂县公安局城郊派出所副所长王新和民警黄小兵公开宣判，以玩忽职守罪分别判处王新和黄小兵有期徒刑3年和2年，实习生穆羽被开除学籍。

否构成渎职犯罪也有争议。

上述案件争议的焦点是实习人员是否符合渎职罪的主体。根据《渎职罪主体立法解释》的规定，渎职罪的主体还可以包括：在依照法律、法规规定行使国家行政管理职权中从事公务的人员，或者在受国家机关委托代表国家机关行使职权的组织中从事公务的人员，或者虽未列入国家机关人员编制但在国家机关中从事公务的人员。因此，实习人员能否成为渎职罪主体，关键是看他们是否属于受国家机关委托代表国家机关行使职权的人员。对此我们持否定态度。理由是：第一，如前文所述，受委托从事公务的人员不能当然构成渎职罪的主体。即便立法或司法解释明确规定受委托从事公务的人员可以构成渎职罪的主体，那么委托行为也必须要具有合法性。委托的合法性包含两层意思：其一，实质的合法性。即必须是委托他人从事合法的管理活动，而不是进行违法犯罪活动。其二，程序的合法性。即必须是由有权机关或负责人按照规定的方式和程序进行委托。一般工作人员擅自将本人行使的管理职权委托给他人管理，不能成立刑法上的委托关系。实习单位与实习人员不能成立刑法上的委托关系。第二，实习生在机关中的实习是一种社会实践活动，这种活动与他们在学校中学习没有本质的区别。如果说有区别，只是在学习的方式上有所不同。实习的性质决定了他们的活动不是受委托从事公务。第三，从他们的活动本身看，也不应该理解为从事公务。2003 年 11 月 13 日最高人民法院颁布的《全国法院审理经济犯罪案件工作座谈会纪要》规定："从事公务，是指代表国家机关、国有公司、企业事业单位、人民团体等履行组织、领导、监督、管理等职责。公务主要表现为与职权相联系的公共事务以及监督、管理国有财产的职务活动。如国家机关工作人员依法履行职责，国有公司的董事、经理、监事、会计、出纳人员等管理、监督国有财产等活动，属于从事公务。那些不具备职权内容的劳务活动、技术服务工作，如售货员、售票员等所从事的工作，一般不认为是公务。"所以，实习人员的看守行为、接听电话的行为只能算是劳务行为。总之，我们认为，实习人员不能单独构成渎职罪的主体。当然，在渎职类案件中，如系实习生与具有特殊身份的国家机关工作人员共谋后故意实施渎职行为造成严重后果的，实习人员可以成为渎职类犯罪的共犯；如系实习生个人故意擅自"独立"处理"公务"，造成严重后果的，实习人员可以构成其他非特殊身份的犯罪。

第七节 “准国家机关工作人员”概念之提倡

《刑法》第93条规定：“本法所称国家工作人员，是指国家机关中从事公务的人员。国有公司、企业、事业单位、人民团体中从事公务的人员和国家机关、国有公司、企业、事业单位委派到非国有公司、企业、事业单位、社会团体从事公务的人员，以及其他依照法律从事公务的人员，以国家工作人员论。”根据这一条的规定，我国《刑法》把国家工作人员分为两种：严格意义上的国家工作人员和“准国家工作人员”。严格意义上的国家工作人员是指在国家机关中从事公务的人员；“准国家工作人员”是指“以国家工作人员论”的人员，它又包括以下几种人员：(1) 国有公司、企业、事业单位、人民团体中从事公务的人员；(2) 国家机关、国有公司、企业、事业单位委派到非国有公司、企业、事业单位、社会团体从事公务的人员；(3) 其他依照法律从事公务的人员。

我们认为，根据我国的立法、立法解释及司法解释的规定，结合司法实践的客观需要，有必要对严格意义上的国家工作人员作进一步的划分，即将严格意义上的国家工作人员划分为：严格意义上的国家机关工作人员和“准国家机关工作人员”。严格意义上的国家机关工作人员是指在国家机关中从事公务的人员；“准国家机关工作人员”是指在国家机关以外的单位中从事国家管理活动的人员。理由是：

一、严格意义上的国家机关工作人员只能是在国家机关中从事公务的人员

国家机关是指依法成立的，从事国家管理和行使国家权力，以国家预算拨款作为独立活动经费的中央和地方各级组织。对于“国家机关”范围的认定，必须基于法律的规定。根据我国《宪法》第三章关于国家机构的规定，我国的国家机关包括各级国家权力机关、行政机关、审判机关、检察机关、军事机关。其他任何组织、机构，都不是宪政意义上的国家机关。《宪法》是国家的根本大法，具有最高的法律效力，《刑法》的规定以及刑法的立法解释、司法解释都不能违背《宪法》的规定。所以严格意义上的国家机关工作人员是指在各级国家权力机关、行政机关、审判机关、检察机关、军事机关中从事公务的人员。对此本章第二节已进行了详述。

二、从事国家管理活动的并非只有国家机关工作人员

既然我国的国家机关只包括各级国家权力机关、行政机关、审判机关、检察机关、军事机关，那么，党派机关，工会、共青团、妇联等人民团体以及因法律、法规授权或国家机关委托行使国家管理职能的国有公司、企业、事业单位就不是国家机关，在这些机关中从事公务的人员不是严格意义上的国家机关工作人员。但是根据现行立法规定，从事国家管理活动的并非只有国家机关工作人员。渎职罪犯罪主体显然也不能只限严格意义上的国家机关工作人员。一般来说，中国共产党的中央委员会和乡（镇）以上的地方各级委员会，不仅对外行使国家管理权，对内拥有决定内部机构的设立、合并、撤销的权力，还能以自己的名义与其他国家机关共同颁布具有普遍约束力的行为规范。《宪法》第1条第10款规定："中华人民共和国是工人阶级领导的、以工农联盟为基础的人民民主专政的社会主义国家。"而工人阶级对国家的领导又是通过自己的政党中国共产党来实现的。中国共产党是执政党，人民政协是有广泛代表性的统一战线组织，其主要职能是政治协商、民主监督和参政议政。各民主党派在我国也不是"在野党"，而是参政党，它们与中国共产党共同管理国家，参与国家重大决策，各民主党派的活动也影响着国家政策的制定和执行。这是我国政治制度的主要特色。在现实生活中，中国共产党、人民政协、各民主党派广泛参与国家和社会管理活动。特别是中国共产党的领导地位决定了其活动同国家的管理活动有着十分密切的联系，对于国家事务起着举足轻重的作用。此外，这些机构的经费都来自国家的财政拨款，其组成人员在编制、福利待遇等方面和国家机关完全相同。而在我国法律中，"人民团体"是有不同于团体或社会团体的特定含义的。《刑法》中的"人民团体"的概念所涉及的党派、共青团、妇联等组织，由我国的政治制度所决定，这些组织往往具有国家机关的性质或执行国家机关的某些职能，其财务活动与国家机关的财务活动基本相同，其人员列入国家行政编制，所需经费全部或部分由国家预算供给。因此，这些组织已在一定程度上具有国家机关的性质。[①] 因此，将从事国家管理活动的非国家机关工作人员排除在渎职罪主体范围之外，既不符合我国的司法实际，也有损于这些机关的法律地位。

---

① 吴平："刑法中'人民团体'概念辨析"，载《法律科学》2000年第1期。

三、“准国家机关工作人员”概念符合立法解释精神

为了适应打击渎职犯罪的客观需要，立法机关对渎职罪主体作出了扩张解释。在立法解释当中，立法机关已谨慎地注意到了在国家机关中从事公务的人员与在非国家机关中从事公务的人员的区别。《渎职罪主体立法解释》规定：“在依照法律、法规规定行使国家行政管理职权的组织中从事公务的人员，或者在受国家机关委托代表国家机关行使职权的组织中从事公务的人员，或者虽未列入国家机关人员编制但在国家机关中从事公务的人员，在代表国家机关行使职权时，有渎职行为，构成犯罪的，依照刑法关于渎职罪的规定追究刑事责任。”这一规定表明，上述三类人员可以构成渎职罪主体。但这三类人员并不是国家机关工作人员，《渎职罪主体立法解释》也没有明确肯定这些人员就是国家机关工作人员。首先，2002 年 12 月 23 日在第九届全国人民代表大会常务委员会第三十一次会议上，全国人大常委会法制工作委员会副主任胡康生在《关于〈中华人民共和国刑法〉第九章渎职罪主体适用问题的解释（草案）的说明》指出：“根据宪法的规定，国家机关包括国家权力机关、行政机关、审判机关、检察机关、军事机关。国家机关工作人员应是在上述机关中从事公务的人员。”但有关机构认为，其他部门的人员“在行使国家权力时，玩忽职守、滥用职权、徇私舞弊构成犯罪的，也应按照国家机关工作人员渎职罪的规定处罚”。[①]“本立法解释所要解决的不是这三类人的‘血统’、‘身份’问题，而是要解决当这些人在行使国家机关职权过程中，有渎职行为构成犯罪时，如何适用刑法追究刑事责任的问题”。[②] 由此可见，《渎职罪主体立法解释》实质上并不是人们通常所理解的是对“国家机关工作人员”概念的解释，而是对渎职罪主体作出的一种扩张解释，即上述三类非国家机关人员在行使国家权力时，玩忽职守、滥用职权、徇私舞弊构成犯罪的，也视同“国家机关工作人员”。

四、“准国家机关工作人员”概念符合司法解释精神

为了更加有力地打击渎职犯罪，最高人民检察院多次对渎职罪主体作出了扩张解释。在这些解释当中，最高人民检察院充分注意到了在国家机关中从事公务的人员与在非国家机关中从事公务的人员的区别。2000 年 4 月 30

① 《全国人大常委会公报》2003 年第 1 期。

② 黄太云：“全国人大常委会《关于刑法第九章渎职罪主体适用问题的解释》的理解与适用”，载《刑事审判参考》2003 年第 1 辑。

日最高人民检察院在给北京市人民检察院的《对〈关于中国证监会主体认定的请示〉的答复函》中指出："中国证券监督管理委员会为国务院直属事业单位，是全国证券期货市场的主管部门。其主要职责是统一管理证券期货市场，按规定对证券期货监管机构实行垂直领导，所以，它是具有行政职责的事业单位。据此，北京证券监督管理委员会干部应视同国家机关工作人员。"2000年5月4日最高人民检察院在给上海市人民检察院的《关于镇财政所所长是否适用国家机关工作人员的批复》中指出："对于属行政执法事业单位的镇财政所中按国家机关在编干部管理的工作人员，在履行政府行政公务活动中，滥用职权或玩忽职守构成犯罪的，应以国家机关工作人员论。"2000年10月31日最高人民检察院在给江西省人民检察院的《关于属工人编制的乡（镇）工商所所长能否依照刑法第397条的规定追究刑事责任问题的批复》中也指出："根据刑法第93条第2款的规定，经人事部门任命，但为工人编制的乡（镇）工商所所长，依法履行工商行政管理职责时，属其他依照法律从事公务的人员，应以国家机关工作人员论。"从这些规定中，我们可以看到，最高人民检察院都没有把这些从事国家行政管理活动的非国家机关工作人员直接认定为国家机关工作人员，而是把他们当做"以国家机关工作人员论"的人员。"论"字最一般的理解就是"看待"，将此物当彼物看待，正说明此物不是彼物。一个"论"字体现了这些人员本不是国家机关工作人员，但由于其从事的是国家管理活动，他与国家机关工作人员的行为具有同质性，侵害的是相同的客体，因此在定罪处罚上，将他们作为国家机关工作人员对待。2006年7月26日最高人民检察院颁布的《关于渎职侵权犯罪案件立案标准的规定》规定："本规定中的'国家机关工作人员'，是指在国家机关中从事公务的人员，包括在各级国家权力机关、行政机关、司法机关和军事机关中从事公务的人员。在依照法律、法规规定行使国家行政管理职权的组织中从事公务的人员，或者在受国家机关委托代表国家行使职权的组织中从事公务的人员，或者虽未列入国家机关人员编制但在国家机关中从事公务的人员，在代表国家机关行使职权时，视为国家机关工作人员。在乡（镇）以上中国共产党机关、人民政协机关中从事公务的人员，视为国家机关工作人员。""视为国家机关工作人员"，一方面表明他们不是严格意义上的国家机关工作人员，另一方面又把他们按国家机关工作人员对待。这一解释，符合我国的政治结构和机关运作现状，是一种实事求是的认定。

综上所述，笔者认为，对从事国家管理活动的非国家机关工作人员应当认定为"准国家机关工作人员"。根据立法、立法解释和司法解释规定，

"准国家机关工作人员"可以分为以下几类：1. 中国共产党机关、民主党派机关和人民政协机关中从事公务的人员；2. 人民团体中从事公务的人员。人民团体中从事公务的人员是指在工会、共青团、妇联、工商联等人民团体中从事国家管理活动的人员；3. 在依照法律、法规规定行使国家行政管理职权的组织中从事公务的人员；4. 受国家机关委托代表国家机关行使职权的组织中从事公务的人员。

Chapter 2

第二章　渎职罪主观方面研究

犯罪的主观方面，是指犯罪主体对自己行为及其危害社会的结果所抱的心理态度。它包括罪过以及犯罪的目的和动机这几种因素。其中，犯罪的故意或过失，是一切犯罪构成都必须具备的主观要件。犯罪的故意和过失，大陆法系国家的刑法有的统称为责任意思或责任条件，也有的统称为责任形式或责任种类等，英美法系国家刑法统称为犯意，前苏联和东欧等国家的刑法则统称为罪过。犯罪目的是某些犯罪构成所必备的主观要件，所以也称为选择性主观要件；犯罪动机不是犯罪构成必备的主观要件，它一般不影响定罪，而只影响量刑。本书对我国渎职犯罪主观方面的研究将着重围绕渎职罪的罪过和渎职罪的犯罪动机两个问题进行。

第一节　渎职罪的罪过形式

我国《刑法》中的渎职犯罪，在主观方面既有故意，也有过失。但哪些犯罪是故意犯罪，哪些犯罪是过失犯罪，以及是否存在既有故意又有过失的个罪，理论界和司法实务界长期以来争议很大。本文试以滥用职权罪为例，对此加以分析研究，以推进理论研究和更好地指导司法实践。

《刑法》第 397 条规定："国家机关工作人员滥用职权或者玩忽职守，致使公共财产、国家和人民利益遭受重大损失的，处 3 年以下有期徒刑或者拘役；情节特别严重的，处 3 年以上 7 年以下有期徒刑。本法另有规定的，依照规定。国家机关工作人员徇私舞弊，犯前款罪的，处 5 年以下有期徒刑或者拘役；情节特别严重的，处 5 年以上 10 年以下有期徒刑。本法另有规定的，依照规定。"如何正确认识滥用职权罪的主观要件，对于合理界定滥用职权罪的范围，正确区分罪与非罪、此罪与彼罪的界限都具有重要意义。《刑法》第 397 条本身没有明示滥用职权罪的主观内容，所以对滥用职权罪主观要件的认识，理论和实践部门存在严重分歧。

下面试就理论分歧加以评析。

一、“故意说”及其缺陷

“故意说”认为，滥用职权罪的主观方面是故意。这种观点得到多数同志的赞同。根据该说对故意的阐述的不同，又可以分为三种类型：

第一，行为故意说。该说主张，滥用职权罪的故意内容是指行为人明知自己滥用职权的行为会破坏国家机关正常活动，损害公众对国家机关工作人员职务活动的合法性、客观公正性的信赖，并且希望或放任这种结果的发生。[①] 该说认为，该罪“主观方面是故意。行为人对其应当履行职责而不履行或不应当超越职权而超越职权及其所造成的严重后果是故意的”。类似的还有，“滥用职权罪的责任形式是故意。……滥用职权是以明知是违反法律规定的权限和违反法律规定的程序而滥用职权，或者明知是应当履行职责而不实施职务行为，这种滥用职权行为显然是故意实施的。至于致使公共财产或者国家和人民利益遭受重大损失，并非是滥用职权罪的结果，而是滥用职权罪的罪量。也就是说，滥用职权行为本身是故意的，但并非只要实施了滥用职权行为就构成犯罪，而是只有在致使公共财产或者国家和人民利益遭受重大损失的情况下才构成犯罪。因此，不能根据行为人对致使公共财产或者国家和人民利益遭受重大损失的主观心理状态来确定本罪的责任形式”。[②]“滥用职权罪的主观方面为故意，包括直接故意和间接故意两种形式。重大损失程度不是主观认识和意志的内容，而只是一个客观要素。”[③]

第二，结果故意说。该说主张，“本罪的主观方面为故意，即明知自己的滥用职权行为会导致公共财产、国家和人民利益遭受重大损失的结果，并且希望或放任这种结果的发生”。[④] 该说认为，该罪“主观方面是故意。行为人对其应当履行职责而不履行或不应当超越职权而超越职权及其所造成的严重后果是故意的”。[⑤]

第三，主要罪过说。该说是近年新提出的观点，该说主张，“对于滥

---

① 高铭暄主编：《新编中国刑法学》（下册），中国人民大学出版社 1998 年版，第 1005 页。

② 陈兴良：《陈兴良刑法学教科书之规范刑法学》，中国政法大学出版社 2003 年版，第 694 页。

③ 王作富主编：《刑法分则实务研究》，中国方正出版社 2007 年版，第 1888 页。

④ 高铭暄、马克昌主编：《刑法学》，北京大学出版社、高等教育出版社 2007 年版，第 726 页。

⑤ 王作富主编：《中国刑法的修改与补充》，中国检察出版社 1997 年版，第 323—324 页。

用职权罪，可以认为行为人对于任意行使职权、超越职权行事是故意的，对于特定危害结果的发生是过失的。滥用职权行为是具有决定性意义的行为，危害结果是滥用职权必然产生的伴随结果，与滥用职权相关联的罪过属于‘次要罪过’，过失的心态具有从属性。也就是说，在对行为人的罪过进行具体的、最终的评价时，将有意滥用职权的意思评价为基础罪过、主要罪过，将对结果发生的心态评价为过失。由于滥用职权行为本身在通常情况下具有发生特定结果的危险，滥用职权的意思实际支配了结果的发生，可将滥用职权罪总体上定性为故意犯罪。换言之，行为人故意犯罪，但只是过失地造成了危害结果的，由于故意属于多个罪过中‘主要罪过’，该犯罪总体上就可以被认为是故意犯罪”。①

此外，在持“故意说”中，又有“直接故意说”、“间接故意说”和两者兼而有之的分歧。如有的认为，该罪是故意犯罪，而且是直接故意，行为人是希望危害结果发生。② 而有的则认为，本罪在主观方面须由间接故意构成，即明知是逾越职权的行为而为之或者明知是依照职务应当履行的义务而不履行。③ 有的则认为，滥用职权的行为不能有犯罪动机。如果行为人具有犯罪动机，滥用职权行为的性质就因犯罪客体的变化转化为行为人目的行为的性质。既然滥用职权罪的主体不能具有犯罪动机，也就谈不上犯罪目的，当然也就谈不上直接故意了。④

持“故意说”的大部分学者认为，本罪既可以是直接故意，也可以是间接故意。理由是：

1. 滥用职权罪主观罪过的故意性是由该罪自身特点决定的。滥用职权是指胡乱地或者过度地使用职权，其本身有着较大的主动性。不论行为人滥用职权的客观表现怎样，其对滥用职权的方式是明知的，对于滥用职权所可能导致的后果也是明知的。当然这种明知并不要求是具体地“明知”，只要行为人明知自己的行为可能造成公共财产、国家和人民利益的重大损失就可以了。

2. 从立法的进程来看，将滥用职权罪的主观罪过界定为故意符合立法原意。1979 年《刑法》只规定了玩忽职守罪，对一般的滥用职权犯罪行为没有明文规定。这显然不利于惩治国家工作人员的滥用职权行为。为弥补上

---

① 周光权：“论主要罪过”，载《现代法学》2007 年第 2 期。

② 刘家琛主编：《新刑法新问题新罪名通释》，人民法院出版社 1997 年版，第 1087 页。

③ 周道鸾等主编：《刑法的修改与补充》，人民法院出版社 1997 年版，第 801 页。

④ 赵秉志主编：《疑难刑事问题司法对策》（第六集），吉林人民出版社 1999 年版，第 199—200 页。

述缺陷，立法机关在此后的一些单行刑法和附属刑法中规定对国家工作人员的滥用职权行为依照或比照玩忽职守罪论处。虽然这种立法方式在一定程度上解决了处罚滥用职权于法无据的问题，但同时也带来刑法理论上的困惑，即玩忽职守罪中是否存在犯罪故意。以至于刑法理论上认为玩忽职守罪既可由过失构成，也可以由间接故意构成。应该说，这种解释是依据有关法律规定作出的，具有一定的合法性，但却缺乏合理性，因为滥用职权行为毕竟不同于玩忽职守行为，二者在主观罪过与客观表现上均有各自的特点。对不同罪过的行为适用同等刑罚，显然违反刑法基本原则，违背罪刑相适应原则，为此，学界、立法及司法部门都力主修改玩忽职守罪，将滥用职权行为从玩忽职守行为中分立出来。立法机关采纳了这一建议，在保留旧《刑法》第187条关于玩忽职守罪规定的基础上增设了滥用职权罪，使二者在主观罪过上保持了纯粹性。考察滥用职权罪设立的历史背景，有助于我们理解滥用职权罪主观罪过的基本内容。虽然立法没有将滥用职权罪与玩忽职守罪的刑罚区别开来，但这并不能成为滥用职权罪主观罪过为过失的理由。因为若这样理解，其与玩忽职守罪将无法区别，其亦成为一种没有多少实质意义的规定。

3. 将滥用职权罪的主观方面解释为故意，是刑法解释整体性原则的必然结果。整体性原则是指在解释某一具体的刑法规定时，必须综合地考虑刑法的其他规定，在对刑法的总体把握中阐明该规定的含义。就刑法规定滥用职权罪与玩忽职守罪的情况来看，二者虽然规定在同一条款中，但解释其主观罪过时就不能不考虑滥用职权罪与玩忽职守罪的关系问题，并从整体上作出合理的解释。①

笔者认为，“故意说”并不可取，“故意说”的缺陷表现在以下几个方面：

第一，违背我国《刑法》的规定。犯罪的主观要件即主观上的罪过，它是指犯罪主体对他所实施的危害社会的行为所持的心理状态。这种心理状态存在于实施危害行为的过程中。目前我国法学界对罪过心理的鉴定标准，即这种心理状态是针对危害结果还是危害行为看法不尽一致，出现“结果标准说”（罪过的核心在于对危害结果的心理态度）、“行为标准说”（罪过的核心在于对危害社会行为的心理态度）和“双重标准说”（罪过的核心不仅在于对危害行为的态度，而且在于对危害结果的态度）。② 其

① 李希慧、逄锦温：“滥用职权罪主观罪过评析”，载《法学家》2001年第2期。
② 高铭暄主编：《刑法学原理》（第二卷），中国人民大学出版社1993年版，第2—3页。

中结果标准说是通说，为大多数同志所赞同。笔者认为，结果标准说是正确的。首先，它符合《刑法》的规定。《刑法》第14条规定："明知自己的行为会发生危害社会的结果，并且希望或者放任这种结果发生，因而构成犯罪的，是故意犯罪。"第15条规定："应当预见自己的行为可能发生危害社会的结果，因为疏忽大意而没有预见，或者已经预见而轻信能够避免，以致发生这种结果的，是过失犯罪。"我国《刑法》关于犯罪故意和犯罪过失的规定，明确指明行为人对其行为的危害社会结果的心理态度是罪过的内容。《刑法》第14条、第15条所说的"明知"、"预见"是指对"危害社会的结果"的认识；"希望"、"放任"、"轻信能够避免"是指对"危害社会的结果"的态度。罪过的核心应是危害社会的结果，而不是危害社会的行为。尽管危害社会的结果是由危害行为造成的，但只有危害社会的结果才能最终决定行为的危害社会的性质。结果标准说符合我国《刑法》的立法精神，司法实务中确认罪过心理的鉴定标准必须以《刑法》的规定为依据，而不能另立其他标准。从司法实践看，行为人对其行为的态度和其对行为的危害结果的态度可能是不一致的。如交通肇事罪，行为人对违章驾驶是故意的，但对这种行为引起的危害结果则是过失的。如果以行为人对行为的态度作为认定该罪主观要件的标准必然得出该罪是故意犯罪的结论。而对此罪属过失犯罪刑法学界一般没有异议。可见在这种情况下，只有按照行为人对危害结果的态度为标准来定罪，才能得出正确的结论。"故意说"中的"行为故意说"是将罪过建立在"行为标准说"的基础上的，是一种违法的界定。我们学界一方面在强调罪刑法定，要求司法人员严格依法办案，而另一方面其自身又在不断偏离罪刑法定，这是不足取的。

第二，违背客观事实。"故意说"中的"结果故意说"虽然将罪过建立在"结果标准说"的基础上，但其得出的结论是不符合客观事实的。滥用职权罪是指国家机关工作人员滥用职权，致使公共财产、国家和人民利益遭受重大损失的行为。"滥用"是指胡乱或过度地使用。滥用职权既包括国家机关工作人员的行为超越法律、法规规定的权限或授权、委托范围，也包括国家机关工作人员故意违背法律所赋予职权的目的，在法定范围内作出不符合立法目的、精神、原则的行为。就滥用职权行为而言，行为人无疑是故意的。但对滥用职权而导致的危害社会的结果，行为人则可能是过失的。如被告人李某（某市粮食局分管经营的副局长）违反国家规定，未经集体讨论研究，私自决定从事期货交易业务。从1995年6月至1997年7月间，通过银行贷款、向下属企业借款等方式筹措资金2000万元用于单位炒期货，结果亏损 1800 万元，给国家造成重大损失。李某的行为构成滥用职权罪。李某擅自动用公款炒期货的行为，属于滥用职权的故意行为，但由此而导致亏损 1800 万元，则属于过失。李某的行为应属于过失犯罪。滥用职权罪由过失构成，在司法实践中是较为常见的一种情况。①

第三，从刑法的相关规定看，把滥用职权罪视为故意犯罪，难以与《刑法》中的类似犯罪相协调。《刑法》分则第 131 条至第 139 条规定的重大责任事故方面的犯罪，都包含违反规章制度和职责要求，滥用职务或业务便利的故意行为。但是这些犯罪都是过失犯罪。特别是《刑法》第 134 条第 2 款规定的强令违章冒险作业罪，其法定的罪状表述中明确包含了“强令他人违章冒险作业”因而发生重大伤亡事故或者造成其他严重后果的情况。这种情况与《刑法》第 397 条规定的滥用职权罪，在行为特征和罪过上绝无二致。但是对于重大责任事故，学术界包括对滥用职权罪持故意犯罪观点的学者一致认为该罪名是过失犯罪。既然“强令违章冒险作业”因而发生重大伤亡事故或者造成其他严重后果的是过失犯罪，那么我们又有什么理由不认为滥用职权导致发生严重后果的不是过失犯罪呢？“刑法是存在于法律体系中的一个整体，它不仅要与宪法协调，而且本身也是协调的。只有如此，才能体现公平正义。如果作出不协调的解释，必然导致对不同的案件作相同的处理，或者对相同的案件作不同的处理，从而有损于刑法的公平性。所以，使法律之间相协调是最好的解释方法。”② 为了使刑法条文之间保持协调，我们不能把滥用职权罪仅解释为故意犯罪。

第四，在“故意说”中不少观点经不起推敲，难以令人信服。如有的学者认为，界定滥用职权罪的罪过，“关键是如何认识本罪的危害结果。根

① 如日前，河南省邓州市人民法院一审以滥用职权罪对三名王姓被告人作出了免予刑事处罚的判决。三人中一人为邓州市交通局运管所孟楼交管站工作人员，另外两名为该交管站聘用人员。上述三人在邓州市孟楼镇交管站工作期间，在没有取得该省人民政府统一核发的《行政执法证》和《处罚许可证》的情况下，擅自在本辖区内设卡查车，稽查摩托车、农用车养路费。2006 年 11 月 9 日上午 9 时许，此三人在玉皇至孟楼村村通公路刘岗林场西拦查被害人宋某驾驶的两轮摩托车时，宋某为逃避检查，从路边绕行，被告人之一急喊“站住！站住！”。宋某听到喊声后由于受到惊吓，惊慌超速驾车，最终导致在距离查车点 800 米公路弯道处翻入路边沟内摔死的严重后果。事发后，受害人亲属几十余人打着横幅围堵邓州市交通局大门及市委大门长达数日，严重影响了党政机关的正常工作秩序。随后又被媒体曝光。邓州市人民法院认为三名被告人滥用职权，致使人民利益受重大损失，其行为均已构成滥用职权罪，且系共同犯罪。邓州市人民检察院指控三名被告人犯滥用职权罪的罪名成立，予以支持。仅鉴于三被告人的认罪态度较好，犯罪情节较轻，可以免予刑事处罚，故依法作出了上述判决。判决后此三人没有提出上诉（参见张明英、杨远瞻：“交管人员滥用职权征收养路费酿出人命案”，http：//www. jcrb. com/zywfiles/ca582507. htm，2007 - 02 - 09）。

② 张明楷：“刑法理念与刑法解释”，载《法学杂志》2004 年第 4 期。

据我国刑法理论的通说，危害结果是危害行为对刑法所保护的犯罪客体造成的损害。因此分析某个犯罪的危害结果是什么不能离开该罪的客体。滥用职权罪的犯罪客体是国家机关的正常活动与公众对国家机关工作人员职务活动客观公正的信赖。与之相应，滥用职权行为造成的危害结果就是对国家机关正常活动以及公众对国家机关工作人员职务活动客观公正的信赖的侵犯事实，这一结果属于非物质性的危害结果。当行为人实施滥用职权的行为，其对行为本身的性质有充分认识，即认识到该行为是违反有关行政管理法规的违法行为；既然是违法行为，作为具有国家公务员身份的国家机关工作人员当然也知道会发生破坏国家机关的正常活动，损害公众对国家机关工作人员的信赖的结果。在此情况下，行为人仍然实施滥用职权的行为，其主观上的故意一目了然。而且这种对危害结果的心理既可以是希望也可以是放任。所以，本罪的主观罪过是故意并无疑问"。[①] 笔者认为，上述推论是不能成立的。目前我国刑法学界对危害结果概念的争论还是很大的。归纳起来主要有五种观点，即"客体侵害说"、"实害说"、"法定现象事实说"、"客体+法定现象事实说"和"最后状态说"。[②] 上述作者所持的实际上是"客体侵害说"。不错，我国《刑法》上的任何犯罪行为，都能够给一定的直接客体造成某种损害。从这个意义上说，危害结果与犯罪客体密不可分。通过这种结果，可以从客观方面反映犯罪行为与犯罪客体的联系，并且揭示不同犯罪行为所侵害的合法权益的特定性。但我们必须看到，"客体侵害说"并未被学界普遍认可。笔者赞同以下看法，危害结果"是指犯罪行为通过影响犯罪对象而对犯罪客体造成的法定现实损害及具体危险的事实"，[③] 或"危害结果是指危害行为给刑法所保护的法益所造成的具体侵害事实"，[④] 这种侵害事实具有因果性、侵害性、现实性和多样性等特征。由此可见，把滥用职权罪的危害结果理解为"对国家机关正常活动以及公众对国家机关工作人员职务活动客观公正的信赖的侵犯事实"是令人难以接受的。再说，把滥用职权罪的危害结果归之于非物质性的危害结果也是欠妥的。滥用职权罪的危害结果既有物质性结果（有形结果），也有非物质性结果（无形结果），既有直接结果，也有间接结果。

有的学者为了证明"故意说"的合理性，特指出《刑法》第397条规

① 刘艳红："也论新刑法第397条的罪名与罪过"，载《法学评论》1999年第6期。

② 高铭暄主编：《刑法专论》（上编），高等教育出版社2002年版，第171—172页。

③ 李洁：《犯罪结果论》，吉林大学出版社1994年版，第58页。

④ 张明楷：《刑法学》（第二版），法律出版社2003年版，第162页。

定的"致使公共财产、国家和人民利益遭受重大损失"应当是滥用职权罪的定罪情节。"对于这些定罪情节也不要求行为人有具体的认识和预见，因为它们不过是从整体上说明犯罪构成事实状况和深度的具体事实而已。不要求行为人对这些事实状况的认识、预见以及意志选择亦并不违反主客观相统一的原则，因为主客观相统一原则要求行为人认识和预见的是客观危害结果事实的有无问题，而不是要求行为人认识和预见说明危害程度的具体事实。"所以法条中所列的"重大损失"不是判断滥用职权罪罪过形式的危害结果。① 以上论述的错误在于：1. 观点本身自相矛盾。它一方面强调主客观相统一原则要求行为人对客观危害结果事实要有认识和预见，另一方面，它又不要求行为人认识和预见说明危害程度的具体事实，那么，"客观危害结果事实"与"危害程度的具体事实"如何区分？在个案中显然是个难题。2. 违背了刑法的基本原理。我国刑法学界通说认为，故意犯罪中"明知"内容应当包括法律所规定的构成某种故意犯罪所不可缺少的危害事实。具体说来包括三项内容：其一是对行为本身的认识，即对刑法规定的危害社会行为的内容及其性质的认识；其二是对行为结果的认识，即对行为产生或将要产生的危害社会结果的内容与性质的认识；其三是对危害行为和危害结果相联系的其他犯罪构成要件事实的认识。② 根据通说，滥用职权罪中"重大损失"必须是行为人罪过的内容。3. 与其他犯罪的认定不相协调。这种观点如果能够成立，那么类似"天价葡萄案"都可以定罪了。③ 因为"数额较大"就像"重大损失"一样，仅仅是定罪情节，并不要求行为人对这个事实状况有认识和预见。这种结论是难以被人们接受的。

持"间接故意说"的学者认为，滥用职权的行为不能有犯罪动机。这一观点失之偏颇，也不符合法律规定。犯罪动机是刺激犯罪人实施犯罪行为以达到犯罪目的内心冲动或起因。犯罪动机只是说明行为人为什么要进行犯罪活动，但它不能决定行为的具体形式，对决定犯罪行为的性质没有意义。《刑法》第397条第2款规定的徇私舞弊，即是滥用职权罪适用加重情节处罚时的犯罪动机。司法实践中行为人实施滥用职权犯罪行为，有的是为亲

---

① 邓文莉："《刑法》第397条中的'重大损失'在滥用职权罪中的地位"，载《政治与法律》2006年第1期。

② 高铭暄主编：《新编中国刑法学》，中国人民大学出版社1998年版，第172—173页。

③ 近年来司法实务中发生的"天价葡萄案"和"太空豆角案"等案例中的行为人不成立盗窃罪，因为行为人缺乏盗窃故意的认识要素。具体参见张明楷："论盗窃故意的认识内容"，载《法学》2004年第11期；朱孝清："盗窃科研葡萄、豆角案定性探究"，载《中国刑事法杂志》2005年第1期。

友、领导、同事而徇私情，也有的是为贪财受贿，泄私愤图报复，掩盖隐私，保全名利而徇私利，但无论是为了上述哪一种情形，它们都是促使行为人实施滥用职权犯罪行为的动机，即犯罪动机。正是由于这种出于徇私舞弊动机的滥用职权犯罪行为具有特别严重的社会危害性，因而刑法在规定一般滥用职权罪的法定刑之后，特别规定了这种情形下的加重处罚，以实现罪刑相适应的基本原则。①

在“故意说”中颇引人注目的还有张明楷教授提倡的“客观的超过要素”理论了。关于“客观的超过要素”的概念，张教授指出，“犯罪客观要件中，有些要素属于故意的认识与意志内容，要求行为人对之具有认识与放任或希望的态度，有些要素则超出了故意的认识与意志内容，不要求行为人对之具有认识与放任或希望的态度”。如丢失枪支不报罪中，“造成严重后果”虽然是构成要件，但不需要行为人对之具有认识与希望或放任态度，因此，“造成严重后果”便成为超出故意内容的客观要素，属于“客观的超过要素”。② 根据这一理论，滥用职权罪中的“致使公共财产、国家和人民利益遭受重大损失”，虽然是该罪构成要件，但不需要行为人对之具有认识与希望或放任态度。因此，“致使公共财产、国家和人民利益遭受重大损失”便成为超出故意内容的客观要素，属于“客观的超过要素”。尽管这一理论是旨在解决现行“刑法理论上关于许多新罪名的罪过形式的极不统一的解释”的现状而提出的，但由于该观点本身的不成熟和难以自圆其说，已受到不少学者的质疑。③ 我们认为，“客观的超过要素”理论有悖主客观相统一的刑法原则，在我国现行的犯罪构成理论体系中，贸然地引入大陆法系国家中的“客观处罚条件”是不合适的。

二、“过失说”及其缺陷

“过失说”认为，滥用职权罪的罪过形式是过失。如有的学者认为，《刑法》第397条第1款规定的滥用职权罪的罪过形式是过失。其特点是因自以为是、恣意妄为而滥用职权，或者因严重不负责任而玩忽职守。其内容

① 李希慧、逄锦温：“滥用职权罪主观罪过评析”，载《法学家》2001年第2期。

② 张明楷：“‘客观的超过要素’概念之提倡”，载《法学研究》1999年第3期。

③ 杨书文：“质疑‘客观的超过要素’概念”，载《福州大学学报》（哲社版）2002年第3期；左良凯：“论‘客观的超过要素’之不存在——兼与张明楷教授商榷”，载《西安政治学院学报》2005年第1期；毛冠楠：“‘客观的超过要素’相关问题研究——与张明楷教授商榷”，载《黑龙江政法管理干部学院学报》2005年第6期；康诚、单民：“论作为‘客观的超过要素’的危害结果——兼与张明楷教授商榷”，载《国家检察官学院学报》2006年第2期等。

是对自己的滥用职权、玩忽职守行为可能造成的严重损害国家和人民利益的危害结果具有过失。

“过失说”的理由主要有：

1.《刑法》总则对故意与过失的规定表明，立法是以对行为可能造成的危害社会的结果的认识与意志划分罪过形式的。总则对分则应该具有指导意义，因此，滥用职权罪的罪过内容也应以对危害社会的结果的认识与意志来认定。本罪以“致使公共财产、国家和人民利益遭受重大损失”为要件，属于结果犯。对于结果犯一般应以行为人对该结果的心态作为确定罪过形式的根据，而不是以对行为本身的心态作为确定罪过形式的根据。由于滥用职权、玩忽职守行为本身的不法程度较低、反伦理道义性不明显，行为人对它是故意还是过失，不足以作为确定罪过形式的根据。事实上，罕见行为人对职权过失滥用、对职守过失玩忽的情形，对这种情形，即使造成严重后果也不必追究刑事责任。行为人往往是有意越权或者有意不履行职责、不正确履行职责，就如同驾驶员有意违章一样，但不能认为这种意思就是犯意。只有对行为所造成的严重后果的意思，才是犯意。滥用职权从概念应有的内涵来看，含有故意的成分，但这只是对行为本身的故意，而刑法立法确定罪过的依据，是对结果的认识与意志，因此，这样的用语并不妨碍将此罪认定为过失犯罪。

2. 滥用职权罪的结果，应该是法条明确规定的“重大损失”。在我国的通说犯罪构成理论中，客观处罚条件没有存在的余地，那么法条中所列的“重大损失”，只能理解为犯罪结果。①

3. 本罪的法定刑与《刑法》规定的其他过失犯罪的法定刑一致，符合《刑法》对过失犯罪刑事责任的一般性规定。《刑法》第 397 条规定：滥用职权、玩忽职守造成重大损失结果的，处 3 年以下有期徒刑或者拘役，情节特别严重的，处 3 年以上 7 年以下有期徒刑。这在《刑法》中是一种典型的过失犯罪法定刑，否则便难以达到《刑法》分则各罪在罪刑关系上的协调。如果行为人明知自己的滥用职权行为会造成“重大损失”，并且希望或放任这种结果的发生，法律只规定其法定最高刑为 7 年有期徒刑，显然不符合立法精神。

4.《刑法》之所以把滥用职权罪与玩忽职守罪规定在同一个条文中，总是因为它们之间在客观方面或者主观方面具有某种相似性。而滥用职权与玩忽职守在行为特征上，一个是积极作为超越职权，一个是消极懒惰有权不

① 李洁：“论滥用职权罪的罪过形式”，载《法学家》1998 年第 1 期。

用，二者恰恰相反，很难说具有相似之处。相反，在主观方面，由于滥用职权和玩忽职守的行为与危害结果之间都具有一定的或然性，以致行为人在实施这些行为时对危害结果的认识和态度具有相似之处，即通常都是在应当预见而没有预见或者已经预见而轻信能够避免的心理状态下实施危害行为的。正是基于对这两种犯罪心理态度和危害结果基本相同的考虑，《刑法》才将其规定在同一个条文之中。①

与“故意说”相比，“过失说”更具合理性。笔者认为，就大部分滥用职权罪而言，其主观方面只能是过失。但“过失说”难以涵盖所有的滥用职权犯罪。从滥用职权犯罪的实际情况看，我们无法否认这种犯罪存在故意。如原山东省某市某区国土资源局局长高某，在2001年至2002年，在违法占地清理、清查及房地产开发建设用地清理整顿工作中，违反规定先后将18宗用地审批手续的办理时间提前至1999年1月1日以前，据此按低标准收取土地出让金，致使国家损失374万余元。② 对这种结果，行为人在主观方面是间接故意。又如2005年9月5日晚，董某等7人到某地盗窃输油管道中的原油。在返回途中，被输油管道巡查人员发现，双方发生厮打，后董某被抓获，其他人逃跑。次日，输油管理处的人将董某扭送至安溪派出所。安溪派出所所长李某、副所长王某二人讯问董某，要挟董某交10万元就将其放走，否则移交刑警队处理。董某通知家属交钱后，李某安排王某制作了一份董某打架的材料后将其放走。李某、王某随后将该10万元用于偿还安溪派出所贷款以及派出所日常开销。③ 该案李某、王某的行为不仅构成单位受贿罪，而且还构成滥用职权罪。李某、王某作为国家机关工作人员，为了本单位利益，将盗窃犯罪嫌疑人不移交给刑事侦查部门而将其放走，是一种滥用职权的行为，二人的行为应构成滥用职权罪。④ 行为人明知董某盗窃输油管道中的原油，涉嫌重大盗窃团伙犯罪，依法应当移交刑警队立案侦查，却为了给单位创收而利用职务上的便利，强行向董某索取人民币10万元后，将其私自放走，不予追究，对其结果行为人显然不是过失的。

正是鉴于“过失说”中不能解释该罪存在故意犯罪的情况。持“过失

① 张智辉：“论滥用职权罪的罪过形式”，载赵秉志主编：《刑法评论》（第1卷），法律出版社2002年版，第147页。

② 董瑞丰：“隐匿渎职四大误区”，载《瞭望新闻周刊》2007年第21期。

③ 孙洪涛、宇豪业：“派出所长：交10万元就走人”，载《检察日报》2006年10月18日。

④ 李某、王某为了谋取私利，明知董某涉嫌重大盗窃团伙犯罪，应当依法移交刑警队立案侦查而私自决定不立案侦查，将其放走，实质是一种徇私枉法行为。但由于我国刑法对徇私枉法罪未规定单位犯罪，只能按滥用职权罪定罪处罚。

说”的同志也对自己的观点作了修正，认为从相关渎职罪条款看，《刑法》第397条第1款的规定是过失罪，第2款的规定是故意犯罪。《刑法》第397条第2款规定了徇私舞弊犯本罪的情况，并且规定了较重的法定刑，它与第1款的区别主要在于主观恶性不同，因此可以把第1款理解为惩治过失罪的一般性规定，把第2款理解为惩治故意犯罪的一般性规定。行为人因滥用职权、玩忽职守而过失造成重大损失的，适用第1款定罪处罚，对重大损失具有故意的，适用第2款或者其他规定定罪处罚。这样理解，有利于明确该条第1款和第2款的地位、分工，充分发挥二者各自的作用，体现对故意渎职罪和过失渎职罪区别对待的立法精神。从新旧刑法的历史联系看；新《刑法》第397条是由原《刑法》第187条修改而来。人们一般认为原《刑法》第187条规定的玩忽职守罪是过失犯罪。新《刑法》第397条与原《刑法》第187条的差别在于：第1款增加了滥用职权，第2款增加了徇私舞弊。可以把滥用职权视为对原《刑法》第187条玩忽职守罪行为方式的补充规定，把徇私舞弊视为对原《刑法》第187条玩忽职守罪罪过形式的补充规定。第397条第1款的罪过形式不变，仍然是过失。第397条第2款的罪过形式是故意。第397条第2款规定的徇私舞弊罪的罪过形式是故意。其特点是屈从私利、私情，有意利用职权违背职责和法律，放任严重危害结果发生。其内容是对“致使公共财产、国家和人民利益遭受重大损失”的结果持故意态度。[①] 这种观点比绝对的“过失说”又前进了一步。从司法实践角度看，大部分滥用职权罪中的故意犯罪应当存在于第397条第2款规定的徇私舞弊型滥用职权罪中，但笔者认为，从学理角度看，《刑法》第397条第2款还不能彻底包括所有的滥用职权故意犯罪。

三、“复合罪过说”及其合理性

这种观点认为，滥用职权罪的主观方面是间接故意和过失。[②] 滥用职权罪原则上由过失构成，但也可以由间接故意构成。故意分为直接故意和间接故意，间接故意是指明知可能会发生危害社会的结果，而放任这种结果的发生。放任表明行为人有意纵容危害社会结果的发生，即行为人对危害社会的结果的发生，既不是积极追求，也不是不希望其发生，而是持一种容忍的态度，危害社会的结果即使发生也不违背行为人的本意。行为人明知自己的滥

---

① 阮齐林：“刑法第397条的若干问题”，载《国家检察官学院学报》1997年第4期。

② 黄太云、滕伟主编：《中华人民共和国刑法释义与适用指南》，红旗出版社1997年版，第596页。

用职权行为可能造成危害结果，但为了追求某种利益而置之不顾，即属间接故意。这种间接故意，主要表现为以下两种情况：1. 行为人为追求某一犯罪目的，明知自己的行为可能会给公共财产、国家和人民利益造成重大损失而放任这一结果的发生。如某市劳动人事局副局长李某，在为本单位采购基建材料过程中，见利忘义，收受供货方贿赂 5000 元。供货方乘机向该局推销不合格材料。李某明知该材料质量可能有问题，仍然大量高价采购，给单位造成直接经济损失 40 万元。该案中李某明知采购有问题产品会给本单位造成损失，但他为谋取个人私利，对危害结果采取听之任之、满不在乎、无所谓的态度。这显然不是过失，单位所遭受的巨大损失完全在他预料之中。2. 行为人为追求某一非犯罪目的，但在行为过程中放任公共财产、国家和人民利益遭受重大损失的危害结果的发生。如大兴安岭特大森林火灾中，漠河县公安局消防科科长秦某，利用职权，动用县消防队五分之三的力量和消防器具，保护自家住房，致使国家和人民利益遭受重大损失。秦某对危害后果有明确的认识而采取了放任的态度，主观罪过是间接故意。秦某的行为当时以玩忽职守罪定罪判刑，按现行《刑法》的规定这种行为属典型的滥用职权犯罪。笔者一直持这种观点，认为滥用职权罪在主观方面既可以是间接故意，也可以是过失。行为人的滥用职权行为触犯《刑法》第 397 条第 1 款之罪的，一般为过失犯罪；行为人的行为触犯《刑法》第 397 条第 2 款之罪的，一般为间接故意犯罪。[①]

在“复合罪过说”中影响最大的是储槐植、杨书文同志提出的复合罪过理论。他们认为，“所谓复合罪过形式，是指同一罪名的犯罪心态既有故意（限于间接故意）也有过失的罪过形式。如现行刑法规定的滥用职权罪和玩忽职守罪，其主观罪过既可能是故意，又可能是过失”。[②]“复合罪过形式”的主张引起了刑法学界的极大关注，并在司法实践中得到了较为广泛的肯定。我们试对此作一些评析。

复合罪过犯罪的特征是：1. 复合罪过形式的心理结构具有复杂性、复合性与不确定性的特征。2. 复合罪过形式只存在于以法定危害结果的实际发生或危险的实际存在作为客观要件的犯罪中。3. 复合罪过犯罪中的因果关系具有间接性、复杂性与偶然性的特征。4. 复合罪过形式只存在于具有多档次法定刑并且法定最高刑相对较低的犯罪中。5. 复合罪过形式大多存

① 张兆松：“滥用职权罪主观要件浅析”，载《人民检察》1998 年第 4 期。

② 储槐植、杨书文：“复合罪过形式探析——刑法理论对现行刑法内含的新法律现象之解读”，载《法学研究》1999 年第 1 期。

在于法定犯中，其价值追求在于限制刑罚权的随意发动。复合罪过形式的价值底蕴在于：在刑法的预防功能越来越被重视，行为本位正逐渐取代结果本位的情形下，限制刑罚权的随意发动，体现刑法的谦抑性。①“复合罪过说”认为，该说理论的认识论基础是模糊认识论。刑法的“明确性”与“确定性”是相对的，相反，法律的“模糊性”与“含混性”却是绝对的、无限的。在罪过形式领域引进“模糊认识论”，进而提出复合罪过理论的最明显的变化便是可以使长期以来深深困扰人们的“间接故意与轻信过失的区分问题”得以解决。复合罪过形式理论认为，根据模糊认识论，间接故意与轻信过失之间不存在界限清晰的分水岭，两者之间只可能存在量的区别，而不可能存在质的不同。从司法实践角度讲，间接故意与轻信过失的明确区分也是不可能的。在这种情况下，将两者合二为一，作为一种特殊的罪过形式进行规定、研究，便成为唯一明智的选择。②

“复合罪过说”一经提出，令学界耳目一新，但随之质疑之声不断。有的学者对复合罪过形式的理论主张是否科学，产生了怀疑，并提出以下几点质疑：质疑之一：犯罪间接故意和犯罪过失是两种主观恶性差异较大的罪过心理，同一罪种兼有这两种罪过形态，并具有同一法定刑，这是否会导致立法上的罪刑不相当？质疑之二：在所谓的“复合罪过”犯罪里，若行为人对危害结果持间接故意态度，那么，几乎所有此类间接故意犯罪在《刑法》里均能找到相应的故意犯罪来定罪处刑。既然如此，何必还要确认复合罪过形式呢？质疑之三：以复合罪过形式为主观要件的犯罪是否违反了“过失犯罪，法律有规定的才负刑事责任”的原则？质疑之四：若确认某些犯罪的犯罪主观要件为复合罪过形式，是否会动摇现有累犯制度？质疑之五：能否以减轻司法机关证明责任、提高办案效率为由，将复合罪过形式确定为独立的罪过形式，并在无须查明行为人的主观心态为间接故意或过失的情况下，而直接按复合罪过犯罪予以论处呢？质疑之六：根据模糊认识论原理，真的能得出“间接故意和过于自信的过失在理论上和实际中都不可能界分清楚”的结论吗？③

笔者认为，“复合罪过说”具有相当的合理性，该说的理论价值和实践意义表现在：

---

① 杨书文：《复合罪过形式论纲》，中国法制出版社 2004 年版，第 114—124 页。

② 杨书文：《复合罪过形式论纲》，中国法制出版社 2004 年版，第 171—178 页。

③ 欧锦雄：“复合罪过形式之否定——兼论具有双重危害结果之犯罪的罪过形式认定”，载《广西政法管理干部学院学报》2005 年第 4 期。

1. 这是研究学研究方法上的突破，是折中研究范式的成果。储槐植教授认为，改革开放以来，我国社会科学包括法学领域，在引进西方的各种理论知识的同时，也引进了研究范式，有广泛影响的是“二元对立”的研究范式。在权利与义务、自由与秩序、公正与效率、理想与现实、国家与社会、政府与公民、事实与规范等方面均以二元对立这一范式展开。这对我国法学的发展起了显著作用。但在当今世界许多国家尤其经济发达和法治水平较高的国家，政府与公民、国家与社会的关系由过往的对立为主已渐变为统一性上升的格局。这是不以人的主观意志为转移的客观存在。在这种社会背景下，人文社会科学的二元研究范式虽然并不过时，但需要调整，应当关注“折中”，重视二元统一的方面。在非此即彼之外，关注亦此亦彼、非此非彼现象。政治运作、法律机制等社会实践中处处可见妥协和折中，甚至可以认为，折中是社会生活的本性。[①] 他将这种研究范式运用到罪过形式。刑法通说理论是将犯罪心态分为两种即故意和过失。相应地刑法规定的一个犯罪要么是故意，要么是过失，不能既有故意又有过失。在多数情况下，通说并没有错，但事实上确有一些非典型的例外情形，滥用职权罪就属这种例外情形。

2. 这是借鉴国外罪过刑事立法和刑法理论的产物。英美法系的犯罪构成根据其要素独特的组合方式，可以概括为犯罪构成双层模式。犯罪本体要件（行为和心态）为第一层次，责任充足要件为第二层次。[②] 以《模范刑法典》为代表的美国当代刑法中的犯罪心态模式有四种：蓄意、明知、轻率、疏忽。蓄意，就是自觉希望实施某种特定行为，或者自觉希望发生某种特定结果。明知，就是认识到行为的性质并且自觉去实施这种行为。轻率就是已经认识到并且自觉地漠视法律禁止的结果可能发生的危险，虽然主观上对此结果并未自觉制止否定，但还是冒险地实施了产生此结果的行为。疏忽和轻率的主要区别是行为人在行为时没有认识到产生法律禁止的结果的危险，然而按照守法公民的通常标准是应当认识到这种危险的。[③] 上述蓄意、疏忽分别相当于我国刑法中的直接故意与疏忽过失，[④] 而轻率则实质上覆盖着间接

---

① 储槐植：“提倡折中——研究范式检讨”，载梁根林主编：《刑法方法论》，北京大学出版社2006年版，第100—101页。

② 储槐植：《美国刑法》（第三版），北京大学出版社2005年版，第36页。

③ 储槐植：《美国刑法》（第三版），北京大学出版社2005年版，第55页。

④ 在我国刑法理论中，由于法律将罪过分为故意和过失两种，导致对明知自己的行为会发生危害社会的结果，而放任这种结果发生的心理状态，存在相当多的争论。有的认为是直接故意，有的认为是间接故意，有的则认为这是介乎希望与放任之间的第三种意志类型。参见赵秉志主编：《刑法争议问题研究》，河南人民出版社1996年版，第4页。

故意与轻信过失这两个区域。英国刑法中的轻率实际上是将间接故意与轻信过失合二为一。[①] 复合罪过说是对英美刑法中的轻率理论的有效借鉴。

3. 这是刑事一体化思想的产物。改革开放之后中国处在一个社会政治、经济、文化转型的阶段，犯罪率不断上升，单一的刑法方法已经不能满足预防犯罪的目的，在这种情况下，我们的刑事法学者对其进行了较为深刻的反思，提出了"刑事一体化"的思想。较早提出这一见解的是北大甘雨沛教授，他认为，"从刑法整体来说，单是依实体本身的规定或依实体法作出判决、裁定本身，不能完成刑法的整体性或全体性，当然也不能达到刑法的任务、目的，还需要有个使之实现的过程、手续或方法，这就必须有刑事诉讼法的助成。为了达到刑法的改造教育目的，也必须有行刑法领域的监狱法的措施来保证。为了彻底地、准确地揭发和侦查犯罪以及正确认定犯罪，还需要侦查学、法医学等的助成。这些都属于刑事法的范围。据此，刑事法可称为'全体刑法'"。[②] 1989 年储槐植教授明确提出了"刑事一体化"的概念。[③] 他指出：刑事一体化的基本点是，刑法和刑法运行处于内外协调状态才能实现最佳的社会效益，实现刑法最佳效益是刑事一体化的目的，刑事一体化的内涵是刑法和刑法运行内外协调，即刑法内部结构合理（横向协调）与刑法运行前后制约（纵向协调），我国刑法学研究应当突破单向、片面、孤立和静态的思维模式，确立在刑法之中研究刑法、在刑法之外研究刑法和在刑法之上研究刑法组成的多方位的立体思维。[④] 但笔者注意到储槐植教授对刑事实体法与刑事程序法的关系关注并不多。而在英美刑法中，"犯罪构成虽然首先是实体上的一种规定，定罪的一种规格，与其他法系一样仍然拥有本体上的犯罪要件，但最根本也最重要的是，在实体之外，英美法系的犯罪构成更多地吸收了诉讼或程序上的因素。如果说实体法赋予了他们的犯罪

① 储槐植、杨书文："英国刑法中的轻率"，载《比较法研究》2000 年第 4 期。对这一结论，有的学者持否定态度。该学者认为，英国刑法中的轻率大致对应我国刑法中的间接故意，当然两者在构造上是存在一定差异的。在主观轻率领域，英国刑法强调对危险的认识以及冒险行为的不合理性、不正当性，而我国刑法中的间接故意同样要求对危害结果的认识，但是在意志因素上强调对危害社会结果的放任。从英国刑法的判例看，主观轻率的范围比我国刑法的间接故意严格一些、宽广一些。在我国刑法中可能成立过于自信的过失，而英国刑法却成立主观轻率（参见王雨田：《英国刑法犯意研究——比较法视野下的分析与思考》，中国人民公安大学出版社 2006 年版，第 170 页）。从这一论述情况看，该作者实际上也认为英国刑法中的轻率可以包括我国刑法中的间接故意和过于自信的过失。

② 甘雨沛、何鹏：《外国刑法学》（上），北京大学出版社 1984 年版，第 4 页。

③ 储槐植："建立刑事一体化思想"，载《中外法学》1989 年第 1 期。

④ 储槐植：《刑事一体化》，法律出版社 2004 年版，第 187 页、第 491 页等。

构成以静态的、有限的生命本体的话，那么是诉讼或英美法系独有的刑事程序给予了犯罪构成以成长和发展的力量”。[①] 在英国，“对于犯罪意图，不仅要讨论是什么问题，还要清楚地揭示如何证明的问题，这使得英国实体刑法紧密结合实际，极具实用性和实效性”。[②] 长期以来，我国刑事实体法与刑事程序法截然分开，研究刑法的不研究刑事诉讼法，反之亦然。近年这一现象已有很大改观。比如对刑事推定问题，不仅理论界作了很多研究，最高司法机关也多次对推定问题作了规定。[③] 但总体而言，两者结合得还不够。如关于奸淫幼女罪要不要“明知”问题，刑法学界讨论得无比热闹，结论也得到统一，即奸淫幼女罪必须“明知”对方是不满14周岁的幼女。但如何来证明“明知”？这实在是一个难题，这个难题刑法学界的人可以不过问，而司法机关则不能不关注。结果呢？“明知”问题在刑法学界得到了统一，而最高人民法院关于“明知”的司法解释则又匆匆下文暂停适用了。“复合罪过说”不仅关注罪过问题，同时也联系证明问题。该说认为，复合罪过是间接故意和过失的复合，在司法实践中，只要有确凿证据证明行为人实施危害行为时，主观方面并非出于直接故意，即可适用复合罪过犯罪予以论处，这在一定程度上可减轻司法机关的证明责任，提高办案效率。正因为如此，使得这一学说更符合司法实践，得到不少司法人员的肯定。

4. 这是尊重法律，回应立法和司法实践的结果。“复合罪过说”是在现有法律框架内对罪过问题的解说，它没有背离现行的法律规定。从目前来看，我国的罪过规定确有不完善之处，进一步完善立法是必要的。不少同志在解释法律规范时，当按照自己的认识难以得出合理的处理结果时，不是尽量寻求立法的“本意”反思自己的结论，而是批评立法有“疏漏”之处，进而提出修改立法的建议，或者干脆离开法条另立标准。统一合理地把握罪过要件，首先必须立足于现有的立法模式。依据现有的立法是解释法律的基本规则，也就是说，首先应当设定任何立法的表达形式和内容都是立法者有意作出的，没有相反的根据，不能认为立法者发生了疏漏和错误。对立法不是不能批评，

---

① 陈兴良主编：《犯罪论体系研究》，清华大学出版社2005年版，第104页。

② 王雨田：《英国刑法犯意研究——比较法视野下的分析与思考》，中国人民公安大学出版社2006年版，第172页。

③ 2007年5月9日最高人民法院、最高人民检察院颁布的《关于办理与盗窃、抢劫、诈骗、抢夺机动车相关刑事案件具体应用法律若干问题的解释》第6条规定：“行为人实施本解释第1条、第3条第3款规定的行为，涉及的机动车有下列情形之一的，应当认定行为人主观上属于上述条款所称‘明知’：（一）没有合法有效的来历凭证；（二）发动机号、车辆识别代号有明显更改痕迹，没有合法证明的。”

但是不能简单推测其表达形式和内容不符合立法者意志。所以在立法未作修改之前，必须严格遵守立法，这是法治的基本要求。“‘法律必须被信仰，否则它将形同虚设。’既然信仰法律，就不要随意批判法律，不要随意主张修改法律，而应当对法律进行合理的解释，将‘不理想’的法律条文解释为理想的法律规定。”① “当解释者对法条难以得出某种解释结论时，不必攻击刑法规范不明确，而应反省自己是否缺乏明确、具体的正义理念。所以，解释者与其得出非正义的解释结论后批判刑法，不如合理运用解释方法得出正义的解释结论；与其怀疑刑法规范本身，不如怀疑自己的解释能力与解释结论。”② 鉴此上，笔者主张，当遇到法律有缺陷时，不要简单地批判法律，更不能置法律规定于不顾而另立标准。上述“行为故意说”和“主要罪过说”已经偏离了现行的法律规定，是不可取的。也有学者认为，我国《刑法》应规定“行为故意”概念，③ “单纯地以行为人对危害结果的心理态度来认定其罪过形式，是不能够解决关于滥用职权罪主观罪过的争议的，而行为故意理论的提出恰好可以弥补这一缺陷”。④ 如果说这是一种对今后完善立法的设想，那是无可非议的，但如果说直接用于解说现行的法律规定，则是没有依据的。理论是实践的总结。理论上对法律正当性的论证，永远不能取代实践中对法律可行性的检验。滥用职权罪设立后，司法机关办理了不少此类案件。这类案件事实表明，行为人既有故意的，也有过失的。“故意说”或“过失说”都不能很好地对此作出解释。而“复合罪过说”则比较好地解决了这类案件的罪过问题。正像储槐植教授所说的：“该概念来自于鲜活的司法实践，是刑法理论对于立法实践之呼唤的积极回应。它的提出再一次证明：对科学来讲，当旧有的理论不能解释新出现的现象时，并非科学的危机，而是科学获得新进展的起点。”⑤

我国传统的犯罪构成理论非常强调主客观一致原则。主观要件更多表现出的是行为人内在的一种思想活动，这种思想活动的表达除了以客观行为体现外，就是行为人的语言流露。而语言的表达最能够直接反映出行为人的心理态度。随着人们法律意识的增强和反侦查能力的提高，一些犯罪嫌疑人规避法律、逃避法律制裁的现象也十分突出，在这种情况下传统办案中通过审

① 张明楷：《刑法格言的展开》，法律出版社 1999 年版，第 3 页。

② 张明楷：《刑法分则的解释原理》，中国人民大学出版社 2004 年版，“序说”第 3 页。

③ 贾宇：“刑法学应创设行为故意概念”，载《法学》2002 年第 7 期。

④ 利子平、郭芾：“滥用职权罪罪过形式新探——以行为故意为视角”，载《江西师范大学学报》（哲学社会科学版）2006 年第 1 期。

⑤ 杨书文：《复合罪过形式论纲》，中国法制出版社 2004 年版，序言。

讯直接获取口供来印证行为人主观心态的方式越来越难以奏效。特别是在职务犯罪方面，许多罪名的设置主观要件十分严格（如犯罪目的、犯罪动机都成为犯罪构成的必要要件），在当事人认罪态度不好的情况下，给许多案件的侦破工作带来较大的难度。在刑事诉讼中，公诉方承担极其繁重的证明责任：包括几乎全部的提供证据的责任（举证责任）和所有的说服责任，其必须对证据的有效性、合法性和关联性进行充分论证，以排除裁判者的合理怀疑。当前犯罪总量居高不下，犯罪浪潮没有得到有效控制，公诉人员任务艰巨，这种情况要求对公诉方举证的任务进行分级，将某些案件的证明责任赋予被告人，并在解释某些犯罪的成立要件时，减轻公诉方的责任。同时基于保护法益的客观需要、中国法治建设进程的特殊性以及人类认识的局限性也要求应适度减轻公诉方责任。举证责任降低的情形包括举证责任转移、证明责任倒置以及举证责任减轻等。[①] 刑法学研究成果必须能为实践所用，要经受得住现实生活的检验。所以刑法学界如何在继承传统的基础上，进行理论创新，以便刑法理论更好地适应司法实践的需要，这是需要我们认真思考的问题，可以说，“复合罪过说”给了我们一种启示。

当然作为一种新观点，其理论结构还需进一步完善，某些论点是否一定正确还需斟酌。如“复合罪过说”列举的复合罪过犯罪众多，诸如《刑法》第397条的滥用职权罪、第135条的重大劳动安全事故罪、第142条的生产、销售劣药罪、第187条的吸收客户资金不入账罪，以及第128条、第137条、第139条、第145条、第146条、第147条、第148条、第167条、第169条、第186条、第188条、第189条、第304条、第403条等规定的犯罪。这些犯罪是否都是复合罪过值得进一步研究。

近年还有的同志针对“复合罪过说”的不足，提出了“复合过失说”。该说认为，复合过失是指行为人实施了在客观上可能导致危害社会结果发生的不正当冒险行为时，在主观上所持的可能认识到了该危险的存在或没有考虑是否存在危险的一种心理态度。其实质是一种复合罪过形式，形式上以过失为主体，相当于传统罪过形式理论中的过失加间接故意，适用产生的结果以过失论处。“复合过失说”是基于这样的考虑：一方面，在我国刑法学界，无论主流理论界还是司法实践，对犯罪行为人的主观罪过形式都是实行二分法，即分为故意与过失，考虑到理论及实践的习惯性，认为应当把复合过失归类于过失中；另一方面，提出这个概念是为了解决实践中遇到的问题，使其在承认复合罪过的合理性的基础上能够在个案的运作上，不至于与

① 刘金林：“刑法机制：四个不协调亟待解决”，载《检察日报》2007年4月13日。

刑法中的共同犯罪、累犯等制度相矛盾。“复合过失说”的意义表现在：一方面，有利于体现“有利被告”原则，体现刑法谦抑性的宽容精神；另一方面，在一定程度上，减轻了司法机关的证明责任，提高了办案效率。[①] 笔者认为，“复合过失说”并不可取。明明是既有故意，又有过失，为什么非得按过失处理呢？这种“有利于被告”原则，理论上是牵强的，实践中是有害的。再说滥用职权罪的主观罪过并不限于间接故意和过失，如此一来，“复合过失说”更不能成立。

总之，笔者基本赞同“复合罪过说”。但“复合罪过说”只承认滥用职权罪可以由间接故意和过失构成，并不认可该罪可以由直接故意构成。笔者也曾认为，该罪不能由直接故意构成。直接故意是指明知自己的行为必然会造成危害社会的结果，而且希望这种结果的发生。诚然在实践中会发生这种情况，即国家机关工作人员明知自己的滥用职权行为必然会给公共财产、国家和人民利益遭受重大损失，而且希望这种结果发生。在这种情况下，行为人只能出于其他犯罪故意，而不是单纯的滥用职权犯罪。[②] 这个观点也是得到多数同志支持的。经过近几年的思考，我们认为滥用职权罪是否必须排除直接故意还需要进一步研究，目前我们倾向于滥用职权罪可以由直接故意构成。

我们之所以认为滥用职权罪可以由直接故意构成主要是基于以下几个方面的考虑：

第一，《刑法》关于滥用职权罪的规定采用一般规定和特别规定相结合的方式，除在《刑法》第397条规定一般滥用职权罪外，还对若干特殊的滥用职权行为规定为犯罪，如徇私枉法罪（第399条）、私放在押人员罪（第400条）、徇私舞弊减刑、假释、暂予监外执行罪（第401条）、徇私舞弊不征、少征税款罪（第404条）、招收公务员、学生徇私舞弊罪（第418条）等。实践中，对这些特殊法条不能涵盖的滥用职权行为，只能按照《刑法》第397条的滥用职权罪定罪处罚。2006年7月26日最高人民检察院颁布的《关于渎职侵权犯罪案件立案标准的规定》明确规定：“国家机关工作人员滥用职权，符合刑法第九章所规定的特殊渎职罪构成要件的，按照该特殊规定追究刑事责任；主体不符合刑法第九章所规定的特殊渎职罪的主体要件，但滥用职权涉嫌前款第1项至第9项规定情形之一的，按照刑法第397条的规定以滥用职权罪追究刑事责任。”根据法条竞合理论，法条竞合

① 杨晓斌：“以过失为基础的复合罪过形式适用初探”，载《浙江检察》2006年第8期。
② 张兆松：“滥用职权罪主观要件浅析”，载《人民检察》1998年第4期。

是基于一个罪过，实施一个犯罪行为，由于法律的错综复杂的规定，以致触犯数个法规或同一法规的数个条文。因此，法条竞合的表现形式有以下几种：犯罪主体的竞合、犯罪对象的竞合、犯罪手段的竞合、危害结果的竞合等。绝对没有因主观罪过形成法规竞合。也就是说，既然是法条竞合，普通法条与特别法条的罪过形式是完全一样的。这些特殊的滥用职权罪，在主观上无不是故意，而且既可以是间接故意，也可以是直接故意。如招收公务员、学生徇私舞弊罪。同样道理，对于徇私舞弊招收法官、检察官的滥用职权行为，在没有单独规定罪名的情况下，只能按照《刑法》第 397 条滥用职权罪定罪处罚。在这种情况下，不能排除直接故意构成。从《刑法》第 397 条第 2 款“国家机关工作人员徇私舞弊，犯前款罪的”规定看，从逻辑上推论，也不能排除可以有直接故意的存在。

第二，笔者曾认为，在实践中，的确有的滥用职权犯罪的行为人明知自己滥用职权的行为会造成重大损失，仍然希望这种结果发生。但是，在这种情况下，行为人很可能是出于其他的犯罪故意，而非单纯的滥用职权犯罪的故意。那么，在造成“重大损失”的情况下，应根据主客观相统一的定罪原则，以其实际的行为表现和所造成的结果来确定应适用的罪名，而不能定滥用职权罪。① 这一论点持“过失说”的学者基本都赞同。如有的学者认为，“如果行为人滥用职权就是希望通过自己的行为致使公共财产或者国家和人民利益遭受重大损失的行为，那么这种行为就应当构成与其行为方式相适应的危害公共安全、破坏社会主义市场经济秩序或者侵犯财产等方面的相关犯罪，而不仅仅是一个滥用职权的问题，其滥用职权的行为应当被故意使公共财产或者国家和人民利益遭受重大损失的犯罪行为吸收”。② 现在看来这一结论值得推敲。其一，我国《刑法》分则体系是根据犯罪行为侵害客体的不同而构建的，注重内在逻辑性和实践的可操作性。《刑法》分则第九章规定渎职罪是基于犯罪侵犯客体的特殊性即国家机关正常行使国家权力、管理国家事务的活动而设，同时，渎职罪一章规定的诸种犯罪还有主体的特殊性、行为的职务性等特征。如果将具有直接故意实施滥用职权这一侵犯国家机关正常行使国家权力、管理国家事务活动的行为以散见于刑法分则各章、具有不同客体的罪名处罚，不仅违

① 张兆松：“滥用职权罪主观要件浅析”，载《人民检察》1998 年第 4 期。

② 张智辉：“论滥用职权罪的罪过形式”，载赵秉志主编：《刑法评论》（第 1 卷），法律出版社 2002 年版，第 145 页。

背了设立渎职罪一章的特殊立法价值，而且不利于司法实践的操作。① 其二，这类案件如果不按滥用职权罪定罪处罚，是否一定能找到其他合适的罪名，笔者持怀疑态度。如国家机关工作人员利用职务上的便利，以明显高于市场的价格向自己的亲友经营管理的单位采购商品或者以明显低于市场的价格向自己的亲友经营的单位销售商品，从而使国家利益遭受重大损失的行为。国家利益遭受重大损失与其亲友获利具有直接因果关系，对此行为人必然是明知的，而且是追求这种结果的发生。这类案件，如果是国有公司、企业的工作人员可以按照《刑法》第 168 条规定（国有公司、企业人员滥用职权罪）处理，那么国家机关工作人员则只能按照《刑法》第 397 条定滥用职权罪。类似的情况在徇私舞弊低价折股、出售国有资产犯罪行为中也存在。实践中这种案例更不鲜见。② 张明楷教授认为，“运用典型案例研究刑法学，既可以更加牢固地掌握刑法理论，也可以检验刑法理论的正确性，还可以通过疑难、复杂案例去发展刑法理论，疑难案件往往促使刑法学者对刑法规定作出新的解释”。③ 这值得我们思考。

第三，从立法原意看。从立法的进程来看，将滥用职权罪的主观罪过界定为故意符合立法原意。1979 年《刑法》只规定了玩忽职守罪，对一般的滥用职权犯罪行为没有明文规定。这显然不利于惩治国家工作人员的滥用职权行为。为弥补上述缺陷，立法机关在此后的一些单行刑法和附属刑法中规定对国家工作人员的滥用职权行为依照或比照玩忽职守罪论处。1997 年《刑法》修订时，许多同志提出原《刑法》中玩忽职守罪在主观方面是过失，而实践中有许多国家机关工作人员故意滥用职权情节严重的行为。这些行为与过失的玩忽职守罪一样具有极大的社会危害性，因此，应该在《刑法》中增设滥用职权罪，以作为一种故意犯罪与玩忽职守罪相对应，以从根本上解决司法实践中对滥用职权行为无法可依的情况。最高人民检察院

---

① 缪树权：《渎职、侵权案件重点、难点问题的司法适用》，中国法制出版社 2006 年版，第 123 页。

② 如 2006 年 7 月 31 日，湖南省浏阳市电力局党委书记周较尧、副局长李立才滥用职权，指挥下属对当地一家酒店（是当地按照五星级标准建设的酒店）及所在小区恶意停电，造成恶劣社会影响。周较尧、李立才两人“下令”对酒店所在小区停电的起因，仅仅是该酒店开张时，酒店董事长没有亲自将开张宴请柬送到电力局，而是委托副手送去，令两人感觉“很没面子”。拉匣停电不仅给酒店带来混乱，开张当日遭到多名客人投诉和要求退赔房款，同时还殃及酒店所在小区的 5 栋 13 层住宅楼，其“惩罚”力度不可谓小。8 月 4 日，鉴于停电造成的直接经济损失较大，浏阳市委决定撤销两人党内职务并移送检察机关审查，同时撤销浏阳市电力局局长张金亮职务。此案中周较尧、李立才对滥用职权造成的后果显然是直接故意。参见王治国：“滥用职权‘后果很严重’”，载《检察日报》2006 年 8 月 5 日。

③ 张明楷：《刑法学》（第二版），法律出版社 2003 年版，导言第 19 页。

1996年11月15日《关于对〈中华人民共和国刑法（修改草案）〉（征求意见稿）的修改意见》中指出：从近几年的司法实践来看，玩忽职守罪出现一种值得注意的新动向，就是从纯粹的过失罪向故意犯罪发展。适应司法实践出现的新情况，适当分解玩忽职守罪，以使罪名与罪状能够更加恰当，直接反映犯罪的行为性质和特点，非常必要。[①] 立法机关采纳了刑法理论和司法实务部门的建议，在现行《刑法》第397条保留玩忽职守罪名的同时，增设了滥用职权罪的规定。曾直接参与《刑法》修订，对《刑法》条文的立法本意有深刻理解的全国人大法工委刑法室的同志就明确指出："滥用职权行为和玩忽职守行为是渎职犯罪中最典型的两种行为，两种行为的构成要件，除客观方面不一样以外，其他均相同。"[②] 这表明：其一，设立滥用职权罪的起因主要是基于这是一种故意犯罪，以便与传统的玩忽职守罪相区分。其二，该罪名设立后，滥用职权行为和玩忽职守行为的主要区别点在客观方面而不是主观方面。

当然从传统的刑法理论角度，承认滥用职权罪可以由直接故意构成确有一些理论上的障碍。比如该结论导致故意犯罪与过失犯罪适用同一法定刑，该观点违背了"同一法条的同一罪名只能有一种罪过形式"的理论等。对于前者我们认为，分析法定刑虽然对认识该罪的主观罪过具有某种帮助作用，但并不具有必然性，特别是全面分析《刑法》立法现状及法定刑配置的基本情况后，更无法从法定刑的规定上得出该罪的主观罪过形式是故意还是过失。故意犯罪与过失犯罪规定在同一条文，适用相同的条件与法定刑，这在《刑法》中并非没有适例，最典型的莫过于《刑法》第398条关于故意泄露国家秘密罪与过失泄露国家秘密罪的规定。《刑法》第398条在同一条款中规定了故意泄露国家秘密罪和过失泄露国家秘密罪两种主观罪过不同的犯罪，却对这两种主观罪过明显不同的犯罪规定了同一的法定刑，这就充分说明我国刑事立法在法定刑的配置上并未能充分实现罪刑关系上的协调。在现行的立法规定下，我们认为，司法机关完全可以根据案件的具体情况（包括是故意还是过失）在法定的量刑幅度内自由裁量，通过不同的宣告刑来实现对故意犯罪、过失犯罪区别对待的精神，以尽可能地体现罪责刑相适应原则。对于后者，我们认为，当传统理论不能解释立法规定时，不能要求立法机关为了符合传统理论而去修改

---

① 高铭暄、赵秉志编：《新中国刑法立法文献资料总览》，中国人民公安大学出版社1998年版，第2642页。

② 胡康生、李福成主编：《中华人民共和国刑法释义》，法律出版社1997年版，第562页。

立法，而是要反思传统理论是否合理和正确，以便修正自己的观点以适应立法实践和司法实践的需要。

总之，我们认为，滥用职权罪主观方面主要是由过失构成，但也可以由故意构成；在故意形态中主要是间接故意，但也可以是直接故意。

第二节　渎职罪中的徇私问题

《刑法》中规定的“徇私”类渎职犯罪共有16个条文18个罪名（如徇私舞弊不移交刑事案件罪、商检徇私舞弊罪等），除了《刑法》第397条第2款和根据《中华人民共和国刑法修正案》修正的第168条第3款将“徇私”舞弊规定为加重处罚的情节外，其他条文都将“徇私”规定为成立犯罪的必要构成要件。关于“徇私”如何理解，是刑法中所有“徇私”类渎职犯罪的共性问题，也往往是认定行为人是否构成犯罪的关键问题。司法实践中，对此问题存在争议。

一、徇私是否包括徇情

由于《刑法》第399条第1款规定了“徇私枉法、徇情枉法”，也就是说，该条文将徇私与徇情作为两种并列的具体情形予以规定。因此，在《刑法》第399条中，徇私应作不包括徇情的理解。但带来的问题是：其他没有将徇私与徇情作并列情形规定的徇私舞弊型渎职罪条文中，徇私是否应作相同的理解？

关于这个问题，存在两种观点：一种观点认为，“徇私包括徇私情，如亲情、友情，也包括徇私利，如财物和其他好处”。[①] 这是目前大多数人的看法。

另一种观点认为，徇私是指徇私利，不包括徇私情。其主要理由是，《刑法》第399条明文规定“司法工作人员徇私枉法、徇情枉法”，可见这里的徇私应仅指徇私利。如果徇私包括徇私情，《刑法》第399条第1款就不会分别规定“徇私枉法、徇情枉法”，而应当统一规定为“徇私枉法”就行了。立法将这两者独立规定，显然表明立法者的立法意图重在区分徇私与

① 张穹：《贪污受贿渎职“侵权”犯罪案件立案标准精释》，中国检察出版社2000年版，第131页。

徇情的含义。[1] 这种观点是从严格法律条文用语的统一性出发所得出的结论。[2]

笔者认为，对徇私是否应作包括徇情的理解，所要解决的关键问题是，对相同的刑法用语作不同的解释是否违背罪刑法定原则？不少主张罪刑法定原则的学者认为，既然法律规定了罪刑法定原则，那就要求刑法规定的明确性，明确性是罪刑法定原则的首要要求。但是，我们必须清醒地认识到，立法是不可能做到条条明确的，要明确就要具体，不具体就不明确，越具体刑法规定的含义就越窄，就越缺乏涵盖性。刑法的明确性是相对的，不能够要求每一个条文都做到绝对明确，所以就不可避免地要我们通过法律的解释来使法律适用于更广泛的事项。“明文规定”不一定就是明确规定，更不仅仅是指哪一个词语、词组的明确规定。词语、词组是个体性的，而刑法规范是整体性的，是众多字、词含义之间交互作用所产生的一个有机系统。

《刑法》规定的罪刑法定原则不是片面强调保障人权，而是既要保护社会，又要保障人权，罪刑法定原则具有双重价值。比如《刑法》第 262 条规定了拐骗儿童罪。那么，盗窃儿童、抢夺儿童能不能认定为拐骗儿童罪？比如趁家长不注意，把正在玩耍的不满 5 岁的儿童抱走怎么定性？从拐骗儿童罪法律保护的客体及其所追求的目的来看，是保护亲权、保护家庭关系，那么只处罚拐骗儿童而不处罚盗窃儿童、抢夺儿童是不合理的。但是我们将拐骗儿童罪的构成要件扩大到盗窃、抢夺儿童，一定会有人说，法律上没有明文规定盗窃、抢夺儿童的行为，对这种行为进行惩治，就是侵犯了他的人权。如果从字面上来说，《刑法》没有规定盗窃儿童罪，对这种行为进行惩治就是对他利益的侵犯。但是从另一方面讲，被告人也是社会的一分子。把被告人的利益放在整个社会的利益来考虑，把个人利益放在和社会利益的一致性的层面上来看，把盗窃、抢夺儿童的行为解释为符合拐骗儿童罪的构

① 有的同志用列举的方法对“徇私”和“徇情”的界限作了区分。当行为人基于以下情况作出违反职责和违法处理决定的可认定为徇私：（1）收受他人钱、物，包括有价证券；（2）接受他人宴请活动，包括接受吃、玩等娱乐活动；（3）接受他人出资出游、考察活动；（4）获得非正常的非物质利益。如为亲友安排工作、上学、调换工作岗位、职务升迁；（5）贪图女色，接受色情服务；（6）为单位、个人私利接受赞助、收受钱物归单位使用；（7）参与业务性赌博。行为人基于下列情况而作出违反职责和违法处理决定的可以认定为徇情：（1）行为人图个人报复；（2）行为人亲属关系，案件当事人或说情者与行为人是三代以内的直系亲属、姻亲关系；（3）行为人照顾朋友私情，主要是案件当事人或说情者与行为人是同学、战友、同事、师生关系；（4）行为人为讨好、巴结有关领导的上下级之情；（5）行为人屈从男女私情，主要是行为人与案件当事人或说情者有男女私情关系。参见曹青：“如何界定渎职犯罪中‘徇私’、‘徇情’”，载《检察实践》2003 年第 3 期。

② 黄明儒：“论我国刑法中‘徇私’的含义”，载《法学家》2006 年第 6 期。

成，可以说即便是扩大解释对被告人也是有利的。[1] 过分强调罪刑法定保障人权价值，会导致仅从形式上理解罪刑法定，而不会考虑在实质上法律对某些危害行为是否真的没有规定。在刑事司法实践中，一个优秀的刑事司法工作者在执行刑法时，绝不是简单地从法律的字面含义去机械地理解和执行，而应当从整个法律体系中去领会立法意图，把握条款精神。我国的《唐律》早就将“举轻以明重”作为法律适用的原则。这也应该成为当代刑事司法工作者理解罪刑法定的重要执法理念和思维方式，从而真正做到既能够坚持罪刑法定、维护法制，又能充分保护社会利益，满足广大民众的正义要求。罪刑法定原则中的“明文规定”不是明确规定。在司法实践中，对于许许多多有疑难争议的刑法规范的理解，应当根据刑事立法精神，寻求一个最恰当、合理的解释。

在对徇私是否包括徇情的讨论中，其实涉及一个体系性解释问题。“为了使刑法的正义理念得以实现，为了使刑法协调，解释者经常使用体系解释方法。但是体系解释并不等于对同一用语作出完全统一的解释。”[2] 体系性解释中的难题是如何处理刑法用语的统一性与相对性问题。有学者指出，“刑法用语的相对性，是指一个相同的刑法用语，在不同条文或者在同一条文的不同款项中，具有不同的含义（或者必须解释为不同含义）。之所以对同一用语在不同场合作不同解释，是为了实现刑法的正义理念，使值得科处刑罚的行为置于刑法规制之内，使不值得科处刑罚的行为置于刑法规制之外；使相同的行为得到相同处理，不同的行为受到不同处理”。[3] 当刑法在不同条文使用了同一概念，但对同一概念作出相同解释会导致刑法不协调时，应当承认刑法用语的相对性。同一个刑法用语，可能具有不同的含义，之所以如此，其实也是体系解释的结果。如果对任何一个用语，在任何场合都作出完全相同的解释，其结论必然违反罪刑法定原则的本旨。例如，如果因为抢劫罪中的暴力包括故意致人死亡，便认为妨害公务罪中的暴力也包括故意致人死亡，则必然导致处罚的不均衡，从而违反罪刑法定原则。

将同一用语作不同理解的情形在《刑法》中不是个别现象。例如，对《刑法》第 240 条拐卖妇女、儿童罪中关于“妇女”用语的理解。当该条文将妇女与儿童作并列规定时，一般认为，妇女是指已满 14 周岁的少女和成年妇女，儿童是指不满 14 周岁的男女儿童。可是该条文第 1 款第 3 项在规

---

① 乐欣、付立庆：“罪刑法定能容忍扩张解释吗？”，载《检察日报》2007 年 1 月 5 日。

② 张明楷：《刑法分则的解释原理》，中国人民大学出版社 2004 年版，第 325 页。

③ 张明楷：《刑法分则的解释原理》，中国人民大学出版社 2004 年版，第 327 页。

定情节特别严重应当处以死刑的情况时，只是规定对“奸淫被拐卖的妇女的”适用。然而此处所言的妇女应作包括幼女的解释。又如“暴力”、“胁迫”、“猥亵”、“公共财产”等用语，在不同的条文中都有不同的含义。此外，《刑法》中也有同样的含义使用不同的用语的规定，如有偿转让的行为，有的条文使用“出卖”一词，有的条文使用“出售”一词，有的条文使用“销售”一词，有的则使用“贩卖”一词。我们无须因为它们用语不同而在词义上将其明确加以区分。因此，将相同的刑法用语作不同的解释并不违背罪刑法定原则。相反，在某种程度上对刑法中的同一用语作不同的理解正是对罪刑法定原则的贯彻。从词义上讲，徇私是指为了私情、私利而做不合法的事。可见，徇私情与徇私利都为徇私的词义所包含。就徇私舞弊型渎职犯罪而言，只要行为人实施了渎职行为，就会构成对渎职罪客体的侵犯，而不管行为人主观上是徇情还是徇利。而且，从主观危害性方面来说，为了私情与为了私利，两者在程度上是没有区别的。《刑法》第399条第1款将徇私与徇情作为两种并列情形予以规定，立法者的意图就在于特别强调徇私情的情况，以避免司法实务者将其非犯罪化。因此，在该条中将徇私作不包括徇情的理解无疑是正确的。因为这样的理解使相同的行为得到相同的处理，使值得科处刑罚的行为置于刑罚规制之内。同时，这也符合立法者特别强调因徇情而枉法的意图。然而，如果在其他徇私舞弊型渎职罪中同样将徇私作这样限制性的理解，即将徇私情的情形排除于徇私之外，那么则无疑是错误的。因为这种做法虽然保持了刑法用语的同一性，但却使得相同的行为得到不同的处理，甚至还可能使值得科处刑罚的行为置于刑法规制之外。这不仅是对罪刑法定原则实质上的曲解，同时也是对立法意图的明显违背。①

在最高人民检察院的司法解释中，对徇私枉法罪以外的徇私的理解都是包含徇情在内的。2006年7月26日最高人民检察院颁布的《关于渎职侵权犯罪案件立案标准的规定》第1条第5项规定：“徇私枉法罪是指司法工作人员徇私枉法、徇情枉法，对明知是无罪的人而使他受追诉、对明知是有罪的人而故意包庇不使他受追诉，或者在刑事审判活动中故意违背事实和法律作枉法裁判的行为。”而在附则第5项中则规定：“本规定中的‘徇私舞弊’，是指国家机关工作人员为徇私情、私利，故意违背事实和法律，伪造材料，隐瞒情况，弄虚作假的行为。”

① 侯启舞：“渎职罪中的徇私概念问题探讨”，载《黑龙江省政法管理干部学院学报》2006年第3期。

总之，我们认为，除《刑法》第399条之外，徇私舞弊型渎职罪中的徇私应作包括徇私情的理解。

二、“徇私”的性质

从渎职罪中关于徇私情节的罪状规定看，除《刑法》第399条第1款规定为“徇私枉法、徇情枉法”外，多数只是简单地表述为徇私舞弊，没有明确规定徇私的法定含义。这也给理论界和司法实践留下了争议和存在分歧的空间。那么对于“徇私、徇情”在定罪量刑中具有什么意义，目前理论界认识并不一致，概括起来，主要存在以下四种学说。

第一种观点是“行为说”。该说认为，《刑法》中的“徇私、徇情”是徇私枉法罪客观方面的特征。如有学者认为：“徇私枉法罪客观方面的特征有两点：一是徇私行为，即司法工作人员利用职务之便，为谋取私利或者其他个人目的而实施的行为；二是枉法行为，即司法工作人员故意歪曲事实，违反法律，出入人罪的行为。”① 有的认为，“刑法是将徇私舞弊作为渎职行为加以规定的。如果将徇私舞弊视为犯罪目的或者犯罪动机，那么，在罪状中就无法找出关于行为的表述了，这显然是不可思议的。同时，动机与行为说将主观方面的要素与客观方面的要件混为一谈，不符合犯罪构成要件的理论”。所以“徇私舞弊是渎职犯罪客观方面的行为，徇私舞弊行为是渎职行为的主要类型之一”。②

第二种观点是“目的说”。该说认为，“本罪主观方面是直接故意，其目的是徇私或者徇情”。③ 如有学者认为：“行为人实施徇私枉法行为的目的是徇私情。动机则可能是多种多样的，诸如贪财图利、官报私仇、袒护熟人亲友等。如果在工作中确实是由于经验不足，就不能按本罪处理。”④ 又有人提出，本罪“如果出于徇私的目的，故意进行枉法追诉或枉法裁判的，则构成本罪；如果行为人是由于水平、能力问题以致在追诉、裁判活动中出现错误的，则不构成本罪”。⑤

第三种观点是“动机与行为说”。该说认为，《刑法》中的“徇私、徇情”既是行为人的犯罪动机，也是本罪客观方面的表现之一。如有学者指出，本罪“犯罪的目的是放纵罪犯，或者冤枉好人，动机是徇私、徇情。

① 王福生：“谈徇私枉法罪客观方面的认定”，载《人民检察》2001年第3期。
② 贾济东：《渎职构成研究》，知识产权出版社2005年版，第133页。
③ 刘生荣：《施刑范典》，中国方正出版社1998年版，第1243页。
④ 吴振兴：《新刑法罪名司法解释适用全书》，中国言实出版社1998年版，第919页。
⑤ 欧阳涛：《中华人民共和国新刑法注释与适用》，人民法院出版社1997年版，第783页。

如果不是出于徇私、徇情动机，造成错押、错捕当事人的，一般不构成犯罪”；同时又认为，“本罪的客观方面表现为司法工作人员利用职权徇私、徇情枉法的行为。徇私、徇情枉法的行为特征：一是徇私行为，即司法工作人员利用承办案件的便利条件，谋取私利或者其他个人目的的行为；二是枉法行为，即司法工作人员故意歪曲事实、违反法律，使无罪的人受追诉，使有罪的人不受追诉”。这种观点既强调“徇私、徇情”是本罪的犯罪动机，同时又强调它是本罪客观方面的表现行为之一。[①]

第四种观点是“动机说”。该说认为，《刑法》中的“徇私、徇情”是徇私枉法罪的犯罪动机。如有的学者在论述徇私枉法时指出：“‘徇私’就是构成徇私枉法罪主观方面的必备的犯罪动机要件。”也有的学者认为，“本罪行为人枉法的动机就在于徇私、徇情。在认定本罪时，除查明行为人主观上具有直接故意以外，还须查明其动机是出于徇私、徇情。如果是由于隶属关系，不得不执行上级错误指令，造成错案，而行为人并不具有徇私枉法、徇情枉法的共同故意和行为的，不能以徇私枉法罪论处”。[②]

我们认为，“动机说”是正确的。理由是：

第一，从犯罪动机的含义看，一般认为，犯罪动机是指刺激犯罪人实施犯罪行为达到犯罪目的的内心冲动或者内心起因。行为人对某种犯罪目的的确定，绝不是无缘无故的，而是始终以某种犯罪动机作为原动力引发的，这就是通常所说的犯罪目的是以犯罪动机为前提和基础的。徇私枉法罪是行为人实施徇私枉法行为所积极追求的危害结果，即冤枉好人或者是放纵罪犯。具体到本罪来说，刺激枉法行为人实施这种枉法行为以达到使无罪的人受追诉，或者使有罪的人不受追诉，或者作枉法裁判的内心冲动就是出于“徇私、徇情”。所以，“徇私、徇情”是本罪的犯罪动机而非犯罪目的，符合《刑法》对犯罪动机和犯罪目的的内涵。

第二，从《刑法》第 399 条第 1 款的规定看，可以将“徇私、徇情”看做行为人的主观动机。有的学者认为，从应然角度，将徇私、徇情作为徇私枉法罪的犯罪动机存在着侦查中难以操作、可能导致缩小打击面、与行为犯特征相矛盾以及不符合犯罪构成的基本原理等问题，因此建议删去该罪中对犯罪动机的要求。[③] 如果仅从社会危害性的角度来讲，任何颠倒黑白、出

---

① 陈建清：“试论徇私枉法罪”，载《山东法学》1999 年第 1 期，第 37 页。

② 王作富：《刑法分则实务研究》，中国方正出版社 2007 年版，第 1901 页。

③ 柳忠卫、刘芳芳：“徇私枉法罪主观方面疑难问题探析”，载李希慧、刘宪权主编：《中国刑法学年会文集（2005 年度）第 2 卷：实务问题研究（上册）》，中国人民公安大学出版社 2005 年版，第 383—384 页。

入人罪、枉法裁判的行为，都是影响司法机关的正常活动和人们对司法的信赖的危害行为，而不应当考虑行为人的主观动机如何。因此，就成立徇私枉法罪而言，“徇私枉法，徇情枉法”的规定纯属多余，也是不应该的。但是，实践当中，也不能将所有的错抓、错放或者错判的行为都作为徇私枉法罪处理，有些错案的发生，是由于司法工作人员业务水平不高或者对事实掌握不全造成的，这种情况下，即便行为人引起了危害结果，但很难说其主观上具有值得作为犯罪追究的责任。现行立法考虑到了这一点，一方面规定所有使无罪的人受到追诉、有罪的人而故意包庇不使他受追诉，或者在刑事审判活动中故意违背事实和法律作枉法裁判的，原则上都要受到处罚；另一方面，又从主观动机的角度出发，考虑有些错案的发生，确实是承办人员的业务水平和对事实掌握得不够，不宜将其作为犯罪处理。因此，仅将本罪的处罚范围，限定在“徇私、徇情”而故意枉法裁判的范围之内。这是有其道理的。①

第三，从最高人民检察院的司法解释的规定看，1996 年 6 月 4 日最高人民检察院颁布的《关于办理徇私舞弊犯罪案件适用法律若干问题的解释》第 1 条规定：“司法工作人员……为贪图钱财、袒护亲友、泄愤报复或者其他私情私利，具有下列行为之一的，应当依照刑法第 188 条（指 1979 年刑法——作者注）的规定，追究刑事责任……”，其中的“下列行为”均是指枉法追诉或者枉法裁判行为，而不包括徇私行为。2006 年 7 月 26 日最高人民检察院《关于渎职侵权犯罪案件立案标准的规定》第 1 条第 12 项规定：“徇私舞弊不移交刑事案件罪是指工商行政管理、税务、监察等行政执法人员，徇私舞弊，对依法应当移交司法机关追究刑事责任的案件不移交，情节严重的行为。涉嫌下列情形之一的，应予立案：1. 对依法可能判处 3 年以上有期徒刑、无期徒刑、死刑的犯罪案件不移交的；2. 不移交刑事案件涉及 3 人次以上的；3. 司法机关提出意见后，无正当理由仍然不予移交的；4. 以罚代刑，放纵犯罪嫌疑人，致使犯罪嫌疑人继续进行违法犯罪活动的；5. 行政执法部门主管领导阻止移交的；6. 隐瞒、毁灭证据，伪造材料，改变刑事案件性质的；7. 直接负责的主管人员和其他直接责任人员为牟取本单位私利而不移交刑事案件，情节严重的；8. 其他情节严重的情形。”在涉及徇私舞弊型渎职犯罪的其他立案标准中，最高人民检察院都作了类似的规定。这些解释规定也为将“徇私、徇情”作为徇私枉法罪的主观要件提供

① 黎宏：“论徇私枉法罪若干问题”，载李希慧、刘宪权主编：《中国刑法学年会文集（2005 年度）第 2 卷：实务问题研究（上册）》，中国人民公安大学出版社 2005 年版，第 241—242 页。

了依据。

三、"徇私"的法律地位

渎职罪中除《刑法》第397条将"徇私"作为法定刑升格条件外，均将"徇私"表述在基本罪状中，于是刑法界对"徇私"是否是这些渎职罪的必备构成要件要素产生分歧。第一种观点认为，"徇私"是必备构成要件要素，缺乏这一动机，则不构成渎职罪；第二种观点认为，"徇私"不是这些罪的必备要件，《刑法》的规定纯属多余。还有的认为，"徇私、徇情"作为犯罪动机，是比犯罪目的隐藏更深的内心犯罪原动力，在许多情况下证明较为困难或者根本无法证明，在无法证明该动机要件的情况下，就无法追究枉法行为人的刑事责任，可能会放纵罪犯。考察西方国家的立法例，几乎对本罪的犯罪动机都没有要求。如《德意志联邦共和国刑法典》第344条（对无罪人的追诉）规定，"（1）公务员参与除命令非剥夺自由的保安处分（第11条第1款第8项）程序以外的其他刑事诉讼程序，明知他人无罪或依法不应受刑事追诉，而故意刑事追诉或请求进行刑事追诉的，处1年以上10年以下自由刑；情节较轻的，处3个月以上5年以下自由刑……"《俄罗斯联邦刑法典》第299条（对明知无罪的人追究刑事责任）规定，"一、对明知无罪的人追究刑事责任的，处5年以上10年以下的剥夺自由。二、实施上述行为，指控无罪的人实施严重犯罪或特别严重犯罪的，处3年以上10年以下有期徒刑"。此外，日本刑法、瑞士刑法也都有类似规定。我们认为，在以后修订《刑法》时，为了便利于司法实践，可借鉴这些国家的立法，对徇私枉法罪进行修改完善，删去该罪对犯罪动机的要求，不再将"徇私、徇情"作为犯罪的主观要件予以规定。①

我们认为，在理解"徇私"的法律地位时须把握以下几个方面：

第一，当《刑法》明文规定"徇私"是渎职罪的构成要件时，该犯罪动机就是渎职罪的必备要件。有的同志认为，犯罪动机不可能是构成要件要素。因为动机具有不确定性，某一犯罪可以有多种甚至成千上万的动机，而多种动机也可以并存于某一犯罪，将动机作为构成要件要素将使刑法处于极度摇摆状态，有损于刑法的安定性。动机只能说明行为人为什么要进行犯罪活动，但是它不能决定行为的具体形式，对决定犯罪行为的性质没有意义。从法律规定上看，在基本罪状中表述"徇私"一词，并不能成为其是犯罪构成要件要素的理由，换言之，在基本罪状中表述的内容不一定都是构成要

---

① 马松建："徇私枉法罪主观方面研究"，载《河南政法管理干部学院学报》2004年第4期。

件要素，因为这有可能是立法上的注意规定。而根据刑法基本理论，作为犯罪构成要件的要素必须对决定行为的性质具有意义，只有这样，才能据以认定犯罪，区分罪与非罪、此罪与彼罪，不具有这一功能的则不能作为犯罪构成要件要素。① 这一观点值得商榷。我们认为，判断犯罪动机是否某个犯罪构成的必要要件，应以刑法规定的该具体犯罪构成要件为依据，如果某个刑法条文规定该犯罪的成立须有犯罪动机的要件，则犯罪动机便是该犯罪构成的必要要件，从而决定、影响犯罪的性质，也就是说犯罪动机是否作为犯罪构成要件是立法上的问题，而不是理论的问题。《刑法》中有一些条文明确规定动机是构成要件之一，比如，挪用公款罪，只有出于进行非法活动的动机或者营利的动机，挪用公款归个人使用才能构成挪用公款罪；行贿罪中也规定了“为谋取不正当利益”这一动机要件。徇私枉法罪也是如此，既然法律作出了明确规定，无徇私、徇情的动机就不能构成犯罪。

第二，《刑法》的规定并非多余。不少同志认为，渎职罪关于“徇私”、“徇情”的规定纯属多余。我们认为，这一判断有些武断。在渎职罪中有许多条款之所以特别规定要求具备“徇私”、“徇情”动机，不是立法疏漏，而是立法机关有意为之。其一，“立法者之所以要作此注意规定，是因为这些渎职罪大都来源于1979年刑法中的徇私舞弊罪。1979年刑法中的徇私舞弊罪规定有‘徇私’一词，如果新刑法不作注意规定，司法者会误以为新刑法既然已经废除了徇私舞弊罪而且又没有在相关条文中规定‘徇私’，那么徇私而枉法的行为就不构成犯罪了。为避免这种误解，同时为了保持刑法的连续性稳定性，立法者不得不作出注意规定”。② 其二，比较渎职罪的条款可以看到，有些条文中强调要有“徇私”、“徇情”动机，而有些条文则没有规定（如《刑法》第400条第1款、第407条、第415条、第416条）。立法何以作这样的区分呢？“凡是规定了徇私要件的渎职罪，其职责内容都是需要国家机关工作人员具有较高的法律素质、政策水平技术能力的裁量事务；刑法之所以将徇私规定为主观的构成要件要素，显然是为了将国家机关工作人员因为法律素质、政策水平、技术能力不高而出现差错的情形排除在渎职罪之外。”③ 而诸如《刑法》第416条规定的渎职罪不以徇私为要件，这是因为，既然负有解救职责的国家机关工作人员接到了被拐卖、绑架的妇女、儿童及其家属的解救要求或者接到了其他人的举报后，依然不解救，就

① 崔凤媚、李勇：“‘徇私’并非渎职罪犯罪构成要素”，载《检察日报》2007年5月31日。

② 崔凤媚、李勇：“‘徇私’并非渎职罪犯罪构成要素”，载《检察日报》2007年5月31日。

③ 张明楷：“渎职罪中‘徇私’、‘舞弊’的性质与认定”，载《人民检察》2005年第23期。

不可能是法律素质、政策水平技术能力低造成的。其他没有规定“徇私”、“徇情”内容的条文也是如此。

四、徇单位之私能否认定为“徇私”

关于徇单位之私能否认定为“徇私”，理论界和实务界形成两种对立的观点：

一种观点认为，“徇私”仅仅包括徇个人私情、私利，而不包括徇单位之私、小团体、小集体之私。为单位谋取不正当利益不应以徇私论处。理由在于：

1. 从文义解释的角度界定，“徇私”应是指徇个人私情、私利。刑法解释理论、文义解释方法是刑法解释的基础，对任何文字、条文的解释均应从文义解释开始。从刑法意义上讲，一般认为，“单位”是指依法设立，有必要的财产或经费，有自己的组织机构和场所，能独立承担民事责任的社会组织，包括法人单位和非法人单位，具体包括公司、企事业单位、机关、团体。可见，《刑法》中的“单位”是与自然人个人相对应的词语。而据《新华字典》的释义，“私”有三层含义：“个人的，跟‘公’相反”；“为自己的”；“秘密而不公开，不合法，暗地里，偷偷地”。因此将“私”与单位相关联称为“单位之私”，应该说不符合刑法用语的逻辑性，而将“徇私”中的所谓“私情、私利”与“单位利益”相对应，正是把握“徇私”内涵的正确界限。

2. 从体系解释的角度出发，“徇私”不应包括“徇单位之私”。体系解释方法通过法律条文在法律体系上的关联性探求刑法规范的意义内容，以维护刑法体系及其概念用语的统一性。《刑法》中规定的“徇私”类渎职犯罪共有16个条文18个罪名，除了《刑法》第397条第2款和根据《中华人民共和国刑法修正案》修正的第168条第3款将“徇私”舞弊规定为加重处罚的情节外，其他条文都将“徇私”规定为成立犯罪的必要构成要件。关于“徇私”如何理解，是《刑法》中所有“徇私”类渎职犯罪的共性问题。可见，对徇私枉法罪中“徇私”的理解，必须放在整个刑法体系中通盘考虑。如果将“徇私”可以理解为“徇单位之私”，那么《刑法》第169条规定的徇私舞弊低价折股、出售国有资产罪，逻辑上将无法说通（为国有公司、企业谋取单位利益与将国有资产低价折股和出售是矛盾的）。因此，从追求概念用语统一性的体系解释出发，“徇私”也不应包括“徇单位之私”。

3. 为了本单位利益实施的枉法追诉、裁判行为，有相应的刑法罪名予以规制。《刑法》分则第九章“渎职罪”采用了“堵截构成要件”的立法方法，对于司法工作人员无“徇私”情节的枉法追诉、裁判犯罪行为，可以《刑法》第397条规定的滥用职权罪追究刑事责任。所谓“堵截构成要件”，是指刑事立法制定的具有堵塞、拦截犯罪人逃漏法网功能的构成要件。《刑法》第397条正是具有上述功能的法律规定，对于《刑法》分则第九章“渎职罪”第398条以下以行业为标准列举的罪刑系列不能予以规制的犯罪行为，如国家机关工作人员无徇私舞弊情节的渎职犯罪行为，就可以《刑法》第397条规定的滥用职权罪、玩忽职守罪追究刑事责任。可见，将徇私枉法罪中的“徇私”理解为徇个人私情、私利，不会导致放纵犯罪的法律后果。① 还有的学者从罪刑法定原则、单位犯罪的特征及刑事责任的承担等方面论证了“徇私”不包括徇单位、集体之私。② 这一观点得到了最高人民法院的认可。2003年11月13日最高人民法院印发的《全国法院审理经济犯罪案件工作座谈会纪要》第6条第4项关于“徇私”的理解中规定：“徇私舞弊型渎职犯罪的‘徇私’应理解为徇个人私情、私利。国家机关工作人员为了本单位的利益，实施滥用职权、玩忽职守行为，构成犯罪的，依照刑法第397条第1款的规定定罪处罚。”

另一种观点认为，渎职罪中的徇私不仅包括徇个人之私情、私利，也包括徇单位、小团体之私情、私利在内。在行为人为了单位利益而滥用职权或玩忽职守的场合，同样构成渎职犯罪。理由是：

1. 从法律法规及有关司法解释的规定看，也已将徇小团体之私而不移交刑事案件行为作为犯罪处理。第一，1999年8月6日最高人民检察院《关于人民检察院直接受理立案侦查案件立案标准的规定（试行）》第2条第10项在关于徇私舞弊不移交刑事案件罪的立案标准中规定：“直接负责的主管人员和其他直接责任人员为牟取本单位私利而不移交刑事案件，情节严重的”应予立案侦查。该条虽未涉及其他徇私舞弊犯罪，但作为同一类渎职犯罪，为国家机关对社会所进行的正常管理活动提供有效的刑法保护，从而更好地保护国家和人民利益，也应该认为徇私舞弊犯罪的徇私包括徇单位、集体之私。第二，《行政处罚法》第61条规定：行政机关为牟取本单位私利，对应当移交司法机关追究刑事责任而不移交的，比照《刑法》第

① 牛克乾、阎芳：“试论徇私枉法罪中‘徇私’的理解与认定”，载《政治与法律》2003年第3期。

② 任志中、周蔚：“徇私枉法罪主观方面若干问题的探讨”，载李希慧、刘宪权主编：《中国刑法学年会文集（2005年度）第2卷：实务问题研究（上册）》，中国人民公安大学出版社2005年版，第370页。

188 条的规定追究刑事责任。“1979 年刑法第 188 条就是关于徇私舞弊犯罪的规定。虽然刑法修订以后，原有的徇私舞弊犯罪在形式上有了较大的变动，分解出了几个具体的罪名。但从现行刑法的规定看，从徇私舞弊罪中分离出来的几个新罪名在行为方式上并没有大的变化。因此，行政处罚法的规定仍然是刑法关于徇私舞弊类犯罪规定的依据和基础，徇私的内涵仍应包括徇小团体之私”。[①] 第三，1996 年最高人民检察院《关于办理徇私舞弊犯罪案件适用法律若干问题的解释》第 3 条规定：为牟取单位或小集体不正当利益”而实施第 1 条、第 2 条行为的，依法追究直接负责的主管人员和其他直接责任人员的刑事责任。

2. 从社会危害性看，徇小团体之私的社会危害性更大。如果认为徇小团体之私不属于徇私的范畴，必然会产生使犯有同样罪行的犯罪嫌疑人，仅仅因为是满足单位或小团体的意愿还是其个人的意愿，而得到截然不同的处置结果，这必然造成司法上的严重不公，而严重践踏了法律面前人人平等原则。[②]

3. 从刑法解释的目标（或立法目的）上分析，徇私也应当包括徇单位之私。对徇私最正当和合理的解释应当是符合《刑法》设定徇私舞弊型渎职犯罪目的的。从《刑法》设定徇私舞弊型渎职犯罪来看，其目的就在于保护国家机关的正常活动。因此，对徇私的合理正当的解释应当符合保护国家机关正常活动这一目的。基于此，徇私应当作包括徇单位之私的解释。因为，为了单位的情与利而实施渎职行为，无疑会构成对国家机关正常活动的侵犯，将其纳入犯罪的范围正是《刑法》设定徇私舞弊型渎职犯罪的目的之所在。

4. 将徇单位之私理解为徇私是罪刑相适应原则的要求。只有将徇单位之私理解为徇私，从而将因徇单位之私而实施的严重危害社会的渎职行为以徇私舞弊型渎职个罪定罪量刑，才能使得刑罚的轻重与犯罪分子所承担的刑事责任相适应。[③]

5. 对于刑法条文的理解，法律没有明确规定确定含义的，一般应当遵循刑法条文汉语语言文字的一般含义；结合语境和社会现实来理解，这也是理解立法语言用语的一般原则。徇私的字面应有之义难以包括徇单位、集体和

① 李保唐、徐全兵、田书彩：“认定徇私舞弊不移交刑事案件犯罪若干问题研究”，载《中国刑事法杂志》2003 年第 1 期。

② 谢晓强：“徇私枉法罪的认定”，载《中国律师》2004 年第 11 期。

③ 侯启舞：“渎职罪中的徇私概念问题探讨”，载《黑龙江省政法管理干部学院学报》2006 年第 3 期。

小团体利益，更无法涵盖地方利益。但就我国当前的社会现实来讲，单位、集体和小团体利益与行为者个人徇私利是紧密联系的，其实质仍然包括个人私利，这是与我国现存的分配体制、用人机制分不开的。因此，一般来讲，徇私利既包括个人私利，也包括单位、集体和小团体的不当利益。① 因此，“徇私”不仅包括徇个人私情、私利，还包括徇单位之私、徇小团体之私。

我们认为，第二种观点是正确的。除了上述已阐述的理由外，主要还考虑到以下因素：

第一，从渎职罪侵犯的法益看，渎职罪侵犯的法益是国家机关工作人员职务行为的客观公正性，以及国民对该客观公正性的信赖。国家机关工作人员无论是徇个人之私实施渎职行为，还是徇单位之私、集体之私实施渎职行为，对于法益的侵害并无区别。而且从司法实践看，徇单位之私、集体之私所造成的法益侵害，往往更为严重。

第二，从体系解释的角度出发，《刑法》第169条规定的徇私舞弊低价折股、出售国有资产罪中的徇私确实不应作徇单位之私的理解。但是，该条文中的徇私用语不能作徇单位之私的理解，并不表明其他的相关条文也不能作相应的徇单位之私理解。因为徇私应当包括徇单位之私，是指徇私可以作徇单位之私的理解，而不是必然或只能作徇单位之私的理解。再说，国有公司、企业主管人员，一般不可能为了国有公司、企业的利益低价折股或者低价出售国家资产。但是，国有公司、企业的分支机构等仍然可能为了本分支机构的利益低价折股或者低价出售国家资产。没有理由否认这种行为的可罚性。②

第三，将徇“单位或者小团体”之私的枉法行为作为滥用职权罪处理，会导致刑罚之间的不平衡。从广义上讲，徇私枉法也是一种滥用职权的行为，但是，徇私枉法不是一般的滥用职权的行为，而是一种严重的司法腐败行为，因此，其法定刑远高于滥用职权罪。按照《刑法》第397条的规定，滥用职权罪是结果犯，在国家机关工作人员滥用职权，致使公共财产、国家和人民利益遭受重大损失的场合，处3年以下有期徒刑或者拘役；情节特别严重的，处3年以上7年以下有期徒刑。而徇私枉法罪是行为犯，只要行为具有徇私枉法、徇情枉法的行为，就要处5年以下有期徒刑或者拘役；情节严重的，处5年以上10年以下有期徒刑；情节特别严重的，处10年以上有期徒刑。可见，徇私枉法罪的法定刑远高于一般的滥用职权罪。如果对徇

① 李文生：“关于渎职罪徇私问题的探讨”，载《中国刑事法杂志》2002年第4期。

② 张明楷：“渎职罪中‘徇私’、‘舞弊’的性质与认定”，载《人民检察》2005年第23期。

"单位或者小团体"之私的徇私枉法行为按照滥用职权罪处理，只有在造成严重后果的场合才构成犯罪，处以3年以下有期徒刑或者拘役的话，显然是"同罪异罚"，违反了罪刑相适应原则。[①]

第四，单位利益与个人利益息息相关。在司法实践中，绝大部分所谓徇单位、集体之私的，结局是徇个人之私。如果将徇单位、集体之私的排除在徇私之外，必然导致处罚范围不当缩小。

第五，从司法解释的规定看。在对"徇私"问题的理解和把握上，最高人民检察院始终是比较一致的。从《关于办理徇私舞弊犯罪案件适用法律若干问题的解释》，到《关于人民检察院直接受理立案侦查案件立案标准的规定（试行）》一直肯定"徇私"包括徇单位之私。最高人民检察院在制定《关于渎职侵权犯罪案件立案标准的规定》过程中曾在附则中规定："所谓'徇私'是指行为人个人的私情、私利，包括贪图钱财、袒护亲友、泄愤报复或其他私情、私利。为了谋取本单位的利益滥用职权构成犯罪的，应当对直接负责的主管人员和其他直接责任人员以滥用职权罪追究刑事责任。"在征求意见过程中，有人提出附则规定中的"徇私"仅限于徇个人之私，而不包括徇小部门、小集体之私，值得研究。经研究认为，对这个问题分歧仍然比较大，难以取得一致认识，据此取消了上述规定。[②] 并且2006年7月26日最高人民检察院正式颁布的《关于渎职侵权犯罪案件立案标准的规定》再次强调，"直接负责的主管人员和其他直接责任人员为牟取本单位私利而不移交刑事案件，情节严重的"，可以构成徇私舞弊不移交刑事案件罪。可见在对"徇私"问题的理解和把握上，最高人民检察院基本上是持肯定态度的。而最高人民法院仅仅在一个会议纪要中规定，应把"徇私"理解为徇个人私情、私利。尽管刑事检察解释不能当然作为审判机关定罪量刑的根据，但最高人民法院用会议纪要的方式来否定最高检察解释是不合适的。在现行解释体制下，"两高"在进行司法解释时，应当注意相互之间的协调，当一家已对刑法某一条文作出了司法解释，另一家不能再作出与该解释内容相冲突的解释；如果确有异议，可以商请原解释机关予以修改或直接报请全国人大常务委员会制定具有更高法律效力的立法解释。鉴于这个问题检法两家有不同的看法，我们建议应由立法机关尽快对此作出立法解释。

---

① 黎宏："论徇私枉法罪若干问题"，载李希慧、刘宪权主编：《中国刑法学年会文集（2005年度）第2卷：实务问题研究（上册）》，中国人民公安大学出版社2005年版，第243页。

② 最高人民检察院法律政策研究室、渎职侵权检察厅编著：《渎职侵权犯罪案件立案标准适用指南》，中国人民公安大学出版社2006年版，第48—49页。

五、“徇私”的司法认定

司法实践中正确认定徇私或徇情的动机，对于正确认定徇私枉法罪具有重要意义。但是，由于实践中徇私与徇情表现的多样性与复杂性，《刑法》无法明确地对徇私与徇情作出明确的规定。所以，在司法实践中认定徇私和徇情的动机时就应该根据行为人的主客观表现并结合案件的具体事实实事求是地进行认定。首先，应当考察司法工作人员是否明知他人为有罪或无罪的人，以推断其是否可能具有徇私或徇情的动机，如果根据司法工作人员自身的职业水准或当时的案件事实无法判断他人是否为有罪或无罪，就不能认定司法工作人员具有徇私或徇情的动机；其次，从司法工作人员枉法追诉或裁判的原因出发，考察其是否是因为徇私或徇情而有意枉法，如果是因为工作不认真、不细致，对案件事实研究不透彻而导致的误诉误判，就不能认定其具有徇私或徇情的动机；再次，根据案件的具体事实，考察司法工作人员与被追诉或裁判对象之间的关系，既包括其直接关系，也包括各种间接关系，以确定其是否存在徇私或徇情的合理动机。但应当注意的是，在考察司法工作人员与被追诉或裁判对象之间的关系时既不能因为存在一定的关系就当然地认定其具有徇私或徇情的动机，也不能因为其关系不明显或比较隐蔽而绝对地排除徇私或徇情的动机，而是应深入全面地结合司法工作人员本身的主观原因进行合理推定。①

“只要行为人故意实施了刑法规定的渎职行为，而且该行为不是由于法律素质、政策水平、技术能力低所致，就应认定或推定行为人出于徇私。”② 笔者认为，这种做法非常值得提倡。“徇私”虽然是一种主观上的心理活动，但它并非是脱离客观外在活动而存在的。多年来在惩治渎职犯罪中，司法机关面临的最大难题是如何查证和认定行为人具有“徇私”的动机。适用司法推定不仅能缓解司法机关对行为人主观动机事实证明上的困难，而且有助于实现《刑法》设立渎职罪的立法价值取向。从司法实践看，允许司法机关对行为人主观动机适用推定，必然促使行为人积极举证，提出反证，以证明其无“徇私”动机，这又有助于进一步查清事实。因此，笔者认为，在现行立法框架内，对“徇私”问题采用司法推定，既是必要的，也是可行的。

---

① 张智辉、武小凤：“关于徇私枉法罪认定中几个问题的分析”，载李希慧、刘宪权主编：《中国刑法学年会文集（2005 年度）第 2 卷：实务问题研究（上册）》，中国人民公安大学出版社 2005 年版，第 235—236 页。

② 张明楷：“渎职罪中‘徇私’、‘舞弊’的性质与认定”，载《人民检察》2005 年第 23 期。

Chapter 3

第三章　渎职罪客观方面研究

犯罪客观方面，是刑法规定的，说明行为对刑法所保护的法益的侵犯性，而为成立犯罪所必须具备的客观事实特征。[①] 它具有法定性、客观性、侵犯性等几个特点。犯罪的客观方面是一切犯罪构成必备的基本要件，是行为人构成犯罪并进而承担刑事责任的客观基础，它在犯罪构成诸方面要件中占据核心的地位。缺乏犯罪客观方面，就没有犯罪构成，不能认为是犯罪。犯罪客观方面的内容首先是危害社会的行为，危害行为是一切犯罪的共同构成要件要素，任何犯罪的成立都必须有刑法规定的危害行为。除了危害行为之外，行为对象、行为所造成的危害结果也是犯罪客观方面的内容，但它们不是一切犯罪的共同构成要件要素，只是某些犯罪的构成要件要素。危害行为与危害结果之间的因果关系，也是犯罪客观方面的重要内容，是刑法理论需要研究的一个重要问题。犯罪客观方面是区分罪与非罪的标准之一，是区分此罪与彼罪的标准之一，是区分重罪与轻罪的标准之一，是检验行为人主观罪过的标准之一。因此，研究作为犯罪构成的核心内容的犯罪客观方面，对于我们正确区分罪与非罪、此罪与彼罪、重罪与轻罪，分析认定行为人的主观心态乃至准确定罪量刑都具有十分重要的意义。渎职罪的客观方面实际上指的是我国《刑法》规定的，说明渎职行为对《刑法》所保护的法益的侵犯性，而为成立渎职犯罪所必须具备的客观事实特征。本章拟从渎职罪的危害行为、渎职罪的危害结果两个方面对渎职罪的客观方面作一探讨。

第一节　渎职罪的危害行为

行为概念是国外刑法理论特别重视而又争论激烈的问题。自然行为论认为，行为是人的身体动静；有意行为论认为，行为是基于意识的身体动静；

① 张明楷：《刑法学》（第二版），法律出版社2003年版，第146页。

社会行为论认为，行为是具有社会意义的人的态度；目的行为论认为，行为是由目的统制的有目的的活动；人格行为论认为，行为是被认定为行为者人格的主体性现实化的身体动静。行为概念具有多种功能。首先，行为概念具有界限功能，即犯罪是行为，如果没有行为，就没有犯罪，就不可能给予刑罚处罚；其次，行为概念具有定义功能。即行为概念具有许多实质内容，使犯罪的特征、成立条件等包含在其中；最后，行为概念具有分类功能。即一方面，刑法规定的具体犯罪类型，都以行为为其构成要件，行为不同，构成要件亦异，从而犯罪类型不同；另一方面，对犯罪的其他一些分类也离不开行为概念，如故意行为与过失行为、实行行为、教唆行为与帮助行为等。①

犯罪是行为，但不是普通的行为，而是危害社会的行为即危害行为。我们认为，刑法上的危害行为，是指基于人的意识实施的客观上侵犯法益的身体活动。危害行为具有有体性、有意性、有害性三个特征：② 首先，危害行为是人的身体活动或动作，包括消极活动与积极活动。这是危害行为的客观要素。其次，危害行为是基于人的意识而实施的，或者说是意识的外在表现，这是危害行为的主观要素。最后，危害行为必须是客观上侵犯法益的行为，这是危害行为的实质要素。

根据《刑法》第九章关于渎职罪的规定，结合上述刑法学术界关于危害行为的理论，我们可以把渎职罪的危害行为（以下简称渎职危害行为）作如下定义：渎职罪的危害行为是指代表国家行使管理职权的行为人在履行职责和行使职权过程中，玩忽职守、滥用职权或者徇私舞弊，致使公共财产、国家和集体利益遭受重大损失的行为。

一、渎职危害行为的基本形式

危害行为的表现形式多种多样，刑法理论一般将众多繁杂的危害行为归纳为作为与不作为两种基本形式。“危害行为表现为作为与不作为两种基本形式，这是现代刑法理论的通说，已为各国刑法学者所公认，并在许多国家的刑事立法中加以规定。”③ 作为，是指行为人以积极的身体活动实施刑法所禁止的危害行为。从表现形式上看，作为是积极的身体活动；从违反法律规范的性质上看，作为直接违反了禁止性的罪刑规范。大多数犯罪行为表现

① 张明楷：《刑法学》（第二版），法律出版社 2003 年版，第 148 页。

② 张明楷：《刑法学》（第二版），法律出版社 2003 年版，第 149 页。

③ 马克昌主编：《犯罪通论》，武汉大学出版社 1999 年版，第 160 页。

为作为。不作为，是指行为人在能够履行自己应尽义务的情况下不履行该义务。从表现形式上看，不作为是消极的身体动作；从违反法律规范的性质上看，不作为不仅违反了禁止性罪刑规范，而且直接违反了某种命令性规范。尽管渎职危害行为在司法实践中的具体表现多种多样、千差万别，但是我们还是可以按照刑法的一般理论从根本上将其概括为两种基本表现形式：作为形式的渎职危害行为与不作为形式的渎职危害行为。

（一）作为形式的渎职危害行为

作为形式的渎职危害行为是指行为人在代表国家行使管理职权过程中，用积极的身体活动实施的，刑法所禁止的，妨碍国家机关正常行使国家权力、管理国家事务活动的违背职责要求的行为。一般来讲，作为形式的渎职危害行为具有以下特征：

1. 必须表现为积极的身体活动。消极的身体静止不是作为犯罪。比如《刑法》第 398 条规定的故意泄露国家秘密罪，就是指国家机关工作人员或者非国家机关工作人员违反保守国家秘密法，故意使国家秘密被不应知悉者知悉，或者故意使国家秘密超出了限定的接触范围，情节严重的行为。如果没有故意泄露国家秘密的积极身体活动，就不可能构成故意泄露国家秘密罪。又如《刑法》第 405 条规定的徇私舞弊发售发票、抵扣税款、出口退税罪、第 407 条规定的违法发放林木采伐许可证罪、第 410 条规定的非法低价出让国有土地使用权罪、第 411 条规定的放纵走私罪以及第 412 条规定的商检徇私舞弊罪等必须表现为积极的身体活动。

2. 必须实施了《刑法》禁止实施的行为。作为形式的渎职危害行为都直接违反了禁止性的刑法规范。比如《刑法》第 398 条规定的故意泄露国家秘密罪，从法律规范的角度，我们可以理解为：禁止违反保守国家秘密法，泄露国家秘密。也就是说，如果行为人故意泄露了国家秘密就是直接违背了禁止性规范，就可以构成作为形式的渎职危害行为。又如《刑法》第 400 条规定的私放在押人员罪、第 401 条规定的徇私舞弊减刑、假释、暂予监外执行罪、第 402 条规定的徇私舞弊不移交刑事案件罪，等等，都可以这么理解。

3. 必须是利用自己的职务实施的行为。渎职罪属于职务犯罪类型。所有的渎职行为都是与职务紧密相连的，都发生在行为人代表国家履行管理职责过程中，否则不成立渎职侵权犯罪。比如，《刑法》第 399 条规定的民事、行政枉法裁判罪是司法工作人员在民事、行政审判活动中，故意违背事实和法律作枉法裁判，情节严重的行为。如果司法工作人员的行为不是在民事、行政审判活动中，那么不管行为多么严重，也不构成渎职危害行为，更谈不上构成民事、行政枉法裁判罪。同样，《刑法》第400条规定的私放在押人员罪，通常就是司法工作人员利用了其提审、监管犯罪嫌疑人、被告人或者罪犯的职务之便在关押场所、押解途中或者在狱外作业地点将在押的犯罪嫌疑人、被告人或者罪犯私自释放的行为。《刑法》第401条规定的徇私舞弊减刑、假释、暂予监外执行罪，就是司法工作人员利用自己的职权对不符合减刑、假释、暂予监外执行条件的罪犯予以减刑、假释、暂予监外执行的行为，等等。

（二）不作为形式的渎职危害行为

不作为形式的渎职危害行为是指行为人在代表国家行使管理职权过程中，在能够履行自己应尽义务的情况下，故意或过失不尽职责，不履行特定义务，严重危害社会，依法应当追究刑事责任的行为。成立不作为形式的渎职危害行为，应具备以下几个条件：

1. 行为人负有实施特定积极行为的法律性质的义务（作为义务）。根据刑法理论通说，作为义务来源有以下四种：一是法律明文规定的义务。这里的“法律”是广义的，既包括《刑法》、民法等狭义的法律，也包括法令、行政法规、条例、规章等。需要指出的是由于《宪法》所规定的义务具有抽象性，故难以直接成为具体不作为犯罪的义务根据。二是职务或业务要求的义务。如国家机关工作人员有履行相应职责的义务。三是法律行为（合同行为、自愿接受行为）引起的义务。如根据约定暂时抚养他人婴儿的人对该婴儿负有抚养义务，将弃婴领回家中的人也对该婴儿负有抚养义务。四是先前行为引起的义务。这种义务是指由于行为人的某种行为使《刑法》所保护的法益处于危险状态时，行为人负有的排除危险或防止危害结果发生的特定积极义务。

根据《刑法》及其他法律的规定，我们认为，不作为形式的渎职危害行为的特定义务来源只能来自职务上的义务，而不可能有其他来源。代表国家行使管理职权的行为人，其职务本身就要求其负有积极作为的义务，也就必须严格履行义务。如果不履行，就是渎职行为，如果社会危害性严重，就可以构成不作为的渎职犯罪。比如，《刑法》第399条第3款规定的执行判决、裁定滥用职权罪，就是司法工作人员在执行判决、裁定活动中，滥用职权，不依法采取诉讼保全措施、不履行法定执行职责，或者违法采取保全措施、强制执行措施，致使当事人或者其他人的利益遭受重大损失的行为。再如《刑法》第402条徇私舞弊不移交刑事案件罪就指工商行政管理、税务、监察等行政执法人员，徇私舞弊，对依法应当移交司法机关追究刑事责任的案件不移交，情节严重的行为。《刑法》第404条徇私舞弊不征、少征税款罪中的“税务机关工作人员徇私舞弊，不征或者少征应征税款，致使国家税收遭受重大损失”的行为。

有学者认为，我国不作为形式的渎职危害行为的特定义务来源还包括法律上的义务和自己先行行为义务，如理论界有人认为，《刑法》第399条规定的徇私枉法罪中司法工作人员徇私枉法、徇情枉法，对明知是有罪的人而故意包庇不使他受追诉的行为以及《刑法》第400条规定的私放在押人员罪中司法工作人员私放在押（包括在羁押场所和押解途中）的犯罪嫌疑人、被告人或者罪犯的行为就是违反了自己先行的行为引起的义务。① 还有人认为，故意泄露国家秘密罪和过失泄露国家秘密罪就属于违反了法律规定的义务。② 笔者认为，这种观点值得商榷。渎职犯罪是职务犯罪的一种类型，其所有的犯罪行为包括作为与不作为都应该是直接违背了职务要求，如果行为人的行为没有违反职务要求，即使其行为违反了法律规定的义务或者先行行为义务，也不可能构成渎职行为，更不可能构成渎职罪。如果构成犯罪，也只能是其他罪行，不可能是渎职罪。实际上，行为人在职务行使过程中，所有的义务包括法律规定的义务和先行行为义务都体现在正确行使职权中，或者说，所有的义务包括法律规定的义务和先行行为义务都转化成了职务上的义务，例如故意泄露国家秘密的行为，表面上是违反了保守国家秘密法，实际上行为人首先是违背了职务上的义务，因此不作为形式的渎职危害行为的特定义务来源归根结底都是职务上的义务。

2. 行为人能够履行特定义务。“能够履行特定义务”不仅意味着行为人具有实施防止结果发生的积极行为的可能性，而且意味着具有防止结果发生的可能性。法律规范与法律秩序只是要求能够履行义务的人履行义务，而不会强求不能履行义务的人履行义务。如果行为人虽然具有履行职能的特定义务，但由于生病等客观原因存在，而导致未能履行义务，则不能成立《刑法》中的不作为犯罪，当然也就没有不作为形式的渎职危害行为。

3. 行为人不履行特定义务。“不履行法律要求履行的特定义务的行为，既可以表现为不履行义务的消极行为，也可以表现为逃避履行义务的行为，还可以表现为抗拒履行义务的行为，后两种表现显然是积极活动。无论是消

① 贾济东：《渎职罪构成研究》，知识产权出版社2005年版，第99页；缪树权：《渎职罪疑难问题研究》，中国检察出版社2006年版，第30页、第31页。

② 缪树权：《渎职罪疑难问题研究》，中国检察出版社2006年版，第31页。

极地不履行义务，还是积极地逃避、抗拒履行义务，都是不作为的具体表现。”① 总之，在不作为形式的渎职危害行为中，行为人不管采取什么方式，共同点是最终没有履行其特定义务，虽然在不作为的犯罪中，有时也包含一些积极的身体活动，但这些积极的作为本质上是行为人不履行应该履行的特定义务，因此仅仅是不作为的一种表现形式。例如，在《刑法》第 399 条徇私枉法罪“司法工作人员徇私枉法、徇情枉法，对明知是无罪的人而使他受追诉、对明知是有罪的人而故意包庇不使他受追诉，或者在刑事审判活动中故意违背事实和法律作枉法裁判的”行为中，“故意包庇”行为就包含了积极的身体活动。又如，入境检验检疫机关、检验检疫机构工作人员徇私舞弊，伪造检验结果的行为、出入境检验检疫机关、检验检疫机构工作人员徇私舞弊，伪造检疫结果的行为以及国家机关工作人员在招收公务员、省级以上教育行政部门组织招收的学生工作中徇私舞弊，情节严重的行为中，“徇私舞弊”也肯定包含积极的身体活动。

4. 发生了致使公共财产、国家和人民利益遭受重大损失的后果或情节严重。《刑法》分则第九章规定的渎职犯罪绝大多数都要求发生了致使公共财产、国家和人民利益遭受重大损失的后果或情节严重，把危害结果作为其构成要件。如《刑法》第 397 条规定的滥用职权罪和玩忽职守罪，都以“致使公共财产、国家和人民利益遭受重大损失”的后果为必要要件，否则不成立渎职罪。再如《刑法》第 398 条规定的故意泄露国家秘密罪、过失泄露国家秘密罪以及《刑法》第 399 条规定的民事、行政枉法裁判罪等都要求“情节严重”。当然，并非所有的《刑法》分则第九章规定的渎职犯罪都要求必须发生了致使公共财产、国家和人民利益遭受重大损失的后果或情节严重，还存在个别例外情况。比如，《刑法》第 399 条规定的徇私枉法罪，《刑法》第 400 条的私放在押人员罪等罪的成立不要求发生了致使公共财产、国家和人民利益遭受重大损失的后果或情节严重，只要实施了刑法规范所禁止的行为就可以成立犯罪。按照我国刑法通说的理论，这种犯罪我们称之为行为犯，将其与结果犯区分开来。

另外，刑法理论将不作为犯罪分为两种类型：② 一是刑法明文规定只能由不作为构成的犯罪，此即纯正不作为犯或真正不作为犯。在这种情况下，《刑法》往往明文规定了作为义务的主体即犯罪主体和不作为的客观行为。比如《刑法》第 397 条规定的玩忽职守罪就是纯正不作为犯或真正不作为

① 马克昌主编：《犯罪通论》，武汉大学出版社 1999 年版，第 168 页。
② 张明楷：《刑法学》（第二版），法律出版社 2003 年版，第 150 页。

犯。二是刑法条文没有明文将不作为表述为构成要件要素的情况，即通常预想由作为予以实现的构成要件，而由不作为来实现的犯罪，或者说行为人以不作为形式实施的通常为作为形式的犯罪，这便是不纯正不作为犯或不真正不作为犯。我国刑法理论认为，许多犯罪既可以由作为构成，也可以由不作为构成。这种情况下的不作为犯罪，可谓不纯正不作为犯。渎职罪中的不作为犯大都属于此种类型。需要指出的是，还有些渎职危害行为既可以单独由作为或不作为方式构成，也可以同时包含作为和不作为两种基本形式，如《刑法》第402条规定的徇私舞弊不移交刑事案件罪以及《刑法》第404条规定的徇私舞弊不征、少征税款罪同时包含有作为和不作为两种方式。

二、渎职危害行为的主要类型

渎职危害行为分为哪几种类型，我国刑法理论界众说纷纭。有学者认为，渎职犯罪在客观方面的表现大体有两种类型：一是利用职务上的便利实施的犯罪；二是虽没有利用职务上的便利，但却对工作严重不负责任，致使国家和人民利益遭受了重大损失的行为。[①] 有学者认为，渎职犯罪在客观方面主要表现为两大类，“一是自以为是滥用职权或者不负责任、玩忽职守”；“二是利用职权徇私舞弊”。[②] 有学者认为，渎职行为主要表现为滥用职权、玩忽职守和徇私舞弊三大类型。[③] 有学者认为，渎职行为主要表现为四种类型：非法利用职权行为；滥用职权行为；玩忽职守行为；徇私舞弊行为。[④] 还有学者认为，渎职行为有的表现为徇私舞弊，即出于私情私利而不客观公正地履行职责；有的表现为滥用职权，即超越职权或者玩弄职权；有的表现为故意不履行职责，即故意不实施应当实施的职务行为；有的表现为失职行为，即过失不履行或不正确履行应当履行的职责。[⑤]

虽然对渎职危害行为的类型表述各自不同，各有所侧重，但其内涵基本上一致。笔者认为渎职危害行为的主要类型可以概括为：玩忽职守、滥用职权、徇私舞弊三种。

（一）玩忽职守行为

玩忽职守行为是指代表国家行使管理职权的工作人员在管理过程中，严重不负责任，不履行或者不正确履行职责，致使公共财产、国家和人民利益

---

① 苏惠渔主编：《刑法学（修订版）》，中国政法大学出版社1999年版，第885页。
② 何秉松主编：《刑法教科书（下卷）》，中国法制出版社2000年版，第1141页。
③ 高铭暄、马克昌主编：《刑法学（下编）》，中国法制出版社1999年版，第1159页。
④ 张俊霞、郝守财主编：《渎职罪的理论与司法适用》，中国检察出版社2002年版，第4页。
⑤ 张明楷：《刑法学》（第二版），法律出版社2003年版，第938页。

遭受重大损失的行为。其有以下几个特征：第一，玩忽职守行为是一种主观上有过错，却无明确动机和目的的失职行为。“玩忽”一词有“轻慢”、“忽视”之意，体现的是一种不负责任的心理状态。玩忽职守行为主要是违反了职务行为所要求的“注意”义务，不需要积极的身体活动和积极的思维活动，这与有意识、有目的地“滥用”职权是有明显区别的。第二，玩忽职守行为是一种背离职责义务的违法行为。“职守”是行为人“玩忽”的具体对象，也是构成玩忽职守罪的一个基本前提。无职责义务的明确要求，便无所谓玩忽职守的犯罪。这与滥用职权行为有很大不同。滥用职权行为既可以在超越职权以外完成，也可以在职权范围以内通过故意不恰当地行使权力完成。[①] 第三，玩忽职守行为客观上表现为一种消极行为。被动性、消极性是玩忽职守罪客观表现的另一明显特征。与滥用职权行为的积极主动不同，玩忽职守表现为两个基本形式：一是不作为；二是不正确作为，归根结底就是不作为。第四，玩忽职守是造成了一定危害后果的行为。玩忽职守犯罪所造成的后果，其损害程度需达到最高人民检察院《关于渎职侵权犯罪案件立案标准的规定》中的条件才能予以追究。

1. 玩忽职守行为的基本类型

玩忽职守行为的本质是“违反职守”，其核心是不履行职责或者不正确履行职责。也就是说，玩忽职守行为的基本类型包括不履行职责和不正确履行职责两种，这也得到了我国刑法理论界与实务界的一致认可。

（1）不履行职责

不履行职责是一种典型的不作为形式，指的是行为人在代表国家行使管理职权过程中，按照职务的要求应该履行职责，却在能够履行的情况下实际没有履行职责，致使公共财产、国家和人民利益遭受重大损失。它包括擅离职守和疏忽职守两种行为。

擅离职守行为，是指代表国家行使管理职权的工作人员违反法律、法规或者规章制度对其职责义务的要求，在应当履行职责的时候擅自脱离工作岗位，没有履行应尽职责，致使公共财产、国家和人民利益遭受重大损失的行为。比如，司法工作人员由于严重不负责任，擅离职守，不履行职责，致使在押的犯罪嫌疑人、被告人、罪犯脱逃，造成严重后果的行为；国家机关工作人员严重不负责任，擅离职守，不履行环境保护监管职责导致发生重大环境污染事故，致使公私财产遭受重大损失或者造成人身伤亡的严重后果的行为；出入境检验检疫机关、检验检疫机构工作人员严重不负责任，擅离职

① 陈斌、刘继国、蒋克斌、丁猛：《渎职犯罪的司法适用》，法律出版社2006年版，第59页。

守，对应当检验的物品不检验，致使国家利益遭受重大损失的行为；等等。擅离职守型的渎职犯罪的行为人对擅离职守行为所引起的危害后果所持的心理态度应该是过失，或疏忽大意或过于自信，不可能是直接故意或间接故意。

疏忽职守行为，是指代表国家行使管理职权的工作人员违反法律、法规或者规章制度对其职责义务的要求，在应当履行职责的时候却因为思想上的疏忽导致没有履行应尽职责，致使公共财产、国家和人民利益遭受重大损失的行为。疏忽职守行为与擅离职守行为的最大区别是：疏忽职守行为人在案发当时是在岗的，而擅离职守行为人案发当时不在岗。这也表明了疏忽职守行为人的主观恶性较擅离职守行为人的主观恶性要轻。疏忽职守行为与擅离职守行为的共同特点是最终行为人都未履行应履行的工作职责，并致使公共财产、国家和人民利益遭受重大损失。比如，出入境检验检疫机关、检验检疫机构工作人员严重不负责任，在上班时间打麻将，对应当检验的物品不检验，致使国家利益遭受重大损失的行为，等等。

（2）不正确履行职责

不正确履行职责是指代表国家行使管理职权的工作人员在履行职责的过程中，违反职责要求，采取不符合职责要求的方式方法履行职责，或者不及时、不完全履行职责，致使公共财产、国家和人民利益遭受重大损失的行为。在司法实践中，不正确履行职责的发生一般由工作作风不深入、责任心不强、办事拖沓马虎、工作不认真等主观原因造成的。如出入境检验检疫机关、检验检疫机构工作人员严重不负责任，在对检疫物进行检疫时，极其不认真，粗心大意，马虎了事，把不合格的检疫物检疫成合格，错误出证，导致疫情发生，造成重大人员伤亡或者导致重大疫情发生、传播、流行。不正确履行职责最终表现为未尽职守，即虽然履行了一定职责，但其履行行为或时间或程度或地点不符合职责要求，这也是它与疏忽职守行为、擅离职守行为的本质区别。另外，“不正确履行”并不完全等同于“不认真履行”。不正确履行指的是一种客观现实，或客观评价，而不认真履行指的却是行为人一种主观心理状态，或是对行为人行为时的主观评价。事实上，造成不正确履行的客观后果的除了“不认真”外，还有“不及时”等其他原因，“不认真”仅仅是不正确履行的其中一个原因，因此，绝不能将“不正确履行”等同于“不认真履行”。

2. 玩忽职守行为的基本形式

玩忽职守行为到底有几种形式？我国刑法学界一直存有争议。其争议的焦点在于玩忽职守行为能否是作为形式。绝大部分学者认为，玩忽职守行为不包括作为，理由是，玩忽职守行为不管是擅离职守、疏忽职守还是未尽职守，都是行为人不负责任，身体行为消极，只能表现为不作为。还有些学者则认为，不履行职责的两种情形即擅离职守、疏忽职守一般应为不作为，但不正确履行的情形即未尽职守应为作为，因为行为人通过了积极的身体活动履行了一定的职责，只不过未及时或完全履行，行为人积极的身体活动就是作为。① 笔者认为，玩忽职守行为只能是不作为，不包括作为形式。考察犯罪行为是作为还是不作为，不能仅仅看行为人是否有积极的身体活动，而是要将这种积极的身体活动放在具体的犯罪构成中考察，更应关注其身体活动的刑法意义及其对犯罪构成的意义。比如2003年“非典”时期的刘某某玩忽职守案，作为某县卫生局长的刘某某严重不负责任，反应迟钝，决策失误，错过了最佳预防时期，对疑似“非典”病人未按照预防、控制传染病疫情等灾害工作规范的要求做好防疫、检疫、隔离、防护、救治等工作，或者采取的措施方式不当、不及时，造成传染范围扩大，疫情加重的严重后果。案中刘某某虽然采取了一些措施履行了一定职责，但他的这种履行行为与正确履行职责还有一段差距，即刘某某还有相当一部分应当履行的职责没有履行，才导致了传染范围扩大，疫情加重的严重后果，而《刑法》惩罚他恰恰就是因为他没有履行这一部分应当履行的职责。可以设想，如果刘某某当时严格按照预防、控制传染病疫情等灾害工作规范的要求做好防疫、检疫、隔离、防护、救治等工作，即使事实上传染范围扩大、疫情加重了，我们也不能追究其刑事责任。把刘某某的行为放在具体的渎职犯罪构成中考察，我们就会发现，真正对《刑法》有意义的事实是“刘某某还有相当一部分应当履行的职责没有履行”这种不作为行为，这也是《刑法》惩罚他的客观事实基础。由此可见，笔者认为，玩忽职守行为，不管是不履行职责（擅离职守、疏忽职守），还是不正确履行职责（未尽职守），本质上都是不作为，不包括作为形式。

（二）滥用职权行为

1. 滥用职权行为的概念与特征

根据现代汉语词典的解释，“滥用”是指胡乱地、过度地使用。那么，滥用职权就可以理解为胡乱地、过度地使用国家赋予的职责与权力。但对渎职罪意义上的滥用职权的概念，学术界有不同的观点，主要有：（1）滥用

① 贾济东：《渎职罪构成研究》，知识产权出版社2005年版，第106页。

职权是指国家机关工作人员故意实施的违反职务行为宗旨的行为。[①]（2）滥用职权是指国家机关工作人员不正当行使职权或超越职权。[②]（3）滥用职权，是指不法行使职务上的权限的行为，即就形式上属于国家机关工作人员一般职务权限的事项，以不当目的或者不当方法，实施违反职务宗旨的行为。[③]（4）所谓滥用职权，是指超越职权的范围或者违背法律授权的宗旨、违反职权行使程序行使职权。[④]（5）滥用职权，是指掌握一定职权的国家机关工作人员在其职权的行使上不符合法定的标准和程序。[⑤]（6）所谓滥用职权，是指不应行使其职权而行使。[⑥]（7）所谓滥用职权，是指国家机关工作人员在行使职权过程中，出于不当目的，以不法方法故意实施违背法定职责要求的实体标准和程序标准的行为。[⑦]

上述各种定义分别从行为本质、外表特征、主观状态等不同的侧面和角度对滥用职权行为进行了高度概括和归纳，皆有一定道理，但皆失片面或准确。笔者认为，渎职罪意义上的滥用职权行为可以定义为：滥用职权行为是指代表国家行使管理职权的工作人员在管理过程中，违反法律、法规或者规章制度对其职责义务的要求，超越职权或者违规处理公务，致使公共财产、国家和人民利益遭受重大损失的行为。

滥用职权行为一般具有以下特征：第一，滥用职权是一种与国家管理权限相关、发生在行使职权过程中的行为。行为人拥有国家事务管理权限，这是其实施职权行为的基本前提。滥用职权行为发生在行为人实施其职权行为的过程中，与其职权行为密切相关。第二，滥用职权是一种违背职务行为宗旨的行为。滥用职权行为是一种与其职权相关的行为，同时也是一种违背职务行为宗旨的行为。为了使代表国家行使管理职能的行为人（主要是国家机关工作人员）能正确合理地行使职权，国家有关机关制定、颁布了一系列法律法规和规章来规范约束代表国家行使管理职能的行为人的职务行为。这些规定既是代表国家行使管理职能的行为人行使和运用各自职权的法律依据和保障，也是其职务行为的界限、范围和行动的准则。因此，正当、合理

① 李希慧、逄锦温：“试论滥用职权罪的客观行为”，载《湘潭工学院学报（社会科学版）》2001年第4期。

② 苏惠渔主编：《刑法学（修订版）》，中国政法大学出版社1999年版，第887页。

③ 张明楷：《刑法学》（第二版），法律出版社2003年版，第940页。

④ 何秉松主编：《刑法教科书（下卷）》，中国法制出版社2000年版，第1143页。

⑤ 齐文远主编：《刑法学》，法律出版社1999年版，第736页。

⑥ 杨春洗、杨敦先主编：《中国刑法论》，北京大学出版社2001年版，第458页。

⑦ 贾济东：《渎职罪构成研究》，知识产权出版社2005年版，第119页、第120页。

地运用职权是对代表国家行使管理职能的行为人的基本要求。第三，滥用职权是出于不当目的或者以不法方法故意实施的行为，过失行为不构成滥用职权。①

2. 滥用职权行为的基本类型

关于滥用职权行为的基本类型，学术界具有代表性的观点有：（1）滥用职权行为包括逾越职权行为与不正当行使职权行为。其中，逾越职权行为是指行为人超越法律法规的权限或授权、委托范围而实施的行为；不正当行使职权，指行为人在法定职权范围内出于不合法动机而实施的背离法定目的、精神、原则的行为。②（2）滥用职权行为分为行为人滥用其职权范围内的行为和行为人超越职权的行为两种。同时，为了突出程序在职权行使过程中的重要地位和作用，将行为人违反特定程序行使职权的行为从行为人滥用其职权范围内的行为分离出来单独予以阐述。③（3）滥用职权的主要类型有擅权妄为、超越职权、不履行自己的职责三种，其中，不履行自己职责的行为表现为职务上的不作为。④（4）滥用职权的行为主要表现为以下四种情况：超越职权，擅自处理或决定没有具体决定、处理权限的事项；玩弄职权，随心所欲地对事项作出决定或处理；故意不履行应当履行的职责，或者说任意放弃职责；以权谋私、假公济私，不正确地履行职责。⑤（5）以行为违背职责的程度为标准，将滥用职权行为分为故意超越职权、故意不正确履行职责和故意放弃职守三种类型。其中，故意超越职权是指国家机关工作人员超出规定的职务权限范围，违法决定处理其无权决定处理的事项；故意不正确履行职责具体指行为人在法定职权范围内出于不当目的以不法方法而实施的背离其职务行为宗旨的行为；故意放弃职守是指国家机关工作人员故意放弃应当履行的职责，致使公共财产、国家和人民利益遭受重大损失的行为。⑥

笔者认为，上述分类虽然各有其理，但均有不科学之处。相比而言，笔者更为倾向于上述第2种观点，但并不同意将行为人违反特定程序行使职权

① 李希慧、逄锦温：“试论滥用职权罪的客观行为”，载《湘潭工学院学报（社会科学版）》2001年第4期。

② 储槐植、杨书文：“滥用职权罪的行为结构”，载《法学杂志》1999年第3期。

③ 李希慧、逄锦温：“试论滥用职权罪的客观行为”，载《湘潭工学院学报（社会科学版）》2001年第4期。

④ 高铭暄主编：《刑法专论（下编）》，高等教育出版社2002年版，第886页。

⑤ 张明楷：《刑法学》（第二版），法律出版社2003年版，第940页。

⑥ 贾济东：《渎职罪构成研究》，知识产权出版社2005年版，第125页。

的行为从行为人滥用其职权范围内的行为分离出来。笔者认为，滥用职权行为的基本类型可以归纳为如下两类：（1）行为人滥用其职务范围内的权力的行为。严格来讲，行为人违反特定程序行使职权的行为是其非法行使职务范围内的权力的一种表现形式。一定的程序，既是国家机关工作人员行使职权的程序保障，也是防止其滥用权力的重要措施，国家机关工作人员行使职权行为必须符合法律、法规所规定的程序，不按照法定程序行使职权同样会造成严重后果，属于职权的滥用。（2）行为人超越职权的行为。行为人滥用其职务范围外的权力的行为，也即超越职权的行为，是滥用职权行为的又一种表现形式。在《刑法》没有规定超越职权罪的情况下，将超越职权视为滥用职权的一种行为类型应当说符合我国刑事立法的实际状况，有利于惩治和防范国家机关工作人员的职务犯罪。司法实践中，超越职权的行为主要有以下三种类型：①横向越权，指国家机关工作人员行使了应由其他机关工作人员行使的权力；②纵向越权，指具有上下级隶属关系的同一性质但不同级别国家机关之间的越权；③地域上的越权，指甲地国家机关工作人员行使了应由乙地国家机关工作人员行使的职权。[①]

3. 滥用职权行为的基本形式

我国刑法界对滥用职权行为的基本形式一直以来未达成共识。争议集中在滥用职权行为是否包括不作为，焦点就是行为人滥用其职务范围内的权力是否包括故意放弃职守的行为？对这个问题的不同回答形成了肯定说与否定说两种截然对立的观点。肯定说认为，故意放弃职守的行为是滥用职权的一种表现形式，也即不作为是滥用职权行为的一种基本形式。理由是：其一，故意放弃职守本质上是一种滥用职权的行为。国家机关工作人员依法代表国家行使国家管理职能，因而其履行职责既是一种权力也是一种义务。如果行为人能够履行职责而故意放弃，实际上就是以不作为的方式运用了自己的职权，只不过这种职权的运用背离了国家机关工作人员职务行为的宗旨，因而构成滥用职权。滥用职权从本质上讲是对行为性质的描述，至于行为人采用何种方式滥用职权，是作为还是不作为，并不影响对其性质的认定。在《刑法》中，许多犯罪既可由作为构成，也可以由不作为构成。如杀人罪，行为人既可以采取积极的行为方式实施，如枪击刀砍，也可以采取消极的行为方式实施，如故意拖延对被害人的治疗等。对滥用职权来说也是如此，如对于负有解救职责的国家机关工作人员来说，在接到解救要求或其他人的举

---

① 李希慧、逄锦温："试论滥用职权罪的客观行为"，载《湘潭工学院学报（社会科学版）》2001年第4期。

报后放弃自己解救职责的，应当认为这是行为人对自己职权的滥用。其二，虽然从行政诉讼的角度看，滥用职权与行政不作为（含故意放弃职守）案件的争议焦点和司法审查结果完全不同，但这并不意味着在《刑法》中不能将故意放弃职守的行为看做是滥用职权。因为刑法与行政法是不同的法律部门，其立法目的、作用及法律责任并不相同，因此对于不同行为出现不同处理结果是很自然的事情。其三，从犯罪特征上看，虽然玩忽职守罪中也可以存在故意放弃职守的行为，但与滥用职权罪中故意放弃职守的行为并不相同。前者，行为人故意放弃职守对于危害结果是持否定态度的，属于过于自信的过失。而对于后者，行为人故意放弃职守对于危害结果是持希望或放任态度的，属于故意犯罪。二者在性质上并不相同，因而难以兼容于玩忽职守罪中，只有将之归入滥用职权罪才符合犯罪构成的基本要求。其四，认为滥用职权只能由作为构成不符合《刑法》的规定。渎职罪一章中，滥用职权与玩忽职守是两个基本渎职类型。立法在细分滥用职权犯罪与玩忽职守犯罪之后，仍然保留了对这两种犯罪的一般性规定，因而在法条关系上形成了一般法与特别法的关系。除《刑法》第 397 条外，渎职罪章中的其他各条皆为滥用职权罪与玩忽职守的特别规定（故意泄露国家秘密罪是个例外，其主体为一般主体，但从国家机关工作人员故意犯本罪的情况看，仍不失为滥用职权的特别规定），《刑法》第 404 条规定的徇私舞弊不征、少征税款罪，第 416 条第 1 款规定的不解救被拐卖、绑架妇女、儿童罪等都是不作为滥用职权犯罪，因而说滥用职权只能由作为构成是没有法律依据的。①

否定说的观点则相反，认为滥用职权行为只能是作为，故意放弃职守的行为不属于滥用职权。理由是：其一，滥用职权与放弃职守具有不同的含义，前者是已经行使了职权，即作为；而后者则是未履行职责，即不作为。既然有职不守，有权不用，何来滥用之说？其二，从行政诉讼的角度看，在滥用职权案件中，双方当事人争议的焦点是被诉具体行政行为是否合法或适当；在行政不作为（含放弃职守）案件中，双方当事人争议的焦点是被告是否具有相应的法定职责和是否存在不履行或拖延履行法定职责的事实。对于滥用职权的行为，人民法院应当判决撤销或者部分撤销，并可以判决被告重新作出具体行政行为，对于行政不作为人民法院应当判决被告在一定期限内履行。根据《行政诉讼法》的有关规定，将故意放弃职守的行为确认为滥用职权既不合法，也不科学。其三，从犯罪特征看，故意放弃职守与过失

① 李希慧、逄锦温：“试论滥用职权罪的客观行为”，载《湘潭工学院学报（社会科学版）》2001 年第 4 期；贾济东：《渎职罪构成研究》，知识产权出版社 2005 年版，第 121 页。

放弃职守同属于玩忽职守的行为，不应将犯罪客观方面特征迥异的滥用职权行为与故意放弃职守的行为合二为一，硬性结合为一个罪名。[①]

我们赞同否定说的观点，认为滥用职权只能由作为构成，不包含不作为，滥用职权不应包含故意放弃职守的行为。笔者认为，放弃职守行为从主观状态上可以分为故意放弃职守和过失放弃职守，但这里的“故意”、“过失”是针对放弃职守的行为来说的，而不是针对渎职危害结果来说的，因此，不管是故意放弃职守还是过失放弃职守都可以构成玩忽职守类渎职犯罪，根本没必要把故意放弃职守行为从玩忽职守行为中剥离出来。

（三）徇私舞弊行为

徇私舞弊行为是指代表国家行使管理职权的行为人在履行职责过程中，违反公职人员职务公正廉洁性的要求，徇私情、私利，故意违背事实和法律，弄虚作假，隐瞒真相，损害公共利益、国家和人民利益的行为。

在《刑法》分则第九章渎职罪和最高人民检察院《关于渎职侵权犯罪案件立案标准的规定》中，共有13个罪名规定了“徇私”或“徇情”作为犯罪构成要件。分别是：《刑法》第399条徇私枉法罪中的“司法工作人员徇私枉法、徇情枉法，对明知是无罪的人而使他受追诉、对明知是有罪的人而故意包庇不使他受追诉”；第401条徇私舞弊减刑、假释、暂予监外执行罪中的“司法工作人员徇私舞弊，对不符合减刑、假释、暂予监外执行条件的罪犯，予以减刑、假释或者暂予监外执行的”；第402条徇私舞弊不移交刑事案件罪中的“行政执法人员徇私舞弊，对依法应当移交司法机关追究刑事责任的不移交，情节严重的”；第403条滥用管理公司、证券职权罪中的“国家有关主管部门的国家机关工作人员，徇私舞弊，滥用职权，对不符合法律规定条件的公司设立、登记申请或者股票、债券发行、上市申请予以批准或者登记”；第404条徇私舞弊不征、少征税款罪中的“税务机关的工作人员徇私舞弊，不征或者少征应征税款”；第405条徇私舞弊发售发票、抵扣税款、出口退税罪中的“税务机关的工作人员违反法律、行政法规的规定，在办理发售发票、抵扣税款、出口退税工作中，徇私舞弊”和违法提供出口退税凭证罪中的“其他国家机关工作人员违反国家规定，在提供出口货物报关单、出口收汇核销单等出口退税凭证的工作中，徇私舞弊”；第410条非法批准征用、占用土地罪和非法低价出让国有土地使用权罪中的“国家机关工作人员徇私舞弊，违反土地管理法规，滥用职权，非法批准征用、占用土地，或者非法低价出让国有土地使用权，情节严重

① 李永鑫、吴步钦：“滥用职权散论”，载《人民检察》1998年第3期。

的”；第411条放纵走私罪中的“海关工作人员徇私舞弊，放纵走私，情节严重的”；第412条商检徇私舞弊罪中的“国家商检部门、商检机构的工作人员徇私舞弊，伪造检验结果的”；第413条动植物检疫徇私舞弊罪中的“动植物检疫机关的检疫人员徇私舞弊，伪造检疫结果的”；第414条放纵制售伪劣商品犯罪行为罪中的“对生产、销售伪劣商品犯罪行为负有追究责任的国家机关工作人员，徇私舞弊，不履行法律规定的追究职责，情节严重的”；第418条招收公务员、学生徇私舞弊罪中的“国家机关工作人员在招收公务员、学生工作中徇私舞弊，情节严重的”；等等。另外，《刑法》第397条第2款还将“徇私舞弊”作为加重处罚情节加以规定。

1. “徇私”的性质

“徇私”是处在主观要件的位置还是处于客观要件的位置，抑或仅仅是非构成要件的犯罪动机？对这个问题，概括起来，我国刑法学界主要有以下三种观点：（1）主观说。此观点认为“徇私”是犯罪动机。其中又分为犯罪动机要件说、非要件的犯罪动机说和单纯犯罪动机说。犯罪动机要件说认为“徇私”是构成徇私枉法罪主观方面的必备的犯罪动机要件，而不是客观方面的行为要件。[①] 该说认为，这类犯罪并不要求行为人必须将这种犯罪动机客观化为徇私行为，才能成立犯罪。非要件的犯罪动机说则认为徇私只能是引起犯罪的原因，或者说是犯罪的动机。犯罪动机不是犯罪构成要件，但可以影响量刑。[②] 单纯犯罪动机说同样认为“徇私、徇情”是行为人的犯罪动机，但没有明确“徇私、徇情”是否具有犯罪构成的地位。[③]（2）客观说。该说认为《刑法》分则第九章涉及的徇私类犯罪除了第397条第2款将徇私舞弊规定为加重处罚情节外，其余各罪都将“徇私”规定为犯罪构成要件中犯罪客观方面的必备要素。该说进一步认为：“刑法是将徇私舞弊作为渎职行为加以规定的。如果将徇私舞弊视为犯罪目的或者犯罪动机，那么罪状中就无法找到关于行为的表述了，这显然是不可思议的。”[④]（3）主客观相结合说。该说认为渎职罪中的“徇私、徇情”既是行为人的犯罪动机，又是犯罪客观要件的行为表现。比如对徇私枉法罪，该说理解为“犯罪目的是放纵犯罪，或者冤枉好人，动机就是徇私、徇情，如果主观上不是出于徇私、徇情动机，一般不构成犯罪”。同时又强调，本罪的客观方

① 牛克乾、阎芳：“试论徇私枉法罪中徇私的理解与认定”，载《政治与法律》2003年第3期。

② 刘艳红：《罪名研究》，中国方正出版社2000年版，第120页。

③ 陈建清：“试论徇私枉法罪”，载《山东法学》1999年第1期。

④ 贾济东：《渎职罪构成研究》，知识产权出版社2005年版，第133页。

面表现为司法工作人员利用职权徇私、徇情枉法的行为。徇私枉法行为包括徇私行为和枉法行为。[①]

笔者认为,“徇私”、“徇情”只能是属于犯罪构成要件的犯罪动机，而不能是其他。徇私舞弊中，徇私是主观心理状态，舞弊是客观行为。之所以行为人要“舞弊”，是因为“徇私”。所以，不能将徇私舞弊作为一个整体，而应分开来分析。这样，客观说中“如果将徇私舞弊视为犯罪目的或者犯罪动机，那么罪状中就无法找到关于行为的表述了，这显然是不可思议的”的观点就不攻自破了。而主客观相结合说中主张“徇私”既是主观方面又是客观方面，实际上不符合犯罪构成要件的基本理论，也违背了一般哲学思想，最终必将陷入“模糊论”甚至“不可知论”的泥潭。同时，根据《刑法》条文和立法精神，笔者认为,“徇私”、“徇情”应为具体渎职犯罪中的构成要件，无主观上的徇私或徇情，则不成立该罪。如徇私舞弊发售发票、抵扣税款、出口退税罪中，税务机关工作人员首先主观上有“徇私”的故意，然后客观上才通过违反法律、行政法规的规定的手段，在办理发售发票、抵扣税款、出口退税工作中进行“舞弊”行为，致使国家利益遭受重大损失。至于徇什么私，为什么徇私则在所不问。另外，笔者认为徇私的内容既包括徇个人私情、私利，也应包括徇单位和小团体之私。

2. 徇私舞弊行为中的“本犯”问题

徇私舞弊行为中的“本犯”问题是徇私舞弊行为认定中的重要问题，直接关系到徇私舞弊行为和渎职罪的认定，一直以来受到刑法学界的高度重视。刑法学界关于“本犯”的称谓表述比较混乱。有的称“前罪”，有的称“前案”，有的称“原案”，等等，但所表达的意思几乎一样，本书采用“本犯”一词。徇私舞弊行为中“本犯”问题中的关键问题是“本犯”的性质问题和“本犯”的确定标准问题。在《刑法》分则第九章的渎职罪中，涉及“本犯”问题的徇私舞弊类罪名共有徇私枉法罪、徇私舞弊不移交刑事案件罪、放纵走私罪和放纵制售伪劣商品犯罪行为罪四种。下面，笔者就徇私舞弊行为中的“本犯”问题对该四个罪名分别予以阐述。

(1) 徇私枉法罪中的“本犯”问题

徇私枉法罪是指司法工作人员徇私枉法、徇情枉法，对明知是无罪的人而使他受追诉、对明知是有罪的人而故意包庇不使他受追诉，或者在刑事审判活动中故意违背事实和法律作枉法裁判的行为。笔者认为，这里“无罪的人”和“有罪的人”都是行为人的主观认知，并不是客观事实表述。不

---

① 陈建清:“试论徇私枉法罪”，载《山东法学》1999年第1期。

管“无罪的人”是否真的无罪，只要行为人主观上认为他是“无罪的人”，而故意徇私枉法使他受刑事追诉，就可以认定为徇私枉法罪。同理，也不管“有罪的人”客观上是否真的有罪，只要行为人主观上认为他有罪而徇私枉法故意包庇使他免受刑事追诉，就可以认定为徇私枉法罪。简言之，徇私枉法罪中的“本犯”纯粹是行为人的主观认识问题，与客观事实无关。

（2）徇私舞弊不移交刑事案件罪中的“本犯”问题

徇私舞弊不移交刑事案件罪是指工商行政管理、税务、监察等行政执法人员，徇私舞弊，对依法应当移交司法机关追究刑事责任的案件不移交，情节严重的行为。对“依法应当移交司法机关追究刑事责任的案件”的理解问题就是本罪中的“本犯”问题。笔者认为，这里的“依法应当移交司法机关追究刑事责任的案件”仍然应该是行为人的主观认识，而不应该认为是客观事实。刑事案件的标准本身就是一个主观认识问题。或者也可以这么说，整个刑事诉讼过程（含立案前的收集证据阶段）就是一个自由心证、行为主体对案件客体的主观认知过程，这其中必然与行为主体的认知能力（主要是刑事法律水平）息息相关。每个行为主体对定案证据、个罪犯罪构成的理解都有可能不同。因此，在法院判决之前，任何一个案件都不好定性。因此，“依法应当移交司法机关追究刑事责任的案件”的确定标准只能是行为人的主观标准。

（3）放纵走私罪中的“本犯”问题

放纵走私罪是指海关工作人员徇私舞弊，放纵走私，情节严重的行为。放纵走私罪中的“本犯”问题主要是对走私行为的认定。笔者认为，这里的走私不仅包括走私犯罪，还包括一般的走私行为。根据最高人民检察院《关于渎职侵权犯罪案件立案标准的规定》中对放纵走私罪的规定，除了放纵走私犯罪外，对因放纵走私致使国家应收税额损失累计达10万元以上的和放纵走私行为3起次以上的以及放纵走私行为，具有索取或者收受贿赂情节的等三种情况也应立案侦查。

（4）放纵制售伪劣商品犯罪行为罪中的“本犯”问题

放纵制售伪劣商品犯罪行为罪是指对生产、销售伪劣商品犯罪行为负有追究责任的国家机关工作人员徇私舞弊，不履行法律规定的追究职责，情节严重的行为。生产、销售伪劣商品犯罪主要指《刑法》分则第三章第一节第140条的生产、销售伪劣产品罪，第141条的生产、销售假药罪，第142条的生产、销售劣药罪，第143条的生产、销售不符合卫生标准的食品罪，第144条的生产、销售有毒、有害食品罪，第145条的生产、销售不符合标准的医用器材罪，第146条的生产、销售不符合安全标准的产品罪，第147

条的生产、销售伪劣农药、兽药、化肥、种子罪以及第148条的生产、销售不符合卫生标准的化妆品罪。笔者认为，这里的生产、销售伪劣商品是一种行为，而不一定是犯罪行为。只要有证据证明有生产、销售伪劣商品的行为，负有追究责任的国家机关工作人员就应该追究，或刑事追究或行政追究，否则就是渎职，情节严重的就构成放纵制售伪劣商品犯罪行为罪。

第二节　渎职罪的危害结果

何谓危害结果？刑法理论对危害结果存在不同的表述：有人认为，危害结果是危害行为给刑法所保护的法益所造成的具体侵害事实；有人提出，危害结果是指行为对犯罪客体的损害；有人主张，危害结果是犯罪行为已经造成实际损害结果或者具体的物质性的损害结果；有人主张，危害结果是犯罪行为引起的具有社会危害性的法定现象事实；还有人提出，危害结果是指犯罪行为通过影响犯罪对象而对犯罪客体造成的法定现实损害及其具体危险的事实。[①] 我们认为，危害结果就是危害行为给刑法所保护的法益所造成的具体侵害事实。那么，渎职罪的危害结果指的是渎职危害行为对国家机关的正常管理活动以及公共财产、国家和人民利益所造成的具体侵害事实。

一、渎职罪危害结果的特征

根据我国大多数学者的观点，渎职罪的危害结果具有以下四个特征：

（一）渎职罪的危害结果是由渎职行为引起的

渎职罪的危害结果与渎职行为之间应该具有刑法上的因果关系，这种刑法上的因果关系既可以是直接的，也可以是间接的。如果行为与结果之间没有刑法上的因果关系，那么这种结果就不能称之为渎职罪的危害结果。

（二）渎职罪的危害结果是渎职行为对国家机关的正常管理活动以及公共财产、国家和人民利益所造成的实际损害

这里的实际损害仅指实害结果，不包括危险结果。虽然我国刑法理论通说认为危害结果既包括实害结果，又包括现实危险。但《刑法》分则第九章规定的渎职罪以及最高人民检察院《关于渎职侵权犯罪案件立案标准的规定》中并没有把危险结果包含在渎职危害结果之内，即《刑法》并没有规定渎职罪的危险犯。因此，现实危险不是渎职罪的危害结果。值得研究的

---

① 以上观点可以参见高铭暄主编：《刑法专论（上编）》，高等教育出版社2002年版，第170页。

是《刑法》第412条商检失职罪，最高人民检察院《关于渎职侵权犯罪案件立案标准的规定》中规定的“致使不合格的食品、药品、医疗器械等商品出入境，严重危害生命健康的”是不是危险犯呢？这里的“严重危害生命健康”怎么界定？这个问题有待进一步探讨。

（三）渎职罪的危害结果是绝大多数渎职罪的构成要件，但并不是所有渎职犯罪都要求具有特定的危害结果

如《刑法》第397条规定的滥用职权罪和玩忽职守罪，都以“致使公共财产、国家和人民利益遭受重大损失的后果”为必要要件，否则不成立渎职罪。但是有些渎职犯罪是行为犯，即只要实施了渎职危害行为就构成渎职罪，并不需要特定渎职危害结果的发生。如《刑法》第399条规定的徇私枉法罪，《刑法》第401条的私放在押人员罪等罪的成立不要求发生了致使公共财产、国家和人民利益遭受重大损失的后果或情节严重，只要实施了《刑法》所禁止的行为就可以成立犯罪。

（四）渎职罪的危害结果具有复杂性和多样性

渎职罪的危害结果形形色色、多种多样。渎职危害行为的复杂性、渎职犯罪侵犯的客体的多样性以及渎职危害行为侵犯对象的多样性决定了渎职罪危害结果的复杂性和多样性。渎职罪危害结果的复杂性和多样性在最高人民检察院《关于渎职侵权犯罪案件立案标准的规定》中得到充分显示。它可以表现为物质性危害结果，也可以表现为非物质性危害结果；既包括直接结果，也包括间接结果；既可以是人身伤亡、健康损害、财产损失，也可以是政治影响和社会影响；等等。

二、渎职罪危害结果的种类

由于渎职罪的危害结果具有复杂性和多样性的特征，因此，按照不同的标准可以将渎职罪的危害结果划分为不同的种类。

（一）属于渎职罪构成要件的危害结果与不属于渎职罪构成要件的危害结果

这是以渎职罪的危害结果是否属于具体渎职犯罪构成要件要素为标准所作的分类。属于渎职罪构成要件的危害结果，是指成立某一具体渎职犯罪所必须具备的危害结果，或者说，该危害结果是具体渎职犯罪客观要件的要素，如果渎职行为没有造成这种结果，就不构成犯罪。例如，根据《刑法》第397条的规定，国家机关工作人员的滥用职权或玩忽职守行为，只有造成了公共财产、国家与人民利益的重大损失，才构成滥用职权罪或玩忽职守罪。这里的“重大损失”，就是属于构成要件要素的危害结果。根据《刑

法》总则第15条以及分则条文的有关规定，过失犯罪均以发生特定的危害结果为构成要件，如《刑法》第398条规定的过失泄露国家秘密罪、《刑法》第406条规定的国家机关工作人员签订、履行合同失职被骗罪，等等。

不属于渎职罪构成要件的危害结果，意指不是成立渎职犯罪所必需的、构成要件之外的危害结果。这种危害结果是否发生以及轻重如何，并不影响渎职犯罪的成立，只是在行为构成犯罪的基础上，对反映罪行轻重起一定作用，因而影响法定刑是否升格以及同一法定刑内的量刑轻重。如《刑法》第401条规定的“司法工作人员徇私舞弊，对不符合减刑、假释、暂予监外执行条件的罪犯，予以减刑、假释或者暂予监外执行的，处3年以下有期徒刑或者拘役；情节严重的，处3年以上7年以下有期徒刑”中的“情节严重”以及《刑法》第402条规定的“行政执法人员徇私舞弊，对依法应当移交司法机关追究刑事责任的不移交，情节严重的，处3年以下有期徒刑或者拘役；造成严重后果的，处3年以上7年以下有期徒刑”中的“造成严重后果”都是不属于渎职罪构成要件的危害结果。

（二）物质性危害结果与非物质性危害结果

根据危害结果的现象形态分类，渎职罪危害结果可以分为物质性危害结果与非物质性危害结果。将危害结果划分为物质性危害结果与非物质性危害结果，有利于合理确定危害结果的范围，有利于提醒司法机关在评价犯罪的社会危害性时，既注重物质性危害结果，也注重非物质性危害结果。①

1. 物质性危害结果

物质性危害结果，是指现象形态表现为物质性变化的危害结果，它往往是有形的，可以具体认定和测量。如致人死亡、致人伤害、毁损财物等，都是物质性危害结果。

根据最高人民检察院《关于渎职侵权犯罪案件立案标准的规定》，渎职罪的物质性危害结果主要有以下几类：

（1）人员伤亡。人员伤亡就是渎职危害行为直接造成的人员死亡和身体伤害。最高人民检察院《关于渎职侵权犯罪案件立案标准的规定》共规定了以下几种人员伤亡的危害结果：滥用职权罪中规定的“造成死亡1人以上，或者重伤2人以上，或者重伤1人、轻伤3人以上，或者轻伤5人以上”；玩忽职守罪中规定的“造成死亡1人以上，或者重伤3人以上，或者重伤2人、轻伤4人以上，或者重伤1人、轻伤7人以上，或者轻伤10人以上的”；民事、行政枉法裁判罪与执行判决、裁定失职罪、执行判决、裁定滥

① 张明楷：《刑法学》（第二版），法律出版社2003年版，第156页。

用职权罪中规定的“致使当事人或者其近亲属自杀、自残造成重伤、死亡”；环境监管失职罪中规定的“造成死亡1人以上，或者重伤3人以上，或者重伤2人、轻伤4人以上，或者重伤1人、轻伤7人以上，或者轻伤10人以上的”；传染病防治失职罪中规定的“造成人员重伤或者死亡”；动植物检疫失职罪中规定的“造成人员重伤或者死亡的”；不解救被拐卖、绑架妇女、儿童罪中规定的“导致被拐卖、绑架的妇女、儿童或者其家属重伤、死亡”；等等。

（2）健康损害。具体地说，健康损害就是由渎职危害行为导致多人身体中毒，或者导致传染病传播、流行，或者导致重大疫情发生、传播、流行，或者导致发生重大环境事故，并对人民身心健康造成严重危害。根据最高人民检察院《关于渎职侵权犯罪案件立案标准的规定》，渎职犯罪中共有以下几种健康损害的危害结果：滥用职权罪中规定的“导致10人以上严重中毒”；玩忽职守罪中规定的“导致20人以上严重中毒”；民事、行政枉法裁判罪与执行判决、裁定失职罪、执行判决、裁定滥用职权罪中规定的致使当事人或者其近亲属“精神失常”；环境监管失职罪中规定的“导致30人以上严重中毒”以及“造成生活饮用水地表水源和地下水源严重污染”；传染病防治失职罪中规定的“导致甲类传染病传播的、导致乙类、丙类传染病流行的”；商检失职罪中规定的“致使不合格的食品、药品、医疗器械等商品出入境，严重危害生命健康”；动植物检疫失职罪中规定的“导致重大疫情发生、传播或者流行”；不解救被拐卖、绑架妇女、儿童罪中规定的导致被拐卖、绑架的妇女、儿童或者其家属“精神失常”；等等。

（3）财产损失。财产损失是指渎职行为造成的直接经济损失和间接经济损失。根据最高人民检察院《关于渎职侵权犯罪案件立案标准的规定》，“直接经济损失”，是指与行为有直接因果关系而造成的财产损毁、减少的实际价值；“间接经济损失”，是指由直接经济损失引起和牵连的其他损失，包括失去的在正常情况下可以获得的利益和为恢复正常的管理活动或者挽回所造成的损失所支付的各种开支、费用等。最高人民检察院《关于渎职侵权犯罪案件立案标准的规定》中规定的财产损失有：

滥用职权罪立案侦查的财产损失标准是：造成个人财产直接经济损失10万元以上，或者直接经济损失不满10万元，但间接经济损失50万元以上的；造成公共财产或者法人、其他组织财产直接经济损失20万元以上，或者直接经济损失不满20万元，但间接经济损失100万元以上的；虽未达到前两项数额标准，但前两项合计直接经济损失20万元以上，或者合计直接经济损失不满20万元，但合计间接经济损失100万元以上的。

玩忽职守罪立案侦查的财产损失标准是：造成个人财产直接经济损失15万元以上，或者直接经济损失不满15万元，但间接经济损失75万元以上的；造成公共财产或者法人、其他组织财产直接经济损失30万元以上，或者直接经济损失不满30万元，但间接经济损失150万元以上的；虽未达到前两项数额标准，但前两项合计直接经济损失30万元以上，或者合计直接经济损失不满30万元，但合计间接经济损失150万元以上的；海关、外汇管理部门的工作人员严重不负责任，造成100万美元以上外汇被骗购或者逃汇1000万美元以上的。

民事、行政枉法裁判罪立案侦查的财产标准是：枉法裁判，造成个人财产直接经济损失10万元以上，或者直接经济损失不满10万元，但间接经济损失50万元以上的；枉法裁判，造成法人或者其他组织财产直接经济损失20万元以上，或者直接经济损失不满20万元，但间接经济损失100万元以上的。

执行判决、裁定失职罪立案侦查的财产损失标准是：造成个人财产直接经济损失15万元以上，或者直接经济损失不满15万元，但间接经济损失75万元以上的；造成法人或者其他组织财产直接经济损失30万元以上，或者直接经济损失不满30万元，但间接经济损失150万元以上的。

执行判决、裁定滥用职权罪立案侦查的财产损失标准是：造成个人财产直接经济损失10万元以上，或者直接经济损失不满10万元，但间接经济损失50万元以上的；造成法人或者其他组织财产直接经济损失20万元以上，或者直接经济损失不满20万元，但间接经济损失100万元以上的。

滥用管理公司、证券职权罪立案侦查的财产损失标准是：造成直接经济损失50万元以上的。

徇私舞弊不征、少征税款罪立案侦查的财产损失标准是：致使国家税收损失累计达10万元以上的；徇私舞弊不征、少征应征税款不满10万元，但具有索取或者收受贿赂或者其他恶劣情节的。

违法提供出口退税凭证罪立案侦查的财产损失标准是：徇私舞弊致使国家税收损失累计达10万元以上的；徇私舞弊，致使国家税收损失累计不满10万元，但具有索取、收受贿赂或者其他恶劣情节的。

国家机关工作人员签订、履行合同失职被骗罪立案侦查的财产损失标准是：造成直接经济损失30万元以上，或者直接经济损失不满30万元，但间接经济损失150万元以上的。

违法发放林木采伐许可证罪立案侦查的财产损失标准是：发放林木采伐许可证允许采伐数量累计超过批准的年采伐限额，导致林木被超限额采伐

10 立方米以上的；滥发林木采伐许可证，导致林木被滥伐 20 立方米以上，或者导致幼树被滥伐 1000 株以上的；滥发林木采伐许可证，导致防护林、特种用途林被滥伐 5 立方米以上，或者幼树被滥伐 200 株以上的；滥发林木采伐许可证，导致珍贵树木或者国家重点保护的其他树木被滥伐的；滥发林木采伐许可证，导致国家禁止采伐的林木被采伐的。

环境监管失职罪立案侦查的财产损失标准是：造成个人财产直接经济损失 15 万元以上，或者直接经济损失不满 15 万元，但间接经济损失 75 万元以上的；造成公共财产、法人或者其他组织财产直接经济损失 30 万元以上，或者直接经济损失不满 30 万元，但间接经济损失 150 万元以上的；虽未达到前两项数额标准，但前两项合计直接经济损失 30 万元以上，或者合计直接经济损失不满 30 万元，但合计间接经济损失 150 万元以上的；造成基本农田或者防护林地、特种用途林地 10 亩以上，或者基本农田以外的耕地 50 亩以上，或者其他土地 70 亩以上被严重毁坏的。

非法批准征用、占用土地罪立案侦查的财产损失标准是：造成有关单位、个人直接经济损失 30 万元以上，或者造成耕地大量毁坏或者植被遭到严重破坏的；非法批准征用、占用林地造成直接经济损失 30 万元以上，或者造成防护林地、特种用途林地分别或者合计 5 亩以上或者其他林地 10 亩以上毁坏的。

非法低价出让国有土地使用权罪立案侦查的财产损失标准是：非法低价出让国有土地 30 亩以上，并且出让价额低于国家规定的最低价额标准的百分之六十的；造成国有土地资产流失价额 30 万元以上的；非法低价出让林地合计 30 亩以上，并且出让价额低于国家规定的最低价额标准的百分之六十的；造成国有资产流失 30 万元以上的。

放纵走私罪立案侦查的财产损失标准是：因放纵走私致使国家应收税额损失累计达 10 万元以上的。

商检失职罪立案侦查的财产损失标准是：造成个人财产直接经济损失 15 万元以上，或者直接经济损失不满 15 万元，但间接经济损失 75 万元以上的；造成公共财产、法人或者其他组织财产直接经济损失 30 万元以上，或者直接经济损失不满 30 万元，但间接经济损失 150 万元以上的。

动植物检疫失职罪立案侦查的财产损失标准是：造成个人财产直接经济损失 15 万元以上，或者直接经济损失不满 15 万元，但间接经济损失 75 万元以上的；造成公共财产或者法人、其他组织财产直接经济损失 30 万元以上，或者直接经济损失不满 30 万元，但间接经济损失 150 万元以上的。

失职造成珍贵文物损毁、流失罪立案侦查的财产损失标准是：导致国家

一、二、三级珍贵文物损毁或者流失的。

（4）其他物质性危害结果。根据最高人民检察院《关于渎职侵权犯罪案件立案标准的规定》，其他物质性危害结果主要有：滥用职权罪中的造成公司、企业等单位停业、停产6个月以上，或者破产的以及弄虚作假，不报、缓报、谎报或者授意、指使、强令他人不报、缓报、谎报情况，导致重特大事故危害结果继续、扩大，或者致使抢救、调查、处理工作延误的；玩忽职守罪中的造成公司、企业等单位停业、停产1年以上，或者破产的；执行判决、裁定失职罪中的造成公司、企业等单位停业、停产1年以上，或者破产的；执行判决、裁定滥用职权罪中的造成公司、企业等单位停业、停产6个月以上，或者破产的。

2. 非物质性危害结果

非物质性危害结果，是指现象形态表现为非物质性变化的渎职危害结果，它往往是无形的，不能或难以具体认定和测量。如对人格的损害、名誉的毁损等，属于非物质性危害结果。应当注意的是，非物质性危害结果也是危害行为造成的具体侵害事实，不能把危害行为的属性视为非物质性危害结果。例如，任何危害行为都破坏社会心理秩序体系和社会成员心理平衡状态，这是危害行为的固有属性，而不能认定为非物质性危害结果。根据最高人民检察院《关于渎职侵权犯罪案件立案标准的规定》，非物质性危害结果主要有：

（1）严重损害国家声誉。严重损害国家声誉，是指代表国家行使管理职权的人员在国家对外工作中，或者在有关涉外工作中滥用职权、玩忽职守、徇私舞弊，严重损害国家威望以及党和政府的形象。最高人民检察院《关于渎职侵权犯罪案件立案标准的规定》中把“严重损害国家声誉”作为渎职危害结果的罪名有：滥用职权罪、玩忽职守罪、商检失职罪和动植物检疫失职罪。严重损害国家声誉主要体现在：渎职行为在国际上造成了恶劣影响；渎职行为影响了我国与其他国家或地区的友好关系，造成不良国际影响，损害了我国在世界上的威望和国际地位；影响了党和政府对外的方针政策以及党和政府的形象；等等。

（2）造成恶劣的社会影响。造成恶劣的社会影响，是指代表国家行使管理职权的人员在履行职务过程中，滥用职权、玩忽职守、徇私舞弊，严重损害国家机关的形象，引起广大人民群众的不满，甚至影响了一个地区的稳定等。最高人民检察院《关于渎职侵权犯罪案件立案标准的规定》中把“造成恶劣（社会）影响”作为渎职危害结果的罪名有：滥用职权罪、玩忽职守罪和非法批准征用、占用土地罪、非法低价出让国有土地使用权罪以及不解救被拐卖、绑架妇女、儿童罪。在司法实践中，“造成恶劣的社会影响”主要表现为：渎职行为导致群众大规模越级上访；渎职行为造成群众舆论，使人民群众对党和政府产生不满情绪，政府公信力下降；等等。

（三）直接结果和间接结果

根据渎职危害结果和渎职危害行为之间的联系紧密程度，可以将渎职危害结果划分为直接结果和间接结果。

1. 直接结果

直接结果是指渎职危害结果与渎职危害行为之间不存在另一独立现象作为联系的中介，渎职危害结果是由渎职危害行为直接引起的。比如在徇私舞弊不征、少征税款罪中，国家税收遭受重大损失的结果与税务机关工作人员徇私舞弊，不征、少征应征税款的渎职行为具有内在的直接联系，即国家税收遭受重大损失的结果是由税务机关工作人员徇私舞弊，不征、少征应征税款的渎职行为直接造成的，渎职危害结果与渎职危害行为之间没有另一独立现象作为联系的中介。这里的“国家税收遭受重大损失的结果”就是直接结果。

2. 间接结果

间接结果是指渎职危害结果与渎职危害行为之间存在另一独立现象作为联系的中介，渎职危害结果是由渎职危害行为间接引起的。这个作为中介的另一独立现象可以是被害人的行为，也可以是第三者的行为，还可以是自然力作用，甚至是三者的联合作用。比如在环境监管失职罪中，负有环境保护监督管理职责的国家机关工作人员严重不负责任，不履行或者不认真履行环境保护监管职责，埋下了导致环境污染事故的隐患，此时恰好有第三人或某种自然力的介入，从而导致发生了重大环境污染事故，致使公私财产遭受重大损失或者造成人身伤亡。这里负有环境保护监督管理职责的国家机关工作人员的渎职行为与重大环境污染事故和公私财产遭受重大损失或者造成人身伤亡的渎职危害结果之间存在另一独立现象作为中介，渎职危害行为与渎职危害结果之间没有内在的直接联系，只存在外在的间接联系。

Chapter 4

第四章 渎职罪犯罪形态研究

第一节 渎职犯罪中的共犯问题

一、无身份者与有身份者共同实施渎职犯罪的定罪问题

20世纪90年代初，笔者曾对职务犯罪中共同犯罪的定罪问题进行过研究。[①] 十年来，随着刑事法律的变化，职务犯罪中共同犯罪的定罪问题变得越来越复杂，对这一问题的理论研究也在不断的深入，但分歧依旧。为统一认识，消除分歧，笔者认为这一问题仍有进一步深入研究的必要。

我国刑法理论中的身份犯是指《刑法》规定的、以行为人所具有的特定身份作为犯罪构成要件或量刑情节的犯罪。渎职犯罪作为职务犯罪的一种，属于纯正的身份犯。渎职罪有广义和狭义之分。狭义上的渎职罪仅指《刑法》分则第九章规定的渎职罪；广义上的渎职罪除《刑法》分则第九章规定的渎职罪外，还包括贪污贿赂犯罪以及分散在其他章节中的，由国家机关工作人员或准国家工作人员实施的渎职犯罪。[②]

无身份者可以构成有身份者的教唆犯和帮助犯，我国刑法理论与司法实践对此一般无争议。但是，对无身份者与有身份者能否构成有身份者实施犯罪的共同实行犯，理论界看法并不一致。有身份者与无身份者共同实施职务犯罪如何定罪，在刑法理论和司法实践中均有严重分歧，主要有以下几种观点：

1. 第一种观点是“主犯决定说”。该观点认为，有身份者与无身份者共同犯罪案件应按主犯的行为确定罪名。主犯是国家工作人员的，应按国家工

① 张兆松：“职务犯罪共犯定罪之我见”，载《法律科学》1992年第2期。

② 本文虽然研究狭义上的渎职罪，但在共犯定罪问题上，它与广义上的渎职罪并没有根本区别，为了阐述上的方便，也为了使这一问题答案的适用范围更广，本节的研究范围就扩大到一般的职务犯罪。

作人员所定之罪（职务犯罪）定罪；主犯是非国家工作人员的，应按普通犯罪定罪。[①] 这种观点认为，共同犯罪的基本特征一般是由主犯犯罪的基本特征决定的，所以应该按照主犯犯罪行为的基本特征确定各共同犯罪人的罪名。这一观点曾得到司法解释的肯定。1985 年 7 月 18 日最高人民法院、最高人民检察院《关于当前办理经济犯罪案件中具体应用法律的若干问题的解答（试行）》规定："关于内外勾结进行贪污或者盗窃活动的共同犯罪（包括一般共同犯罪和集团犯罪），应按其共同犯罪的基本特征定罪。共同犯罪的基本特征一般是由主犯犯罪的基本特征决定的。如果共同犯罪中主犯犯罪的基本特征是贪污，同案犯中不具有贪污罪主体身份的人，应以贪污罪的共犯论处。……如果共同犯罪中主犯犯罪的基本特征是盗窃，同案犯中的国家工作人员不论是否利用职务上的便利，应以盗窃罪的共犯论处。"这一观点由于得到司法解释的肯定，司法实践中一直被广泛地适用。有的学者也同意这一观点。如有的认为，"有些犯罪中，有特定身份的人实施了某种与其职务有联系的行为，且起的作用仅是帮助犯罪，但该种行为并非某种罪构成要件之行为，且起的作用仅是帮助犯罪，则也不宜认定由特殊主体构成的共同犯罪。……如某会计在他人的要求下，提供了放钱的地点或保险柜密码，此种帮助行为固然与其职务有关，但作用不大，只是一种方便条件，主要特征还是盗窃，应以共同盗窃罪论处"。[②] 2000 年 6 月 30 日最高人民法院《关于审理贪污、职务侵占案件如何认定共同犯罪几个问题的解释》第 3 条规定："公司、企业或者其他单位中，不具有国家工作人员身份的人与国家工作人员勾结，分别利用各自的职务便利，共同将本单位财物非法占为己有的，按照主犯的犯罪性质定罪。"该解释又重申了"主犯决定说"。

但这一观点普遍被理论界所否定。理由是：（1）该说使定罪与量刑的关系发生倒置。主犯与从犯是按照行为人在共同犯罪中的作用对共同犯罪人的分类，主要是解决共同犯罪的量刑问题，而共同犯罪的基本特征是指共同犯罪的性质，也就是共同犯罪的定罪问题。两者是两个性质完全不同的问题，故以共同犯罪中主犯的特征来决定共同犯罪的性质殊为不当。（2）以主犯犯罪的基本特征决定共同犯罪的基本特征，在只有一个主犯的情况下是

① 孙谦主编：《国家工作人员职务犯罪研究》，中国检察出版社 1990 年版，第 36 页；叶高峰：《共同犯罪理论及其运用》，河南人民出版社 1990 年版，第 280—281 页。

② 孙国祥：《贪污贿赂犯罪疑难问题学理与判解》，中国检察出版社 2003 年版，第 110—111 页。

可行的，但如果主犯有两个以上，其中既有有身份者，又有无身份者，此时应依哪个主犯定罪就成为问题。（3）以所谓的主犯的基本特征决定共同犯罪的性质，当无身份者为主犯而有身份者为从犯时，共同犯罪的定性结果便否定了真正身份犯之构成要件的独立性，抹杀了法定的特定主体身份对定罪应有的作用。① 主犯身份只能决定其自身行为的性质，而不能决定整个犯罪的性质。（4）以主犯的基本特征定罪的做法，必然会造成定罪量刑上的不协调与不统一。从定罪上看，如非国家工作人员与国家工作人员勾结，共同利用后者的职务便利窃取公共财物的案件，有的定为盗窃罪，有的定为贪污罪，显然是同种案件异种罪名，而且这种定性差异也很难从犯罪构成理论上得到说明。从量刑上讲，由于现行立法对贪污罪与盗窃罪的处罚不同，同样的案件认定不同罪名，在处罚轻重上就会相差甚远。（5）不利于贯彻罪刑相适应的刑法原则。根据罪刑相适应原则，对行为人所处刑罚的轻重，决定于其罪行的社会危害性的大小，罪重则刑重，罪轻则刑轻，罪刑相当，罚当其罪。如果内外勾结的共同犯罪以主犯的行为定性，那么由于主犯不同，就会出现定性上的区别，从而导致罪刑不一，罪罚失当。如同一个内外勾结窃取价值3000元公共财物的案件，主犯是国家工作人员，应按贪污定性，由于数额未达追究刑事责任的标准，此案就不构成犯罪；主犯是非国家工作人员，应按盗窃定性，因数额远远超过盗窃罪的数额标准，此案就构成犯罪，作为从犯的国家工作人员应追究刑事责任。这样同一个国家工作人员，当他是主犯时，不需要追究刑事责任，当他是从犯时，反而要承担刑事责任，这显然与罪刑相适应原则相悖。（6）该说为共犯避重就轻指明了方向。例如，非国家工作人员与国家工作人员勾结为了避免贪污罪的刑罚，商定由非国家工作人员起主要作用，这样即便以后被司法机关查处也只能成立轻罪。（7）该说有悖于《刑法》第382条第3款的规定，即不管国家工作人员在共同犯罪中是主犯还是从犯，共犯的性质都是贪污罪，但依据该说，只有国家工作人员是主犯的场合，才能认定为贪污罪。② 笔者认为，上述论证是有道理的。

2. 第二种观点是“分别定罪说”。该说认为，无身份的人与有身份的人一起共同实施犯罪，应当按照无身份的犯罪和有身份的犯罪分别定罪。即内外勾结的犯罪案件，应根据犯罪主体的不同，区别对待。国家工作人

① 杜国强：《身份犯研究》，武汉大学出版社2005年版，第226页。

② 莫洪宪、李成：“无身份者与有身份者共同犯罪定性问题再探——以职务犯罪为角度”，载《人民检察》2005年第9期。

员以职务犯罪论，非国家工作人员以普通犯罪论。[①] 如有的认为，“在国家工作人员与普通人员同为实行犯的场合，两者不仅有共同的犯罪故意，而且具有共同的犯罪行为，每个人的行为与犯罪结果之间都存在因果关系，分别定罪不会影响共同犯罪的成立，也就没有必要强求两者定同一罪名，根据各共同犯罪人行为的实质特征来确定罪名和刑罚，更能体现国家对不同主体行为的不同评价”。[②] 这种观点在徇私枉法罪的认定中也被不少司法人员所接受。[③]

“分别定罪说”注重共同犯罪中各行为人的犯罪行为具有独立性，并且在定罪时考虑行为人自身行为的犯罪构成，这是合理的。但它过分强调职务犯罪主体的特殊性，忽视共同犯罪的整体性和每一共犯行为之间的联系，此说存在以下两大缺陷：（1）有违共同犯罪原理。共同犯罪是指二人以上共同故意犯罪。各个共犯主观上具有共同犯罪故意，客观上具有共同犯罪行为。在共同犯罪中，虽然行为人的分工不同，参与的程度也不一样，所起作用也有大小，但所有共犯的行为总是有机地联系在一起的，并共同指向犯罪目标。在整个犯罪链条中，每一共犯的行为和所发生的犯罪结果之间都具有因果关系。如果承认在共同犯罪中，国家工作人员和普通人员可以分别定罪，无异于承认在同一共同犯罪中存在着两个以上的犯罪故意，同时也割裂了共犯之间行为的联系性。这是与共同犯罪原理相矛盾的。（2）不利于定罪处罚。定罪是处罚的前提，定罪不当必然导致处罚不当。如甲、乙内外勾结窃取4万元的公共财物，两人都是主犯，按照“分别定罪说”甲定贪污罪，一般只能处1年以上7年以下有期徒刑；乙定盗窃罪，应判处10以上有期徒刑或者无期徒刑。甲、乙同是主犯，却因主体身份不同而导致量刑失衡。此外，如果承认在职务犯罪中，国家工作人员与普通人员应分

---

① 李光灿、马克昌、罗平：《论共同犯罪》，中国政法大学出版社1987年版，第153—154页；陈兴良主编：《经济刑法学》（总论），中国社会科学出版社1990年版，第331页；杨兴培、何萍：“非特殊身份人员能否构成贪污罪的共犯”，载《法学》2001年第12期。

② 周红梅：“职务犯罪中的共同犯罪”，载《法律科学》1991年第4期。

③ 如被告人李冰洋涉嫌与鞠宝等人利用往酒中下药的方法将吴某轮奸，李冰洋的母亲王雅莉聘请律师周立文为其担任辩护人，并和周立文多次合谋为李冰洋减轻罪行，最后想到威逼利诱吴某翻供，以“处对象”为名为李冰洋开脱罪责。周立文承诺公安局的工作由他来负责。2000年10月9日，周立文带着吴某来到公安局，找到办案人孙志，一名警察和一名律师心知肚名地炮制了一份虚假的翻供证词。事后，周立文收下王雅莉的2万元钱，并把其中的1万元给了孙志。孙志在案件已经移送检察机关审查起诉的情况下，越权提审李冰洋和鞠宝，并篡改提审日期，一起事实清楚、证据确凿的轮奸案被颠倒黑白。2001年11月27日，长春市南关区法院分别以徇私枉法罪和妨害作证罪判处孙志和周立文有期徒刑7年和5年。参见：http：//www. china. com. cn/chinese/LP/80957. htm。

别定性，那么在许多场合，对普通人员的行为根本无法定罪。如国家工作人员与普通人员共谋，共同收受贿赂的行为，如果对普通人员不按受贿罪的共犯定罪，那就无法认定其构成其他犯罪。这是有损执法的统一性和平衡性的。

3. 第三种观点是“实行犯决定说”。该说认为，犯罪的性质总是由犯罪的实行行为的基本特征来决定的，认定构成什么性质的共同犯罪，应以实行犯实行的何种犯罪构成要件的行为为根据来认定。[①] “实行犯决定说”在处理国家工作人员是实行犯，非国家工作人员不是实行犯的案件时，是正确的。其缺陷表现在：（1）定罪依据不充分。认定行为性质的依据是犯罪构成，实行行为只是犯罪构成的一个方面，不能替代犯罪构成。（2）缺乏普适性。当不同身份者同为实行犯时，到底应依哪种身份犯的实行行为定性，就无所适从。[②] 如国有保险工作人员与投保人内外勾结骗取保险金时，就保险诈骗而言，投保人实施的是实行行为；就贪污罪而言，保险工作人员实施的是实行行为。在这种情况下，根据“实行犯决定说”，是难以确定共同犯罪的性质的。

4. 第四种观点是“有身份者的实行行为说”。如有的学者认为，无身份者教唆、帮助有身份者或与之共同实行职务犯罪时，应依有身份者实行行为的性质来定罪，即依有身份者所实施的犯罪构成要件的行为来定罪，即便无身份者是主犯，有身份者是从犯，也不影响这一定罪原则。[③] 也有的学者认为，区分真正身份犯与非真正身份犯，一般以行为人是否利用身份实行犯罪为标准，利用身份是真正身份犯实行行为的重要组成部分，不利用身份就不可能完成真正身份犯的实行行为。因此，判断某种犯罪是真正身份犯还是非真正身份犯，只要看其实行行为的性质。以贪污罪与盗窃罪为例，有身份者与无身份者共同实施窃取公共财物的行为，如果这种窃取行为利用了有身份者的职务上的便利，其实行行为就符合贪污罪的实行行为的特征，应定为贪污罪；否则，只可能定为盗窃罪。[④]

这种观点，比第三种观点更进了一步。该说的缺陷是：在无身份者教唆、帮助有身份者实施职务犯罪的情况下，有可能出现有身份者尚未着手实行犯罪，而是处于犯罪预备形态或预备阶段的中止形态的情形。在有身份者

① 高铭暄主编：《中国刑法学》，中国人民大学出版社 1989 年版，第 205 页。

② 王作富、庄劲：“共同犯罪与犯罪构成身份新论”，载《人民检察》2003 年第 11 期。

③ 马克昌主编：《犯罪通论》，武汉大学出版社 2000 年第 3 版，第 584 页。

④ 赵秉志主编：《刑法争议问题研究》，河南人民出版社 1996 年版，第 458 页。

教唆、帮助无身份者实施职务犯罪的情况下，也有可能出现无身份者尚未着手实行犯罪，而是处于犯罪预备形态或预备阶段的中止形态的情形。在这种情况下，因为尚无实行行为，就不可能按照有身份者的实行行为来确定共同犯罪的性质。[①] 笔者赞同这一观点。

此外，第三、第四种观点都还涉及这一问题：无身份者能否与有身份者构成真正身份犯的共同实行犯（正犯）。对这一问题，国外刑法理论界和我国刑法理论界都存在较大分歧，大致有：肯定说、否定说和折中说三种观点。[②] 肯定说认为，无身份者与有身份者可以构成真正身份犯的共同实行犯。[③] 否定说认为，无身份者与有身份者不可能构成真正身份犯的共同实行犯。因为真正身份犯既然是犯罪主体的构成要素之一，它决定着犯罪主体的性质，那么，无特定身份的人就不可能实施法律要求犯罪主体具有特定身份的犯罪的实行行为，从而也就不可能与他人构成真正身份犯的共同实行犯。即职务犯罪中的共同犯罪的性质应以实行犯的犯罪性质确定。国家工作人员是实行犯时，以职务犯罪论；非国家工作人员是实行犯时，以普通犯罪论。[④]"身份犯的实行行为是以义务为前提的，具有这种义务的人才有可能实施该种行为；无此种义务的人是不可能实施该种行为的。在纯正身份犯的情况下，无论何种身份，都限定了实行行为的主体，无身份者不可能实施这种行为，因而不可能与有身份者成为共同正犯而只能成为共犯。"[⑤] 有的同志进一步提出，在有身份者与无身份者共同犯罪场合，无身份者之所以不能成立共同实行犯。这是因为：渎职犯罪的主体均是特定主体，即必须具备特定身份，而这种身份是由法律赋予的，法律在赋予这种身份的同时，也加诸一定的权利与义务，这些法定的权利与义务在行为上就表现为职务上特定的要求，即行为时是以职务为条件的，所有的渎职犯罪都与行为人所担任的职务密切相关，并且都发生在行为人执行职务活动中。从渎职犯罪构成要件看，渎职犯罪的实行行为即《刑法》分则所规定的由行为人所实施的反映渎职犯罪违背职责义务这种本质特征的作为或不作为，其内在要素之一就是职务行为，因而即使是有身份者和无身份者共同实施了事实上的行为，并非两者都是共同实行犯，只有前者才是实行犯，后者只能

① 莫洪宪、李成："无身份者与有身份者共同犯罪定性问题再探——以职务犯罪为角度"，载《人民检察》2005 年第 9 期。

② 杜国强：《身份犯研究》，武汉大学出版社 2005 年版，第 201—211 页。

③ 张明楷：《犯罪论原理》，武汉大学出版社 1991 年版，第 530—531 页。

④ 陈兴良：《共同犯罪论》，中国社会科学出版社 1992 年版，第 356 页。

⑤ 陈兴良、周光权：《刑法学的现代展开》，中国人民大学出版社 2006 年版，第 342 页。

是教唆犯或帮助犯。比如私放在押人员罪中，司法工作人员利用押解犯罪嫌疑人、被告人的职务便利将其放走，职务行为就是其实行行为的一个主要组成部分，而无此身份者即不具有此种职务便利。若要成为共犯，只能是教唆或帮助。再如，徇私舞弊减刑、假释、暂予监外执行罪，也是具有报请、裁定、决定或者批准减刑、假释、暂予监外执行权的司法工作人员才可以实施。在这些犯罪中，国家机关工作人员的身份是作为犯罪主体要件中的特别要素而存在的，法律将这种特定身份设定于犯罪构成要件中，一般就表明它在相当程度上决定了行为的性质。该种犯罪之所以成为真正身份犯，也是由这种身份决定的。因此，在渎职犯罪中，由于其实行行为具有他人不可替代的性质，因而无身份者在与有身份者实施渎职犯罪时不能成为共同实行犯。① 如前苏联著名刑法学家特拉伊宁也认为，“在社会主义刑法体系中，关于非公职人员参与实施渎职应负刑事责任问题，是不容怀疑的。但是必须注意，渎职罪中的共犯毕竟有些不容忽视的特点。问题的实质在于，非公职人员可以是渎职罪的组织犯、教唆犯或帮助犯，但是渎职罪的执行犯却只能是公职人员”。② 折中说认为，无身份者与有身份者能否构成真正身份犯的共同实行犯，应当根据具体情况，区别对待。凡无身份者能够参与真正身份犯的部分实行行为的，可以与有身份者共同构成共同实行犯；凡是无身份者根本不能参与真正身份犯的实行行为的，即不能与有身份者构成共同犯罪。③

笔者认为，无身份者是否可以构成真正身份犯的共同实行犯，关键是涉及对真正身份犯性质的理解上。在这个问题上存在着“义务违反说”和“法益侵害说”的对立。目前“义务违反说”受到广泛的质疑，德日刑法理论通说的观点认为，违法性的本质是对法益的侵害。身份犯的本质也应理解为法益侵害。④ 虽然无身份者单独不可能侵害真正身份犯的保护法益，但是，通过参与到有身份者的法益侵害行为中，无身份者也可以侵害真正身份犯的保护法益。

此外，我们分析问题必须从实际出发，无身份者能不能实施身份犯的实行行为，重要的是看司法实践中存在不存在这种实行行为。如监管人员为了教训某犯人甲，授意犯人乙好好教育甲，该监管人员在一次劳动过程中，故

---

① 包健：“处理渎职罪共犯的三大问题”，载《检察日报》2007年1月16日。

② 〔苏〕特拉伊宁：《关于犯罪构成的一般学说》，中国人民大学出版社1957年版，第244页。

③ 马克昌主编：《犯罪通论》，武汉大学出版社2000年版，第582—583页。

④ 阎二鹏：《共犯与身份》，中国检察出版社2007年版，第83—90页。

意将甲、乙安排在一起，乙将甲打成轻伤，当时甲曾求救于该监管人员，该监管人员则放任不管。此案例中，乙的行为显然是虐待被监管人员的实行行为。可见，折中说是可取的，也是符合实际的。在不少情况下，无身份者也可以成为真正身份犯的共同实行犯。如强奸罪是典型的真正身份犯，一般只能由男子实行。但强奸罪又是一种复合行为，它是由暴力、胁迫等强制手段与奸淫行为两部分组成。只要行为人一开始实施暴力、胁迫等手段行为，就视为强奸罪已着手实行。那么妇女在强奸现场帮助男子对被害人实施暴力、胁迫等强制行为，这就是强奸罪实行行为的一部分，该妇女自然与男子构成强奸罪的共同实行犯。在贪污、受贿、挪用公款、徇私枉法等职务犯罪中，非国家工作人员完全有可能成为共同实行犯。而这也是我们之所以要对职务共同犯罪的定罪问题加以进一步研究的价值所在。正像有的学者所指出的，“在犯罪事实支配论中，以法益为中心的实质思考，应是谁操纵、支配法益受害的因果流程，对法益的侵害或实现构成要件不可或缺，谁就是正犯”。①

可见，无身份者事实上对真正身份犯的法益进行了侵害，而且在事实上承担了实行行为的情况下，无身份者是可以构成真正身份犯的共同实行犯的。无身份者与有身份者成为共同实行犯的情形主要有以下两种情况：②（1）真正身份犯的实行行为是复合行为，而无身份者可以实施其中的部分实行行为的，无身份者可以与有身份者构成共同实行犯（如上所述的强奸犯罪）；（2）在某些纯正职务犯罪中，有身份者的职务之便可以被有身份者与无身份者同时利用，这时两者可以构成共同实行犯。笔者认为，这种归纳是符合实际的。

在国家工作人员与非国家工作人员同为职务犯罪的实行犯时如何定罪，持“实行犯决定说”的同志，要么避而不谈，要么认为：“国家工作人员与普通人员同为实行犯的，分别论罪，如普通人员与邮电工作人员共同隐匿、毁弃他人邮件的，二者均是实行犯，普通人员构成侵犯公民通信自由罪，邮电工作人员构成妨害邮电通讯罪”。③ 这实质上又陷入了“分别定罪说”，“分别定罪说”存在的缺陷，“实行犯决定说”同样存在。

5. 第五种观点是“犯罪客体说”。该说认为，共同职务犯罪的定罪问题，应看整个共同犯罪行为主要侵犯了哪一个客体。理由是：共同犯罪是一

---

① 阎二鹏：《共犯与身份》，中国检察出版社 2007 年版，第 198 页。

② 杜国强：《身份犯研究》，武汉大学出版社 2005 年版，第 217—219 页。

③ 周红梅：“职务犯罪中的共同犯罪”，载《法律科学》1991 年第 4 期。

个复杂的有机整体，其内部包含着诸多影响其社会危害性的因素，而个别共犯的特殊身份在共同犯罪行为中仅仅是因素之一，而不是犯罪行为的实质。我国刑法理论认为，社会危害性及其程度集中地体现在作为犯罪构成要件之一的犯罪客体上。一种共同犯罪行为往往侵犯两种以上的客体，有特殊身份者由于利用职务便利参与了犯罪，故整个共同犯罪必然侵犯真正身份犯所固有的犯罪客体，但这未必就是整个共同犯罪行为所侵犯的主要客体。[①] 如无身份者与国家工作人员共同实行骗取单位资金的行为，除侵犯了单位对资金的财产所有权，更主要的是侵犯了公职人员的职务廉洁性，应当以贪污罪认定犯罪性质。如无身份者与国家公职人员内外勾结，共同实施金融诈骗罪行为，所主要侵犯的一般就是金融秩序，因此原则上应按金融诈骗罪论处。[②]

这种观点应当说符合我国刑法理论中以犯罪客体决定犯罪性质的理论。该说的缺陷表现在“一种共同犯罪行为往往侵犯两种以上的客体”这一结论上。如共同受贿，其犯罪客体就是单一客体，而不是复杂客体。再说，犯罪性质的确定和归类决定于主要客体，这通常是相对于单独犯罪来说的。对于两人以上共同实施犯罪侵犯多个不同的客体涉及不同的罪名的情况则不能适用。所以，“犯罪客体说”难以解决职务犯罪的共犯定罪问题。

6. 第六种观点是“核心角色说”。该说认为，以正犯（实行犯）行为的犯罪性质确定共同犯罪的性质基本上是妥当的。但在从不同的角度观察存在不同的实行行为的情况下，可以根据犯罪事实支配理论确定共同犯罪性质，即以共同犯罪的核心角色为标准确定共同犯罪的性质。如内外勾结骗取保险金案件，如果投保人是共同犯罪中的核心角色，则可认定共同犯罪的性质为保险诈骗罪；如果保险公司的工作人员为核心角色，则可认定共同犯罪的性质为贪污罪或职务侵占罪。至于核心角色的确定则必须综合主体身份、主观内容、客观行为以及主要的被害法益等方面来考察。[③]

该说的缺陷表现在：（1）根据该说，“在认定了共同犯罪的性质是保险诈骗罪或者职务侵占罪、贪污罪之后，对不同的共犯人仍然存在分别定罪的可能性，因为根据部分犯罪共同说，共同犯罪不要求构成要件完全相同，只

---

① 高铭暄主编：《新型经济犯罪研究》，中国方正出版社 2000 年版，第 882 页。

② 邓宇琼：“共同犯罪与身份若干问题研究”，载中国人民大学刑事法律科学研究中心组织编写：《现代刑事法治问题探索》，法律出版社 2004 年版，第 28 页。

③ 张明楷：《刑法学》（第二版），法律出版社 2003 年，第 354 页。

要求构成要件部分相同”。[①] 这事实上又陷入了“分别定罪说”，“分别定罪说”存在的缺陷，“核心角色说”同样存在。该说是以假设一个案件只存在一个核心角色为前提的，如果存在两个核心角色，如何定罪处罚，问题仍然没有解决。（2）标准模糊，不易认定。因为核心角色的确定要综合主体身份、主观内容、客观行为以及主要的被害法益等方面来考察，那么从实践看针对个案核心角色是谁并不容易确定。

7. 第七种观点是“综合标准说”。该说认为，共同犯罪性质的确定，不能拘泥于某一方面，而应当从几个方面考虑：（1）共同犯罪人的犯罪故意；（2）共同犯罪人的作用；（3）共同犯罪人的共同行为。我国司法解释规定，内外勾结的共同犯罪案件，应按其共同犯罪的基本特征定罪。所谓的“共同犯罪的基本特征”，应当理解为，就整个案件的犯罪行为分析，看共同犯罪人在共同犯罪中是否利用了身份的便利条件、利用身份的便利条件的作用有多大、是否足以影响整个案件的性质。[②] 该说强调要针对犯罪的不同情况进行具体分析，这当然是正确的。但其对涉及的诸多理论问题，如共同犯罪是否必须定同一个罪名、分别定罪是否违背共同犯罪理论等并未加以阐述，所以也就难以解决实践中的问题。

8. 第八种观点是“新区别对待说”。该说认为，无身份者与有身份者共同实施犯罪如何定性，应区别以下情况：（1）无身份者与有身份者均未利用有身份者之身份的，构成统一的非身份犯的共同犯罪；（2）个别共同犯罪案件中无身份者未利用有身份者之身份，而有身份者利用了自己的身份的，虽构成共同犯罪，但应分别定罪，即对无身份者定非身份犯，对有身份者定身份犯；（3）无身份者教唆、帮助有身份者实施犯罪行为，或与有身份者共同实施犯罪行为（包括预备行为和实行行为）的情况下，有身份者总是行为的实施者，因此，此时即使是无身份者在共同犯罪中起了主要的作用，有身份者起了次要的作用，也应该按照有身份者行为的性质来确定共同犯罪的性质。该说第一种情况由于行为人未利用有身份者之身份，实质上不是身份犯所要论述的问题。第二种情况又陷入了“分别定罪说”，“分别定罪说”的缺陷“新区别对待说”仍然存在。

前述第五种至第八种观点还存在共同缺陷：标准模糊，实践中不具有可操作性。

---

① 张明楷：《刑法的基本立场》，中国法制出版社 2002 年版，第 281 页。

② 刘晓安：“定罪身份与共同犯罪性质的关系”，载鲍遂献主编：《刑法学研究新视野》，中国人民公安大学出版社 1995 年版，第 228—229 页。

笔者认为，国家工作人员利用职务之便，与无身份者（普通人员）内外勾结，共同实行职务犯罪的，应以国家工作人员所定之罪定罪（以下简称“职务犯罪说”）。其理由是：

1. 它充分体现了《刑法》对职务犯罪从严惩处的立法精神。职务犯罪是国家工作人员利用职务上的便利或由于职务上的疏忽，而侵害国家机关的正常活动，致使国家和人民利益遭受重大损失的犯罪。这种犯罪不仅严重干扰党的方针政策的贯彻执行，而且直接破坏社会主义市场经济秩序，践踏《宪法》和法律，破坏廉政建设，损害党和国家的形象，严重污染社会风气。因此，它比一般刑事犯罪具有更大的欺骗性、危险性和社会危害性。我国刑事法律始终体现对职务犯罪从严惩处的立法精神。表现在：（1）同一种犯罪行为因主体不同而规定不同的罪名，设定不同的量刑幅度，国家工作人员从重，普通人员从轻。如私自开拆、隐匿、毁弃邮件、电报罪与侵犯通信自由罪。（2）同一种犯罪行为因主体不同而产生不同的法律后果。如《刑法》采取的是有限制的属人管辖原则，普通公民在中华人民共和国领域外犯《刑法》规定之罪的，若法定最高刑为3年以下有期徒刑，可不予追究，但国家工作人员与军人在国外犯任何罪都要适用《刑法》。（3）同一种犯罪行为，虽罪名相同，但国家工作人员要从重处罚。如非法拘禁罪、诬告陷害罪、非法搜查罪、包庇毒品犯罪分子罪等。（4）同样一种具有社会危害性的行为，因主体不同而直接影响犯罪构成，国家工作人员以犯罪论处，普通人员不能以犯罪论处。如巨额财产来源不明罪、隐瞒境外存款罪、非法剥夺公民宗教信仰自由罪、侵犯少数民族风俗习惯罪等。内外勾结的共同犯罪作为职务犯罪的一种表现形式，理应体现这一精神。如果对参与职务犯罪的普通人员不按职务犯罪定罪处罚，那么在许多情况下就会使普通人员得不到应有的刑事处罚，有悖刑事立法精神。

有人往往利用贪污罪和盗窃、诈骗罪定罪数额上的差别来证明“职务犯罪说”不利于打击犯罪。即使在同意“职务犯罪说”的学者中，也有人认为，“对共同犯罪人以有身份者构成之罪或职务犯罪定性反比以无身份者所构成之罪定性处罚要轻时，宜以重罪定性。这符合想象竞合犯的从重处罚原则”。[①] 例如，放纵制售伪劣商品犯罪行为罪，原则上对国家机关工作人员以本罪认定，但如果以生产、销售伪劣商品罪的共犯定罪处罚更重，则将国家机关工作人员作为生产、销售伪劣商品罪的共犯定罪处罚，这属于刑法中的想象竞合犯。在这种情况下，国家机关工作人员放纵行为实际上兼有渎

---

① 高铭暄主编：《刑法专论》，高等教育出版社2002年版，第387页。

职罪构成要件与其他个罪共犯构成要件的双重性质，即一行为同时触犯数罪名，应当依照想象竞合犯的处罚原则，对行为人择一重罪处断。[①] 笔者认为，上述观点有合理之处。因为目前在刑事立法中，罪刑设置不合理的现象还存在。一些职务犯罪的定罪起点偏高，量刑偏轻。如贪污罪的定罪量刑数额标准高于盗窃、诈骗罪若干倍，走私犯罪的法定最高刑可至死刑，情节特别严重的放纵走私罪法定最高刑却不过 15 年有期徒刑，按“职务犯罪说”在某些情况下确会产生处理偏轻的现象。但就整个刑事法律来说，这毕竟不是普遍现象，且这种现象的产生不是按职务犯罪定罪本身出现的，而是刑事立法、刑事司法解释之间的不协调造成的。对此，有很多同志提出适当提高盗窃、诈骗罪的数额标准，并降低贪污罪的数额标准，使两者之间得到协调，笔者也持同样的观点。不能因为有个别《刑法》条文没有体现对国家工作人员犯罪从严惩处的原则，而从整体上否定《刑法》对职务犯罪从严惩处的立法精神，得出普通人员参与职务犯罪的，按普通犯罪定罪更有利于打击犯罪的结论。再说，即使在盗窃、诈骗罪的数额标准远远低于贪污罪的情况下，也不是一律定盗窃、诈骗罪会更有利于打击犯罪的。如内外勾结骗取巨额（10 万元以上）公共财物，情节特别严重的，如定贪污罪，对普通人员最高刑可适用死刑；如定诈骗罪，对普通人员最高刑只能处无期徒刑。至于这种情形能否按照想象竞合犯实行从一重处断，笔者同意陈兴良教授的看法，即“在共犯与正犯相竞合的情况下，应以正犯论处。因为正犯是刑法分则规定的犯罪类型，而共犯是刑法总则规定的犯罪形态，刑法总则的规定是对刑法分则规定的补充，在已有分则规定的情况下，应以分则规定论处。在这个意义上说，刑法分则规定具有优于刑法总则规定的效力。因此，在共犯与正犯相竞合的情况下，应以正犯论处”。[②]

总之，我们认为，内外勾结的犯罪案件一律按职务犯罪定罪处罚，有利于体现刑事立法精神，也更有利于打击犯罪。至于因为定罪数额标准不同而出现宽严失调的问题，应从立法和司法解释方面进一步协调，而不应用改变犯罪性质的办法解决。

2. 它符合共同犯罪的基本理论。共同犯罪是二人以上在共同故意支配下实施犯罪行为而形成的一个有机整体。从主观方面看，各共同犯罪人都对犯罪行为有明确的认识，都对危害社会的结果抱希望或者放任的主观罪过心

① 包健：“处理渎职罪共犯的三大问题”，载《检察日报》2007 年 1 月 16 日。
② 陈兴良、周光权：《刑法学的现代展开》，中国人民大学出版社 2006 年版，第 339 页。

理。每一个共同犯罪人均具有特定的犯罪故意。从客观方面看，各共同犯罪人具有共同的犯罪行为。各共同的犯罪行为指向同一目标，彼此联系，互相配合、形成一个有机的犯罪活动整体。在发生危害结果的情况下，各共同犯罪人的犯罪行为与危害结果之间存在着因果关系。由于共同犯罪是同一犯罪，其犯罪性质必然同一。国家工作人员与非国家工作人员共同实施的职务犯罪，不能因为有不同身份的人而改变共同犯罪的性质。

共同犯罪是指二人以上共同故意犯罪。但如何理解“共同”的法律意义，刑法学界存在共同意思主体说、行为支配说、犯罪共同说、行为共同说等学说的对立。在犯罪共同说中又有严格的完全犯罪共同说、完全犯罪共同说和部分犯罪共同说之分。完全犯罪共同说认为，共同犯罪就是二人以上共犯特定的犯罪，或者说二人以上只能就完全相同的犯罪成立共同犯罪。部分犯罪共同说认为，二人以上虽然共同实施了不同的犯罪，但当这些不同的犯罪之间具有重合的性质时，则在重合的限度内成立共同犯罪。近年部分犯罪共同说得到我国不少学者的肯定，认为部分犯罪共同说更具合理性。理由是：（1）根据刑法理论，共同犯罪是二人以上基于共同故意实施了共同的犯罪行为，但这并不意味着二人的主观故意内容和行为内容必须相同。由于法律错综复杂的规定，往往导致许多犯罪之间存在交叉重叠的关系，从而使两罪在部分上出现重合，而重合的部分也是《刑法》所规定的一种犯罪，这时行为人至少就重合的部分具有共同的故意和共同的行为，应认定为共同犯罪。（2）按照部分犯罪共同说，成立共同犯罪必须以符合同一个犯罪构成为前提，但这不意味着在任何共同犯罪案件中，对共同犯罪人都必须定同一个罪名。换言之，各行为人成立共犯是一回事，对各行为人最后是否均按成立共犯的那个罪名定罪是一回事。[①] 笔者是赞同部分犯罪共同说理论的，但对将其所持的“在成立共犯的前提下，对行为人可以分别定罪”的观点引入职务共同犯罪有异议。理由是：（1）在职务共同犯罪中，不存在论者所举的可以分别定罪的各种情况；[②]（2）从论者所举的案例看，行为人之所以最后不按职务犯罪定罪，是因为这些犯罪行为并未利用或不要求利用国家工作人员职务便利抑或无身份者并不明知对方是有身份者。[③] 这些情况当然不能认定为职务犯罪，它与我们上述所阐述的问题并不是一回事。

---

① 杜国强：《身份犯研究》，武汉大学出版社年版 2005 年版，第 233 页。

② 张明楷：《刑法的基本立场》，中国法制出版社 2002 年版，第 273—277 页。

③ 杜国强：《身份犯研究》，武汉大学出版社年版 2005 年版，第 234—235 页。

3. 它符合职务犯罪构成要件。职务犯罪是一种身份犯，其犯罪构成必须具备以下基本特征：

第一，职务犯罪主体必须是国家工作人员，非国家工作人员不能独立构成职务犯罪。有的同志认为，既然职务犯罪要求特殊主体才能构成，那么对于不具有特定身份的普通人员不能充当职务犯罪主体的被告人。“任何一种特殊犯罪所要求的特殊主体资格本身是一种权利与义务相统一的反映，特殊主体所具有的特殊身份条件表明他依照这一身份而取得特殊的权利，同时也负有因这一身份条件而产生的特殊义务。……无身份者没有特殊身份者的特殊权利，也就不能担负只有特殊主体才能承受的特殊义务”，“在以特殊主体为基础的共同犯罪中，如果缺少特殊主体的资格同样可以构成，那么这种特殊主体的资格条件已变得毫无作用，剩下的只是刑法需要禁止和惩罚某种行为，而不是禁止和惩罚利用某种身份条件而实施的这种行为”。① 还有的认为，“无身份者虽然不具有刑法所规定的特定身份，也无法侵害刑法基于身份而设定的特别法益，但无身份者却与有身份者一样，具有普通主体的构成要件，而且也能侵害特别法益所体现出来的刑法所普遍保护的普通法益，因而，无身份者是可以成为有身份者的身份犯的共犯的，不过，无身份者由于不具有特定的身份，也就无所谓违背特定的义务，从而也就不可能侵害刑法所保护的特别法益，所以，无身份者永远也不可能成为有身份者的身份犯的共同正犯”。② 笔者认为，这种理解是片面的，混淆了共同犯罪与单独犯罪对犯罪主体的不同要求。根据共同犯罪构成理论，对于《刑法》规定的某些由特殊主体构成的犯罪，并不要求所有共同实施某一具体犯罪的共犯都必须是特殊主体。对于共犯案件来说，只要有一名以上的共犯成为这一犯罪主体，案件就成立了。如强奸罪的主体必须是男子，但妇女教唆或帮助男子实施强奸罪的，对该妇女应以强奸罪共犯论处。对于职务犯罪来说也是如此，只要有一名以上共犯符合职务犯罪的主体条件，那么对于其他不具有职务犯罪主体条件的共犯也应以职务犯罪论处。如前所述，无身份者也可以成为真正身份犯的共同实行犯。特殊犯罪主体在涉及混合身份共犯的案件中，应当具有决定案件性质和全部共同犯罪人罪名的主导作用。非国家工作人员之所以能够构成职务犯罪的共犯，笔者赞同如下观点：“身份客体作为一种受刑法保护的社会关系，寓存于社会生活之中，是社会得以健康运作的诸多

① 杨兴培、何萍：“非特殊身份人员能否构成贪污罪的共犯”，载《法学》2001 年第 12 期。

② 杨辉忠：“身份犯实质之探讨——以混合身份共犯的定性为视角”，载《南京大学法律评论》2004 年春季号。

条件之一。要保证这种社会关系正常存续，不仅要求身份者不予侵犯，同时还有赖于全体社会成员对之尊重，不联结有身份者采取各种方式加以破坏。……身份客体对身份者只具有相对的专属性：在单独犯的场合，具有专属性，非特定身份者不能破坏特定的身份客体；在共同犯罪的场合，则具有开放性，只要共犯中有一人具备身份，则全体共犯人都具备侵犯身份客体的可能性"，"无身份者虽然不享有法律身份带来的权利，但却享有'要求法律身份者不得亵渎其法律义务'的权利并且享受身份者履行义务带来的社会效益，基于此，无身份者也就负有'不得勾结身份者破坏其法律义务'的义务"。①

第二，职务犯罪在客观方面表现为国家工作人员利用职务上的便利进行犯罪活动。"职务"是国家工作人员职务犯罪的前提和基础。在内外勾结的共同犯罪中，不管国家工作人员是主犯还是从犯，是实行犯还是非实行犯，没有国家工作人员的职务之便是不能实施或完成犯罪的。即使普通人员是主犯或实行犯的情况下，他所参与实施的职务犯罪行为仍与普通犯罪有明显区别。如邮电工作人员与普通人员共同实施的私自开拆、隐匿、毁弃邮件、电报罪与普通人员实施的侵犯通信自由罪。前者是普通人员与邮电工作人员一起，利用邮电工作人员接收、运送、投递邮件、电报的职务方便，共同私自开拆、隐匿、毁弃他人的邮件、电报，后者则是普通人员直接隐匿、毁弃或者非法开拆他人的信件，情节严重的行为。如果对前者以侵犯通信自由罪定性，显然与该罪客观方面的表现不相符合。内外勾结的共同犯罪案件，之所以要依照有身份者的犯罪性质定罪，最主要的原因是因为无身份者利用了有身份者的特殊身份，从而使其罪质发生了变化，与有身份者的犯罪行为连成了一个密不可分的犯罪整体。由此可见，按职务犯罪定罪处罚符合职务犯罪的构成要件。

4. 从国外刑事立法情况看。在外国刑法中，不少国家有共同犯罪与身份的一般规定。如韩国刑法典第 33 条规定："因身份关系成立的犯罪，其参与者即使没有身份关系，也适用前三条（即关于共同正犯、教唆犯、从犯之规定）。"② 日本刑法第 65 条第 1 款规定："凡参与因犯人身份而构成的犯罪行为的人，虽不具有这种身份，仍是共犯。"第 2 款规定："因身份致刑罚有轻重时，没有这种身份的人，仍判处通常刑罚。"③ 奥地利刑法典第

① 王作富、庄劲："共同犯罪与犯罪构成身份新论"，载《人民检察》2003 年第 11 期。

② 〔韩〕金永哲译：《韩国刑法典及单行刑法》，中国人民大学出版社 1996 年版，第 6 页。

③ 张明楷译：《日本刑法典》，法律出版社 1998 年版，第 26 页。

14 条第 1 款规定："法律规定行为之可罚性或刑度系取决于不法行为有关之行为人之个人特定身份关系时，如参与人之中仅有一人具有此种身份或关系时，所有参与人均适用此规定。"意大利刑法典第 117 条规定："如果由于犯罪人的人身条件或身份，或者由于犯罪人与被害人之间的关系而对某些共同犯罪人改变罪名，其他人也对相同的犯罪负责。"① 从上述规定可以看出：身份犯共犯的成立，不以共同犯罪人都具有特定的身份为必要条件，但共同犯罪人中必须有人要具有特定的身份。我国台湾地区"刑法"第 31 条也规定，"因身份或其他特定关系成立之罪，其共同实施或教唆帮助者，虽无特定关系，仍以共犯论"。我国澳门特别行政区《澳门刑法典》第 27 条也有如下规定：如事实之不法性质或其不法性之程度取决于行为人之特定身份或特别关系，则只要任一共同犯罪人有该等身份或关系，即足以使有关刑罚科处于所有共同犯罪人。

5. 它符合我国刑事立法规定。身份对于共同犯罪的定罪和量刑具有重要意义。虽然《刑法》没有关于共同犯罪与身份的一般规定，但在单行刑事法律中却肯定了非国家工作人员与国家工作人员伙同职务犯罪的，以职务犯罪论。早在 1953 年公布实施的《中华人民共和国惩治贪污条例》第 12 条就规定："非国家工作人员勾结国家工作人员伙同贪污者，应参照本条例第三、四、五、十、十一各条的规定予以惩治。"1988 年 1 月 21 日全国人大常委会《关于惩治贪污罪贿赂罪的补充规定》，进一步肯定了非国家工作人员可以成为职务犯罪的共犯。该补充规定第 1 条第 2 款规定："与国家工作人员、集体经济组织工作人员或者其他经手、管理公共财物的人员勾结，伙同贪污的，以共犯论处。"第 4 条第 2 款规定："与国家工作人员、集体经济组织工作人员或者其他从事公务的人员勾结，伙同受贿的，以共犯论处。"这一立法规定表明：凡是与国家工作人员、集体经济组织工作人员或其他经手、管理公共财物的人员抑或其他从事公务的人员内外勾结，共同侵吞、盗窃、骗取或者以其他手段非法占有公共财物或者收受他人财物的，不论非国家工作人员是主犯还是从犯，是实行犯还是教唆犯、帮助犯，都一律按贪污罪或受贿罪的共犯定罪处罚。这实际上是对"两高"1985 年 7 月 18 日《关于当前办理经济犯罪案件中具体应用法律的若干问题的解答（试行）》规定的"内外勾结进行贪污或者盗窃活动的共同犯罪……一般是由主犯犯罪的基本特征决定的"作了否定。1989 年 11 月 6 日最高人民法院、最高人民检察院在《关于执行〈关于惩治贪污罪贿赂罪的补充规定〉若干问

① 黄风译：《意大利刑法典》，中国政法大学出版社 1998 年版，第 39 页。

题的解答》第2条第6项“关于内外勾结挪用公款的共犯如何处理的问题”中也同样规定：“在挪用公款给其他个人使用的案件中，使用人与挪用人共谋，指使或者参与策划取得挪用款的，是共同犯罪。这个原则，也适用于‘挪用公款数额较大不退还的，以贪污论处’的案件。”现行《刑法》第382条规定：“国家工作人员利用职务上的便利，侵吞、窃取、骗取或者以其他手段非法占有公共财物的，是贪污罪。受国家机关、国有公司、企业、事业单位、人民团体委托管理、经营国有财产的人员，利用职务上的便利，侵吞、窃取、骗取或者以其他手段非法占有国有财物的，以贪污论。与前两款所列人员勾结，伙同贪污的，以共犯论处。”最高人民法院《关于审理贪污、职务侵占案件如何认定共同犯罪几个问题的解释》第1条规定：“行为人与国家工作人员勾结，利用国家工作人员的职务便利，共同侵吞、窃取、骗取或者以其他手段非法占有公共财物的，以贪污罪共犯论处。”第2条规定：“行为人与公司、企业或者其他单位的人员勾结，利用公司、企业或者其他单位人员的职务便利，共同将该单位财物非法占为己有，数额较大的，以职务侵占罪共犯论处。”虽然该规定中同时还规定了“主犯决定说”，但随后在2003年11月13日最高人民法院《全国法院审理经济犯罪案件工作座谈会纪要》中不仅强调“根据刑法关于共同犯罪的规定，对非国家工作与国家工作人员勾结伙同受贿的，应当以受贿罪的共犯追究刑事责任”，而且还进一步规定，“对于国家工作人员与他人勾结，共同非法占有单位财物的行为，应当按照《最高人民法院关于审理贪污、职务侵占案件如何认定共同犯罪几个问题的解释》的规定定罪处罚。对于在公司、企业或者其他单位中，非国家工作人员与国家工作人员勾结，分别利用各自的职务便利，共同将本单位财物非法占有的，应当尽量区分主从犯，按照主犯的犯罪性质定罪。司法实践中，如果根据案件的实际情况，各共同犯罪人在共同犯罪中的地位、作用相当，难以区分主从犯的，可以贪污罪定罪处罚”。这实际上仍强调了应按职务犯罪定罪处罚。2003年4月16日最高人民检察院法律政策研究室《关于非司法工作人员是否可以构成徇私枉法罪共犯问题的答复》指出：“非司法工作人员与司法工作人员勾结，共同实施徇私枉法行为，构成犯罪的，应当以徇私枉法罪的共犯追究刑事责任。”由此可见，内外勾结的犯罪案件，对非国家工作人员以职务犯罪论处，符合法律和司法解释的规定。

由于现行《刑法》仅在第382条规定“与前两款所列人员勾结，伙同贪污的，以共犯论处”，而对共同受贿没有再作出规定。有人据此认为，

《刑法》已取消了内外勾结的受贿罪共犯。[①] 笔者认为，这种理解是错误的。这涉及《刑法》中的注意规定与法定拟制的区别。注意规定是在《刑法》已作相关规定的前提下，提示司法人员注意，以免司法人员忽略的规定。法定拟制是指某种行为原本不符合《刑法》的相关规定，但在《刑法》明文规定的特殊条件下也必须按相关规定论处。《刑法》第382条第3款属于注意规定，而非法定拟制。而《刑法》中之所以保留贪污罪的注意规定而取消受贿罪中的注意规定，是"因为贪污罪包含了利用职务之便的盗窃、骗取、侵占等行为，而一般主体与国家工作人员相勾结、伙同贪污时，一般主体的行为也符合盗窃罪、诈骗罪、侵占罪的构成要件；刑法第382条第3款的注意规定，是为了防止司法机关将贪污共犯认定为盗窃、诈骗罪、侵占罪等罪。刑法就受贿罪取消注意规定，是因为基本上不存在将受贿共犯认定为其他犯罪的问题"。[②]

6. 有利于刑事司法实践。首先，有利于体现职务犯罪定罪标准的统一性。我们不难看到，除"职务犯罪说"外，其他几种观点的定罪标准都具有不确定性。如"主犯决定说"，当主犯是国家工作人员时，以职务犯罪论；当主犯是普通人员时，以普通犯罪论。这样，同为一个内外勾结的职务犯罪，但定罪标准却不一致。而"职务犯罪说"则克服了这种缺陷，体现了职务犯罪定罪标准的确定性和统一性。其次，有利于贯彻罪刑相一致原则。除"职务犯罪说"外，其他几种观点在实践中都会产生"同罪异罚"现象，违背罪刑相一致原则，而"职务犯罪说"则可以避免出现这种现象，从而体现执法的公正性和平衡性。再次，有利于惩处内外勾结的职务犯罪。如上所述，《刑法》始终体现了从严惩处职务犯罪的立法精神。如果内外勾结的职务犯罪，以普通犯罪定性或对国家工作人员和普通人员分别定性，那么在许多情况下，对普通人就无法定罪处罚。这样，必然放纵有普通人员参与的职务犯罪。而一律按职务犯罪定罪处罚，就能使参与职务犯罪的普通人员得到应有的刑事处罚。同时也可警告社会上的不稳定分子，凡与国家工作人员内外勾结进行职务犯罪的，一律按职务犯罪的共犯从严惩处，从而起到震慑犯罪分子，减少职务犯罪的作用。

---

① 王发强："刑法是否取消了内外勾结的受贿罪共犯"，载《人民法院报》1998年8月13日；邓祥瑞："非国家工作人员不构成受贿罪共犯——兼谈新刑法废除受贿罪共犯条款的立法理由"，载《湖南师范大学社会科学学报》2000年第3期。

② 张明楷、黎宏、周光权：《刑法新问题探究》，清华大学出版社2003年版，第351页。

有的同志认为，如何对待有身份者与无身份者能否构成只有特殊主体资格才能构成的共同犯罪，实际上是一个如何协调社会秩序与个人自由相互关系的问题。《刑法》明文规定某些犯罪即使在单独犯罪中只能由特殊主体构成，但在共同犯罪时也可以由普通主体构成，表明了《刑法》保护社会秩序的价值倾向。但《刑法》保护社会秩序并不是《刑法》的唯一价值选择，与此同时，《刑法》同样需要保护个人自由。随着整个社会的现代法治观念的更新，个人自由要取得与社会秩序相同的地位甚至高于社会秩序的地位。为了体现对个人自由的保护，无身份者不能构成只有特殊主体资格才能构成的犯罪。[①] 笔者不同意这一观点。法律的任务就是在尊重个人自由和维护社会秩序之间保持协调平衡。《刑法》既要通过其人权保障机能，成为公民自由大宪章，又要通过其社会保护机能成为社会的捍卫者。在当代社会，人权保障和社会保护都应当互相协调，从而在更大程度上实现《刑法》的社会机能。无身份者可以构成职务犯罪的共犯，恰恰体现了这一刑法原理。

有的同志认为,对无身份者以身份犯定罪违背罪刑法定原则。[②] 笔者认为,罪刑法定原则不是罪刑确定原则。《刑法》总则中虽然没有关于共犯与身份的一般规定,但对共同犯罪有专门规定,分则条文中也有个别条款规定了身份犯与共犯的关系。因此,它并不违背罪刑法定原则。

有的同志认为“职务犯罪说”仍然不能从根本上解决混合身份共犯的定性问题。假如无职务者和有职务者虽然一起进行某种共同犯罪，但并没有利用有职务者的身份和职务之便。[③] 笔者认为，这实际上是行为人共同实施非职务犯罪的问题，这不是本文所要研究的范围。

综上所述，笔者认为，国家工作人员与普通人员内外勾结，利用国家工作人员职务之便进行共同犯罪的，一律按职务犯罪定罪处罚是有充分的理论

---

① 杨兴培、何萍：“非特殊身份人员能否构成贪污罪的共犯”，载《法学》2001 年第 12 期。

② 这种质疑在日本刑法学界也存在。参见马克昌、莫洪宪主编:《中日共同犯罪比较研究》,武汉大学出版社 2003 年版,第 272 页。

③ 杨辉忠、华丽：“职务犯罪中的混合身份共犯”，载《南京大学法律评论》2001 年春季号。

根据、立法根据和实践根据的。[1]

近年又有学者提出了“共同犯罪构成符合说”。所谓共同犯罪构成符合说，是指从整体上考察混合主体共同犯罪，只要各共同犯罪人具有共同的犯意，且他们之间有意思联络，共同犯罪行为符合《刑法》分则规定的纯正身份犯的犯罪构成，各共同犯罪人统一定罪，均以纯正身份犯论处，否则以非身份犯论处。简言之，有刑法身份者与无刑法身份者以共同的犯意共同犯以特定身份为构成要件的犯罪，均以纯正身份犯论处。[2] 该说与“职务犯罪说”的结论是一致的。

当然，共同职务犯罪，一般来说应当按职务犯罪定罪处罚。但犯罪的情形是十分复杂的，法律如果因为各人具有不同的身份关系或其他要素，特地将两人的行为规定为不同犯罪的，则按相关规定定罪处罚。如司法工作人员与在押人员共谋，由在押人员利用司法工作人员值班的机会脱逃，根据

① 例如，上诉人（原审被告人）吴志华，原系海口市公安局新华分局刑警大队龙昆北中队民警；上诉人（原审被告人）张建海，原系海口市工商局金龙工商所所长；上诉人钱尚脱（原审被告人），原系海南省联谊房地产开发总公司业务员。原判认定的事实：1999 年 9 月中旬，被告人吴志华在办理犯罪嫌疑人陈宣辉、邓雄、符俊涉嫌抢劫案件期间，经人介绍认识了邓雄的姐夫张建海。吴志华多次接受被告人张建海夫妇的吃请，被告人张建海让其想办法将邓雄的四份原始笔录抽出、复印，并在四份复印件上进行了修改。9 月 25 日中午，被告人张建海将被告人钱尚脱从临高叫到海口，并一起到海南五洲大酒店吴志华所登记的 809 房，张建海让钱尚脱模仿办案人员的笔迹，抄写伪造的邓雄的四份供述材料。伪造的四份讯问笔录中，犯罪嫌疑人邓雄的主要犯罪情节及性质均已改变。9 月 26 日，被告人吴志华将修改过的四份复印件撕毁。9 月 30 日上午，被告人吴志华趁单独审邓雄之机，将四份伪造的讯问笔录叫邓雄签名、捺印，并将伪造的第一、二、四次讯问邓雄笔录装进案件材料中。此情被陈国武发现后，遂向领导报告，被告人吴志华无法交出讯问笔录的三份原始材料。原判认为，被告人吴志华身为司法工作人员，在侦查活动中徇私枉法，与重大刑事案件犯罪嫌疑人的亲属勾结，共同伪造、篡改证据，又毁灭证据，对明知是有罪的人而故意包庇不使他受追诉，其行为已构成徇私枉法罪。被告人张建海作为重大刑事案件犯罪嫌疑人的亲属，为了减轻犯罪嫌疑人的罪责，与司法工作人员勾结，帮助刑事案件当事人伪造证据，情节严重，其行为已构成帮助伪造证据罪。被告人钱尚脱明知审讯笔录是司法文书，碍于情面，与张建海共同帮助犯罪嫌疑人伪造证据，情节严重，其行为亦构成帮助伪造证据罪。二审法院的判决指出：“被告人吴志华身为司法工作人员，利用职权毁灭、伪造证据，对明知是有罪的人而故意包庇使其不受追诉，已构成徇私枉法罪，其作案的方法行为牵连到帮助毁灭伪造证据罪，应择较重罪即按徇私枉法罪处罚。因此，吴志华的行为构成徇私枉法罪。”“本案被告人张建海、钱尚脱参与了帮助伪造证据，我国刑法理论认为，只要实行犯具备特定身份，其共同实施或帮助者，虽无特定身份，也成立共同犯罪。因此，本案被告人张建海、钱尚脱，虽不具备徇私枉法罪的特殊主体，但在此起犯罪中帮助同案吴志华共同实施犯罪，所以张建海、钱尚脱的行为均构成徇私枉法罪的共犯。原判定性不准，应予改判”（http：//law. baidu. com/00057024000317022f4200dd274c7550525300a924b8. html，访问日期：2007 年 7 月 25 日）。笔者认为，二审法院的判决是正确的。

② 徐留成：“身份犯比较研究”，载韩玉胜主编：《刑法学博士论文精萃》，中国检察出版社 2007 年版，第 564—565 页。

《刑法》规定，在押人员构成脱逃罪，司法工作人员本是脱逃罪的帮助犯，但由于《刑法》明确将这种帮助行为规定为私放在押人员罪，对司法工作人员应按私放在押人员罪论处。又如《刑法》规定的对向犯（如行贿罪与受贿罪）也属于这种情况。

在认为共同渎职犯罪中，笔者认为，还应注意以下几个问题：

1. 非国家工作人员能否成为渎职犯罪中的"共谋共同正犯"。"共谋共同正犯"是指"二人以上就共同犯罪的实行进行谋议，确定担当实行行为者，在担当实行行为的一部分人实施实行行为的情况下没有担当实行行为只是单纯参与谋议的人，也承担共同正犯责任的情况"。[①] 对于仅仅参与共谋，而未实行犯罪行为的，是否符合共同犯罪成立要件，我国刑法学界有两种不同的意见：一种意见认为，共谋不是共同犯罪行为。共谋而未实行，就意味着缺乏共同犯罪行为，因此，不能构成共同犯罪；另一种意见则认为，共谋是共同犯罪行为，参与共谋即使未实行也构成共同犯罪。[②] 第二种观点得到了大多数学者的赞同，笔者也同意此说。共谋不仅是共同犯罪意图的流露，而是共同犯罪预备行为，共谋而未实行者也具备共同犯罪所需要的主客观要件。因此，非国家工作人员仅仅参与渎职犯罪的共谋而未实施实行行为的，也可以构成渎职犯罪中的共犯，实践中这种例子并非鲜见。[③]

2. 非国家工作人员不能与国家工作人员一起构成不作为型的渎职犯罪。因为不作为型的渎职犯罪的客观要件是国家机关工作人员擅离职守、不尽职责义务，或不正确履行职责义务，致使公共财产、国家和人民利益遭受重大损失的行为。非国家机关工作人员无相应的职责义务，也就谈不上"不履行"或"不正确履行"的问题。

3. 国家机关工作人员是渎职犯罪的间接正犯的场合，非国家机关工作人员不能构成渎职犯罪。有的同志认为，"国家机关工作人员教唆、帮助非国家机关工作人员实施可利用职务之便的渎职犯罪时，要根据被教唆（或被帮助）者是否利用了教唆（帮助）者的职务之便分别定性。如果没有利用职务之便，则后者是普通犯罪，前者是普通犯罪的教唆犯。如果国家机关工作人员不仅教唆（帮助）非国家机关工作人员犯罪，而且提供职务之便，则国家机关工作人员是渎职犯罪的间接正犯，非国家机关工作人员是渎职犯

① 〔日〕藤要英雄、板仓宏主编：《刑法的争点》，有斐阁1987年版，第133页。

② 高铭暄主编：《刑法专论》，高等教育出版社2002年版，第362—363页。

③ 卢希起："共犯与身份的个案分析"，载陈兴良主编：《刑事法判解》第8卷，法律出版社2005年版，第196—197页。

罪的从犯，即都构成了渎职犯罪”。[①] 笔者认为，这一看法的前一判断是正确的，但后一判断则值得商榷。间接正犯是指利用他人行为实施自己犯罪的情形，即利用他人为工具而实现犯罪构成事实。间接正犯在主观上具有利用他人犯罪的故意，也就是指行为人明知被利用者没有刑事责任能力或者没有特定的犯罪故意而加以利用，希望或者放任通过被利用者的行为达到一定的犯罪结果。因此，间接正犯与被利用者之间不存在共同犯罪故意。[②] 所以间接正犯与被利用者之间也不构成共同犯罪。正是从这个意义上说，国家机关工作人员可以通过间接正犯形式实施渎职犯罪，而非国家机关工作人员既不能利用间接正犯形式实施渎职犯罪，也不能成立渎职间接正犯中的从犯。

二、渎职罪与相关共犯的界限问题

徇私舞弊滥用职权类的渎职罪，其渎职行为的内容往往就是庇护他人的犯罪行为，因此这种渎职罪往往与他人的犯罪行为具有共生性。例如，放纵走私罪与走私罪，私放在押人员罪与脱逃罪，徇私舞弊不征、少征税款罪与偷税罪，放行偷越国（边）境人员罪与偷越国（边）境罪，放纵制售伪劣商品犯罪行为罪与生产、销售伪劣产品罪等，在实践中往往并发。由此便产生出一个问题：当渎职者在明知其渎职行为所庇护的对象（他人）实施犯罪行为的情况下，对渎职者究竟应当认定为渎职罪还是他人所犯之罪的共犯呢？

如乘警与行窃者联手盗窃旅客钱财如何定罪就属此类问题。2004 年 9 月 10 日，在某游轮有限公司船上担任乘警的刘某、黄某结识了在长江某段江面的游船上行窃的许某。12 日晚 11 时许，许某准备搭乘刘某、黄某担任乘警的游轮行窃，便打电话给刘某、黄某，得到二人的同意。许某登上游轮后，刘某就叫他到乘警室去，在乘警室里，许表明其想在船上行窃作案的意图，并表示钱财到手后大家平分，得到刘某、黄某二乘警的同意，但他们要求许某作案时不能使用刀片。许随即到船舱搜寻作案目标，在一舱室内，他发现一睡在下铺的旅客廖某内裤兜里有钱，但必须得使用刀片作案才安全，于是，许又返回乘警室，向独自在房内的乘警黄某询问是否可以使用刀片作案，得到黄某的同意后，许某又来到船舱用刀片划破旅客廖某的裤兜，盗得现金 14800 元，然后回到乘警室，按照事前约定的分配比例，给黄某 7600 元。次日凌晨 3 时许，游船快到前方港时，廖某发现失盗，立即报案。乘警

① 李一凡：“主体身份不同如何认定共同渎职犯罪”，载《检察日报》2007 年 7 月 13 日。

② 陈兴良、周光权：《刑法学的现代展开》，中国人民大学出版社 2006 年版，第 339 页。

刘某、黄某接报后，假装进行排查，并将失主夫妇带到乘警室制作笔录应付失主。船到前方港后，在检票口值勤的刘某让许某顺利下船逃逸，之后，刘某、黄某二乘警将赃款7600元均分。

在对这起游轮乘警与行窃者联手盗窃旅客钱财应定何罪时，产生了几种不同的意见：第一种意见认为乘警刘某、黄某的行为构成徇私枉法罪，第二种意见认为乘警刘某、许某的行为构成盗窃罪与徇私枉法罪，应并罚。第三种意见认为本案存在吸收关系，根据重罪吸收轻罪原则，对乘警刘某、黄某应以盗窃罪吸收徇私枉法罪，以盗窃罪一罪处罚。第四种意见认为乘警刘某、黄某的行为是牵连犯，他们在实施盗窃的行为过程中，是以其作案手段、方法触犯徇私枉法罪的构成要件来实现盗窃目的的，根据牵连犯的牵连犯以数罪并罚为例外，实行数罪并罚必须以法律的明确规定为准的处理原则，就本案实际情况，以盗窃罪一罪进行追究为宜。第五种意见认为乘警刘某、黄某的行为是想象竞合犯，应以盗窃一罪处罚。①

从目前刑法理论研究和司法实务的处理结果来看，虽然存在多种分歧意见，但主要是两种观点：一种观点主张只能认定为渎职罪。另一种观点认为原则上应当认定为渎职罪，但是，如果以共犯对渎职者认定处罚更重的，则应当认定为共犯。理由是：在这种情况下，渎职者的渎职行为实际上兼有渎职罪构成要件和共犯构成要件的双重性质，即其同一个行为在观念上、形式上同时符合两个犯罪构成，属于想象竞合犯形态，依照想象竞合犯的处罚原则，对行为人应当择一重罪处断。以徇私舞弊不征、少征税款案件为例，如果税务机关工作人员在税收征收管理中，与纳税人相互勾结，共谋税务机关工作人员在纳税人缴纳税款过程中少征税款或者干脆不征税款（这种情形，有时税务机关工作人员对偷税人的偷税行为予以积极帮助、配合，甚至出谋划策；有时是税务机关工作人员和偷税人双方对偷税行为心照不宣，前者假装不知）并付诸实施，致使国家税收遭受重大损失的，则税务机关工作人员的行为，一方面符合《刑法》第404条规定的徇私舞弊不征、少征税款罪的构成，另一方面也符合偷税罪共犯的构成。在这种情形下，应当以税务机关工作人员所少征、未征的税款（亦即偷税人所偷税款）的实际数额依据，在比较徇私舞弊不征、少征税款罪和偷税罪二罪的刑罚轻重后，选择处罚较重的一罪定罪从重处罚。②

我们认为，这类案件的处理必须遵照共同犯罪理论，结合现行《刑法》

---

① 陈启平、周一志："游轮乘警与窃犯勾结如何定性"，载《中国检察官》2006年第1期。

② 肖中华："渎职罪认定中的几个共性问题"，载《法学论坛》2001年第5期。

及相关司法解释的规定予以解决。具体而言，可以区分以下两种不同情况：①

1. 海关工作人员与走私犯罪分子事先通谋，并在走私过程中利用本人职务之便积极配合，放纵走私的。根据共犯理论，海关工作人员的行为一方面构成走私罪的共犯，另一方面也符合放纵走私罪的犯罪构成，属于一行为触犯两个罪名，在理论上更符合想象竞合犯的特征，而非法条竞合，对之应根据想象竞合犯的处罚原则择一重罪处断。这也符合罪责刑相适应原则和《刑法》从严治吏的立法精神。但是，如果海关工作人员并未利用自己的职务之便，而只是利用自己熟悉海关工作流程等条件为走私分子通风报信，帮助犯罪分子逃避海关监管的，对其应以走私罪的共犯论处。

2. 海关工作人员与走私犯罪分子事先并无通谋，只是明知他人实施走私行为，而出于徇私情、私利等原因不依法查纠，对走私犯罪采取放任态度的。根据我国的刑法理论，不能因为海关工作人员明知并在客观上起了帮助作用而定为走私罪的共犯，而应认定海关工作人员构成放纵走私罪，因为双方并没有共同的走私故意。

我们认为，之所以可以这样处理，理由是：首先，《刑法》第 156 条之走私罪共犯的规定并不能完全涵盖放纵走私罪。《刑法》第 411 条的内容包含了走私罪的部分实行行为和走私罪的帮助行为，具有共同走私行为和明知他人走私的事前、事中帮助行为，当然可以成立共同犯罪。但是，对于走私实行行为终了，但走私结果未发生或未实现，而采取的事后帮助走私或放纵走私的行为，依照共同犯罪的一般理论，不构成走私罪的共犯。换言之，放纵走私罪与走私罪之间并不具有必然的共同犯罪关系。如果认为《刑法》第 156 条能够适用于《刑法》第 411 条，那么《刑法》第 411 条就没有存在的价值。② 其次，我国《刑法》第 156 条规定的走私罪的共犯是，"与走私罪犯通谋，为其提供贷款、资金、账号、发票、证明，或者为其提供运输、保管、邮寄或者其他方便的"。走私共犯在主观上与走私罪犯有通谋，在客观上为走私罪犯提供了贷款、资金、账号、发票、证明，或者为其提供运输、保管、邮寄或者其他方便，这些都是直接帮助，与放纵走私行为不同。最后，最高人民法院、最高人民检察院、海关总署 2002 年 7 月 8 日联合颁布的《办理走私刑事案件适用法律若干问题的意见》（以下简称《意见》），其中第 16 条第 1 款规定："依照刑法第 411 条的规定，负有特定监管义务的海关工作人员徇私舞弊，利用职权，放任、纵容走私犯罪行为，情

---

① 杜国强："渎职罪共犯及其相关问题研究"，载《法学》2005 年第 12 期。

② 龚培华："渎职罪立法及司法适用研究"，载《犯罪研究》2000 年第 5 期。

节严重的，构成放纵走私罪。放纵走私行为，一般是消极的不作为。如果海关工作人员与走私分子通谋，在放纵走私过程中以积极的行为配合走私分子逃避海关监管或者在放纵走私后分得赃物的，应以共同走私犯罪追究刑事责任。”有的学者认为，《意见》实际上是对法条作了不当的限制解释，不仅在逻辑上自相矛盾，而且在理论上也站不住脚，不利于打击此种犯罪。① 笔者认为，《意见》恰恰是严格遵循了《刑法》第156条规定的立法原意。如果把海关工作人员的一般的消极的不作为行为都视为走私共犯行为或一般的积极作为行为视为放纵走私行为，必将模糊放纵走私罪与走私罪共犯的界限。

三、渎职罪中责任人员之间共犯的认定

渎职罪中并未设定单位犯罪，因而也就不存在《刑法》第31条关于单位犯罪中的直接负责的主管人员和其他直接责任人员的概念，但是在有些场合，许多渎职犯罪都是由国家机关中负有领导职务的人员决定实施或经过单位领导同意后实施。依据共犯理论，直接认定共犯是符合法律规定的，但是司法实践中情况比较复杂，正确认定有关责任人员的责任，需要进行区分。

1. 区分集体研究与个人决定

国家机关内部具有领导职务的工作人员经集体讨论后决定实施渎职犯罪行为，参加集体研究的赞同这一决定的所有人员因主观上意思表示一致，构成渎职罪共犯，都应当承担责任，但持明确反对意见者不成立犯罪；如果集体讨论是在具有领导职务的工作人员的胁迫、欺骗之下作出的，由此造成重大损失，只能由该国家机关工作人员单独构成犯罪，主持讨论并最终拍板的领导人员应当负主要责任。

2. 区分领导人员与具体工作人员的责任

在渎职犯罪场合，负有领导职责的工作人员的渎职行为是通过具体工作人员的行为而体现出来的，同时，具体工作人员的行为又经领导人员履行职务产生影响。国家机关负有领导职责的工作人员违反职责义务，通过具体工作人员的执行而造成重大损失或者同意具体工作人员违反规定的行为而造成重大损失，该领导应当承担渎职犯罪的刑事责任。如果国家机关负有领导职责的工作人员对具体实施人员是否徇私舞弊、滥用职权行为并不知情，而是被蒙骗作出的决定，因该决定并非其真实意思表示，因此，不承担渎职犯罪

① 沈宇峻：“放纵走私罪与走私罪共犯认定中的若干疑难问题”，载《华东政法学报学院》2003年第4期。

的刑事责任。当然，在某些场合，有可能成立玩忽职守罪。对于具体实施的工作人员而言，如果其提出了有关违反规定的主张，实施后造成重大损失或明知领导的决定违反规定，不仅不提出不同意见，仍然积极实施造成重大损失，可以成立渎职罪共犯，但具体工作人员在实施领导错误决策时提出反对意见，未被采纳因而造成严重后果的，具体工作人员不承担刑事责任。[①]

第二节　渎职罪法条竞合的适用

通说认为，法条竞合是指一个犯罪行为，同时触犯数个法律条文，其中一个法律条文与另一个法律条文之间有着包容或者交叉关系。如《刑法》第397条规定的普通滥用职权、玩忽职守罪与《刑法》第398条至第419条的具体渎职罪之间便存在这种关系。《刑法》第266条规定的普通诈骗罪与金融诈骗罪（包含八个具体罪名）、合同诈骗罪之间存在一般法与特别法的竞合关系。一般来说，凡符合特殊法条的，也就符合一般法条。行为人触犯特别规定的（如金融诈骗罪），也就触犯一般规定（普通诈骗罪），依照法条竞合的特别法优于普通法的适用原则，应当以金融诈骗罪定罪处罚。但在实践中还常常出现这种情况：普通法条与特殊法条之间由于犯罪构成上的差异，出现行为人的行为不符合特殊法条的规定，但符合普通法条的规定。如司法解释规定普通诈骗罪定罪数额是2000元，而金融诈骗罪一般是5000元（保险诈骗罪是1万元）。如果行为人实施保险诈骗行为，只骗了4500元，那么根据保险诈骗罪的定罪数额标准，其行为不构成保险诈骗罪，但其行为符合普通诈骗罪的犯罪标准。那么，这种情况应如何处理？对此，理论界鲜有研究，实践中存在分歧。

2006年7月26日最高人民检察院颁布的《关于渎职侵权犯罪案件立案标准的规定》（以下简称《立案标准》）在滥用职权案第3款中规定："国家机关工作人员滥用职权，符合刑法第九章所规定的特殊渎职罪构成要件的，按照该特殊规定追究刑事责任；主体不符合刑法第九章所规定的特殊渎职罪的主体要件，但滥用职权涉嫌前款第1项至第9项规定情形之一的，按照刑法第397条的规定以滥用职权罪追究刑事责任。"在玩忽职守案第3款中规定："国家机关工作人员玩忽职守，符合刑法第九章所规定的特殊渎职罪构成要件的，按照该特殊规定追究刑事责任；主体不符合刑法第九章所规定的特殊渎职罪的主体要件，但玩忽职守涉嫌前款第1项至第9项规定情形之一

① 包健："处理渎职罪共犯的三大问题"，载《检察日报》2007年1月16日。

的，按照刑法第397条的规定以玩忽职守罪追究刑事责任。”这是最高人民检察院第一次通过司法解释阐述《刑法》第397条滥用职权罪和玩忽职守罪规定与《刑法》第398条至第419条具体渎职罪规定的适用关系，从而“明确了对权力干预型渎职犯罪的惩治，在遵循立法原意的基础上突出了实务操作性，使惩治渎职侵权犯罪的法网更加周密和严谨”。[①] 作为司法解释理当严格遵照执行。但这一司法解释是否具有合理性和正当性，不少同志持有异议。笔者试就此展开讨论。

一、渎职罪中的法条竞合与想象竞合犯的区别

有的学者认为，渎职罪中存在着想象竞合犯的情形。这种竞合包括：一是一般渎职罪与特殊渎职罪的竞合，如滥用职权罪与徇私枉法罪、玩忽职守罪与失职致使在押人员脱逃罪的竞合；二是此渎职罪与彼渎职罪的竞合，如故意泄露国家秘密罪与徇私枉法罪的竞合；三是渎职罪与非渎职罪的竞合，如徇私枉法罪与报复陷害罪的竞合；等等。对于想象竞合犯的处罚，采取从一重处断的原则，司法实务中一般先要对触及想象竞合犯的各种罪名的法定刑进行比较，孰轻孰重，然后按照法定刑较重的一个罪名适用刑罚。[②] 根据这种观点，文物行政部门、公安机关、工商行政管理部门、海关、城乡建设规划部门等国家机关工作人员严重不负责任，造成珍贵文物损毁或者流失，后果严重的，应定玩忽职守罪而不是失职造成珍贵文物损毁、流失罪。

因刑法理论规定的多样性和司法实践的纷繁复杂而引起的法条竞合与想象竞合犯，它们的外在表现有诸多的相似，容易混淆。法条竞合是指一个犯罪行为，同时触犯数个法律条文，其中一个法律条文与另一个法律条文之间有着包容或者交叉关系。想象竞合犯是指行为人基于一个罪过，实施一个危害行为，而触犯两个以上异种罪名的犯罪形态。两者的相同点：1. 两者都是行为人实施了一个犯罪行为；2. 行为人所实施的一个犯罪行为都触犯了规定不同罪名的数个法条；3. 两者的法律本质相同，法条竞合是单纯的一罪，想象竞合犯是实质上的一罪，即两者的法律本质都是一罪而非数罪；4. 对于想象竞合犯和法条竞合，最终都是适用一个法条并且按照一罪予以处罚。但是想象竞合犯与法条竞合也有显著的差别，即两者所属的一个犯罪行为同时触犯的规定不同罪名的数个法条之间的关系不尽一致。当一个犯罪行为同时触犯的数个法条之间存在重合或交叉关系时，是法条竞合而非想象

---

① 丁海东：“渎职侵权犯罪案件立案公布施行”，载《检察日报》2006年7月27日第1版。

② 陈斌、刘继国、蒋克斌、丁猛：《渎职犯罪司法适用》，法律出版社2006年版，第28页。

竞合犯；当一个犯罪行为同时触犯的数个法条之间不存在重合或交叉关系时，是想象竞合犯而非法条竞合。法条竞合与想象竞合犯具体区别表现在：1. 想象竞合犯是犯罪行为或犯罪行为所触犯的不同罪名的竞合，属于犯罪数之单复的形态；法条竞合是法律条文的竞合，属于法条之关系的形态。2. 想象竞合犯是观念的竞合，即想象竞合犯是实质一罪，其以一个犯罪行为触犯的数个不同种罪名由于观念因素或主观认识的影响而发生竞合；法条竞合是客观存在的或现实的竞合，即法条竞合本为单纯一罪，但由于客观存在着的法律条文的错综规定而致使规定不同罪名的数个法条发生竞合。3. 想象竞合犯所触犯的规定不同罪名的数个法条之间不存在重合或交叉关系；法条竞合所触犯的不同罪名的数个法条之间，必然存在重合或交叉关系。4. 想象竞合犯中规定不同罪名的数个法条发生关联是以行为人实施特定的犯罪行为为前提或中介；法条竞合所涉及的数个法条之间的重合或交叉关系，不以犯罪行为的实际发生为转移。5. 想象竞合犯是由于行为人实施了犯罪行为而触犯规定不同罪名的数个法条，所以，数个法条均应适用于导致不同罪名竞合的犯罪行为，且应在比较数个罪名法定刑的轻重后择一重者处断之（但所触犯的轻罪仍然成立，其法条仍应引用）；法条竞合所涉及的规定不同种罪名的数个法条之间存在重合或交叉关系并不以犯罪行为的发生为前提，故在数个法条中只能选择适用一个法条即特别法、实害法或重法对犯罪人予以处罚，而排斥其他相竞合的法条即普通法、危险法或轻法的适用。6. 想象竞合犯是犯罪之单复的形态，故关于想象竞合犯的理论和法律规定，所解决的是罪数问题和对犯罪行为触犯的数罪名如何处罚的问题；法条竞合是法条之关系的形态，故关于法条竞合的理论和法律规定，所解决的是法律适用问题。

总之，法条竞合的本质是单纯的一罪，而想象竞合犯则是观念上的数罪、实质上的一罪。[①] 想象竞合犯的处理原则是“从一重处断”；[②] 法条竞合的适用原则是特别法优于普通法、重法优于轻法。尽管目前区分法条竞合

① 高铭暄主编：《刑法学原理》（第二卷），中国人民大学出版社 1993 年版，第 530—531 页。

② 有的同志认为，想象竞合犯作为现象虽然表现为一行为触犯了数罪名，但是其本质上却是行为人基于数个罪过，侵犯了数个法益，反映了数个不法内涵和数个罪责内涵。而不法内涵和罪责内涵恰是犯罪行为的本质，也是我们进行否定评价的基础——不管作为评价对象的行为有几个，只要不法内涵和罪责内涵呈显复数，也就相应具备了数罪的本质，就应当给予复数评价。因此，相比较而言，数罪并罚原则显得较为合理，其能够涵盖从一重处罚原则的合理内核，又能够消除从一重处罚原则具有的缺陷（参见司建军：“想象竞合犯处罚原则辨析”，载《人民法院报》2007 年 1 月 23 日）。但这一观点在理论上显失合理，支持者寥寥。笔者不作进一步的阐述。

与想象竞合的标准还存有争议，[①] 实践中如何判定想象竞合犯和法条竞合的界限也常会发生错误，[②] 但只要我们明白两者的根本区别，它们之间的界限是容易廓清的。笔者认为，两者的根本区别在于：一行为触犯数个罪名，如果数罪名之间具有从属关系，属于法条竞合；如果数罪名之间不具有从属关系的，则是想象竞合犯。《刑法》第 397 条规定的普通滥用职权、玩忽职守罪与《刑法》第 398 条至第 419 条具体渎职罪之间存在着这种从属关系，所以它们之间是法条竞合关系，将这种一般渎职罪与特殊渎职罪的关系视为想象竞合犯是错误的。

二、如何认识渎职犯罪中的法条竞合现象

普通法条与特殊法条之间由于犯罪构成上的差异，出现行为人的行为不符合特殊法条的规定，但符合普通法条的规定，对此是否可以按普通犯罪定罪处罚，理论界存在分歧：[③]

第一种意见认为（清华大学张明楷教授的观点），金融诈骗罪、合同诈骗罪这些条款跟普通诈骗罪的条款是特别法和普通法的关系，在法条竞合中最主要的也是这种关系。这个关系意味着特别法条一定是在普通法条的基础上又附加了更为严格的要求，所以，凡是要以特别条款定罪的，一定要以符合普通条款为前提，这是一个最基本的关系，如果连普通的都不符合，就不可能符合特殊的。不符合特别条款不能以特别条款定罪，不符合特别条款但是符合普通条款应当以普通条款定罪。

---

① 如张明楷教授认为，触犯一个法条便必然触犯另一个法条时，属于法条竞合；触犯一个法条并不必然触犯另一个法条时，属于想象竞合犯（参见张明楷：《刑法分则的解释原理》，中国人民大学出版社 2004 年版，第 285 页）；“如果从法条上能够看出两者之间有一种竞合关系的是法条竞合，如果通过具体案例和具体事实发现刑法条文之间有交叉关系的则属于想象竞合”（“专家对话法条竞合司法实践难题”，载《检察日报》2006 年 12 月 14 日）。陈兴良教授认为，张明楷教授的观点只适用于特别关系的法条竞合，并不适用于其他关系的法条竞合，想象竞合与法条竞合的根本区分，应从事实与法律的关系入手（参见陈兴良、周光权：《刑法学的现代展开》，中国人民大学出版社 2006 年版，第 383 页）。

② 如赖贵勇爆炸案（原载《刑法审判参考》2001 年第 11 辑，法律出版社 2001 年版，第 1—4 页），被告人赖贵勇因生活琐事与他人产生纠纷后，为报复他人，自制爆炸物，采用爆炸手段故意杀害他人，一审法院认定为故意杀人罪，二审法院改判为爆炸罪。有的学者认为，“本案属于法条竞合，被告人基于一个杀人的故意而实施了爆炸行为，同时触犯了爆炸罪、故意杀人罪等两项罪名。理论上一般主张，对法条竞合犯定罪处刑应当坚持特别法优于普通法、复杂法优于简单法、重法优于轻法的原则。就本案来讲，二审法院按照法条竞合犯的一般处理原则，以爆炸罪处罚是正确的”（参见刘树德、喻海松：《规则如何提炼》，法律出版社 2006 年版，第 254 页）。笔者认为，这一解说是错误的。本案不属于法条竞合，而是想象竞合犯。

③ 谢望原、张明楷等：“专家对话法条竞合司法实践难题”，载《刑事法学》2007 年第 3 期。

第二种意见认为（中国政法大学阮齐林教授的观点），普通诈骗罪与金融诈骗罪、合同诈骗罪之间存在一般法与特别法的竞合关系。但是若遇到保险诈骗数额在 2000 元以上不满 1 万元的，即出现犯罪金额达到普通诈骗的定罪标准的，不能以诈骗罪追究刑事责任。因为刑法中规定的多种诈骗犯罪实际上被认为是不同种罪，对它们设置的不同数额标准在司法操作时应予考虑。对保险诈骗案件应当按照保险诈骗的定罪数额标准掌握，没有达到 1 万元以上的，不能以保险诈骗罪追究刑事责任，也不能以普通诈骗罪追究刑事责任。

第三种意见认为（中国政法大学顾永忠教授的观点），法条竞合严格地说是一个行为触犯了数个法条规定的数个罪名，即这个行为同时符合几个罪的构成，在这种情况下，需要我们确认适用哪个法条定罪。法条竞合解决的是此罪与彼罪的关系问题。例如行为人确实实施了保险诈骗行为，但因为未达到定罪数额从而不构成保险诈骗罪，此时它和普通诈骗罪之间不存在竞合问题。因为，这是罪与非罪的问题。而竞合始终要解决的是在符合几个罪构成的情况下应定哪个罪的问题。如果其中有的构成罪有的不构成罪，这两者之间就不能形成竞合关系。中国青年政治学院林维教授也认为，"一个有罪一个无罪，不属于法条竞合的问题，应直接适用有罪的条文，而不能采用特别法与普通法的原则来处理，用特别法宣告无罪"。

上述分歧观点是围绕着以下几个问题展开的：

（一）这种情形可否视为法条竞合关系

笔者认为，这种情形能否视为法条竞合关系，关键是我们如何看待法条竞合的范围。近年，随着法条竞合理论研究的不断深入，法条竞合中的一些基本问题的争论日益激烈。如关于法条竞合的概念、法条竞合的类型、法条竞合的理论归属、法条竞合的适用原则等都存在较大分歧。笔者认为，我们之所以研究法条竞合，其目的在于两个方面：一是分析这些竞合现象产生的原因、机制，评判其价值得失，提高立法技术水平；二是解决竞合规范的司法适用问题，确定法条竞合适用的规范选择原则。后者是研究法条竞合的主要目的。[1] 研究法条竞合是为了解决司法实践中的问题，为研究而研究或为了研究的方便以及理论上的自圆其说而刻意设置预设前提，都会偏离理论研究的目的。如有的学者否定交叉关系的法条竞合，从而把《刑法》第 140 条规定的生产、销售伪劣产品罪与《刑法》第 141 条至第 148 条规定的生产、销售特殊伪劣产品罪的关系排除在法条竞合之外，而把它们纳入想象竞

① 刘士心：《竞合犯研究》，中国检察出版社 2005 年版，第 83 页。

合犯的范畴，其目的无非是为了扩大想象竞合犯的适用范围。[①] 从实践看，这种限制法条竞合范围的做法并不利于解决司法问题。既然两个法条之间存在着交叉关系，则就表明两个法条之间的外延存在重合；既然两个法条的外延存在重合，这就表明某种行为可以同时为两个法条所评价。同时认为交叉关系的法条之间不存在法条竞合，只能产生想象竞合犯，会导致与法律规定不相符合的结论。如以交通肇事罪和过失致人死亡罪为例，两者之间是交叉关系。如果认为它们不是法条竞合，而是想象竞合犯。那么，根据想象竞合犯的处断原则，应当从一重处断。交通肇事罪的刑罚幅度是“3 年以下有期徒刑或者拘役”，过失致人死亡罪的刑罚幅度是“3 年以上 7 年以下有期徒刑”，根据想象竞合犯的处断原则，应当认定为过失致人死亡罪，而不是交通肇事罪。而这种认定违反《刑法》第 233 条的过失致人死亡罪“本法另有规定的，依照规定”的规定。显见，这种结论是与《刑法》规定相矛盾的。

法条竞合实际上是法条横向联系的各种形式，它是一种法律竞合，因而是一个法律问题。所以，是否属于法条竞合关系，关键是看法条之间是否存在包容或者交叉关系。存在包容或者交叉关系的，就是法条竞合；不存在包容或者交叉关系的，就不是法条竞合。如果法条之间，有时是竞合关系，有时又不是竞合关系，那必将造成理论上的混乱。而我国竞合的法条之间，出现行为不符合特殊法条的规定，但符合普通法条规定的情形，主要不是法条本身，而是因为司法解释的不合理造成的。中国人民大学黄京平教授认为，出现这个问题的关键，不是说法条竞合的解释还是法条竞合犯的认定，关键是普通法条和特殊法条的入罪标准不同、入罪门槛高低的问题。入罪门槛的高低更多情况下是司法者去解释的，解决入罪门槛高低的问题最关键的是靠司法解释者去平衡这个关系。[②] 如果一旦司法解释（定罪数额）发生变化，按普通法条和特殊法条行为人都应定罪，那法条之间就是竞合关系；否则就不是竞合关系。这不利于正确把握法条竞合，也不利于司法适用。笔者认为，这种情况严格来说，不是法条竞合关系，但与法条竞合有密切的联系，所以把它放在法条竞合中加以研究是必要的。这不仅有助于拓宽法条竞合的研究视野，而且有助于解决司法中的实际问题。

（二）这种情形可否适用普通法条定罪处罚

行为人的行为不符合特殊法条的规定，但符合普通法条规定的，对此能否适用普通法条定罪，学界基本上持否定态度。如有的同志认为，“特殊规

---

① 赵丙贵：《想象竞合犯研究》，中国检察出版社 2007 年版，第 202 页。

② 谢望原、张明楷等：“专家对话法条竞合司法实践难题”，载《刑事法学》2007 年第 3 期。

定的入罪门槛高于一般规定，可以理解，因为二者侵害的法益和承担的法律后果不同。因此，当一个人的行为特征已经符合刑法某一特殊规定的时候，就应当适用该法条。如果数额没有达到特殊规定的定罪标准，就不要以犯罪论处。否则刑法作出特殊规定就没有意义了”。[①] 按照这种观点，如行为人实施信用卡诈骗，但数额没达到5000元，其行为既不构成信用卡诈骗罪，也不能认定为诈骗罪。

如何处理《刑法》第397条规定的普通滥用职权、玩忽职守罪与《刑法》第398条至第419条具体渎职罪之间的关系，即如何处理二者之间的法条竞合关系，理论和实践中都有争议。检察学界一般认为，《刑法》第397条规定的滥用职权对其他条款所规定的具体滥用职权犯罪具有补充适用作用。如果国家机关工作人员滥用职权犯罪行为《刑法》有明确、具体规定，则应按对该行为的具体规定定罪处罚，只有《刑法》对该行为没有明确、具体的规定，而又符合《刑法》第397条所规定的滥用职权罪构成要件的，才可以按滥用职权罪定罪处罚。[②] 但在实践中这类案件如何处理一直有异议。正像参与立法的同志所指出的，《中华人民共和国刑法修正案（四）》之所以要增设执行判决、裁定失职罪和执行判决、裁定滥用职权罪，是因为“司法腐败行为除在侦查、起诉、审判阶段存在外，在执行阶段也同样存在。有的司法工作人员玩忽职守或者滥用职权，对能够执行的案件不执行或者故意拖延执行，或者违法采取诉讼保全措施、强制执行措施，给当事人或者他人的利益造成重大损失，社会危害较大，也需要追究刑事责任，上述行为，按刑法第397条规定的滥用职权罪和玩忽职守罪是可以追究的，在司法实践中对这种行为普遍没有及时追究刑事责任，主要是由于刑法对这种行为未作具体规定，司法机关在适用法律时认识不明确造成的”。[③] 这种现象在其他渎职犯罪中也一样存在。

有的学者认为，法条竞合研究的是法条关系，所要解决的是竞合关系中法条的选择问题，至于按法条竞合适用原则所选择的法条能否定罪，并非法条问题。尽管现行《刑法》第149条第1款有法条重新选择的规定，第2款有重法选择的规定，但这只是特别规定，不能认为是法条竞合适用的普遍原则。事实上，司法实践中对于交通肇事致人重伤的认定，尽管其在法条关系

---

① 谢望原、张明楷等：“专家对话法条竞合司法实践难题”，载《刑事法学》2007年第3期。

② 张穹主编：《贪污贿赂渎职“侵权”犯罪案件立案标准精释》，中国检察出版社2000年版，第133页；敬大力主编：《渎职罪》，中国人民公安大学出版社2003年版，第86页。

③ 黄太云：“《中华人民共和国刑法修正案（四）》的理解与适用”，载《人民检察》2003年第3期。

上涉及《刑法》第 235 条过失致人重伤罪，但因第 235 条有“本法另有规定的，依照规定”的规定，司法人员是不会考虑适用第 235 条的。如果交通肇事致人重伤，但因在具体定罪条件上（致一人重伤负次要责任）不能认定为交通肇事罪，就作无罪认定，而不会回过头来适用《刑法》第 235 条，定过失致人重伤罪。在渎职罪条款中，由于立法没有作出类似《刑法》第 149 条第 1 款、第 2 款的特别规定，相反《刑法》第 397 条作出了与《刑法》第 235 条过失致人重伤罪相一致的“本法另有规定的，依照规定”的规定，即按特别规定适用法条。因而有理由认为，当某一渎职犯罪案件同时符合渎职罪普通法条与特殊法条的规定，但特殊法条的法定刑明显低于普通法条的法定刑时，不能依据罪行相适应原则的要求适用作为重法条的普通法条；当某一渎职犯罪案件因不符合渎职罪特殊法条定罪条件，但却符合普通法条的规定，在特殊法条不能定罪的情形下，不能回过头来适用渎职罪普通法条定罪处罚。①

笔者认为，普通法条与特殊法条之间由于犯罪构成上的差异，出现行为不符合特殊法条的规定，但符合普通法条的规定，在一定条件下，可以按普通法条定罪处罚。而之所以可以按普通法条定罪，就渎职罪来说，主要是一个如何正确认识特别法条内容不周全的问题。

特别法条内容不周全，是指特别法条将普通法条中的某种行为予以特别规定时，由于某种原因，其内容相对于普通法条而言，存在缺失。例如特别法条所规定的行为主体小于普通法条所规定的行为主体（这种情况在具体渎职罪中最常见），或特别法条所规定的行为方式或行为对象小于普通法条所规定的行为方式或行为对象等。特别法条之所以出现内容不周全，原因是多方面的，既可能是立法机关的疏漏造成，也可能是立法机关故意所致，还可能是出于其他原因。② 对特别法条内容不周全问题，要根据具体不同情况，区别对待：

1. 当立法机关由于疏漏导致特别法条内容不周全时，对特别法条没有规定的行为应按普通法条处理；

2. 当立法机关为了限制处罚范围而特意使特别规定不周全时，对不符合特别法条的行为不能按普通法条处理；

3. 当立法机关并非为了特别限制处罚范围，而是因为特别法条的地位等原因而导致特别法条内容不周全时，对不符合特别法条，但却符合普通法

① 龚培华：“渎职罪法条关系及其适用选择”，载《法学》2005 年第 12 期。

② 张明楷：《刑法分则的解释原理》，中国人民大学出版社 2004 年版，第 293 页。

条的行为，应当按普通法条处理，不能因为特别法条没有规定，而认定无罪。如《刑法》第416条规定：“对被拐卖、绑架的妇女、儿童负有解救职责的国家机关工作人员，接到被拐卖、绑架的妇女、儿童及其家属的解救要求或者接到其他人的举报，而对被拐卖、绑架的妇女、儿童不进行解救，造成严重后果的，处5年以下有期徒刑或者拘役。负有解救职责的国家机关工作人员利用职务阻碍解救的，处2年以上7年以下有期徒刑；情节较轻的，处2年以下有期徒刑或者拘役。”这一条文中只涉及“被拐卖、绑架的妇女、儿童”，而没有涉及被非法拘禁的被害人、被拐骗的儿童等。那么对被非法拘禁的被害人、被拐骗的儿童负有解救职责的国家机关工作人员，接到被非法拘禁的被害人、被拐骗的儿童及其家属的解救要求或者接到其他人的举报，而不进行解救，造成严重后果的或利用职务阻碍解救的行为，不符合不解救被拐卖、绑架妇女、儿童罪和阻碍解救被拐卖、绑架妇女、儿童罪，但不能认为这种行为不构成犯罪，而应当根据《刑法》第397条的规定，以滥用职权罪或玩忽职守罪定罪处罚。《刑法》第416条规定之所以内容不周全，完全是因为该规定源于1991年9月4日全国人大常委会颁布的《关于严惩拐卖、绑架妇女、儿童的犯罪分子的决定》。该决定是为了严惩拐卖、绑架妇女、儿童的犯罪分子而制定的。所以，在该规定中不可能对非法拘禁被害人、被拐骗的儿童等问题作出规定。既然是特别法条，那么在法条中就不可能也没有必要对所有的特别情形都作出规定，否则，特别法条就失去特别的意义。王汉斌副委员长1997年3月6日在第八届全国人民代表大会第五次会议上所作的《关于〈中华人民共和国刑法（修订草案）〉的说明》中指出：“刑法对渎职罪的规定过于笼统，有的规定处刑也偏轻，主要是玩忽职守罪。这次修订，主要是把十几年来民事、经济、行政法律中‘依照’、‘比照’刑法玩忽职守罪、徇私舞弊罪追究刑事责任的条文，改为刑法的具体条款。并针对现实经济生活中出现的国家机关工作人员滥用职权、严重不负责任，给国家和人民利益造成重大损失的新情况，增加规定了一些具体的渎职犯罪行为。”[①] 正由于修订刑法“主要是把十几年来民事、经济、行政法律中‘依照’、‘比照’刑法玩忽职守罪、徇私舞弊罪追究刑事责任的条文，改为刑法的具体条款”，而忽视刑法条文自身的逻辑性和严密性，导致特别法条内容不周全的情况比较严重。如果因为特别法条没有规定，即便该行为符合普通法条，也认定无罪，那必然严重影响对渎职犯罪的打击力度。

① 高铭暄、赵秉志主编：《新中国刑法立法文献资料总览》，中国人民公安大学出版社1998年版，第1834页。

当具体渎职罪出现内容不周全时，不少同志以法律无明文规定为由，拒绝适用普通滥用职权、玩忽职守罪定罪处罚。正如张明楷教授所说的，司法界在定罪量刑时，不能事先根据自己的观念或者根据某一法律断定一个案件的性质，而否认其符合其他的规定。法律是很活的，事实也是很活的，不要一开始就断定这是合同诈骗、还是信用卡诈骗，法律之所以要作一些交叉的、重合的规定，就是让你考虑这个不符合，能不能定那个。[①] 长期以来形成的一些不当观念影响我们对犯罪的认定。笔者认为，司法实践中这类案件之所以普遍没有及时追究刑事责任，除观念上的误差外，还有以下原因：

1. 法条竞合识别上有一定的难度。

相对于典型的法条竞合，如诈骗罪与合同诈骗罪、金融诈骗罪之间的竞合，普通滥用职权、玩忽职守罪与具体渎职罪之间的竞合，在识别上有一定的难度。因为诈骗罪与合同诈骗罪、金融诈骗罪，都明显地具有诈骗的特征，而且在法律条文中都使用诈骗一词，两者之间的普通与特别关系一目了然。但在滥用职权、玩忽职守罪与相关犯罪的竞合中，由于滥用职权、玩忽职守本身就是一个比较笼统和抽象的表述，而各种相关犯罪大多没有使用滥用职权、玩忽职守一词。所以实践部门不少同志并不认为两者之间是法条竞合关系，而是把滥用职权、玩忽职守罪看做是与其他具体渎职犯罪相并列的个罪。既然两者之间不是法条竞合关系，那么当行为主体或行为特征不符合某一具体渎职罪时，根据罪刑法定原则，当然也只能作无罪处理。当然，这种认识是错误的。滥用职权罪是指国家机关工作人员超越职权，违法决定、处理其无权决定、处理的事项，或者违反规定处理公务，致使公共财产、国家和人民利益遭受重大损失的行为；玩忽职守罪是指国家机关工作人员严重不负责任，不履行或者不认真履行职责，致使公共财产、国家和人民利益遭受重大损失的行为。因此，在渎职罪中规定的具体罪名，凡是符合上述特征的，就可以视为对具体滥用职权、玩忽职守罪的规定，因而与普通的滥用职权、玩忽职守罪之间存在着法条竞合关系。

2. 对“本法另有规定的，依照规定”的规定有误解。

《刑法》第 397 条第 1 款和第 2 款都规定“本法另有规定的，依照规定”。实践中不少同志认为，这些特殊的渎职犯罪是《刑法》另有规定的，既然行为人的行为属于《刑法》另有规定的范围，却又不符合另有规定的构成要件，那只能按无罪处理。这种理解是错误的。所谓“本法另有规定的，依照规定”，是指当行为人的行为完全符合《刑法》第 398 条至第 419

---

① 谢望原、张明楷等：“专家对话法条竞合司法实践难题”，载《刑事法学》2007 年第 3 期。

条所规定的各种特殊渎职犯罪的构成要件时，就按照各种特殊渎职罪定罪处罚；而当行为人的行为不完全符合《刑法》第 398 条至第 419 条各种特殊渎职犯罪的构成要件时，就应当适用普通规定，即按《刑法》第 397 条的滥用职权、玩忽职守罪处理。《刑法》第 397 条第 1 款和第 2 款分别明示的“本法另有规定的，依照规定”，意即：“如果本法没有另外规定的，就适用本规定定罪处罚。”

三、渎职犯罪中法条竞合的司法适用

（一）注意《立案标准》的适用

针对实践中的争议，为了统一认识、严格执法，《立案标准》专门对渎职罪法条竞合的适用作了具体的规定。这一解释对于严密刑事法网，扩大渎职犯罪的打击范围具有重要的现实意义。

但我们必须注意，《刑法》第 397 条规定的普通滥用职权、玩忽职守罪与《刑法》第 398 条至第 419 条具体渎职罪之间的关系，不是简单的非此即彼的关系。这主要是因为两者在定罪的客观要件的衡量标准上呈现不同的特点。前者主要以人员伤亡或经济损失为标准，而后者有不少罪名很难以人员伤亡或经济损失为标准加以衡量。

下面以违法发放林木采伐许可证罪为例加以阐述。根据 1999 年最高人民检察院《关于人民检察院直接受理立案侦查案件立案标准的规定（试行）》规定，违法发放林木采伐许可证罪的立案标准是：发放林木采伐许可证允许采伐数量累计超过批准的年采伐限额，导致林木被伐数量超过 10 立方米的；滥发林木采伐许可证，导致林木被滥伐 20 立方米以上的。而滥用职权罪的立案标准是：造成死亡 1 人以上，或者重伤 2 人以上，或者轻伤 5 人以上；造成直接经济损失 20 万元以上。二者的立案标准着眼点不同，差距很大。如某镇一副镇长超越职权范围批准无证伐树，导致 200 余立方米林木被滥伐，但经济价值仅有 7 万余元。该行为造成砍伐的数量超出违法发放林木采伐许可证罪立案标准的 20 倍，但因主体不是林业主管部门的工作人员，客观方面也不完全符合违法发放林木采伐许可证罪,[①] 而不构成违法发

① 违法发放林木采伐许可证罪是否应以发证为前提？林政工作人员口头或书面的违法承诺致使森林大面积被砍伐，能否认定为违法发放林木采伐许可证罪尚存有争议（参见应继海：“滥用职权滥伐林木行为在立案标准上应当统一”，载《检察日报》2006 年 5 月 28 日）。笔者倾向于违法发放林木采伐许可证罪应以发证为前提。林政工作人员口头或书面的违法承诺致使森林大面积被砍伐，应定滥用职权罪。但问题是因为两者定罪标准不同，按滥用职权罪定罪处罚显然放纵犯罪。为了有利于打击渎职犯罪，协调两者的定罪标准就非常重要。

放林木采伐许可证罪；同时又因离滥用职权罪20万元立案标准相距甚远，而不能以滥用职权罪追究刑事责任。森林资源生产周期长，难以用经济价值去衡量，所以违法发放林木采伐许可证罪把10立方米、20立方米作为立案标准；而涉林渎职案件中的滥用职权行为有可能造成砍伐的数量超出违法发放林木采伐许可证罪立案标准的几倍甚至几十倍，却由于造成的经济损失达不到滥用职权的立案标准而无法追究其刑事责任，显然不合理。因立案标准不同，造成毁林后果严重的反而得不到刑事追究，有损法律的统一性和平等原则。鉴此，《立案标准》在违法发放林木采伐许可案中规定，林业主管部门的工作人员违反森林法的规定，超过批准的年采伐限额发放林木采伐许可证或者违反规定滥发林木采伐许可证，涉嫌下列情形之一的，应予立案：1. 发放林木采伐许可证允许采伐数量累计超过批准的年采伐限额，导致林木被超限额采伐10立方米以上的；2. 滥发林木采伐许可证，导致林木被滥伐20立方米以上，或者导致幼树被滥伐1000株以上的；3. 滥发林木采伐许可证，导致防护林、特种用途林被滥伐5立方米以上，或者幼树被滥伐200株以上的；4. 滥发林木采伐许可证，导致珍贵树木或者国家重点保护的其他树木被采伐的；5. 滥发林木采伐许可证，导致国家禁止采伐的林木被采伐的；6. 其他情节严重，致使森林遭受严重破坏的情形。同时又在该条第3款中规定：林业主管部门工作人员之外的国家机关工作人员，违反森林法的规定，滥用职权或者玩忽职守，致使林木被滥伐40立方米以上或者幼树被滥伐2000株以上，或者致使防护林、特种用途林被滥伐10立方米以上或者幼树被滥伐400株以上，或者致使珍贵树木被采伐、毁坏4立方米或者4株以上，或者致使国家重点保护的其他植物被采伐、毁坏后果严重的，或者致使国家严禁采伐的林木被采伐、毁坏情节恶劣的，按照《刑法》第397条的规定以滥用职权罪或者玩忽职守罪追究刑事责任。《立案标准》的这一规定，不仅明确了《刑法》第397条规定的滥用职权罪、玩忽职守罪与《刑法》第407条规定的违法发放林木采伐许可证罪的适用界限，而且对林业主管部门工作人员之外的国家机关工作人员，违反森林法的规定，滥用职权或者玩忽职守，致使森林遭受严重破坏，应当立案的情形作出了不同于普通滥用职权罪或者玩忽职守罪的规定，从而使两者的定罪标准基本上得到协调。这是《立案标准》的重大突破之一，有利于消除分歧和严格执法。

遗憾的是《立案标准》仅仅在违法发放林木采伐许可证罪中作出这一具体规定，其他一些具体的渎职犯罪，如传染病防治失职罪、非法批准征用、占用土地罪、非法低价出让国有土地使用权罪等也存在类似问题，但《立案标准》却没有作出规定。那么根据《立案标准》所规定的“主体不符合刑法第九章所规定的特殊渎职罪的主体要件，但滥用职权涉嫌前款第1项至第9项规定情形之一的，按照刑法第397条的规定以滥用职权罪追究刑事责任”的精神，对这些人员只能适用滥用职权罪的立案标准。特殊的渎职犯罪，适用滥用职权罪的立案标准必然出现后果严重、危害更大的渎职行为反而得不到刑事追究的后果。因此，笔者认为，最高人民检察院应根据司法实践，参照违法发放林木采伐许可证罪立案标准第3款的规定，尽快对其他特殊的渎职犯罪适用滥用职权罪或者玩忽职守罪的立案标准作出规定。

《刑法》第397条规定的滥用职权、玩忽职守罪与《刑法》第398条至第419条具体渎职罪之间的关系属于“一个行为同时触犯同一法律的普通条款与特别条款”的情形。一个行为同时触犯同一法律的普通条款与特别条款时，应依照特别法优于普通法原则定罪。这是因为，立法者在普通法之外又设特别条款，是为了对特定犯罪给予特定处罚，或因为某种犯罪特别突出而予以特别规定。《刑法》第397条规定也明文规定：“本法另有规定的，依照规定。”因此，在刑法无明文规定的情况下，不允许按重法优于轻法原则适用法条。[①] 但当主体不符合特殊渎职罪主体要求，即行为人并不符合特殊渎职罪规定的构成要件时，并不意味着绝对不成立犯罪。当行为人符合滥用职权、玩忽职守罪主体的，客观要件也符合滥用职权、玩忽职守罪要求的，就应以滥用职权、玩忽职守罪定罪处罚。

根据刑事法理及《立案标准》的规定，笔者认为，对渎职犯罪应按下列情况处理：

1. 主体符合特殊渎职罪主体要求，或主体虽不符合特殊渎职罪主体要求，但与具备特殊主体身份的人构成共同渎职犯罪的，按特殊渎职罪定罪处罚。

2. 主体条件虽不符合特殊渎职罪主体要求，又不构成共同犯罪的，但符合滥用职权、玩忽职守罪主体，且达到滥用职权、玩忽职守罪案立案标准的，应以《刑法》第397条追究刑事责任。

有的同志认为，“主体要件符合特殊渎职罪规定，但客观要件不符合特殊渎职罪规定时，即使符合一般渎职罪的客观要件，也不能反过来定滥用职

① 但也要注意：当一个渎职行为同时触犯普通条款与特别条款时，不能因为特别条款法定刑高而适用普通条款。如有人认为，“徇私舞弊型特殊渎职罪的法定刑高于滥用职权或者玩忽职守罪的法定刑，应可以适用刑法第397条第1款的规定，以滥用职权或者玩忽职守罪立案追究”（参见宋寒松：“关于渎职侵权犯罪案件立案标准的规定的理解和适用”，载《刑事审判参考》2006年第4辑，法律出版社2006年版，第161页）。笔者认为，这种观点是错误的。

权罪”。[1] 这一观点值得商榷。我们认为，当行为人符合特殊渎职罪规定的主体要件，但客观要件不符合特殊渎职罪规定时，只要行为人的行为符合滥用职权、玩忽职守罪的客观要件，就应当按滥用职权罪或玩忽职守罪定罪处罚。

（二）注意法条竞合的适用原则

在法条竞合时，如何选择适用法条，也即采取什么原则来解决法条选择适用问题，是法条竞合理论中争论最多的地方，人们提出了各种各样的适用原则。其中对特别法优于普通法的适用原则，大家认识比较一致。而对重法优于轻法原则，却争论不休。主要观点有：1. 否定说。认为法条竞合时，应按特别法优于普通法原则来选择法条，即使出现特别法法定刑轻于普通法的法定刑，也不宜从重选择普通法条适用，而仍应按特别法优于普通法原则适用特别法。2. 补充肯定说。认为法条竞合适用的基本原则是特别法优于普通法，而重法优于轻法原则是法条适用的补充原则。当特别法的法定刑设置明显低于普通法的时候，根据罪刑相适应原则，应该适用普通法，这就体现了刑罚对犯罪的制约。在重法和轻法竞合的情况下，由特别法所规定的犯罪向普通法所规定的犯罪转化，根本不违背罪刑法定原则。3. 全面肯定说。主张重法优于轻法原则是法条适用的一项主要原则。并且特别指出，在法条竞合的一定情况下，适用重法优于轻法原则是由两个法条之间的内在联系决定的，而且也是罪刑相适应原则的必然要求。4. 部分肯定说。该观点首先将法条竞合划分为独立、包容、交互、偏一等四种法条竞合，其中交互竞合的适用原则应按重法优于轻法原则来选择适用法条，而在独立竞合、包容竞合、偏一竞合的情况下则不允许适用重法优于轻法原则。[2]

关于法条竞合的适用原则，在一般情况下应当适用特别法优于普通法的原则，但当刑法对于特别法条规定的法定刑比普通法条规定的法定刑轻时，有必要选择重刑法优于轻刑法的原则。因为在某些情况下，刑法对于特别法条规定的法定刑比普通法条规定的法定刑要轻。这种情况下，如果仍然适用特别法优于普通法的原则，就有可能出现在同等条件下对行为人处罚不公正的问题，这就不符合罪责刑相适应原则，所以有必要考虑适用处刑较重的刑法规定。我国《刑法》第149条第2款规定：“生产、销售本节第141条至

---

① 陈国庆、韩耀元：“《关于渎职侵权犯罪案件立案标准的规定》解读”，载《检察日报》2006年7月28日。

② 陈兴良主编：《刑法各论的一般理论》，内蒙古大学出版社1992年版，第423—426页；赵秉志主编：《刑法争议问题研究》，河南人民出版社1996年版，第40—42页。

第148条所列产品，构成各该条规定的犯罪，同时又构成本节第140条规定之罪的，依照处罚较重的规定定罪处罚。”笔者同意如下观点：一个行为同时符合同一法律的普通条款与特别条款规定的犯罪构成时，应依具体情况与法律规定，分别适用特别法优于普通法、重法优于轻法的原则。即一个行为同时触犯同一法律的普通条款与特别条款时，在通常情况下，应依照特别法优于普通法的原则论处；当一个行为同时触犯同一法律的普通条款与特别条款时，在特殊情况下，应适用重法优于轻法的原则。所谓“特殊情况”是指以下两种情况：第一，法律明文规定按重罪定罪量刑。如《刑法》第149条第2款的规定；第二，法律虽然没有明文规定按普通条款规定定罪量刑，但对此也没有作禁止性规定，而且按特别条款不能做到罪刑相适应时，按照重法优于轻法的原则定罪量刑。①

在渎职罪中，凡行为人的行为既符合普通渎职罪的规定，又符合特殊渎职罪的规定，只能按照特殊渎职罪定罪处罚。因为《刑法》第397条第1款和第2款都明文规定“本法另有规定的，依照规定”，所以在任何情况下，不能因为普通渎职罪法定刑比特殊渎职罪重而适用普通渎职罪。如环境监管失职罪与玩忽职守罪，前者是特别法，后者是普通法。前者的法定刑是3年以下有期徒刑或者拘役；后者的法定刑有四个档次，分别是对一般情形的“处3年以下有期徒刑或者拘役”；情节特别严重的，“处3年以上7年以下有期徒刑”，徇私舞弊犯本罪的，“处5年以下有期徒刑或者拘役”；情节特别严重的，“处5年以上10以下有期徒刑”。在任何情况下，不能因为环境监管失职罪法定刑轻，玩忽职守罪法定刑重，而根据重法优于轻法的原则适用重法。

第三节　渎职犯罪中的牵连犯的认定与处理

《刑法》第385条规定：“国家工作人员利用职务上的便利，索取他人财物的，或者非法收受他人财物，为他人谋取利益的，是受贿罪。”受贿罪的行为特征之一就在于收受他人财物后，为他人谋取利益。而“为他人谋取利益”的行为往往又会触犯渎职罪中的多种犯罪。“为他人谋取利益”又可分为谋取合法利益和谋取非法利益两种类型。前者由于谋取的是合法利益，一般不会发生渎职罪的问题；而后者由于为他人谋取的是非法利益，其行为在损害国家机关工作人员职务行为廉洁性的基础上又危害了国家机关的

① 张明楷：《刑法分则的解释原理》，中国人民大学出版社2004年版，第283—284页。

正常管理活动。

从刑法层面看，“为他人谋取非法利益的行为”本身也是一种渎职犯罪行为。受贿人接受他人财物后，还可能利用职务上的便利，实施《刑法》第397条至第419条所规定的各种具体的渎职犯罪。从近年司法实践来看，这种类型的受贿犯罪日益增多。尤其是司法人员渎职犯罪中这种现象更为常见。鉴此，《刑法》作出了特别规定。

《刑法》第399条规定：“司法工作人员徇私枉法、徇情枉法，对明知是无罪的人而使他受追诉、对明知是有罪的人而故意包庇不使他受追诉，或者在刑事审判活动中故意违背事实和法律作枉法裁判的，处5年以下有期徒刑或者拘役；情节严重的，处5年以上10年以下有期徒刑；情节特别严重的，处10年以上有期徒刑。

在民事、行政审判活动中故意违背事实和法律作枉法裁判，情节严重的，处5年以下有期徒刑或者拘役；情节特别严重的，处5年以上10年以下有期徒刑。

在执行判决、裁定活动中，严重不负责任或者滥用职权，不依法采取诉讼保全措施、不履行法定执行职责，或者违法采取诉讼保全措施、强制执行措施，致使当事人或者其他人的利益遭受重大损失的，处5年以下有期徒刑或者拘役；致使当事人或者其他人的利益遭受特别重大损失的，处5年以上10年以下有期徒刑。

司法工作人员收受贿赂，有前3款行为的，同时又构成本法第385条规定之罪的，依照处罚较重的规定定罪处罚。”

上述规定在司法实践中如何理解和适用？收受贿赂后，又触犯渎职罪的应如何定罪处罚？刑法理论界和司法实务界都存在较大分歧。争议主要是围绕以下几个问题展开的：

一、《刑法》第399条第4款之规定属于何种罪数形态

《刑法》第399条第4款之规定属于何种罪数形态，[①] 刑法理论界对此存在着重大分歧。概括起来主要有四种观点：

第一种观点，认为该规定属于法规竞合。如冯亚东教授认为，凡属收受财物的渎职犯罪，既可以构成各种渎职罪——只截取行为中“为他人谋取非法利益”而定罪，也可以构成受贿罪——将行为两个部分完整加以考虑

① 这种罪数形态问题在其他法条中同样存在，只是由于《刑法》第399条第4款有明文规定，为论述方便起见，仅以该条作为例子加以研究，其研究的结论对其他法条中同样适用。

而定罪。在这里，一个受贿犯罪行为同时符合分则两个不同条文规定的犯罪构成，对此刑法理论称之为“法条竞合”。[①]

第二种观点，认为该规定属于想象竞合犯形态。[②]

第三种观点，认为该规定属于牵连犯形态。[③]

第四种观点，认为该规定属于吸收犯形态。[④]

在这四种观点中，第三种观点得到了多数学者的赞同，第一、第二种观点也得到不少同志的肯定，而第四种观点赞同的人不多，且作者自己后来也改变了看法。[⑤] 所以，对第四种观点本文不再赘述。笔者同意“牵连犯说”，下面着重就法规竞合、想象竞合犯、牵连犯的界限加以辨析，以便对“牵连犯说”有一个更清楚的认识。

法规竞合、想象竞合犯的概念和特征，前一节已作了叙述。牵连犯，是指以实施某一犯罪为目的，其方法或者结果行为又触犯其他罪名的犯罪形态。其基本特征是：牵连犯是以实施某一个犯罪为目的；牵连犯必须具有两个以上的行为；牵连犯的数个行为之间必须具有牵连关系；牵连犯的数个行为必须触犯不同的罪名。[⑥] 从上述概念和特征，我们可以较好地将牵连犯与法规竞合、想象竞合犯加以区分。

（一）牵连犯与法规竞合的界限

有的学者认为，“该款规定的实质是一行为符合数个构成要件间具有包含关系的法规竞合形态，属于法规竞合中的相对竞合形态。即从受贿罪与徇私枉法等罪的静态的法条关系来看，二者所侵犯的犯罪客体具有交叉关系，即在徇私枉法等所徇的‘私’是为了个人收受贿赂时，或者说受贿而又为他人实际谋取了利益时，它们在侵犯了司法机关工作人员的职务行为的不可收买性这一点上具有交叉关系。这种相对竞合还必须要有实际的犯罪行为（即收受贿赂）发生才能认定为法规竞合。在发生竞合时，受贿罪是普通条

① 冯亚东：“受贿罪与渎职罪竞合问题”，载《法学研究》2000年第1期。

② 高铭暄、马克昌主编：《刑法学》，北京大学出版社、高等教育出版社2007年版，第736—737页。

③ 周光权：《刑法各论讲义》，清华大学出版社2003年版，第575页；张军等：《刑法纵横谈》，法律出版社2003年版，第442页以下。

④ 胡康生、李福成主编：《中华人民共和国刑法释义》，法律出版社1997年版，第568页。

⑤ 胡康生、朗胜主编：《中华人民共和国刑法释义》（第3版），法律出版社2006年版，第594页。

⑥ 高铭暄、马克昌主编：《刑法学》，北京大学出版社、高等教育出版社2007年版，第212—213页。

款，而徇私枉法又收受贿赂（即受财枉法的情形）属于特别条款”。[①] 这种观点值得商榷。

首先，法规竞合是指行为人实施一个犯罪行为同时触犯数个在犯罪构成上具有包容关系的刑法规范，只适用其中一个刑法规范的情况。而司法工作人员收受贿赂，又有前3款行为的，即又实施徇私枉法行为的，当然不是一个行为。因为受贿罪并不以一定为他人谋取了利益为成立条件，是否为他人实际谋取了利益不影响受贿罪的成立。即行为人只要实施了为他人谋取利益的行为或者有为他人谋取利益的意思表示，不论该利益是否得到实现，均可构成受贿罪。司法工作人员实施了受贿行为，当然是为了他人谋取利益，即实施徇私枉法的行为。但是，此时司法工作人员不论是否已经实施了徇私枉法的犯罪行为，其收受贿赂的行为作为一个独立的犯罪行为，就已经构成受贿罪了。而司法工作人员所实施的徇私枉法行为，是不能被认为是受贿罪之为他人谋取利益的一部分，即徇私枉法行为是不能被受贿行为所包含的。因此，《刑法》第399条第4款之规定显然不是行为人所实施的一个行为，而是两个有牵连关系的行为。即行为人实施收受贿赂的目的行为，其手段行为又触犯了前3款所规定之罪，或者说行为人以实施一个受贿罪为目的，其手段行为又触犯了前3款所规定之罪，前后两个行为之间具有必然的牵连关系。[②]

其次，从法条竞合的适用范围看，一般认为，法条竞合的适用范围包括两种类型：其一是从属关系的竞合，即一犯罪的构成完全为另一犯罪的构成要件所包容，表现为一罪的适用范围均小于另一犯罪，如《刑法》第398条的泄露国家秘密罪和第432条的泄露军事秘密罪；其二是交叉关系，即一犯罪的构成要件与另一犯罪的构成要件相互包容，表现为某罪的适用范围有的大于另一犯罪，有的小于另一犯罪，形成我中有你、你中有我的相互包容关系，如《刑法》第133条的交通肇事罪和第233条的过失致人死亡罪。[③] 当然也有的学者认为，法条竞合的表现形式是某一法条全部内容包含于另一法条的内容之中。一个法条内容的一部分是另一法条内容的一部分时，不是

---

① 黄奇中：“刑法第399条第4款的理解与适用——兼论法规竞合与想象竞合犯、牵连犯、吸收犯的界限”，载《中国刑事法杂志》2004年第4期。

② 刘志高：“刑法第399条第4款的司法适用”，载《政治与法律》2006年第1期。

③ 马克昌主编：《犯罪通论》，武汉大学出版社2000年版，第630—631页；庄劲：《犯罪竞合：罪数分析的结构与体系》，法律出版社2006年版，第114页。

法条竞合，而是想象竞合。[1] 构成要件之间的交叉关系不应当存在法条竞合。[2] 但两个法条外延之间存在交叉情形的，可以成立法条竞合的观点，得到多数同志的赞同。即使按照多数同志的观点，这种情形也不构成法条竞合关系。有的学者则认为，受贿罪中的“非法收受他人财物，为他人谋取利益”的行为和渎职罪中的为徇私而舞弊的行为，是本质上完全相同的行为，都是“权钱交易”的典型表现。同时，这两个法条具有包含、被包含的关系，因而是典型的法规竞合。[3] 这种看法是错误的。受贿罪和徇私枉法罪，二者在犯罪构成上是不具有包容关系的。那么是否存在交叉关系呢？法条竞合的法律本质是法条所规定的犯罪构成要件的竞合，这种竞合是因为犯罪所侵犯的社会关系的错综交织以及法律规定的交错规定而造成的，法条之间的这种联系是不以犯罪的发生为转移的。受贿罪并不以一定为他人谋取了利益为成立条件，是否为他人实际谋取了利益不影响受贿罪的成立。可见，将两者之间看做是交叉竞合关系是不妥当的。

（二）牵连犯与想象竞合犯的界限

所谓想象竞合犯是指一个行为触犯数个罪名的罪数形态。牵连犯和想象竞合犯同属“处断的一罪”中的罪数形态，因而在理论上又有许多若干相同或相似之处，实践中经常会发生混淆。牵连犯与想象竞合犯的区别主要表现在：1. 想象竞合犯是一行为触犯数罪名；而牵连犯则是数行为触犯数罪名。2. 想象竞合犯所触犯的数罪名没有罪过形式的限制，不论是故意犯罪还是过失犯罪，都可以成立想象竞合犯；而牵连犯所触犯的数罪名必须都是故意犯罪，过失犯罪与故意犯罪之间不可能存在牵连犯问题。3. 由于想象竞合犯必须以一行为为成立的前提，所以不存在数个行为与数个罪名之间以及它们相互之间形成牵连关系问题；而牵连犯必须在数个行为与数个罪名之间以及它们相互之间形成牵连关系方可构成。4. 想象竞合犯不要求行为人的主观上具有牵连意思，即不要求行为人有一个终极目的；而牵连犯则必须要求行为人具有牵连意思，否则，不构成牵连犯。5. 想象竞合犯必须是一行为实施完毕后同时触犯了数罪名，一行为与数罪名之间具有同时性的要求；而牵连犯的数行为与被触犯的数个罪名之间不可能具有同时性，而只能具有继起性，这也意味着想象竞合犯的一行为不可能发生在异时异地，只能

① 高铭暄主编：《中国刑法学》，中国人民大学出版社 1989 年版，第 217—218 页。

② 赵丙贵：《想象竞合犯研究》，中国检察出版社 2007 年版，第 128 页。

③ 缪树权：《渎职罪疑难问题研究》，中国检察出版社 2006 年版，第 146 页。

出现在同时同地，而牵连犯则完全有这种可能。[①] 成立牵连犯的首要条件是其行为的复数性，也即数行为的存在是构成牵连犯的前提条件。而这一点又恰恰是牵连犯和想象竞合犯最关键的区别，因为，想象竞合是实质的一罪，即行为人实施一行为所采取的犯罪方法或造成的犯罪结果虽然可能触犯其他罪名，但因其只有一个行为，也就不存在有方法行为或结果行为的问题。由此可见，牵连犯与想象竞合犯的主要区别就在于行为人实施了一个还是数个行为，掌握了这一点也就可以从本质上将两者区别开来。[②] 当然一个行为或者行为单复数的判断标准本身也是一个比较复杂的问题。比如依照德国判例和主流刑法理论，其区分单个行为和多个行为的标准是采用自然行为说，如果不同的行为部分是基于同一的意志决定，且时间和空间又有如此紧密的联系，以至于它被一个与之无关的观察者认为是一个行为的；那么，一个事件过程的表面上可分离的数个组成部分应当被视为一个单一的行为。[③] 我国学者认为，想象竞合犯所谓的一个行为，表现为整体上正好符合某一具体犯罪构成要件行为的事实行为（自然行为）。一个事实行为，是指基于单一或者复合的罪过，所实施的一个在事实上同时符合数个不同的犯罪构成的行为。第一，事实行为以整体形态接受构成要件评价。尽管事实行为是一个行为的现实载体、判断对象，然而却不能根据事实行为的自然举动来确定行为的个数。多个举动所组成的事实行为可能成立一个行为。因此，这里的一个行为，是指事实行为在整体上正好符合某一具体犯罪构成要件行为。第二，事实行为在构成要件评价上具有重复性。如果事实行为的一部分符合此犯罪构成要件行为，而另一部分却符合彼犯罪构成要件行为，则这一事实行为就不属于一个行为。同时，这里的一个行为，还强调尽管事实行为同时符合不同犯罪的构成要件行为，但是这种符合却是建立在对事实行为进行重复评价的基础上的。[④] 笔者认为，据此可以将想象竞合犯的一行为与牵连犯的数行为加以区分。

笔者同意如下观点：《刑法》第 399 条第 4 款之规定属于牵连犯形态。正如有的学者所说的，“徇私枉法罪与受贿罪，都属于身份犯和职务犯；犯罪主体都是特殊主体；在客观方面也有联系，对受贿罪来说，行为人收受了他人的财物，往往不惜以徇私枉法的形式来为请托人谋取利益，而对徇私枉

① 赵丙贵：《想象竞合犯研究》，中国检察出版社 2007 年版，第 148—149 页。

② 刘宪权：“我国刑法理论上的牵连犯问题研究”，载《政法论坛》2001 年第 1 期。

③ 〔德〕汉斯·海因里希·耶赛克、托马斯·魏根特：《德国刑法教科书（总论）》，徐久生译，中国法制出版社 2001 版，第 862—863 页。

④ 张小虎：“想象竞合犯的理论探究”，载《法律科学》2005 年第 4 期。

法罪来说，行为人对违法犯罪进行庇护、枉法裁判的背后，也很可能隐藏着‘权’和‘钱’的肮脏交易。这类犯罪，从犯罪形态上讲，就是一种牵连犯罪”。[①] 即行为人出于一个最终的犯罪目的（受贿）实施了数个犯罪行为（目的行为是受贿行为，方法行为是枉法行为）而分别触犯不同罪名（受贿罪和徇私枉法罪）的犯罪形态。

二、收受贿赂后实施渎职犯罪行为的，该如何处罚

收受贿赂后实施渎职犯罪行为的，该如何处罚？实质上就是一个如何把握牵连犯的处罚原则的问题。

关于牵连犯的处罚原则，目前主要有以下几种主张：

1. 从一重处罚说。该说主张对牵连犯应按数罪中最重的一个罪定罪处罚。实行某个犯罪之际，通常预想到把在客观类型上归属于其他犯罪的行为作为手段，或者作为所伴随的结果来加以实施，并且行为者也认识到这点，从刑法规范的角度看，与其说对各个犯罪加以独立的非难，不如说对于整体进行评价，对其加以最重的非难更为合理。具体而言：在主观方面，牵连犯的数个犯罪行为只追求一个最终的犯罪目的，存在宽恕的必要；在客观方面，牵连犯的数个行为，触犯数个罪名，是因期间具有特殊的关系；从人性的角度看，行为人犯一罪则再犯他罪，实出于迫不得已，即为达到目的不择手段，恒为人之常情；从社会危害性来看，牵连犯是数个行为形成统一整体，表现为对社会的整体一次侵害，比较实施数个完全独立的犯罪表现为对社会的二次性侵害或多次性侵害来，程度要轻一些，不实行数罪并罚，而是从一重处罚，符合这种实际情况。这一观点是理论界的通说。[②] 有的认为，“对于牵连犯的认定应从严把握，以防随意将理应数罪并罚的犯罪当做牵连犯对待；但对于牵连犯的处罚，则必须坚持从一重处罚的原则而不能实行并罚”。[③] 有的学者还认为，对于法律或者司法解释没有明确规定的牵连犯的处断原则，一律采取“从一重处断”，不会轻纵犯罪分子，更能贯彻罪刑相适应原则，而且符合“重其重者，轻其轻者”的刑罚理念，更有利于实现刑罚目的。[④]

---

① 赵秉志主编：《中国刑法案例与学理研究分则篇（六）》，法律出版社 2001 年版，第 230—231 页。

② 高铭暄主编：《新中国刑法学研究综述》，河南人民出版社 1986 年版，第 398—399 页。

③ 刘宪权：“我国刑法理论上的牵连犯问题研究”，载《政法论坛》2001 年第 1 期。

④ 牛克乾：“法外牵连犯处断原则的困惑及解决——兼论因受贿而进行其他犯罪活动的行为如何定罪处罚”，载《法律适用》2002 年第 9 期。

2. 并罚说。该说主张，对于所有牵连犯，均应实行数罪并罚。其理由有：第一，牵连犯在形式和实质上均为数罪，具有数罪并罚的基础。判断牵连犯的罪数，只能以刑法所规定的主客观相统一的犯罪构成为标准。牵连犯的法律特征主要表现为，由于行为人所实施的犯罪行为侵犯了不同的直接客体，必然触犯不同的罪名。牵连犯罪中的本罪与他罪之间客观存在的牵连关系，并未从实质上改变、也根本不能改变其符合数个犯罪构成的基本属性。第二，对牵连犯实行数罪并罚符合罪刑相适应的刑法基本原则。牵连犯罪的社会危害性程度，不是取决于数个犯罪之间的牵连关系，而是在根本上取决于其所构成的犯罪的性质、个数和情节等。所以，牵连犯的社会危害性，重于单纯的一罪，并与完全独立的数罪没有本质和程度上的差别。若将客观上并无必然联系，但却因行为人的牵连意图而实际发生的牵连关系的数罪，仅按一罪从重处罚，其结果必然与因分别起意实施的相同数罪被并罚论处的结果大相径庭，从而造成同罪不同罚的差别。这显然与罪刑相适应的刑法基本原则不相符合。第三，对牵连犯实行数罪并罚符合我国现行刑事立法的精神及发展趋势。我国现行《刑法》总则未对牵连犯及其处断原则作出任何规定。但在《刑法》分则中存在着对牵连犯从一重处断的具体规定。但是，在近年来我国的刑事立法中逐渐显示出了对牵连犯实行数罪并罚的趋势，与此相应，在有关的司法解释中也明确规定或默示了对牵连犯实行数罪并罚的处断原则。第四，对牵连犯实行数罪并罚有助于摆脱理论困境，解决司法难题。从一重处断原则，必然带来两方面的理论难题，即牵连关系的判断标准和牵连犯与其他犯罪形态的关系。而双重处断的适用，势必因操作标准的不统一而导致实际处断结果的不统一。第五，对牵连犯实行数罪并罚是实现我国刑罚预防犯罪这一目的的必然要求。第六，对牵连犯实行数罪并罚符合刑法学和刑事法律发展的规律。①

3. 双重处断原则说。该说主张，对于牵连犯既不能一律采用从一重处断的原则，也不能均适用数罪并罚，而应当依据一定的标准决定究竟采用何种原则予以处断。具体有两种标准：一是法定标准说。即对于《刑法》无明文规定的牵连犯，应适用从一重处断的原则；对于《刑法》明文规定或明文规定予以并罚的牵连犯，应当实行数罪并罚。二是轻重标准说。即对于危害程度一般或轻罪的牵连犯，应适用从一重处断的原则；对于危害程度严重或重罪的牵连犯，则应实行数罪并罚。

4. 从一重重处断说。该说认为，牵连犯是裁判上的一罪，而不是一般

① 赵秉志主编：《刑法争议问题研究》，河南人民出版社 1996 年版，第 486—499 页。

的实质上的数罪。因此，对牵连犯应当“从一重重处断”，即按重的罪从重处罚，而不能实行数罪并罚。因为，第一，实行从一重重处断原则可以贯彻依法从重处罚经济犯罪的精神；第二，实行从一重重处断原则有利于保持刑事立法与司法解释的一致性；第三，牵连犯毕竟不是并罚数罪，在处罚原则上理应有所不同。这种观点“主张将牵连犯作为法定的从重情节，考虑了牵连犯实行了数个犯罪行为的客观事实；又主张对牵连犯按一罪处理，考虑了行为人主观上的犯意特点，是比较科学的主张”。①

近年，有的学者主张通过限制牵连犯的范围来消解“从一重处断”的不合理性。如有的认为，由于现行牵连犯的概念过于宽泛，既包括数罪的情形也包括一罪的情形，因而无论对牵连犯采数罪并罚还是一罪处断的处罚方针，都是不科学的。实现牵连犯处断原则合理性的关键，并不是在数罪并罚与从一重处断之间进行取舍或者折中，而应当是限制现行牵连犯的概念，将外延限制在只包含一罪的类型的范围之内。牵连犯，应是指在同一犯罪目的的支配下侵犯同一客体的多个犯罪行为。限定后的牵连犯概念，由于前后犯罪的客体是同一的，只能充足一个犯罪构成，因而都属于一罪的类型，应当适用从一重罪处断的原则，不能数罪并罚。牵连犯中牵连关系的界定，应当是：先后发生的两个犯罪行为，属于对同一犯罪客体的同一次侵犯过程之中。在客观上，两个犯罪行为必须侵犯的是同一客体，亦即，先后发生的多个犯罪行为，侵犯的是同一社会关系。例如，为了使用假币而购买假币，购买假币的行为构成购买假币罪，侵犯了国家的货币制度；使用伪造的货币的行为构成使用假币罪，侵犯的也是国家的货币制度。因此，购买假币进而使用该假币而侵犯国家的货币制度，其侵犯的客体具有同一性。反之，如果两个犯罪行为侵犯的是各不相同的犯罪客体，则客体显然不可能重合，属于实质的数罪。在主观上，必须基于同一犯罪目的。如果行为人是在同一目的支配下实施的多个侵犯同一客体的犯罪行为，可以认为是对该客体的同一次侵犯。例如，为了骗取国家退税而虚开增值税发票，虚开增值税发票的行为和骗取出口退税的行为都是基于骗取国家退税牟利这一动机，因而可以认为属于对国家财税收入的同一次侵犯过程。反之，如果行为人实施一个犯罪行为后，另行产生犯意而实施另一个犯罪行为，则不能认为是对客体的同一次侵

① 高铭暄、叶良芳：“再论牵连犯”，载《现代法学》2005 年第 2 期；刘树德：《牵连犯辩正》，中国人民公安大学出版社 2005 年版，第 142 页。

犯过程。[1] 笔者认为，这种观点如果能够成立，那么牵连犯的适用范围将非常窄，其理论价值和司法意义将非常小，与其这样，还不如像有的学者所主张的取消牵连犯的概念，但这显然是不合适的。

笔者认为，对牵连犯应当数罪并罚。其理由除了上述几个方面外，还在于：其一，对牵连犯实行数罪并罚，才符合犯罪竞合体系的目的性配置。根据数罪类型的目的性，所有的属于数罪类型的犯罪竞合形态，都应当数罪并罚，唯此方能实行设立数罪类型的目的性。牵连关系的存在，并不能减少牵连犯数罪的社会危害性。其二，所谓牵连关系，和行为的社会危害性没有任何关系。其三，从一处断的处罚，割裂了刑法规范的逻辑结构。任何的法律规范，都具有相同的逻辑结构，即都是由“假定”、“指示”、“法律后果”三部分组成的。对牵连犯定数罪而处一罪的刑罚，就意味着对另一个犯罪的罪刑规范，仅仅适用其假定或指引部分，而舍弃了其指引和法律效果部分，人为地割裂了刑法裁判规范的逻辑结构。其四，从一处断的处罚，当遇到牵连“插销”现象时，将会导致更多数罪的情形不能处罚。[2]

三、《刑法》第399条第4款之规定，是注意性规定还是特别规定

《刑法》第399条第4款虽明文规定了在有徇私枉法等行为的情况下，又收受贿赂的应按照处罚较重的规定定罪处罚，但《刑法》分则第九章渎职罪中类似徇私枉法（或徇私舞弊）的罪名有不少，如《刑法》第400条规定的私放在押人罪、第402条规定的徇私舞弊不移交刑事案件罪、第411条规定的放纵走私罪、第418条规定的招收公务员、学生徇私舞弊罪，等等。如果行为人因为收受他人贿赂而又实施了上述行为的，该如何定罪处罚？这里涉及两个问题：一是《刑法》第399条第4款规定的行为结构与诸如徇私舞弊放纵走私又收受贿赂的行为结构是否相同？回答应当是肯定的，即放纵走私和徇私枉法等都可以视为是受贿罪中为他人谋利的行为，都属于受财枉法型的受贿。二是《刑法》第399条第4款的规定，是注意规定还是特别规定？

所谓注意规定，是在《刑法》已作出基本规定的前提下，提示司法工作人员注意，以免司法工作人员忽略的规定。它具有两个基本特征：第一，

---

① 庄劲：“从一重断还是数罪并罚——从牵连关系的限定看牵连犯的处断原则”，载《甘肃政法学院学报》2007年第1期。

② 庄劲：《犯罪竞合：罪数分析的结构与体系》，法律出版社2006年版，第114页。

注意规定的设置，并不改变基本规定的内容，只是对相关规定内容的重申，即使不设置注意规定，也存在相应的法律适用根据，即注意规定并没有对基本规定作出任何修正与补充；第二，注意规定只具有提示性，其表述的内容与基本规定的内容完全相同，因而不会导致将原本不符合相关规定的行为也按基本规定论处。换言之，如果注意规定指出："对 A 行为应当以甲罪论处"，那么，只有当 A 行为完全符合甲罪的构成要件时，才能将 A 行为认定为甲罪。[①] 典型的注意规定如《刑法》第 198 条第 4 款规定："保险事故的鉴定人、证明人、财产评估人故意提供虚假的证明文件，为他人诈骗提供条件的，以保险诈骗的共犯论处。"这里即使《刑法》没有规定，上述人员的行为也应当按照共犯论处，立法者之所以要作该规定，是提醒司法工作者不能将该行为按照《刑法》第 229 条的故意提供虚假证明文件罪论处。所谓特别规定，是指该规定仅适用于《刑法》所限定的情形，而不具有普遍的意义，对于类似情形，如果没有法律特别规定，就不得比照该规定处理。它的基本特征是：第一，它不受普通规定约束，是对普通规定的突破；第二，如果没有该特别规定，则该种情形就不得按照普通规定论处，只能按照其他相关规定处理，甚至有可能无法处理。[②] 区分注意规定和特别规定的重要意义在于，注意规定的内容属"理所当然"，因而可以"推而广之"；而特别规定的内容并非"理所当然"，只是立法者基于特别理由作出的特别规定，因而对特别规定的内容不能"推而广之"。[③]

如果《刑法》第 399 条第 4 款属于注意规定，则意味着该款的规定具有普遍意义，其他类似的司法工作人员徇私舞弊类渎职犯罪中，如果司法工作人员收受贿赂构成犯罪，又有其他渎职犯罪行为的，也可以按照该规定的处断原则进行惩处，即依照处罚较重的规定定罪处罚，不能实行数罪并罚；如果《刑法》第 399 条第 4 款属于特别规定，则意味着该款的规定只适用于第 399 条第 4 款的情形，其他类似的司法工作人员徇私舞弊类渎职犯罪中，如果司法工作人员收受贿赂构成犯罪，又有其他渎职犯罪行为的，应实行数罪并罚。

对于《刑法》第 399 条第 4 款之规定是注意规定还是特别规定，在理论上存在争议。

---

① 张明楷：《刑法分则的解释原理》，中国人民大学出版社 2004 年版，第 247—248 页。

② 宗德钧："论我国刑法中的注意规定和特别规定及其司法认定"，载《犯罪研究》2003 年第 1 期。

③ 黄奇中："刑法第 399 条第 4 款的理解与适用——兼论法规竞合与想象竞合犯、牵连犯、吸收犯的界限"，载《中国刑事法杂志》2004 年第 4 期。

一种观点认为该款的规定属于注意规定，理由如下：首先，该款的规定并没有改变基本规定的内容，即使没有该规定，也可以依照重法优于轻法的例外原则进行处理。其次，如果认为是特别规定，那么上述放纵走私又收受贿赂等行为由于法律没有规定从一重罪论处就不能从一重罪论处，而可能被数罪并罚了——司法实务中就是如此。但是，为什么完全相同的行为结构有的数罪并罚、有的从一重罪论处？这显得极不协调。最后，立法者之所以要作注意规定，是要纠正1988年1月21日全国人大常委会《关于惩治贪污贿赂罪的补充规定》（以下简称《补充规定》）中数罪并罚的错误规定，提醒司法者不能再对此种情形进行数罪并罚了。因此，作为注意规定的当然结论，该规定其实也可以“推而广之”适用于收受贿赂又放纵走私等行为的处理。[①] 有的还认为，“从法律的严肃角度理解，《刑法》不可能对受贿罪的牵连犯采用并不同一的处罚原则，第399条的规定是对法律无明确规定的受贿罪的法外牵连犯应‘从一重处断’的明示”。[②]

另一种观点认为，该款的规定应当属于特别规定，而非注意规定，即该款的规定仅适用于《刑法》第399条第4款的情形，不具有普遍的意义。对于国家工作人员或司法工作人员利用职务上的便利，索取或者收受贿赂，为他人谋取利益的行为构成其他犯罪的，只要没有《刑法》的特别规定，均应实行数罪并罚。理由是：其一，是因为“立法者考虑到，在收受贿赂的情况下，国家司法机关工作人员渎职的可能性会大大增加，这种现象具有普遍性，对这类行为如果在处罚上不明确规定一个标准，实践中一般会对其数罪并罚，所以对贪赃就可能枉法的场合，特别规定从一重罪处罚”。[③] 其二，难以找到合适的理由，认为《刑法》有必要单独就司法工作人员受贿并渎职的行为作出注意规定。[④]

笔者赞同第二种观点，该款的规定应当属于特别规定，而非注意规定。理由是：首先，《刑法》实施以前，对于贪赃枉法的案件处理，都是依照《补充规定》第5条第2款和1996年6月4日最高人民检察院颁布的《关于办理徇私舞弊犯罪案件适用法律若干问题的解释》（以下简称《解释》）第

① 黄奇中：“刑法第399条第4款的理解与适用——兼论法规竞合与想象竞合犯、牵连犯、吸收犯的界限”，载《中国刑事法杂志》2004年第4期。

② 牛克乾：“法外牵连犯处断原则的困惑及解决兼论因受贿而进行其他犯罪活动的行为如何定罪处罚”，载《法律适用》2002年第9期。

③ 张明楷、黎宏、周光权：《刑法新问题探究》，清华大学出版社2003年版，第402页。

④ 胡东飞：“论受贿罪中‘为他人谋取利益’构成犯罪的罪数问题——兼论刑法第399条第4款的性质及其适用范围”，载《中国刑事法杂志》2006年第1期。

6条之规定，依受贿罪和徇私枉法罪数罪并罚的，即对该类案件一律实行数罪并罚是有一定的立法基础和司法传统的。其次，1997年《刑法》吸收了《补充规定》以及《解释》的内容，但是，1997年《刑法》第399条第4款对《解释》进行了一定的修改，对于因贪赃而枉法追诉、裁判和民事、行政枉法裁判的不再数罪并罚，而是从一重罪论处。因为考虑到《解释》中的徇私舞弊罪不再是1997年《刑法》施行时期的一个单独罪名，而已被分解成现行《刑法》的13个条文，因此新《刑法》对于徇私枉法罪和民事、行政枉法裁判罪的规定，应视为一个例外的特别规定，对于其他的渎职舞弊行为，则应该按《刑法》总则的数罪并罚原则处理。再次，如果属于注意规定，那么既然《刑法》在渎职罪章中设立众多徇私舞弊类渎职犯罪，而在刑法理论和实践上，关于司法工作人员收受贿赂构成犯罪，同时又有其他司法渎职行为的，《刑法》第399条所规定之徇私枉法类犯罪与其他徇私舞弊类司法渎职犯罪没有什么本质的区别，那么，刑法完全没有必要设置注意规定。① 再说，如果是注意规定，从立法技术上考虑，应当在渎职罪法条的最后作出统一的注意规定。立法未作出统一的注意规定，在排除立法疏漏的前提下，只能理解为立法的有意安排与特别规定。最后，从行政机关工作人员渎职犯罪的法定刑来看，大多最高刑在7年以下，而司法工作人员渎职犯罪的法定刑最高刑一般在10年以上。立法可能出于两者法定最高刑设置差异的考虑。② 上述分析是有道理的。

《刑法》第399条第4款属于特别规定也得到了最高司法机关的认可。2002年7月8日最高人民法院、最高人民检察院、海关总署颁布的《关于办理走私刑事案件适用法律若干问题的意见》第16条在“关于放纵走私罪的认定问题”中规定：“依照刑法第411条的规定，负有特定监管义务的海关工作人员徇私舞弊，利用职权，放任、纵容走私犯罪行为，情节严重的，构成放纵走私罪。放纵走私行为，一般是消极的不作为。如果海关工作人员与走私分子通谋，在放纵走私过程中以积极的行为配合走私分子逃避海关监管或者在放纵走私之后分得赃款的，应以共同走私犯罪追究刑事责任。海关工作人员收受贿赂又放纵走私的，应以受贿罪和放纵走私罪数罪并罚。”

从司法实践来看，该款的规定属于特别规定也得到了最高人民法院相关业务部门的认可和接受。如被告人胡某某在担任某监狱副监狱长，被告人韦某在担任某中级人民法院刑事审判第二庭庭长期间，大肆收受服刑罪犯及其

① 刘志高：“刑法第399条第4款的司法适用”，载《政治与法律》2006年第1期。

② 龚培华：“渎职罪法条关系及其适用选择”，载《法学》2005年第12期。

亲属的钱财，分别利用管理、呈报服刑罪犯减刑、假释材料和审理、裁定减刑、假释案件的职务便利，对明知不符合减刑、假释条件的服刑罪犯，采取故意违反法定程序和条件、编造罪犯改造情况等手段呈报罪犯减刑、假释材料及裁定给予罪犯减刑、假释，致使多名不符合条件的罪犯得以多减刑或假释出狱。针对两被告人行为的定性，存在以下不同意见：其一认为，两被告人为达到受贿目的，为不符合减刑、假释条件的服刑罪犯予以呈报减刑、假释材料和裁定减刑、假释，属于目的行为和手段行为的牵连，按照对牵连犯的“择一重罪”处断的原则，应以受贿罪从重处罚。其二认为，两被告人的行为应认定为徇私舞弊减刑、假释罪。《刑法》第 401 条徇私舞弊减刑、假释罪中的“徇私”，已包含贪赃受贿的内容，受贿应作为徇私的情节，在量刑时从重处罚。其三认为，《刑法》第 385 条受贿罪与第 401 条徇私舞弊减刑、假释罪的构成要件不同，两被告人的行为同时符合上述两罪的犯罪构成，应认定同时构成受贿罪和徇私舞弊减刑、假释罪，实行两罪并罚。最高人民法院刑事审判第一庭审判长会议经过讨论，形成如下一致意见：因受贿而徇私舞弊为服刑罪犯减刑、假释的行为，同时符合受贿罪和徇私舞弊减刑、假释罪的犯罪构成，应当认定为受贿罪和徇私舞弊减刑、假释罪，实行数罪并罚。……对受贿并徇私舞弊减刑、假释行为认定为两罪，实行并罚，与《刑法》第 399 条第 3 款（2002 年 12 月 28 日《刑法修正案（四）》增设执行判决、裁定失职罪和执行判决、裁定滥用职权罪后，原《刑法》第 399 条第 3 款变成了第 4 款）的特别规定并不矛盾。立法单独规定对司法工作人员徇私枉法、枉法裁判同时又有受贿的只定一重罪，而对国家机关工作人员受贿兼有其他徇私舞弊行为包括徇私舞弊减刑、假释的却没有作这样的规定，此恰恰表明《刑法》第 399 条第 3 款是一种特别规定，特别规定只能适用于特定情形，不具有普遍意义。因此，对被告人胡某某、韦某某以受贿罪、徇私舞弊减刑、假释罪实行并罚，是有充分的立法和法理依据的。同理，对其他徇私型渎职犯罪，如被告人同时符合受贿罪与相应徇私型渎职犯罪的构成，且《刑法》无特别规定的，也应按照这一原则办理。[①]

此外，最高人民法院刑事审判业务部门在处理王海峰受贿、帮助伪造证据案中也遵循了数罪并罚的原则。该案的裁判主旨指出：“刑法第 386 条删除了《关于惩治贪污罪贿赂罪的补充规定》第 5 条第 2 款‘因受贿而进行违法活动构成其他罪的，依照数罪并罚的规定处罚’的规定，是从立法技

① 最高人民法院刑事审判第一庭、第二庭编：《刑事审判参考》2001 年第 3 辑，法律出版社 2001 年版，第 73—76 页。

术角度考虑的，并不是说对这种情况不再适用数罪并罚的规定，而是由于刑法总则中对数罪并罚问题已有明确规定，没有必要在刑法分则具体条文中再作规定。在没有新的法律规定或者司法解释规定之前，只要行为人的行为构成了数罪，符合刑法关于数罪并罚的规定，就应当按照刑法第69条第1款的规定实行数罪并罚。除非法律有特别规定，如刑法第399条第3款规定，司法工作人员贪赃枉法，有徇私枉法或者枉法裁判犯罪行为，同时又构成受贿罪的，'依照处罚较重的规定定罪处罚'，不按照数罪并罚的规定处罚。"①一些地方司法机关在处理个案时参照了最高人民法院的做法。如上海市黄浦区人民法院在审判被告人殷玉俊放纵走私、受贿案，按一重罪（受贿罪）处断，判处其有期徒刑3年，缓刑3年。检察机关抗诉后，上海市第二中级人民法院以放纵走私罪，判处其有期徒刑4年；以受贿罪，判处其有期徒刑3年，数罪并罚执行有期徒刑6年。②

笔者认为，上述司法实务中的做法是正确的。对《刑法》第399条第4款的规定，之所以长期以来有争议，原因是：其一，立法规定不统一，这是主要原因。从刑事立法的渊源来看，《刑法》对牵连犯的处罚原则一直呈现出不一致的现象。《补充规定》第3条第3款规定："挪用公款进行非法活动构成其他罪的，依照数罪并罚的规定处罚。"第5条第2款规定："因受贿而进行违法活动构成其他罪的，依照数罪并罚的规定处罚。"第8条第3款规定："因行贿而进行违法活动构成其他罪的，依照数罪并罚的规定处罚。"1988年1月21日全国人大常委会颁布的《关于惩治走私罪的补充规定》第10条第2款则规定："以暴力、威胁方法抗拒缉私的，以走私罪和刑法第157条规定的阻碍国家工作人员依法执行职务罪，依照数罪并罚的规定处罚。"修订后的《刑法》对牵连犯的概念和处罚原则仍未作明文规定，在分则中仍然维持对牵连处罚不一的状况，并用两种处罚方法：一是数罪并罚；二是不数罪并罚。具体有四种处罚方式：一是直接按照某罪定罪处罚，二是直接按照某罪定罪并从重处罚，三是按照重罪的加重犯处理，四是按照传统理论的主张，从一重处断。③ 其二，学界对牵连犯本身的理解不一致。不少同志把本该不是牵连犯的条文理解为牵连犯。如把第241条第4款规定的收买被拐卖的妇女、儿童，又强行与妇女发生性关系，以及第358条第1

---

① 最高人民法院刑事审判第一庭、第二庭编：《刑事审判参考》2001年第6辑，法律出版社2001年版，第28—29页。该案中的帮助伪造证据罪，虽然不属渎职犯罪，但其中阐述的也是牵连犯罪的原理。

② 刘树德：《刑法诸问题案解》，人民法院出版社2003年版，第120—122页。

③ 高铭暄、叶良芳："再论牵连犯"，载《现代法学》2005年第2期。

款第4项规定的“强奸后迫使卖淫的”视为牵连犯。[①] 这两个条文是包容犯而不是牵连犯。

正是由于立法规定的不合理，有的学者就干脆否认立法中有牵连犯的规定。如刑法理论通说认为，《刑法》第157条第2款规定：“以暴力、威胁方法抗拒缉私的，以走私罪和本法第277条规定的阻碍国家机关工作人员依法执行职务罪，依照数罪并罚的规定处罚。”这条规定就是对牵连犯实行数罪并罚的依据。类似的规定在《刑法》中还有第120条第2款、第198条第2款、第294条第3款、第318条第2款以及第321条第3款等条文。有的学者认为，这种观点实际上混淆了牵连犯与数罪并罚之间的界限。牵连犯概念设立的初衷，应是从社会危害性以及行为与行为之间的关联性角度，为了将某些刑法没有明文规定，但行为人数行为之间具有牵连关系且具有一个共同的犯罪目的的情况，从数罪并罚中分离出来。就此而言，无刑法规定性和不实行并罚性，理所当然的应该是牵连犯的本质特征。按此标准，上述观点中提及的刑法条文规定，尽管有些行为与行为之间可能存在有所谓的“牵连”关系，但因为有了刑法规定且应实行数罪并罚，所以在理论上和实践中就均不应该将他们视为牵连犯。[②] 但笔者认为，牵连犯既是司法现象，也是立法现象，不能因为这种牵连关系因为立法有规定了，就变成不是牵连犯。

对牵连犯处罚标准规定的不统一，不但使人对立法是否具有应有的严肃性产生怀疑，而且更重要的是，使司法工作人员对牵连犯的处理感到无所适从，导致实际处断结果的不统一。目前理论界和实务界对于《刑法》第399条第4款之规定仅仅围绕是注意规定还是特别规定上是不够的。鉴此，笔者认为，《刑法》第399条第4款之规定，不是有的同志所认为的“立法者之所以要作注意规定，是要纠正《补充规定》中数罪并罚的错误规定”，而是1997年《刑法》修订中的一个错误或立法败笔。有的学者认为，“刑法第399条第4款之所以如此规定，主要是因为立法者考虑到，在收受贿赂的情况下，国家司法机关工作人员渎职的可能性会大大增加，这种现象具有普遍性，对这类行为如果在处罚上不明确规定一个标准，实践中一般会对其数罪并罚。所以对贪赃就可能枉法的场合，基于特殊理由，特别规定从一重处断”。[③] 那么，什么是“特殊理由”呢？是为了从重还是从轻？是为了严惩

① 刘树德：《牵连犯辩正》，中国人民公安大学出版社2005年版，第102页。

② 刘宪权：“我国刑法理论上的牵连犯问题研究”，载《政法论坛》2001年第1期。

③ 周光权：“徇私枉法研究”，载《人民检察》2007年第12期。

徇私枉法还是对徇私枉法网开一面?

笔者查阅了1997年《刑法》修订的所有立法资料，至今无法明白立法机关何以作出这样的规定。1997年1月之前，全国人大常委会法制工作委员会主持制订的刑法(修订草案)，一直没有过类似“司法工作人员收受贿赂，有前款规定的渎职犯罪行为，同时又构成受贿罪的，依照处罚较重的规定定罪处罚”的规定。1997年2月提交第八届全国人大常委会第二十四次会议讨论的《中华人民共和国刑法》(修订草案)(1997年2月17日全国人大常委会办公厅秘书局印)。另外，这次会议是全国人大常委会最后一次讨论刑法典的修订，会后即把修订草案提交第八届全国人大第五次会议审议通过，在第393条的徇私枉法罪中，不仅没有规定“司法工作人员收受贿赂，有前款行为的，同时又构成本法第385条规定之罪的，依照处罚较重的规定定罪处罚”，而且在第391条的徇私舞弊罪中还特别规定“国家机关工作人员，贪赃枉法，犯本章之罪的，依照数罪并罚的规定处罚”。[①] 这一规定不仅保留了《补充规定》的内容，而且数罪并罚的范围扩大到其他徇私类渎职犯罪。这一规定不仅符合刑法法理，而且有助于惩治渎职犯罪。即便常委会在讨论刑法典修订时，也没有人对此规定有异议，这在1997年2月19日全国人大常委会副委员长王汉斌在大会上所作的《关于〈中华人民共和国刑法(修订草案)〉修改意见的汇报》中可以看出。[②] 但遗憾的是，这次会后，事过10天，有关部门修改了上述内容，在正式提交第八届全国人大第五次会议审议的刑法修订草案(八届全国人大五次会议文件之十七，八届全国人大五次会议秘书处1997年3月1日印)中，不仅删去了原第391条的规定，而且又在第395条徇私枉法罪中增设了“司法工作人员贪赃枉法，有前两款行为的，同时又构成本法第382条规定之罪的，依照处罚较重的规定处罚”。[③] 但为什么要作这样的修改，有关部门没有给出有说服力的解释。现在唯一能找到一个合理解释的是1997年3月6日全国人大常委会副委员长王汉斌在大会上所作的《关于〈中华人民共和国刑法(修订草案)〉的说明》中指出：“刑法规定的玩忽职守的法定刑为5年以下，这次修订区分滥用职权、玩忽职守的犯罪行为所造成的不同后果，对法定刑作了

---

① 高铭暄、赵秉志编：《新中国刑法立法文献资料总览》，中国人民公安大学出版社1998年版，第1720—1721页。

② 高铭暄、赵秉志编：《新中国刑法立法文献资料总览》，中国人民公安大学出版社1998年版，第1728—1733页。

③ 高铭暄、赵秉志编：《新中国刑法立法文献资料总览》，中国人民公安大学出版社1998年版，第1817页。

修改，一般的为3年以下；严重的为3年以上7年以下；对某些徇私舞弊、徇私枉法、徇情枉法情节特别严重的，法定刑最高刑规定为15年。对贪赃枉法裁判，构成受贿罪的，依照处罚较重的规定处罚。”[①] 从这一说明可以看到，之所以要删掉“国家机关工作人员，贪赃枉法，犯本章之罪的，依照数罪并罚的规定处罚”，是因为已经把徇私型渎职犯罪的法定最高刑规定了15年，法定刑够重了，不需要数罪并罚。但这一理由是站不住脚的。我们认为，《刑法》第399条第4款的规定是一个立法失误。

对司法工作人员的渎职犯罪理应坚持从严从重原则。所谓从严从重原则是指对司法工作人员的渎职犯罪进行定罪量刑等刑罚处罚时，应较其他职务犯罪和普通公民的犯罪更为严厉处罚。对司法工作人员渎职犯罪的刑罚处罚贯彻从严从重的原则，是司法工作人员渎职犯罪自身的特性所决定的。即司法渎职犯罪本身的特殊性质，使其本身更具有可罚性。[②] 但该原则在徇私枉法罪没有得到应有的体现。立法上的失当，给司法实践带来消极影响。这主要表现在：司法人员徇私枉法的案件处理普遍偏轻，影响了反腐败斗争的成效。如全国人民关注的成都警贼勾结案。37岁的宋宁原系成都铁路公安处成都车站派出所警务队警长，2004年12月至2005年1月，常在该火车站候车室盗窃的盗窃人员欧建找到了宋宁，称自己这伙人想在候车室找点钱，让其行个方便，宋考虑了一下随后安排该派出所警员崔少峰与欧建说好每个班放一个窃贼交400元，上了1000元的案子按40%返点。2003年5月至2005年1月，宋宁就伙同崔少峰等警员多次对欧建等窃贼进入候车室扒窃视而不见，更不会去查处。在这期间，宋宁就得到窃贼们提供的“提成”28000元，另一队长李东升分得19000元，警员崔少峰分得18000元。原成都车站派出所民警张保观在派出所担任警长期间，于2000年9月的一天，扒窃人员吕林富为“勾兑”张保观警组，通过警长冯桃请张保观到一餐厅吃饭，吕提出放几个人进候车厅扒窃挣点钱，张遂同意5至6人进入候车室扒窃，按每人每次100元交纳进场费。吕将事先准备好的装有2000元现金的信封送给张保观。此后，吕便每天安排5至6人进候车室扒窃，每个班下来将钱交给警察黄某或朱某，这期间就给了11000元左右。2000年9月至2005年1月，张保观就分得窃贼提供的提成45000元，警务队警长冯桃分得12000

① 高铭暄、赵秉志编：《新中国刑法立法文献资料总览》，中国人民公安大学出版社1998年版，第1835页。

② 刘志高：“司法工作人员渎职犯罪基本问题研究”，载韩玉胜主编：《刑法学博士论文精萃》，中国检察出版社2007年版，第489页。

元，警务队队长接正锦分得20000元，警务队警长程辉分得19300元。成都警贼勾结案案发后，共审查了42人，立案侦查17人，其中11人被捕，6人监视居住。17人中有警务队、刑侦队队长4人，警长6人，党员14人。但就是这样一个全国有影响的案件，判决均以徇私枉法罪定罪处罚，判决结果是：李东升（原成都车站派出所警务队队长）有期徒刑5年；智勇（原成都车站派出所警务队队长）有期徒刑5年；接正锦（原成都车站派出所警务队队长）有期徒刑3年，缓刑5年；宋宁（原成都车站派出所警务队警长）有期徒刑6年半；彭勇（原成都车站派出所警务队警长）有期徒刑6年半；张保观（原成都车站派出所民警，后任龙潭寺派出所警长）有期徒刑7年；冯桃（原成都车站派出所警务队警长）有期徒刑6年半；程辉（原成都车站派出所警务队警长）有期徒刑3年，缓刑3年；崔少峰（原成都车站派出所警务队警员）有期徒刑4年半；林维（原成都车站派出所警务队警员）有期徒刑6年；金国玉（原成都车站派出所警务队警员）有期徒刑3年，缓刑5年。在被告人中没有一人被判处10年以上有期徒刑。之所以出现这种罪责刑不相适应的结果，原因是多方面的，但立法本身的不合理也是重要原因之一。

这种立法上的不合理，还带来一个不良后果：背离刑法面前人人平等的原则。由于《刑法》第399条第4款之规定，属于特别规定，对其他渎职犯罪并不适用，其他国家机关工作人员收受贿赂，分别触犯受贿罪和渎职罪的应当数罪并罚。而司法工作人员收受贿赂，分别触犯受贿罪和徇私枉法罪的，只能按一重罪处罚。这显见不公平。司法公正是社会公正的最后一道防线，司法腐败是最严重的腐败。对司法工作人员收受贿赂，分别触犯受贿罪和徇私枉法罪的，理当数罪并罚。笔者建议废除《刑法》第399条第4款之规定。

在立法机关对《刑法》第399条作出修改之前，为了更好地贯彻对牵连犯实行数罪并罚原则，司法实务中对《刑法》第399条第4款的适用应当严格限制。第一，由于该款只是规定，因受贿而犯徇私枉法、民事、行政枉法裁判等罪的，依照处罚较重的规定定罪处罚。显然，《刑法》是从犯罪常态的角度着眼，即一般情况下，司法工作人员是先收受财物，而后实施徇私枉法、枉法裁判等行为。因此，根据文理解释，如果司法工作人员事先犯徇私枉法、民事、行政枉法裁判等罪，事后收受财物的，应当实行数罪并罚。[①] 第二，《刑法》第399条第4款明确规定“司法工作人员收受贿

① 张明楷：“论受贿罪中的‘为他人谋取利益’”，载《政法论坛》2004年第5期。

赂……同时又构成本法第 385 条规定之罪的……”疑问在于，这里的“收受贿赂”是否包含了主动索取贿赂？如果从维护《刑法》第 385 条规定的受贿罪的统一性角度考虑，应当认为包括索取贿赂的情形。相反，如果从处罚正义的角度着眼，则宜认为不包含索取贿赂。应当认为，立法者在作出这一规定时，显然已经预想到了索取贿赂的情形，尽管如此，《刑法》条文并没有使用“收受或者索取”贿赂的字眼，相反，却只明确规定了“收受”贿赂，这表明此处的“收受贿赂”不包括索取贿赂。换言之，司法工作人员主动索取他人的贿赂，同时又犯《刑法》第 399 条前 3 款规定之罪的，应当成立数罪，实行并罚。①

第四节　渎职犯罪中的结果犯的认定

渎职罪 35 个罪名中，约有四分之三是结果犯。2006 年 7 月 26 日最高人民检察院颁布的《立案标准》，对犯罪后果均有明确的规定。司法实践中大家一般都认为，只有符合《立案标准》中明确规定的危害后果的才能立案，没有造成后果的就不构成犯罪。

一、关于渎职罪中结果犯未遂的争论

对于渎职犯罪中的结果犯，司法实务中形成了共识，即这种渎职行为，如果没有造成危害后果的，不构成犯罪。这种做法得到了理论界的支持。如有的学者认为，“凡是刑法在罪状中规定特定结果或情节严重要素的渎职罪，特定结果或情节严重都应当解释为犯罪成立必备的要素；没有发生特定结果或达到‘情节严重’标准的，不应当认定成立犯罪，在故意犯罪中也不应存在‘成立犯罪而构成未遂犯’的余地”。②

对此，有的同志提出异议，认为规定某种结果要素的渎职罪有未遂存在的余地，理由是：第一，在理论层面上，《刑法》总则明确规定犯罪未遂的定义及特征，《立案标准》虽然明确了检察院直接受理立案侦查案件的立案标准，但并不意味着这类案件不存在未遂状态。根据《刑法》总则规定，故意犯罪可以有未遂形态，因此渎职罪中的故意犯罪也可以有未遂形态。第

---

① 胡东飞：“论受贿罪中‘为他人谋取利益’构成犯罪的罪数问题——兼论刑法第 399 条第 4 款的性质及其适用范围”，载《中国刑事法杂志》2006 年第 1 期。

② 肖中华：“渎职罪法定结果、情节在构成中的地位及既遂未遂形态之区分”，载《法学》2005 年第 12 期。

二，犯罪构成以形态来划分可分为基本的犯罪构成和修正的犯罪构成。基本的犯罪构成一般是指既遂犯或单独犯的构成要件。修正的犯罪构成是指以基本的犯罪构成为前提，适应犯罪行为的不同形态，对基本的犯罪构成加以某些修改的犯罪构成。预备犯、未遂犯、中止犯等未完成形态的犯罪构成以及共同犯罪的犯罪构成则属于修正的犯罪构成。《刑法》分则条文大都以犯既遂罪为标本，而犯罪的未完成形态以及共同犯罪的内容都在《刑法》总则部分规定。从《立案标准》的性质看，其虽然规定的是立案标准，但实质规定的是犯罪构成的标准，而且此种犯罪构成性质上应为基本的犯罪构成。因此，《立案标准》所列出的只是渎职罪的基本形态所规定的犯罪构成，并不是渎职罪的唯一形态，某些渎职罪完全可以有修正的犯罪构成，即存在依《刑法》总则规定的犯罪预备、犯罪中止、犯罪未遂以及共同犯罪等形态。第三，司法实践中，在《刑法》对渎职犯罪的规定中，大部分渎职犯罪是以结果犯作为处罚依据，而未将危险犯作为处罚对象。渎职犯罪侵犯的客体是国家对国家机关工作人员公务活动的管理制度，而对国家机关工作人员公务活动的管理制度的侵犯，并不一定需要在实际上造成公共财产、国家和人民利益遭受重大损失，如果等到损害结果发生后才对这种行为处以刑罚，显然是不符合我国《刑法》规定的立法精神。①

二、渎职罪中的结果犯不存在未遂

笔者认为，这涉及对结果犯的认识及如何把握渎职罪的范围，有必要加以研究以廓清界限，明确渎职犯罪的查办重点。

对上述问题之所以产生异议，首先是源于结果犯概念的不统一。通说认为，犯罪行为必须造成法定的危害结果才构成既遂的犯罪是结果犯（以下简称“既遂标准说”）。例如，有的认为“结果犯是指不仅要实施具体犯罪构成客观要件的行为，而且必须发生法定的危害结果才构成既遂的犯罪，即以法定的犯罪结果的发生与否作为犯罪既遂与未遂区别标志的犯罪”。② 有的认为，结果犯是“以发生特定的犯罪结果作为既遂的标准，即行为人不仅实施刑法分则所规定的行为，而且只有发生了法定的危害结果，才能构成

① 王琦：“渎职罪犯罪未遂状态及其处罚”，载《检察日报》2007年3月16日第4版。

② 高铭暄主编：《新编中国刑法学》（普通高等教育“九五”国家级重点教材），中国人民大学出版社1998年版，第207页；高铭暄、马克昌主编：《刑法学》（普通高等教育“十一五”国家级规划教材），北京大学出版社、高等教育出版社2007年版，第161页；屈学武主编：《刑法总论》（法律硕士专业学位研究生通用教材），社会科学出版社2004年版，第251页。

犯罪既遂”。[1] 但是对通说一直有学者提出异议。这些学者认为，应以成立犯罪是否必须具备犯罪结果这一要件来界定结果犯（以下简称“成立标准说”）。如有的同志认为，不要求发生犯罪结果就成立的犯罪是行为犯，要求发生犯罪结果才能成立的犯罪是结果犯。这样区分二者的意义在于可以告诉我们，哪些犯罪的成立要求发生犯罪结果，哪些犯罪的成立不要求发生犯罪结果。行为犯与结果犯应以法律规定为标准，不能以案件是否发生犯罪结果为标准。[2] 有的则认为，结果犯是以法定的犯罪结果的发生为犯罪构成要件的犯罪。结果发生了，行为方可成立犯罪；反之，犯罪不成立。[3] 在这种犯罪中，法定的危害结果是否发生是区分罪与非罪的标志，而非衡量既遂与未遂的标志。

“成立标准说”认为，“既遂标准说”的缺陷表现在：其一，《刑法》中并没有“必须发生法定的犯罪结果才构成既遂的犯罪”。综观整个分则条文，并无哪个犯罪以法定的犯罪结果作为既遂标志。在《刑法》分则中，法定的犯罪结果，即法条明文规定的犯罪结果，往往只是作为犯罪成立要件或结果加重犯的加重结果。前者如过失致人死亡罪，在这种情况下，犯罪结果只是着眼于犯罪的成立与否，而不着眼于犯罪的既遂。后者如第263条规定的抢劫罪的死亡结果，这种法定的结果也并无标志犯罪既遂的意义，而只有量刑上的意义。其二，这种理解得出的结论是矛盾的。持通说的学者总是在犯罪既遂的形态中谈论行为犯与结果犯，认为行为犯与结果犯是犯罪既遂的类型之一。逻辑规律告诉我们，种概念包括属概念，属概念是种概念的一种。通说既然认为犯罪既遂可以分为行为犯、结果犯等几类，则既遂犯是种概念，结果犯是属概念，可以得出结果犯是既遂犯的结论。而事实上通说又认为结果犯是发生犯罪结果的犯罪，结果未发生即未遂。换言之，结果犯并不总是既遂犯，还可以是未遂犯、预备犯、中止犯。这两个结论自相矛盾，而这正是由于前提不正确造成的。因此不能在犯罪既遂形态中谈论结果犯，而应在构成要件里讨论。[4]

针对“成立标准说”的批评，“既遂标准说”进一步阐述了该说的合理性，其主要理由是：1. 以结果论责任是早期刑法一直延续下来的刑法观念，既遂的结果发生说（即以发生法定犯罪结果为既遂成立的标志）就是这一

---

① 苏惠渔主编：《刑法学》（高等政法院校规划教材），中国政法大学出版社1997年版，第206页。

② 张明楷：《犯罪论原理》，武汉大学出版社1991年版，第515—517页。

③ 苏彩霞：“结果犯理论的反思及界定”，载《中国刑事法杂志》2000年第1期。

④ 苏彩霞：“结果犯理论的反思及界定”，载《中国刑事法杂志》2000年第1期。

观念的反映。这一观念虽然并不完全正确，但许多犯罪的确是以结果的发生与否作为判断既遂的标准。将这类犯罪归于结果犯之列，合乎传统思维观念。又由于既遂犯是犯罪的普遍存在形式，确立上述观念对研究和处罚既遂犯具有现实意义。2. 虽然我国《刑法》对犯罪未完成形态的处罚原则不同于大陆法系国家的规定，但我国《刑法》分则对法定刑的设置则是以处罚既遂犯为标本的。这就是说，立法者在给犯罪配置法定刑时，必须考虑该罪既遂形态的社会危害性，从而做到罪刑相适应。于是，依“既遂标准说”研究结果犯和行为犯合乎法定刑的配置规律，有助于法定刑体系的协调一致。3. 根据成立标准说，结果犯只限于过失犯罪、间接故意犯罪和少数直接故意犯罪，这势必导致有的犯罪既可以是行为犯，也可以是结果犯。如就杀人罪来说，直接故意杀人是行为犯，间接故意杀人是结果犯，于是该罪既是行为犯，又是结果犯。又依据刑法条文对杀人罪无死亡结果的规定，该罪应是行为犯。二者之间的矛盾是显而易见的。4. 就犯罪构成和犯罪既遂的关系而言，犯罪构成是基础，犯罪既遂是最充分实现了的犯罪构成。表面上看，成立标准说强调犯罪构成的作用，实质上这是把犯罪构成过于简单化的观点。相反，“既遂标准说”是在运用犯罪构成的基础上，确定对既遂犯的处罚，是罪与刑的结合，其价值取向更加合理。[1]

笔者认为，“既遂标准说”这一通说的观点是不科学的。它与规范注释刑法学“为刑事司法实践提供理论指导，并接受实践检验”之目的是不相符的。从司法实务角度看，“成立标准说”更值得肯定。行为犯和结果犯的划分是针对具有普通的犯罪构成的犯罪而言的，具有普适性。根据行为要素与结果要素之间关系的不同，区分出行为犯和结果犯，就可以将基本犯的所有类型概括无遗。其中，行为犯是通过对行为要素的肯定和对结果要素的否定来界定的，而结果犯则是将行为与结果均作为其构成要件的肯定因素来界定的。[2] 这种观点告诉我们，哪些犯罪的成立要求发生犯罪结果，哪些犯罪的成立不要求发生犯罪结果。它解决的是犯罪成立与否的问题。同时它清晰地划分了结果犯与行为犯的界限，即结果犯是指以犯罪结果的发生为成立条件的犯罪，行为犯是指成立犯罪不要求发生危害结果的犯罪，结果犯之外的其他犯罪就是行为犯。

有的学者为了应对“成立标准说”的质疑，在肯定通说的基础上又认为，刑法上还规定另一种情况，即某种法定危害后果的发生，不仅是构成犯

① 金泽刚：“结果犯的概念及其既遂形态研究”，载《法律科学》1999 年第 3 期。

② 史卫忠：《行为犯研究》，中国方正出版社 2002 年版，第 55 页。

罪既遂的必要要件，而且是构成犯罪的必要要件，也就是说，如果没有发生了法定的危害结果，不仅不能构成犯罪既遂，而且不构成犯罪。这种情况，在刑法理论上也称为结果犯。因为从必须发生法定的危害结果才是犯罪构成的完成状态这一点看，这两种情况是完全一致的。[①] 有的把结果犯进一步划分普通构成的结果犯和特殊构成的结果犯。前者在刑法分则条文中找不到标志其既遂成立的危害结果，需要对其加以解释和推断，这是最常见的一类结果犯；后者是在刑法分则条文中已标明标志其既遂成立的危害结果，不需要也不能对其作其他解释或推理，这种结果犯是以法定的犯罪结果作为犯罪构成的必要条件。[②] 从这两种观点我们可以看到，它们实际上都是把结果犯分为以法定结果为构成要件要素的结果犯和以一定结果为犯罪既遂要素的结果犯。笔者认为，这种分类虽然符合我国刑法分则的规定，但这种分类缺乏现实意义，对司法实践也无指导价值。即便按照通说，强调法定的犯罪结果在既遂与未遂形态中的标志地位，司法实践与理论也不排除几种特殊的结果犯未遂状态的成立。但大家都明白结果犯一般不可能存在未遂，只存在罪与非罪的区别。与其作这样的分类，还不如对结果犯的范围进行严格限制，以便司法人员能简便正确地划分结果犯与行为犯的界限。

由此可见，结果犯是以法定的犯罪结果的发生为犯罪构成要件的犯罪，发生了法定的危害结果，则成立犯罪；反之，则不构成犯罪。涉及渎职犯罪，凡属于渎职罪中的结果犯，[③] 都要求具备法定的危害结果，法定的危害结果没有发生的，不构成犯罪，当然也不存在未遂问题。

笔者认为，渎职罪中的结果犯有犯罪未遂的观点存在以下问题：第一，对结果犯的认识存在误区。即使按照通说，结果犯也是分为以法定结果为构成要件要素的结果犯和以一定结果为犯罪既遂要素的结果犯的，不是所有的结果犯都是有犯罪未遂的。“凡是结果犯都有未遂，渎职罪是结果犯，所有渎职罪也有未遂。”这种三段论的推理由于前提不正确，结论必然不正确。第二，不符合司法解释精神。《立案标准》规定：滥用职权罪是指国家机关工作人员超越职权，违法决定、处理其无权决定、处理的事项，或者违反规

---

① 何秉松主编：《刑法教科书》（高等政法院校规划教材），中国法制出版社 1997 年版，第 357 页。

② 金泽刚：“结果犯的概念及其既遂形态研究”，载《法律科学》1999 年第 3 期。

③ 渎职罪中并不都是结果犯。下列罪名为行为犯：私放在押人员罪，帮助犯罪分子逃避处罚罪，徇私舞弊减刑、假释、暂予监外执行罪，阻碍解救被拐卖、绑架妇女、儿童罪，商检徇私舞弊罪，动植物检疫徇私舞弊罪，办理偷越国（边）境人员出入境证件罪，放行偷越国（边）境人员罪。这部分渎职犯罪，《刑法》分则没有对结果或者情节作出具体规定。

定处理公务，致使公共财产、国家和人民利益遭受重大损失的行为。涉嫌下列情形之一的，应予立案：1. 造成死亡1人以上，或者重伤2人以上，或者重伤1人、轻伤3人以上，或者轻伤5人以上的；2. 导致10人以上严重中毒的；3. 造成个人财产直接经济损失10万元以上，或者直接经济损失不满10万元，但间接经济损失50万元以上的；4. 造成公共财产或者法人、其他组织财产直接经济损失20万元以上，或者直接经济损失不满20万元，但间接经济损失100万元以上的；5. 虽未达到3、4两项数额标准，但3、4两项合计直接经济损失20万元以上，或者合计直接经济损失不满20万元，但合计间接经济损失100万元以上的；6. 造成公司、企业等单位停业、停产6个月以上，或者破产的；7. 弄虚作假，不报、缓报、谎报或者授意、指使、强令他人不报、缓报、谎报情况，导致重特大事故危害结果继续、扩大，或者致使抢救、调查、处理工作延误的；8. 严重损害国家声誉，或者造成恶劣社会影响的；9. 其他致使公共财产、国家和人民利益遭受重大损失的情形。从上述规定看到，滥用职权案必须达到上述标准，行为人才构成犯罪，检察机关才能立案。既然《立案标准》中规定了明确的后果才能立案，那么没有造成后果的就不构成犯罪，也不存在犯罪未遂的问题。如果认为行为人已着手实施滥用职权行为，可能造成《立案标准》所规定的危害后果，但由于意志以外的原因，没有造成危害后果的，可以构成滥用职权罪，显然是与司法解释的规定相矛盾的。第三，有违刑法谦抑性原则。刑法谦抑性是指立法者应当力求以最小的支出——少用甚至不用刑罚（而用其他刑罚替代措施），获取最大的社会效益——有效地预防和控制犯罪。刑法的谦抑性具有限制机能，在现代法治社会，这是刑法应有的价值意蕴。刑法的谦抑性包括刑法的紧缩性、刑法的补充性、刑法的经济性。[①] 认为渎职罪中的结果犯有犯罪未遂的观点，出发点似乎是为了更有力地惩治渎职犯罪，但由于没有对我国目前的渎职犯罪现状、原因进行深入的研究分析，一味迷信刑罚手段，结果不仅不能实现遏制渎职犯罪的目的，而且误导司法人员。第四，标准模糊，司法实践中难以操作。持渎职罪中有犯罪未遂观点的同志，一方面肯定渎职罪中的结果犯有犯罪未遂，同时又认为这种结果犯的未遂，必须具备以下三个方面的特定的条件：一是要排除《刑法》第13条

① 陈兴良：《刑法的价值构造》，中国人民大学出版社1998年版，第353—390页。我国学者王明星则把刑法谦抑精神概括为三方面的内容：其一是刑法的有限性；其二是刑法的迫不得已性；其三是刑法的宽容性。参见王明星：《刑法谦抑精神研究》，中国人民公安大学出版社2005年版，第61页。

"但书"情形，即情节显著轻微，危害不大的渎职未遂，不认为是犯罪；二是具备一般未遂犯的条件，如行为人已经着手实行犯罪，但犯罪最终没有得逞，犯罪没有得逞是行为人意志以外的原因造成的；三是具有追求较大危害结果的确定性故意。故意属于主观范畴，体现了行为人对犯罪目标的认识因素和意志因素。根据认识的明确程度，故意可以区分为非确定性故意和确定性故意。在非确定性故意支配下，行为性质的认定取决于最终的危害结果，危害结果达到立案标准的，以渎职罪追究责任，危害结果未达到立案标准的，行为人不构成犯罪，也无未遂。在确定性故意支配下，行为人如果以较小特定结果（低于构罪标准）发生为直接目标，行为性质的认定则要取决于最终的危害结果，危害结果达到立案标准的，以渎职罪追究责任，定责的根据可以诉诸于间接故意。危害结果未达到立案标准的，依主客观统一原则，行为人不构成犯罪，也无未遂。行为人如果以较大特定结果（构罪标准）发生为直接目标，说明行为人已经具备了较大的主观恶性，即使最终由于其他因素导致没有达到预期的目标，也应以未遂定罪处罚。当然，确定性故意的认定在司法实践中非常复杂，但这毕竟属于司法审查范畴，而非定性问题，完全可以结合渎职行为发生时的主客观情况，对行为人的罪过作出判断，以正确解决行为人的刑事责任问题。① 只要我们细细分析，这三个条件在渎职罪的认定中是很难界定的。

综上所述，我们认为，渎职罪中的所有结果犯，都要求发生法定的危害结果才构成犯罪，渎职罪中的结果犯没有未遂犯存在的空间。

① 寿可、董月利："渎职罪中的'结果犯'存在未遂"，载《黑龙江省政法管理干部学院学报》2006 年第 6 期。

Chapter 5

第五章　渎职罪立案标准研究

第一节　渎职罪立案标准概述

我国《刑事诉讼法》第86条规定："人民法院、人民检察院或者公安机关对于报案、控告、举报和自首的材料，应当按照管辖范围，迅速进行审查，认为有犯罪事实需要追究刑事责任的时候，应当立案……"根据这一条的规定，立案应当具备以下两个条件：有犯罪事实存在；需要追究刑事责任。① 这只是对立案条件的原则性规定，是刑事立案的总标准。具体到某一

① 传统观点认为是"有犯罪事实"。所谓有犯罪事实，即有可靠的材料证明客观上确有危害社会的犯罪行为存在，"具体地说，有犯罪事实，必须是犯罪事实已经发生或者正在发生"（参见张子培主编：《刑事诉讼法学》（高等学校法学教材），群众出版社1987年版，第281页；陈光中主编：《刑法诉讼法》，北京大学出版社、高等教育出版社2002年版，第237—238页）。笔者认为，把刑诉法规定的"认为有犯罪事实"理解为"有犯罪事实"是有失偏颇的。首先，两者含义不同。"有犯罪事实"是办案人员对客观事实的确切认定，是主观见于客观的东西，是认识与存在的统一。它旨在强调犯罪事实的客观性和确定性。而"认为有犯罪事实"则属于认识范畴，它是办案人员在对受案材料进行审查后，形成感性认识，进而运用辩证思维，在内心形成的某犯罪事实存在的一种主观判断。它旨在强调这是一种主观认识的事实而不是对客观事实的确切认定。其次，刑诉法第61条对立案的事实条件的表述是"认为有犯罪事实"而不是"有犯罪事实"。我国刑诉法之所以把认为有犯罪事实作为立案的事实条件，不仅在于提醒司法人员对于犯罪事实的认定要有一定的事实根据，而且更重要的是在于强调，在刑事诉讼中被确认的事实并不是客观事实本身，而是办案人员依照法律规定对客观事实的一种认定。决定立案或不立案的事实根据并不是有或没有犯罪事实，而是根据法律规定认为有或没有犯罪事实。把法律条文中规定的"认为有犯罪事实"曲解为"有犯罪事实"，进而将其作为立案条件贯彻到司法实践中去，是有悖立法原意的。再次，把"有犯罪事实"作为立案的事实条件与刑事立案程序的特点相矛盾。立案作为刑事诉讼的开端，其认识的犯罪事实是受限制的。确认并证实整个犯罪事实是立案后整个刑事诉讼的任务。正因为司法人员因各种主客观原因的限制，而使主观认识可能与客观实际不相一致。所以刑诉法才规定了立案、侦查、起诉、审判等不同程序，从而最大限度地避免因主观认识与客观实际不一致而产生的冤假错案；也正因为存在着这种不一致的现象，司法实践中才会出现立案后又撤案或不起诉或宣判无罪等情况。如果把确有犯罪事实作为立案的事实条件，显然与诉讼过程及立案的特点相矛盾。最后，把"认为有犯罪事实"理解为"有犯罪事实"，不利于及时立案。固然，这种理解对于严格把握立案条件，防止轻率

类案件、某一个案件，什么样的事实是犯罪事实，达到什么样的危害程度需要追究刑事责任，仅仅凭这两条的原则性规定是不能解决实践中是否应当立案问题的。要解决立案问题，必需将立案条件具体化，规定各种具体犯罪的立案标准。

立案标准是指司法机关决定对犯罪案件开始追究刑事责任时所应掌握的衡量犯罪案件是否成立的规格和尺度。立案标准是司法机关确定某一危害社会的行为是否构成犯罪，是否需要追究刑事责任，从而是否需要进入刑事司法程序的一个非常重要的标准。因此，最高人民检察院一直重视对立案标准的制定和实施。

1986年3月24日最高人民检察院首次制定颁布了《人民检察院直接受理的经济检察案件立案标准的规定（试行）》、《人民检察院直接受理的法纪检察案件立案标准的规定（试行）》。1989年11月30日最高人民检察院对《人民检察院直接受理的法纪检察案件立案标准的规定（试行）》进行了修改，重新制定了《人民检察院直接受理的侵犯公民民主权利、人身权利和渎职案件立案标准的规定》。

1997年3月14日第八届全国人民代表大会第五次会议全面修订《刑法》后，最高人民检察院又着手对相关立案标准进行修改。1997年12月31日最高人民检察院制定颁布了《关于检察机关直接受理立案侦查案件中若干数额、数量标准的规定（试行）》。1999年8月6日最高人民检察院通过了《人民检察院直接受理立案侦查案件立案标准的规定（试行）》（简称《试行标准》）。《试行标准》自1999年9月16日起施行。

2006年7月26日最高人民检察院颁布了《关于渎职侵权犯罪案件立案标准的规定》（以下简称《立案标准》），《立案标准》自公布之日起施行。这是《试行标准》实施之后，对渎职侵权犯罪立案标准作出的重大修改和完善。

修订后的渎职侵权犯罪立案标准有四个显著特点：[①]

一是犯罪主体范围更加明确。根据《刑法》规定，渎职罪的犯罪主体是国家机关工作人员。由于此前未对国家机关工作人员作出明确规定，致使

立案是有积极意义的。但由于它过分强调犯罪事实的客观性，片面追求立案的准确性，从而忽视了立案的及时性。在实践中出现的“不破不立”、“先破后立”等现象，莫不与这种认识有密切关系。笔者认为，根据我国刑诉法的规定，刑事立案的事实条件应是“认为有犯罪事实”。这样理解，既有利于克服仅仅根据受案材料就轻率立案的做法，又有利于克服非确有犯罪事实需要追究刑事责任不能立案的偏于保守的做法，因而是非常科学的，实践中必须正确执行。

① 丁海东：“修订立案标准推进反渎职侵权工作”，载《检察日报》2006年7月28日。

渎职罪主体问题成为长期困扰司法实践的一个突出问题。此次修订后的渎职侵权犯罪立案标准在吸收近年来立法成果的基础上，对渎职侵权案件中国家机关工作人员的概念和范围作出了明确的规定。

二是保障人权的价值取向更加突出。此次渎职侵权犯罪立案标准的修改，自始至终体现了“国家尊重和保障人权”的宪法原则，通篇贯穿了保障人权的价值取向，并且认真落实到具体条款中。保护人权，尤其是加强诉讼活动中的人权保护，是反渎职侵权工作的重要方面。在过去的渎职侵权犯罪立案标准中，对侵权手段表述较为笼统，新的立案标准对此进行了修订，以列举方式明晰了“手段残忍、影响恶劣”的侵权手段，这既是司法实践的现实反映，也是保护人权、维护执法公正的必然要求。

三是更加注重保护个人合法财产。过去的渎职侵权犯罪立案标准未对渎职案件造成公共财产和个人财产损失进行区别，司法实践中基本是按同一标准执行。新修订的立案标准对滥用职权案、玩忽职守案等都明确规定，造成个人财产直接经济损失达到法定数额的应予立案，体现了对公民财产权利的保护，适应了社会发展和司法实践的需求，保障了执法的平衡性和协调性。

四是惩治渎职侵权犯罪的法网更加严密。新修订的渎职侵权犯罪立案标准增加了执行判决、裁定失职案等新罪名的立案标准，增加了个人财产直接经济损失和间接经济损失标准，明确了对权力干预型渎职犯罪的惩治，在遵循立法原意的基础上突出了实务操作性，使惩治渎职侵权犯罪的法网更加周密和严谨。

《立案标准》补充、修改和完善了检察机关管辖的42种渎职侵权犯罪的立案标准，涉及国家权力运行的各个领域，是近年来检察机关惩治和预防渎职侵权犯罪工作的经验总结，是检察机关落实科学发展观、社会主义法治理念和贯彻中央关于反腐败查办职务犯罪一系列指示精神的体现，也是检察机关准确把握党和国家刑事政策与立法精神、结合司法实际和办案需求的体现，符合当前反渎职侵权工作的实际。因此，《立案标准》是检察机关深入开展反腐败斗争，严厉打击各类渎职侵权犯罪的重要依据和有力武器，是检察机关正确履行法律监督职能，加大办案力度，提高执法水平和办案质量，深入推进反渎职侵权工作，维护社会公平正义的重要保证。《立案标准》的公布施行，是检察机关贯彻社会主义法治理念，强化法律监督职能，加强反渎职侵权工作的重要举措。它为检察机关反渎职侵权工作提供了重要的法律武器和执法依据，对于各级检察机关认真履行查办渎职侵权犯罪案件的检察职能，惩治国家机关工作人员渎职侵权犯罪，将发挥重要作用。

第二节 《立案标准》修改的主要内容

《立案标准》的修订过程，是一个不断探讨立法原意和总结司法实践经验的过程，也是一个发扬民主和科学论证的过程。高检院在历时两年的修订过程中，始终坚持以下原则：一是罪刑法定原则。这是我国《刑法》的一项基本原则，也是司法解释必须遵循的准则。立案标准的制定严格遵循了法律的原意。二是便于操作原则。尽可能地避免笼统和原则性的表述，尽可能地作出明确、具体、细化的规定。三是统一协调原则。高检院多次召开不同层次、不同规模的专家和行政执法部门研讨论证会，并广泛征求全国人大法工委、国务院有关部委和各级检察机关的意见。可以说，《立案标准》是集体智慧的结晶。[①] 新立案标准共规定了221项立案条件，比旧立案标准160项增加了61项，立案标准进一步细化。

《试行标准》曾对33种渎职犯罪案件的立案标准作了规定，其内容经过7年的实践证明基本是可行的。《立案标准》在《试行标准》的基础上对部分内容进行了修改和完善。[②]

一、根据刑法修正案和立法解释的有关规定，对立案标准的有关内容增加了规定或者进行了相应修改

《试行标准》颁布后，立法机关先后颁布了一些刑法修正案和立法解释，这些规定亟须在《立案标准》中予以体现。

1. 2001年8月31日全国人大常委会通过了《关于〈中华人民共和国刑法〉第228条、第342条、第410条的解释》。该解释规定：《刑法》第228条、第342条、第410条规定的“违反土地管理法规”，是指违反土地管理法、森林法、草原法等法律以及有关行政法规中关于土地管理的规定。《刑法》第410条规定的“非法批准征用、占用土地”，是指非法批准征用、占用耕地、林地等农用地以及其他土地。据此，《立案标准》将《试行标准》修改为：非法批准征用、占用土地罪是指国家机关工作人员徇私舞弊，违反土地管理法、森林法、草原法等法律以及有关行政法规中关于土地管理的规定，滥用职权，非法批准征用、占用耕地、林地等农用地以及其他土地，情

① 丁海东：“修订立案标准推进反渎职侵权工作”，载《检察日报》2006年7月28日。

② 陈国庆、韩耀元：“《关于渎职侵权犯罪案件立案标准的规定》解读”，载《检察日报》2006年7月28日。

节严重的行为。涉嫌下列情形之一的，应予立案：（1）非法批准征用、占用基本农田10亩以上的；（2）非法批准征用、占用基本农田以外的耕地30亩以上的；（3）非法批准征用、占用其他土地50亩以上的；（4）虽未达到上述数量标准，但造成有关单位、个人直接经济损失30万元以上，或者造成耕地大量毁坏或者植被遭到严重破坏的；（5）非法批准征用、占用土地，影响群众生产、生活，引起纠纷，造成恶劣影响或者其他严重后果的；（6）非法批准征用、占用防护林地、特种用途林地分别或者合计10亩以上的；（7）非法批准征用、占用其他林地20亩以上的；（8）非法批准征用、占用林地造成直接经济损失30万元以上，或者造成防护林地、特种用途林地分别或者合计5亩以上或者其他林地10亩以上毁坏的；（9）其他情节严重的情形。非法低价出让国有土地使用权罪是指国家机关工作人员徇私舞弊，违反土地管理法、森林法、草原法等法律以及有关行政法规中关于土地管理的规定，滥用职权，非法低价出让国有土地使用权，情节严重的行为。涉嫌下列情形之一的，应予立案：（1）非法低价出让国有土地30亩以上，并且出让价额低于国家规定的最低价额标准的百分之六十的；（2）造成国有土地资产流失价额30万元以上的；（3）非法低价出让国有土地使用权，影响群众生产、生活，引起纠纷，造成恶劣影响或者其他严重后果的；（4）非法低价出让林地合计30亩以上，并且出让价额低于国家规定的最低价额标准的百分之六十的；（5）造成国有资产流失30万元以上的；（6）其他情节严重的情形。

2. 2002年12月28日全国人大常委会通过了《关于〈中华人民共和国刑法〉第九章渎职罪主体适用问题的解释》。根据该解释的有关规定，在依照法律、法规规定行使国家行政管理职权的组织中从事公务的人员，或者在受国家机关委托代表国家机关行使职权的组织中从事公务的人员，或者虽未列入国家机关人员编制但在国家机关中从事公务的人员，在代表国家机关行使职权时，视为国家机关工作人员。在立案标准附则部分所规定的渎职罪主体中体现了这一立法解释的内容。

3. 2002年12月28日全国人大常委会通过了《中华人民共和国刑法修正案（四）》，其中第8条第3款规定："在执行判决、裁定活动中，严重不负责任或者滥用职权，不依法采取诉讼保全措施、不履行法定执行职责，或者违法采取诉讼保全措施、强制执行措施，致使当事人或者其他人的利益遭受重大损失的，处5年以下有期徒刑或者拘役；致使当事人或者其他人的利益遭受特别重大损失的，处5年以上10年以下有期徒刑。"即在《刑法》第399条中增加规定了执行判决、裁定失职罪和执行判决、裁定滥用职权罪。修正案施行后，由于欠缺立案标准，一直影响对该犯罪的查处。对此《立案标准》第7条规定："执行判决、裁定失职罪是指司法工作人员在执行判决、裁定活动中，严重不负责任，不依法采取诉讼保全措施、不履行法定执行职责，或者违法采取保全措施、强制执行措施，致使当事人或者其他人的利益遭受重大损失的行为。涉嫌下列情形之一的，应予立案：（1）致使当事人或者其近亲属自杀、自残造成重伤、死亡，或者精神失常的；（2）造成个人财产直接经济损失15万元以上，或者直接经济损失不满15万元，但间接经济损失75万元以上的；（3）造成法人或者其他组织财产直接经济损失30万元以上，或者直接经济损失不满30万元，但间接经济损失150万元以上的；（4）造成公司、企业等单位停业、停产1年以上，或者破产的；（5）其他致使当事人或者其他人的利益遭受重大损失的情形。"

二、根据有关司法解释和司法解释性文件的规定，对立案标准的有关内容增加了规定或者进行了相应修改

近年"两高"制定发布了一些涉及渎职犯罪定罪量刑的司法解释和司法解释性文件，这些规定对规范立案标准具有重要参考意义，《立案标准》中增设了这方面的规定。这些规定主要有：

1. 2003年5月13日最高人民法院、最高人民检察院制定的《关于办理妨害预防、控制突发传染病疫情等灾害的刑事案件具体应用法律若干问题的解释》规定：在国家对突发传染病疫情等灾害采取预防、控制措施后，具有下列情形之一的，属于《刑法》第409条规定的"情节严重"：（1）对发生突发传染病疫情等灾害的地区或者突发传染病病人、病原携带者、疑似突发传染病病人，未按照预防、控制突发传染病疫情等灾害工作规范的要求做好防疫、检疫、隔离、防护、救治等工作，或者采取的预防、控制措施不当，造成传染范围扩大或者疫情、灾情加重的；（2）隐瞒、缓报、谎报或者授意、指使、强令他人隐瞒、缓报、谎报疫情、灾情，造成传染范围扩大或者疫情、灾情加重的；（3）拒不执行突发传染病疫情等灾害应急处理指挥机构的决定、命令，造成传染范围扩大或者疫情、灾情加重的。《立案标准》在传染病防治失职罪的立案标准中增设了上述三项内容。

2. 2003年11月13日最高人民法院制定的《全国法院审理经济犯罪案件工作座谈会纪要》第6条第1项关于"渎职犯罪行为造成的公共财产重大损失的认定"中规定："根据刑法规定，玩忽职守、滥用职权等渎职犯罪是以致使公共财产、国家和人民利益遭受重大损失为构成要件的。其中，公共财产的重大损失，通常是指渎职行为已经造成的重大经济损失。在司法实践中，有以下情形之一的，虽然公共财产作为债权存在，但已无法实现债权的，可以认定为行为人的渎职行为造成了经济损失：（1）债务人已经法定程序被宣告破产；（2）债务人潜逃，去向不明；（3）因行为人责任，致使超过诉讼时效；（4）有证据证明债权无法实现的其他情况。”2004年最高人民法院研究室《关于对滥用职权致使公共财产、国家和人民利益遭受重大损失如何认定问题的答复》规定：“直接经济损失和间接经济损失，是指立案时确已造成的经济损失。移送审查起诉前，犯罪嫌疑人及其亲友自行挽回的经济损失，以及由司法机关或者犯罪嫌疑人所在单位及其上级主管部门挽回的经济损失，不予扣减，但可作为对犯罪嫌疑人从轻处理的情节考虑。”《立案标准》吸收了上述司法解释性文件的规定。

3. 2005年12月19日最高人民法院制定的《关于审理破坏林地资源刑事案件具体应用法律若干问题的解释》第2条规定：国家机关工作人员徇私舞弊，违反土地管理法规，滥用职权，非法批准征用、占用林地，具有下列情形之一的，属于《刑法》第410条规定的“情节严重”，应当以非法批准征用、占用土地罪判处3年以下有期徒刑或者拘役：（1）非法批准征用、占用防护林地、特种用途林地数量分别或者合计达到10亩以上；（2）非法批准征用、占用其他林地数量达到20亩以上；（3）非法批准征用、占用林地造成直接经济损失数额达到30万元以上，或者造成本条第（1）项规定的林地数量分别或者合计达到5亩以上或者本条第（2）项规定的林地数量达到10亩以上毁坏。第4条规定：国家机关工作人员徇私舞弊，违反土地管理法规，非法低价出让国有林地使用权，具有下列情形之一的，属于《刑法》第410条规定的“情节严重”，应当以非法低价出让国有土地使用权罪判处3年以下有期徒刑或者拘役：（1）林地数量合计达到30亩以上，并且出让价额低于国家规定的最低价额标准的百分之六十；（2）造成国有资产流失价额达到30万元以上。《立案标准》在非法批准征用、占用土地罪、非法低价出让国有土地使用权罪的立案标准中增设了上述内容。此外，还将《试行标准》中“非法批准征用、占用土地数量虽未达到上述标准，但接近上述标准且导致被非法批准征用、占用的土地或者植被遭到严重破坏，或者造成有关单位、个人直接经济损失20万元以上的”和“非法低价出让国有土地使用权的数量虽未达到上述标准，但造成国有土地资产流失价值20万元以上或者植被遭到严重破坏的”修改为“虽未达到上述数量标准，但造成有关单位、个人直接经济损失30万元以上，或者造成耕地大量毁坏或者植被遭到严重破坏的”和“造成国有资产流失30万元以上的”。

三、立案标准细化，进一步严密刑事法网

1. 进一步明确了结果犯的犯罪结果内容。

(1) 增加了个人财产直接经济损失标准；

(2) 增加了间接经济损失标准，即虽未达到直接经济损失标准，但已达到间接经济损失标准的，也应予立案；

(3) 增加了合计计算标准，即在个人财产和公共财产均遭到损失的情况下，虽二者均未达到立案标准，但两项合计，如滥用职权或玩忽职守造成直接经济损失达到20万元以上，或间接经济损失达到100万元以上，就应予立案；

(4) 明确了损失认定时间界限，即直接经济损失和间接经济损失，是指立案时确已造成的经济损失。移送审查起诉前，司法机关或发案单位以及犯罪嫌疑人及其亲友等挽回的经济损失，不能折抵或扣减，但可作为从轻处理的情节考虑。此类规定使惩治和预防渎职犯罪的法网更加严密。

再如滥用职权案，《立案标准》对滥用职权罪中的“致使公共财产、国家和人民利益遭受重大损失”的情形作出细化的规定，其中反映人身安全后果的有2项，经济损失后果的有3项，损害生产经营的1项，延误、扩大损害后果的1项，非物质性损害1项，概括性其他损失结果1项。如将《试行标准》中“枉法裁判，致使公民财产损失或者法人或者其他组织财产损失重大的”修改为：“枉法裁判，造成个人财产直接经济损失10万元以上，或者直接经济损失不满10万元，但间接经济损失50万元以上的；枉法裁判，造成法人或者其他组织财产直接经济损失20万元以上，或者直接经济损失不满20万元，但间接经济损失100万元以上的”应予立案。如《试行标准》对滥用管理公司、证券职权案中的“致使公共财产、国家和人民利益遭受重大损失的行为”没有作出量化规定，《立案标准》明确规定：工商行政管理、证券管理等国家有关主管部门的工作人员徇私舞弊，滥用职权，对不符合法律规定条件的公司设立、登记申请或者股票、债券发行、上市申请予以批准或者登记，致使公共财产、国家和人民利益“造成直接经济损失50万元以上的”，应予立案。

2. 进一步明确了行为犯的犯罪行为内容。

《立案标准》结合司法实践，对《试行标准》中规定的行为内容比较笼统和容易引起争议的一些概念进行了修改和完善，使行为犯的行为特征更加明确具体。如在徇私枉法案中增加规定了“采取伪造、隐匿、毁灭证据或者其他隐瞒事实、违反法律的手段，故意使罪重的人受较轻的追诉，或者使

罪轻的人受较重的追诉的”应予立案的情形。这样《立案标准》中新增的关于重罪轻究和轻罪重究的内容，使它与《试行标准》中所规定的“重罪轻判、轻罪重判”相协调。同时将《试行标准》中枉法追诉和枉法包庇的对象——“无罪的人”和“有罪的人”，修改为“没有犯罪事实或者其他依法不应当追究刑事责任的人”和“有犯罪事实需要追究刑事责任的人”，并将《试行标准》中的“故意违背事实和法律”修改为“采取伪造、隐匿、毁灭证据或者其他隐瞒事实、违反法律的手段”。这样，既避免了不必要的争议，又增加了司法的可操作性，严密了刑事法网。

3. 进一步完善了情节犯的犯罪情节内容。

《刑法》在渎职罪中规定了不少情节犯，情节犯案件是司法实务中争议较大、不易掌握的一类案件。《立案标准》结合犯罪行为、犯罪对象、犯罪后果、犯罪动机等情节，对“情节严重”的情形作出了具体的规定。如在故意泄露国家秘密案中，明确了不同的泄密对象的数量标准，增加了“通过口头、书面或者网络等方式”进行泄密的内容，补充了“造成或者可能造成危害社会稳定、经济发展、国防安全或者其他严重危害后果的”情形。在招收公务员、学生徇私舞弊案中增加规定了“徇私舞弊，利用职务便利，帮助5名以上考生作弊的”应予立案的情形。

四、吸收司法实践和理论研究成果，废除或者修改了一些不合理、不科学的规定

1. 取消《试行标准》中的不科学罪名。1997年《刑法》生效后，最高人民法院于1997年12月11日颁布了《关于执行〈中华人民共和国刑法〉确定罪名的规定》，最高人民检察院也于1997年12月25日颁布了《关于适用刑法分则规定的犯罪的罪名的意见》。“两高”在对《刑法》分则的具体罪名的确定上存在较大分歧，表现在渎职罪中的分歧点在于：（1）第397条的罪名，最高人民检察院确定为3个罪名，即滥用职权罪、玩忽职守罪和国家机关工作人员徇私舞弊罪；最高人民法院确定为2个罪名，即滥用职权罪、玩忽职守罪。（2）第399条的罪名，最高人民检察院确定的2个罪名是枉法追诉、裁判罪和民事、行政枉法裁判罪；最高人民法院确定的2个罪名是徇私枉法罪和枉法裁判罪。（3）第406条的罪名，最高人民检察院确定的罪名是国家机关工作人员签订、履行合同失职被骗罪；最高人民法院确定的罪名是国家机关工作人员签订、履行合同失职罪。“两高”司法解释对罪名规定的不同，直接影响司法的统一性和权威性，也给司法实践带来不便。《试行标准》颁布时，最高人民检察院已认识到罪名规定的不同会给立案工作带来影响，所以在《试行标准》中就没有对国家机关工作人员徇私舞弊罪单独规定立案标准。但在滥用职权罪、玩忽职守罪的立案标准中均将“徇私舞弊，具有上述情形之一的”作为立案情形之一加以规定。有的学者认为，《试行标准》没有单独规定国家机关工作人员徇私舞弊罪立案标准，并不是最高人民检察院已经取消了《关于适用刑法分则规定的犯罪的罪名的意见》中的国家机关工作人员徇私舞弊罪罪名，而只是为了统一执法，并更好地追究国家机关工作人员徇私舞弊犯罪行为。国家机关工作人员徇私舞弊罪仍然是一种独立的罪名。[①]

我们认为，将国家机关工作人员徇私舞弊罪确定为独立罪名是欠妥的。[②]《试行标准》中虽然没有对国家机关工作人员徇私舞弊罪单独规定立案标准，但还是将“徇私舞弊，具有上述情形之一的”作为立案标准之一，这就使人误以为仅仅具有“上述”各款情形之一尚不够，还需要加上“徇私舞弊”这一情节，才能构成滥用职权、玩忽职守罪，才能立案，这与前几项所规定的涉嫌其中一种情形即应立案的表述是前后矛盾的。而且从第397条规定的文意看，适用该款的前提是“犯前款罪”即构成滥用职权、玩忽职守罪，如果达不到滥用职权、玩忽职守的立案标准，即使具有徇私舞弊情节，也不构成犯罪。可见，《刑法》规定此款仅仅是因为具有徇私舞弊情节的滥用职权、玩忽职守行为的主观恶性、社会危害性更大，其系适用滥用职权、玩忽职守罪的一个量刑加重条款，并不是定罪的依据，而仅是量刑的依据，所以该款并不适用于立案阶段，也不宜根据该款专门制定立案标准。

2002年3月15日最高人民法院、最高人民检察院联合制定了《关于执行〈中华人民共和国刑法〉确定罪名的补充规定》。该规定取消了第397条的国家机关工作人员徇私舞弊罪罪名，并将第399条第1款、第2款的罪名统一为徇私枉法罪和民事、行政枉法裁判罪，同时又将第406条的罪名确定为国家机关工作人员签订、履行合同失职被骗罪。该规定还特地强调：“最高人民法院、最高人民检察院原有关罪名问题的规定与本规定不一致的，以本规定为准。”这样就使“两高”关于罪名的分歧得到了统一。《立案标准》根据这一规定，修改了有关的罪名，并将《试行标准》中所规定的“徇私舞弊，具有上述情形之一的”立案标准予以废除，从而彻底解决了徇私舞

---

① 韩耀元：“渎职罪在司法适用中存在的若干问题研究”，载中国人民大学刑事法律科学研究中心编写：《现代刑事法治问题探索》，法律出版社2004年版，第490—491页。

② 对此已有不少学者进行了研究，本文不再赘述。具体参见刘艳红：“也论新刑法第397条的罪名与罪过”，载《法学评论》1999年第6期；袁永新、马献钊：“对刑法第397条中‘徇私舞弊’罪的理解”，载《人民司法》2000年第2期。

弊是否是独立罪名的问题。

2. 删去违背立法原意的规定。《刑法》第417条规定：有查禁犯罪活动职责的国家机关工作人员，向犯罪分子通风报信、提供便利，帮助犯罪分子逃避处罚的，处3年以下有期徒刑或者拘役；情节严重的，处3年以上10年以下有期徒刑。《试行标准》规定：帮助犯罪分子逃避处罚罪是指有查禁犯罪活动职责的司法及公安、国家安全、海关、税务等国家机关的工作人员向犯罪分子通风报信、提供便利，帮助犯罪分子逃避处罚的行为。涉嫌下列情形之一的，应予立案：（1）为使犯罪分子逃避处罚，向犯罪分子及其亲属泄露有关部门查禁犯罪活动的部署、人员、措施、时间、地点等情况的；（2）为使犯罪分子逃避处罚，向犯罪分子及其亲属提供交通工具、通讯设备、隐藏处所等便利条件的；（3）为使犯罪分子逃避处罚，向犯罪分子及其亲属泄露案情，帮助、指示其隐匿、毁灭、伪造证据及串供、翻供的。即《试行标准》将该罪的犯罪对象由《刑法》所规定的“犯罪分子”扩大到“犯罪分子及其亲属”。最高人民检察院制定的立案标准是具有法律效力的司法解释，必须遵守合法性原则。所谓合法性原则是指司法解释活动应当依法进行，不得与法律相违背。《试行标准》将帮助犯罪分子逃避处罚罪的犯罪对象由《刑法》所规定的“犯罪分子”扩大到“犯罪分子及其亲属”，显然是违背罪刑法定精神的。在制定《立案标准》过程中，有的同志建议将“向犯罪分子及其‘亲属’”泄露案情等情形修改为“向犯罪分子及其‘近亲属’”等情形。虽说“近亲属”的范围比“亲属”要小，而且容易掌握（因为《刑事诉讼法》第82条有明确规定），但由于《刑法》并没有规定“近亲属”可以成为该罪的帮助对象，这样修改仍然不符合法律规定，有违立法原意。所以《立案标准》直接将“向犯罪分子及其‘近亲属’”等情形中的“近亲属”加以删除，从而避免了违法司法解释的出台。

3. 修改不严谨的法律概念。《试行标准》在民事、行政枉法裁判案（第399条）的立案标准中曾规定，“枉法裁判，致使公民财产损失或者法人或者其他组织财产损失重大的”应予立案。在起草过程中，在滥用职权、玩忽职守案、执行判决、裁定失职案、环境监管失职案、商检失职案、动植物检疫失职案等规定中曾规定“造成公民财产直接经济损失……以上”应予立案。在这里“公民”一词，应当作扩张解释，即既包括中国公民，也包括外国公民和无国籍人。但这种扩张解释显然与“公民”一词的词义相矛盾。公民是具有一个国家的国籍，并根据该国的宪法和法律的规定，享有权利并承担义务的人。公民是一个与外国人（包括无国籍人）相对应的法律概念。既然规定“造成公民财产直接经济损失……以上”，那么就不应该把外国人和无国籍人的财产损失包括在内。可见在这一立案标准中，使用“公民”一词是不妥的。《立案标准》将“公民”改为“个人”，从而使立案标准更加严谨。

第三节 《立案标准》的重大进展

《立案标准》的制定和实施，为检察机关反渎职工作提供了重要的法律武器和执法依据。《立案标准》与《试行标准》相比，在不少方面取得了重大进展，主要表现在：

一、进一步明确国家机关工作人员的范围，渎职罪主体更加清楚

根据《刑法》的规定，渎职罪的犯罪主体系国家机关工作人员。由于《刑法》未对国家机关工作人员作出规定，《试行标准》对此也未作解释，致使渎职罪主体问题成为长期困扰司法实践的一个突出问题。为了解决司法实践中亟须明确的渎职罪主体问题，最高人民检察院先后制定了一系列司法解释，这些解释包括：2000 年 4 月 30 日《对〈关于中国证监会主体认定的请示〉的答复函》、2000 年 5 月 4 日《关于镇财政所所长是否适用国家机关工作人员的批复》、2000 年 10 月 9 日《关于合同制民警能否成为玩忽职守罪主体问题的批复》、2000 年 10 月 31 日《关于属工人编制的乡（镇）工商所所长能否依照刑法第 397 条的规定追究刑事责任问题的批复》、2001 年 1 月 2 日《关于工人等非监管机关在编监管人员私放在押人员行为和失职致使在押人员脱逃行为适用法律问题的解释》、2002 年 4 月 29 日《关于企业事业单位的公安机构在机构改革过程中其工作人员能否构成渎职侵权犯罪主体问题的批复》等。这些司法解释通过个案解释的方式对渎职罪犯罪主体作出了扩张解释，这些解释具有实质合理性，有力地推动了惩治渎职犯罪的开展。

为了解决渎职犯罪主体理论与实践中的纷争，2002 年 12 月 28 日全国人大常委会作出了《关于〈中华人民共和国刑法〉第九章渎职罪主体适用问题的解释》。2005 年 4 月 27 日全国人大常委会又通过了《公务员法》，对国家公务员的概念作出了明确的规定。这些立法成果为新立案标准明确国家机关工作人员范围提供了法律依据。

关于渎职罪的主体，最高人民检察院和最高人民法院曾有分歧。但随着立法解释的颁布，最高人民检察院和最高人民法院的分歧得到了统一。2003 年 11 月 13 日最高人民法院颁布的《全国法院审理经济犯罪案件工作座谈会

纪要》首次对国家机关工作人员范围作出明确规定。该纪要规定：“刑法中所称的国家机关工作人员，是指在国家机关中从事公务的人员，包括在各级国家权力机关、行政机关、司法机关和军事机关中从事公务的人员。根据有关立法解释的规定，在依照法律、法规规定行使国家行政管理职权的组织中从事公务的人员，或者在受国家机关委托代表国家行使职权的组织中从事公务的人员、或者虽未列入国家机关人员编制但在国家机关中从事公务的人员，视为国家机关工作人员。在乡（镇）以上中国共产党机关、人民政协机关中从事公务的人员，司法实践中也应当视为国家机关工作人员。”

《立案标准》立足于立法原意，吸收司法实践的经验，又参考了最高人民法院的解释性文件，本着尊重立法原意、维护法律统一的精神，对渎职案件中国家机关工作人员的概念和范围作出了明确的界定。《立案标准》在附则第 3 条中规定：“国家机关工作人员，是指在国家机关中从事公务的人员，包括在各级国家权力机关、行政机关、司法机关和军事机关中从事公务的人员。在依照法律、法规规定行使国家行政管理职权的组织中从事公务的人员，或者在受国家机关委托代表国家行使职权的组织中从事公务的人员，或者虽未列入国家机关人员编制，但在国家机关中从事公务的人员，在代表国家机关行使职权时，视为国家机关工作人员。在乡（镇）以上中国共产党机关、人民政协机关中从事公务的人员，视为国家机关工作人员。”按照这一规定，上述人员实施渎职行为构成犯罪的，检察机关应当依法立案侦查。《立案标准》将国家机关工作人员与“视为国家机关工作人员”加以区分，既符合法律规定，又兼顾我国的客观实际，是一种实事求是的做法。

二、对一般渎职罪与特殊渎职罪的法律适用作了具体的规定

如何处理《刑法》第 397 条规定的一般滥用职权、玩忽职守罪与《刑法》第 398 条至第 419 条具体渎职罪之间的关系，即如何处理法条竞合关系，理论和实践中一直有争论。

《刑法》第九章渎职罪中，除滥用职权案、玩忽职守案等少数案件犯罪主体系国家机关工作人员外，多数都属特殊渎职罪案，其犯罪主体系特定主体。如徇私枉法案主体系司法工作人员，徇私舞弊不征、少征税款案主体系税务机关工作人员等。在司法实践中，党政官员为了地方利益利用职权进行权力干涉司法或干涉行政执法，导致国家和人民利益遭受重大损失的情况时有发生。但由于他们不具有特定主体资格，徇私舞弊又不易证明，给立案侦

查和司法认定带来很多困难。理论界根据法条竞合原理以及罪刑法定原则，一般认为，这种不具有特定主体资格的行为人既不能构成特殊渎职犯罪，也不能构成一般的滥用职权、玩忽职守罪。比如，司法腐败行为除在侦查、起诉、审判阶段存在外，在执行阶段也同样存在。有的司法工作人员玩忽职守或者滥用职权，对能够执行的案件不执行或者故意拖延执行，或者违法采取诉讼保全措施、强制执行措施，给当事人或者他人的利益造成重大损失，社会危害较大，也需要追究刑事责任。上述行为，按《刑法》第 397 条规定的滥用职权罪和玩忽职守罪是可以追究的，在司法实践中对这种行为普遍没有及时追究刑事责任，主要是由于《刑法》对这种行为未作具体规定，司法机关在适用法律时认识不明确造成的。[①]《立案标准》充分考虑到这一司法工作实际，对权力干预型渎职犯罪实行封堵。在滥用职权案、玩忽职守案和违法发放林木采伐许可证案的立案标准中，分别增加了说明性条目。

三、从严规定了一些犯罪案件中应予立案情形的条件，有利于惩治渎职犯罪

其一，修改对渎职造成人员伤亡的人数、伤情的立案标准。《试行标准》规定：滥用职权罪“造成死亡 1 人以上，或者重伤 2 人以上，或者轻伤 5 人以上的”应予立案；玩忽职守罪“造成死亡 1 人以上，或者重伤 3 人以上，或者轻伤 10 人以上的”应予立案。生命权和健康权是公民的基本权利，必须给予充分的尊重和保护，对渎职造成公民伤亡构成犯罪的标准应当从严掌握。鉴此，《立案标准》将滥用职权罪的立案标准修改为：“1. 造成死亡 1 人以上，或者重伤 2 人以上，或者重伤 1 人、轻伤 3 人以上，或者轻伤 5 人以上的；2. 导致 10 人以上严重中毒的……”将玩忽职守罪的立案标准修改为：“1. 造成死亡 1 人以上，或者重伤 3 人以上，或者重伤 2 人、轻伤 4 人以上，或者重伤 1 人、轻伤 7 人以上，或者轻伤 10 人以上的；2. 导致 20 人以上严重中毒的……”此外，还将环境监管失职罪的立案标准由原来的“造成人员死亡 1 人以上，或者重伤 3 人以上，或者轻伤 10 人以上的”修改为：“造成死亡 1 人以上，或者重伤 3 人以上，或者重伤 2 人、轻伤 4 人以上，或者重伤 1 人、轻伤 7 人以上，或者轻伤 10 人以上的；2. 导致 30 人以上严重中毒的。”

其二，对一些犯罪案件中应予立案情形中比较笼统的规定予以进一步具

① 黄太云：“《中华人民共和国刑法修正案（四）》的理解与适用”，载《人民检察》2003 年第 3 期。

体、明确。《试行标准》曾在一些犯罪案件应予立案情形中规定“3次或者1次3人以上”、“3次或者1次3起以上”。如在徇私舞弊不移交刑事案件案中规定，“3次以上不移交犯罪案件，或者1次不移交犯罪案件涉及3名以上犯罪嫌疑人的”应予立案。根据这一立案标准，2次3人的或者2次3起不移交刑事案件的情形将无法追究刑事责任。而2次3人的或者2次3起不移交刑事案件的，其社会危害性显然不小于3次3人或者一次3人不移交刑事案件的情形。这是当时制定《试行标准》时考虑不周造成的。《立案标准》弥补了这一缺陷，将一些犯罪案件应予立案情形中有关“3次或者1次3人以上”、“3次或者1次3起以上”修改为“3人次以上”，这样将2次3人的或者2次3起的情形也作为应予立案的情形，从而严密了法网，加大了打击力度。如将徇私舞弊不移交刑事案件案中的立案标准修改为“不移交刑事案件涉及3人次以上的”；将失职致使在押人员脱逃案中的“3次以上致使犯罪嫌疑人、被告人、罪犯脱逃，或者一次致使3名以上犯罪嫌疑人、被告人、罪犯脱逃的”修改为“致使犯罪嫌疑人、被告人、罪犯脱逃3人次以上的”等。

四、进一步明确重大损失的标准及认定方法

根据《刑法》规定，致使公共财产、国家和人民利益遭受重大损失是构成国家机关工作人员滥用职权、玩忽职守等渎职犯罪的必要条件。其中，损失通常是经济损失。如何认定“重大损失”是查处渎职犯罪中的重点，也是司法实践中的难点。《立案标准》在《试行标准》的基础上，对“重大损失”的标准及计算方法等方面又作了进一步的完善，有了新的进展。

其一，进一步将间接损失纳入“重大损失”范围。长期以来，不管是刑法理论还是司法实践，都把渎职罪中的“重大损失”限定为直接（经济）损失。最高人民检察院于1987年8月31日制定的《关于正确认定和处理玩忽职守罪的若干意见（试行）》以及1989年11月30日制定的《人民检察院直接受理的侵犯公民民主权利、人身权利和渎职案件立案标准的规定》也只规定了直接经济损失的立案标准。无论从渎职犯罪的社会危害性，还是从危害行为与危害后果的因果关系考虑，将渎职罪中的“重大损失”限定为直接（经济）损失是片面的，也不利于打击渎职犯罪的客观需要。《试行标准》首次将间接经济损失纳入“重大损失”范围。《试行标准》规定：国家机关工作人员，玩忽职守“造成直接经济损失30万元以上的，或者直接经济损失不满30万元，但间接经济损失超过100万元的”应予立案。但

《试行标准》只在玩忽职守罪中规定间接经济损失的立案标准，适用范围明显过小。《立案标准》进一步扩大了间接经济损失的立案标准的适用。《立案标准》在滥用职权罪的立案标准中规定："涉嫌下列情形之一的，应予立案：……3. 造成个人财产直接经济损失 10 万元以上，或者直接经济损失不满 10 万元，但间接经济损失 50 万元以上的；4. 造成公共财产或者法人、其他组织财产直接经济损失 20 万元以上，或者直接经济损失不满 20 万元，但间接经济损失 100 万元以上的；5. 虽未达到 3、4 两项数额标准，但 3、4 两项合计直接经济损失 20 万元以上，或者合计直接经济损失不满 20 万元，但合计间接经济损失 100 万元以上的。"在玩忽职守罪的立案标准中规定："涉嫌下列情形之一的，应予立案：……3. 造成个人财产直接经济损失 15 万元以上，或者直接经济损失不满 15 万元，但间接经济损失 75 万元以上的；4. 造成公共财产或者法人、其他组织财产直接经济损失 30 万元以上，或者直接经济损失不满 30 万元，但间接经济损失 150 万元以上的；5. 虽未达到 3、4 两项数额标准，但 3、4 两项合计直接经济损失 30 万元以上，或者合计直接经济损失不满 30 万元，但合计间接经济损失 150 万元以上的。"此外，在执行判决、裁定失职罪、执行判决、裁定滥用职权罪、国家机关工作人员签订、履行合同失职被骗罪、环境监管失职罪、商检失职罪、动植物检疫失职罪等罪的立案标准中均规定了间接经济损失的数额标准。

其二，明确经济损失的概念和认定。《立案标准》在"附则"中规定了直接经济损失和间接经济损失的概念。即"直接经济损失"，是指与行为有直接因果关系而造成的财产损毁、减少的实际价值；"间接经济损失"，是指由直接经济损失引起和牵连的其他损失，包括失去的在正常情况下可能获得的利益和为恢复正常的管理活动或者挽回所造成的损失所支付的各种开支、费用等。

在一般情况下，认定是否造成了经济损失比较容易，争议也不大。但在司法实践中对于因行为人的渎职行为导致债权无法实现的，能否认定为行为人的渎职行为导致了经济损失，存在较大分歧。有的案件甚至已经法院判决，确认债权债务关系存在，但客观上因债务人无偿还能力等原因，导致债权无法实现。这种情况是否能认定经济损失存在，理论和实践中一直有争论，特别是检法两家往往会对此有不同看法。[①]《立案标准》参照最高人民法院《全国法院审理经济犯罪案件工作座谈会纪要》精神，在"附则"中明确规定："有下列情形之一的，虽然有债权存在，但已无法实现债权

① 张军主编：《解读最高人民法院司法解释》，人民法院出版社 2006 年版，第 615 页。

的，可以认定为已经造成了经济损失：（1）债务人已经法定程序被宣告破产，且无法清偿债务；（2）债务人潜逃，去向不明；（3）因行为人责任，致使超过诉讼时效；（4）有证据证明债权无法实现的其他情况。”同时《立案标准》又对直接经济损失和间接经济损失的认定时限作出明确规定。《立案标准》在“附则”中规定：“直接经济损失和间接经济损失，是指立案时确已造成的经济损失。移送审查起诉前，犯罪嫌疑人及其亲友自行挽回的经济损失，以及由司法机关或者犯罪嫌疑人所在单位及其上级主管部门挽回的经济损失，不予扣减，但可作为对犯罪嫌疑人从轻处理的情节考虑。”

其三，重大损失具体标准多样化。滥用职权、玩忽职守案的“重大损失”后果大多数是以人员伤亡或经济损失来认定。但在实践中有的损失后果难以用金钱来衡量。如破坏环境犯罪所造成的后果就无法用金钱来衡量。而以往的立案标准对此鲜有规定。《试行标准》虽有一些规定，但还不适应司法实践的需要。对此，《立案标准》又有一些新的发展。如针对毁坏山林和国家保护林，滥砍滥伐，破坏环境的问题比较突出，为依法惩治严重破坏森林资源的渎职犯罪，《立案标准》在违法发放林木采伐许可证案第3款中规定：“林业主管部门工作人员之外的国家机关工作人员，违反森林法的规定，滥用职权或者玩忽职守，致使林木被滥伐40立方米以上或者幼树被滥伐2000株以上，或者致使防护林、特种用途林被滥伐10立方米以上或者幼树被滥伐400株以上，或者致使珍贵树木被采伐、毁坏4立方米或者4株以上，或者致使国家重点保护的其他植物被采伐、毁坏后果严重的，或者致使国家严禁采伐的林木被采伐、毁坏情节恶劣的，按照刑法第397条的规定以滥用职权罪或者玩忽职守罪追究刑事责任。”此外在环境监管失职案、非法批准征用、占用土地案、非法低价出让国有土地使用权案中都对非经济损失标准作出了较为明确的规定。

五、统一规定兜底条款，严密刑事法网

渎职犯罪案件大多是以“情节严重”、“致使公共财产、国家和人民利益遭受重大损失”、“造成严重后果”为构成要件。《试行标准》仅对渎职罪中的18个犯罪案件的立案标准规定了兜底条款，而对另外14个犯罪案件则没有规定兜底条款。《立案标准》则对所有渎职犯罪案件均规定了兜底条款。我们认为，这是完全正确的，它有助于严密刑事法网，有利于惩治渎职犯罪。

刑事立法是将现实生活中无数严重侵犯法益的事实，通过归纳，使其抽

象化、类型化，然后用刑法的语言表述出来；刑事司法的过程则相反，它是将已经抽象化、类型化了的刑法条文演绎到现实生活的各个具体的案例中去，使侵害法益的行为能够为刑法规范所包含。在法律用词含义边界比较清晰的情况下，应当按照明文规定来解释，但是，法律用词的内涵有时并不总是那么明确清晰的。法律是一种普遍的规范，它是以类型化的行为作为调整对象的。抽象性、一般性、普遍性，是法律的基本特征。所谓法律要“具体”，是相对于法律条文过于抽象而言的，但这个“具体”也是规范类行为规则的具体，所以，我们在法律上看到的仍然是一类一类的行为规范。但实践中的案件又是非常具体的，不可能出现一个完全相同的案件。所以，从抽象的法律到十分具体的个罪处理之间总是有一定的距离，抽象的法律如何适用于具体案件？这就需要刑事裁量权，需要法律解释（包括司法解释）。

在近现代刑法学界，“明确性”是人们极力推崇并刻意追求的刑法规范的首要特征。明确性是法律规范的基本属性，是由法律规范的形式结构所固有的刚性因素决定的；明确性是法律稳定性的逻辑前提，是法律真正发挥功用的首要因素；刑法规范的明确性是罪刑法定原则的基本要求。新《刑法》颁布后，不少学者对《刑法》中的大量的不明确规定加以指责。笔者认为，这固然有立法不完善的一面，但也有我国理论界和司法实务部门的同志将罪刑法定绝对化，将罪刑法定主义教条化导致的结果。“如果说刑法规范的明确性旨在限制刑罚权的发动与法官的自由裁量权，着重体现刑法的人权保障功能，那么刑法规范的模糊性则有利于推动刑罚权的发动，重在体现刑法的社会保护功能。人权保障固然重要，社会保护同样不可轻视；特别是在社会治安形势比较严峻，各类犯罪特别是有组织犯罪、跨国犯罪日趋严重的形势下，适度设立一些空白罪状或者柔软的、概括性的规定，即所谓‘规范性的构成要件’、‘开放的构成要件’，对于强化刑法的适时性与灵活性是很有必要的。”① 我们赞同这一观点。罪刑法定的价值在于定罪的时候必须以法律的明文规定为根据。但何谓法律的明文规定，这与刑事司法者的思维和水平不无关系。“明文规定”不是明确规定。事实的复杂性或新颖性与刑法规范的抽象性和类型化，使得“发现法律”的过程更为艰巨和复杂。罪刑法定原则并不意味着刑法规范放在那里等着刑事司法工作者不费吹灰之力就可以机械地一一照搬过来，而是要求刑事司法人员从社会正义观念出发，根据《宪法》和《刑法》的基本原则，怀着保护法益的使命感去寻找、发现法

① 杨书文：《复合罪过形式论纲》，中国法制出版社 2004 年版，第 165—166 页。

律，同时还要能动地对现有法律进行组合和构筑，使事实能够合理地、合乎逻辑地包含在《刑法》规定的概念之中。兜底条款的规定有利于司法人员充分运用刑事裁量权，以保证个案正义的实现。刑事裁量权是指广义的刑事司法机关及其成员在刑事案件的处理过程中，根据法律的授权和案件的具体情况，在两个或两个以上的选择项中进行斟酌并作出合理决定的权力。[①]长期以来，广大司法人员习惯于运用司法解释适用法律。"两高"颁布的大量的司法解释在为司法人员提供适用法律的依据的同时，也窒息了司法人员主观能动性的发挥，桎梏了司法人员对法律的理解和自由裁量。现实情况是：司法人员一旦遇到刑事案件，首先就要看有无相关的司法解释，如果有案件才能办；如果没有，则认为法律规定不明确，案件就不能办，就需要请示。而对司法解释中的笼统性规定，不管是理论界还是实务界更是持否定态度，认为这又变成了新的"口袋罪"。这种现状实际上使司法人员变成了法律机器的操纵者，也使司法人员的工作责任心大大降低，从而无法适应复杂、多变的个案的具体情况，最终也丧失正义的实现。因此，我们认为，司法解释的主旨在于使《刑法》规定明确化、具体化，但是为了提高司法人员的刑事裁量能力，防止出现挂一漏万现象，在司法解释中规定兜底条款是必要的。这次《立案标准》对所有渎职犯罪案件均规定了兜底条款是值得肯定的，它有助于司法人员自由裁量权的行使，有助于克服《立案标准》的局限性，使《立案标准》本身也保持一定的开放性和灵活性。

第四节　《立案标准》若干规定质疑

《立案标准》是最高人民检察院在《试行标准》的基础上，总结了近年来我国反渎职侵权犯罪中出现的问题，并根据刑法修正案、立法解释的规定，参照了相关司法解释的内容而制定的。《立案标准》共规定了221项立案条件，比《试行标准》160项增加了61项，立案标准进一步细化，刑事法网进一步严密。《立案标准》还较好地吸收了一些渎职犯罪理论研究的成果，废除或者修改了一些不合理、不科学的规定。但我们认为，《立案标准》的某些规定仍存在着重大的缺陷，这些缺陷在一定程度上将直接影响渎职犯罪案件的查办。

① 周长军：《刑事裁量权论——在划一性与个别化之间》，中国人民公安大学出版社2006年版，第53页。

一、关于公私财产损失区别对待的问题

《刑法》对渎职犯罪规定了33种罪名，其中有12种是结果犯罪，“致使公共财产、国家和人民利益遭受重大损失的行为”是渎职犯罪客观方面的重要特征。在现实中，由于国家机关工作人员的渎职行为，往往也会给私有财产造成重大损失。“致使人民利益遭受重大损失”是否包括给公民私有财产造成重大损失，理论界一直有不同看法。有的认为，公民不等于人民，私有财产不等于人民利益，在法律没有明确规定损失结果包括公民私有财产的情况下，不能认为造成私有财产损失的渎职行为是犯罪行为。① 在《试行标准》中，以滥用职权案、玩忽职守案为代表的渎职案件，一般只要求经济损失应达到20万元或30万元。其中，也未对公共财产损失和个人财产损失进行区别。实践中造成私有财产重大损失一般也不计算在渎职罪重大损失之内，但《立案标准》对此作了重大修改。

《立案标准》规定：滥用职权罪“造成个人财产直接经济损失10万元以上，或者直接经济损失不满10万元，但间接经济损失50万元以上的；造成公共财产或者法人、其他组织财产直接经济损失20万元以上，或者直接经济损失不满20万元，但间接经济损失100万元以上的；虽未达到3、4两项数额标准，但3、4两项合计直接经济损失20万元以上，或者合计直接经济损失不满20万元，但合计间接经济损失100万元以上的”，应予立案。玩忽职守罪“造成个人财产直接经济损失15万元以上，或者直接经济损失不满15万元，但间接经济损失75万元以上的；造成公共财产或者法人、其他组织财产直接经济损失30万元以上，或者直接经济损失不满30万元，但间接经济损失150万元以上的；虽未达到3、4两项数额标准，但3、4两项合计直接经济损失30万元以上，或者合计直接经济损失不满30万元，但合计间接经济损失150万元以上的”，应予立案。此外，《立案标准》在民事、行政枉法裁判案，执行判决、裁定失职案，执行判决、裁定滥用职权案，环境监管失职案，商检失职案，动植物检疫失职案等其他6个犯罪案件中也将造成公民财产损失和造成公共财产、法人或其他组织财产损失应予立案的情形分别作了规定。

对这一修改，不少同志持肯定态度。有的认为，《立案标准》的这一规定，一是体现了党中央“以人为本”的执政理念，加大了对公民个人财产权益的保护力度，维护了人民群众的切身利益；二是体现了“公民的合法

① 张勇建、陈雪梅：“渎职犯罪损失结果该如何认定”，载《人民检察》2006年第8期。

的私有财产不受侵犯”的宪法精神，并将宪法原则司法化，为依法惩治和预防损害公民合法的私有财产的渎职犯罪提供了重要的法律依据；三是体现了对社会主义市场经济主体保护的平等性和合理性；四是体现了当前司法实践的需求。[①]

在计划经济体制下，法律更多地强调对公共财产的保护，随着我国市场经济体制的建立和完善，特别是“公民的合法的私有财产不受侵犯”规定载入《宪法》，将公民私有财产损失纳入渎职罪“重大损失”范围之内是值得肯定的，也是《立案标准》的重大进展之一。但《立案标准》将个人财产与公共财产、法人或者其他组织财产损失分别加以规定，我们认为不具有合理性和正当性，是《立案标准》的重大缺陷之一。理由是：

1. 违背刑法的平等性。

公正性是刑法的首要价值，刑法的公正性必然要求刑法的平等性。刑法的平等性是法律面前人人平等这一宪法原则在刑法中的直接体现。在市场经济条件下，我们必须树立平等的刑法观。平等的刑法观，包括两方面的含义：一是刑事立法上的平等，二是刑事司法上的平等。立法平等是执法平等的前提和基础，司法平等则是实现立法平等的保证。从刑法角度来讲，法律面前人人平等意味着要实现官民平等、公私平等、大小平等、强弱平等。所谓官民平等是指国家工作人员犯罪和普通公民犯罪要一视同仁，公职人员的地位和身份不应成为减轻或免除刑事责任的条件；所谓公私平等是指刑法必须对国营经济、集体经济、合营经济、私营经济等各种性质不同的所有制形式给予平等保护。[②] 在计划经济体制下，由于不同利益之间的不平等，反映在刑法中就是对不同所有制主体的合法权益采取了不同程度的方式和保护。[③] 随着市场经济体制的确立，在修订新《刑法》时，立法机关不仅在《刑法》的基本原则中规定刑法面前人人平等，而且在具体罪名中兼顾到了公私平等问题（如破坏集体生产罪改为破坏生产经营罪等）。但由于立法观念及立法技术等各方面的原因，修订《刑法》还是比较多地考虑了对国有

---

① 郑广宇：“规定更加明确，针对性更加突出——《立案标准》的特点分析”，载《人民检察》2006年第16期。

② 赵秉志、鲍遂献：“论刑法观念的更新和变革”，载苏惠渔、单长宗主编：《市场经济与刑法》，人民法院出版社1994年版，第10页。

③ 张智辉：“论刑法的公平观”，载苏惠渔、单长宗主编：《市场经济与刑法》，人民法院出版社1994年版，第50页。

单位（资产）的法律保护。[①]

我们认为，《刑法》关注对国有资产的保护并没有错。从我国国情和实际出发制定法律，首要的问题是必须全面、准确地体现我国公有制为主体、多种所有制经济共同发展的基本经济制度。我国实行的是社会主义市场经济体制，它的社会主义性质是由国家基本经济制度、特别是居于主体地位的公有制经济决定的，同时对属于不同市场主体的财产给予平等保护又是市场经济公平竞争的一条基本原则。正像全国人大法律委员会副主任委员胡康生同志修改《物权法》（草案）时所指出的，"坚持社会主义基本经济制度与对国家的、集体的和私人的物权给予平等保护是有机统一的。没有前者，就会改变社会主义基本经济制度的性质。没有后者，就违背了市场经济原则，反过来又损害社会主义基本经济制度"。[②]《物权法》（草案）六审稿规定："国家在社会主义初级阶段，坚持公有制为主体、多种所有制经济共同发展的基本经济制度。国家巩固和发展公有制经济，鼓励、支持和引导非公有制经济的发展"，"国家的、集体的和私人的物权受法律保护，任何单位和个人不得侵犯"。针对上述修改规定，2006 年 10 月十届全国人大常委会第二十四次会议上，常委会组成人员认为，在社会主义市场经济条件下，各种所有制经济形成的市场主体都是在统一的市场上运作并发生相互关系的，都要遵守统一的市场"游戏规则"。只有地位平等、权利平等，才有公平竞争，才能形成良好的市场秩序。草案遵循了市场经济的一般原则，较好地体现了依法对国家的、集体的和私人的合法财产给予平等保护的原则，实现了坚持社会主义基本经济制度与对国家的、集体的和私人的物权给予平等保护的有

---

① 当然也有个别罪名出现对非国有单位的犯罪打击不力的问题。如《刑法》第 190 条规定：国有公司、企业或者其他国有单位，违反国家规定，擅自将外汇存放境外，或者将境内的外汇非法转移到境外，情节严重的，对单位判处罚金，并对其直接负责的主管人员和其他直接责任人员，处 5 年以下有期徒刑或者拘役。这一规定，将逃汇罪的主体只限于国有单位，而把非国有单位排除在外，这显然不利于打击非国有单位的逃汇犯罪。1998 年 12 月 29 日第九届全国人民代表大会常务委员会第六次会议通过的《关于惩治骗购外汇、逃汇和非法买卖外汇犯罪的决定》第 3 条将之修改为：公司、企业或者其他单位，违反国家规定，擅自将外汇存放境外，或者将境内的外汇非法转移到境外，数额较大的，对单位判处逃汇数额百分之五以上百分之三十以下罚金，并对其直接负责的主管人员和其他直接责任人员处 5 年以下有期徒刑或者拘役；数额巨大或者有其他严重情节的，对单位判处逃汇数额百分之五以上百分之三十以下罚金，并对其直接负责的主管人员和其他直接责任人员处 5 年以上有期徒刑。

② "物权法草案重大问题聚焦：明确公私财产平等保护"，载 2006 年 10 月 29 日 21：59 新华网。

机统一。[1] 2007 年 3 月 16 日第十届全国人民代表大会第五次会议通过的《物权法》第 3 条规定："国家在社会主义初级阶段，坚持公有制为主体、多种所有制经济共同发展的基本经济制度。国家巩固和发展公有制经济，鼓励、支持和引导非公有制经济的发展。国家实行社会主义市场经济，保障一切市场主体的平等法律地位和发展权利。"第 4 条规定："国家、集体、私人的物权和其他权利人的物权受法律保护，任何单位和个人不得侵犯。"

加大对国有资产的保护力度，切实防止国有资产流失，是巩固和发展公有制经济的重要内容。2006 年 8 月全国人大常委会在第五次审议《物权法》（草案）时，针对在草案修改过程中，有的认为，物权法既然要体现平等保护的原则，那就不宜强调对国有资产的保护。法律委研究认为，《物权法》应当坚持平等保护的原则；同时，从实际情况看，目前经济领域受侵害最严重的恰恰是国有资产，《物权法》就加强对国有资产的保护、切实防止国有资产流失作出有针对性的规定，是必要的。为了进一步加大对国有资产的保护力度，法律委建议对草案四次审议稿作如下修改、补充：一是将草案有关规定修改为："违反国有资产管理规定，通过企业改制、关联交易等，低价转让、集体私分、擅自担保或者以其他方式造成国有资产损失的，应当依法承担法律责任。"二是增加规定："履行国有资产管理、监督职责的机构，应当依法加强对国有资产的管理、监督，防止国有资产损失；滥用职权，玩忽职守，造成国有资产损失的，应当依法承担法律责任。"[2] 针对这一修改规定，2006 年 10 月十届全国人大常委会第二十四次会议上，常委会组成人员指出，加大对国有资产的保护力度，切实防止国有资产流失，是巩固和发展公有制经济的现实要求。草案针对现实生活中国有资产严重流失的情况，作了较切合实际的规定。《物权法》第 57 条规定："履行国有财产管理、监督职责的机构及其工作人员，应当依法加强对国有财产的管理、监督，促进国有财产保值增值，防止国有财产损失；滥用职权，玩忽职守，造成国有财产损失的，应当依法承担法律责任。违反国有财产管理规定，在企业改制、合并分立、关联交易等过程中，低价转让、合谋私分、擅自担保或者以其他方式造成国有财产损失的，应当依法承担法律责任。"

当前刑法学界有这样一种观点，似乎一讲强化对国有资产的法律保护，

---

① "人大常委会组成人员认为物权法草案已较成熟"，载《人民日报》2006 年 10 月 30 日第 1 版。

② 吴坤："物权法草案进入五审阶段，法律委对各界关注热点作全面回应"，载《法制日报》2006 年 8 月 23 日。

就意味着放松或轻视对非国有资产的法律保护。我们认为，这种逻辑推理是错误的。加强对国有资产的法律保护，并不是以忽视对非国有资产的法律保护为代价的；反之亦然。《刑法》对非国有资产的保护是不够的，如《刑法》第165条非法经营同类营业罪、第166条为亲友非法牟利罪限定为国有公司、企业，显然有忽视非国有资产法律保护之嫌。但这种立法缺陷，错在没有把非国有企业纳入该罪主体范围，而不是说不该把国有企业纳入该罪主体范围。“刑法的解释就是正义理念、刑法规范与生活事实的相互对应。……正义的核心是平等，它要求对所有的人都应用一种统一的标准，所以，对刑法分则进行体系解释，使刑法条文之间保持协调，使相同犯罪得到相同的处理，就是正义的；否则就是非正义的。”[①] 为了实现平等原则，正确的做法是：应当把国有资产和非国有资产都平等地纳入刑法保护范围，而不是降低甚至取消对国有资产的特别保护。[②] 就今后完善我国的刑事立法来说，既要加强对非国有资产的保护，也要加强对国有资产的保护，两者是不矛盾的。忽视对非公有财产的保护固然不当，但如果为了突出对非公有财产的保护，而故意降低或放弃对公有财产的保护也是有失偏颇的。单位财产损失主要是公共财产损失，《立案标准》将个人财产与单位财产损失分别加以规定，事实上将导致公共财产保护的弱化，违背了刑法的平等性。

2. 违背犯罪构成原理。

立案标准是犯罪构成的具体化。当《刑法》规定单位犯罪主体时，即当自然人与单位都可以成为犯罪主体的同一犯罪来说，我们可以将犯罪主体分为自然人犯罪主体和单位犯罪主体，那么是否也可以就同一犯罪而将其犯罪构成区分为自然人犯罪构成和单位犯罪构成呢？张明楷教授认为，犯罪构成是就犯罪而言，而不是就主体而言。在《刑法》规定了犯罪主体既可以是自然人也可以是单位的情况下，实际上只是意味着在主体方面规定了选择要件，即主体既可以是自然人也可以是单位，而不是意味着存在两个犯罪构成。就像拐卖妇女、儿童罪的对象是选择要件一样，拐卖对象既可以是妇女，也可以是儿童，但拐卖妇女、儿童罪只有一个犯罪构成，该犯罪构成本身并不因对象不同而不同。同样，不管是自然人实施偷税罪，还是单位实施

---

① 张明楷：《刑法分则的解释原理》，中国人民大学出版社2004年版，第10页。

② 2006年刑法学年会将“非公有制经济的刑法保护”作为年会主题之一。年会上收到有关非公有制经济的刑法保护方面的26篇论文，基本上对有关非公有制经济的刑法保护的根据、原则、措施、方法等各方面进行了比较全面、深人具有一定新意的研究。参见赵秉志主编：《刑法评论》（2006年第3卷），法律出版社2006年版，第1页。

偷税罪，偷税罪的犯罪构成是始终不变的。[①] 我们赞同这一观点，而且在《刑法》中，体现的也是这一精神。但长期以来，不管是刑事立法，还是刑事司法，都对自然人犯罪和单位犯罪的犯罪构成加以区分。如 1988 年 1 月 21 日全国人民代表大会常务委员会《关于惩治走私罪的补充规定》规定：个人走私货物、物品价额在 2 万元以上不满 5 万元的，处 3 年以下有期徒刑或者拘役，并处罚金，走私价额在 5 万元以上不满 15 万元的，处 3 年以上 10 年以下有期徒刑，并处罚金；而对企业事业单位、机关、团体走私货物、物品，价额在 30 万元以上的，判处罚金，并对其直接负责的主管人员和其他直接责任人员，处 5 年以下有期徒刑或者拘役。[②] 这种立法方式被《刑法》所废除。在《刑法》分则的许多条文中虽然规定自然人与单位都可以成为犯罪主体，但没有规定不同的犯罪构成。如《刑法》第 140 条规定的生产、销售伪劣产品罪的主体既可以是自然人也可以是单位，但对销售金额的要求都是 5 万元以上，没有因为自然人与单位的不同而作出不同的规定。《刑法》第 153 条规定的走私普通货物、物品罪的主体既可以是自然人也可以是单位，但对偷逃应缴税数额的要求都是 5 万元以上，也没有因为自然人与单位的不同而作出不同的规定。因此，可以得出以下结论：在某一犯罪的主体既可以是单位也可以是自然人，且法定的构成要件相同的情况下，绝对不能像有的司法解释那样，因单位与自然人的区别而对构成要件作出不同的解释。一方面，《刑法》规定的是同一构成要件，不能因为主体不同而对构成要件作出不同的解释；另一方面，不管是单位还是自然人，在实施相同犯罪行为时，对法益的侵犯程度都是相同的。[③]

遗憾的是，《刑法》颁布后，仍然有不少司法解释对同一犯罪针对自然人与单位的不同而作出不同的规定。如 1998 年 12 月 17 日最高人民法院颁布的《关于审理非法出版物刑事案件具体应用法律若干问题的解释》第 2 条规定：以营利为目的，实施刑法第 217 条所列侵犯著作权行为之一，个人违法所得数额在 5 万元以上，单位违法所得数额在 20 万元以上的，属于

① 张明楷：《法益初论》，中国政法大学出版社 2003 年修订版，第 378 页。

② 由于这种做法被立法所肯定，司法解释中更是普遍参考这种立法规定。如 1996 年 12 月 16 日最高人民法院《关于审理诈骗案件具体应用法律的若干问题的解释》规定：个人诈骗公私财物 2 千元以上的，属于“数额较大”，个人诈骗公私财物 3 万元以上的，属于“数额巨大”，个人诈骗公私财物 20 万元以上的，属于诈骗数额特别巨大。但对单位诈骗则规定：“单位直接负责的主管人员和其他直接责任人员以单位名义实施诈骗行为，诈骗所得归单位所有，数额在 5 万至 10 万元以上的，应当依照《刑法》第 151 条的规定追究上述人员的刑事责任；数额在 20 万至 30 万元以上的，依照《刑法》第 152 条的规定追究上述人员的刑事责任。”

③ 张明楷：《法益初论》，中国政法大学出版社 2003 年修订版，第 381 页。

“违法所得数额较大”；以营利为目的，实施《刑法》第217条所列侵犯著作权行为之一，个人违法所得数额在20万元以上，单位违法所得数额在100万元以上的，属于“违法所得数额巨大”；个人非法经营数额在20万元以上，单位非法经营数额在100万元以上的，属于“有其他严重情节”。第4条规定：以营利为目的，实施《刑法》第218条规定的行为，个人违法所得数额在10万元以上，单位违法所得数额在50万元以上的，依照《刑法》第218条的规定，以销售侵权复制品罪定罪处罚。2004年12月8日最高人民法院、最高人民检察院联合颁布的《关于办理侵犯知识产权刑事案件具体应用法律若干问题的解释》第15条规定：“单位实施刑法第213条至第219条规定的行为，按照本解释规定的相应个人犯罪的定罪量刑标准的3倍定罪量刑。”而《立案标准》则在这些不合理的司法解释基础上更进了一步。如此一来，在刑事司法中，不仅对同一犯罪自然人与单位有不同的犯罪构成，而且还会因被害人是自然人和单位的不同而出现犯罪构成上的差异，这是违背犯罪构成原理的。

有的同志认为，“之所以将造成个人财产与公共财产、法人或者其他组织财产损失分别规定，主要是考虑到个人和单位对财产损失的承受能力不同，同样数额的财产损失所体现的社会危害性不同”。[①] 我们认为，这种理由值得商榷。第一，从渎职犯罪侵犯的法益看，国家机关工作人员的渎职犯罪侵犯了国家机关的正常活动，以及公众对国家机关工作人员职务活动客观公正的信赖。行为人的渎职行为不论是造成个人财产损失，还是单位财产损失，只要财产损失相同，那么对国家法益的破坏程度就没有任何不同。第二，从渎职犯罪行为的影响看，也许损失相同的数额的财产，对于公共财产或单位财产来说可能无关紧要，而对个人财产来说，则可能损失惨重，这话可能有一定道理。但在市场经济条件下，随着个人经济实力的增强，其对被害人的影响并非一定比数额相同的单位财产损失影响大。而且从司法实践看，由于受损的是公共财产或单位财产，事关国家利益和每一个单位成员的利益，知情人多、涉及面广，社会影响更大，处理稍有不慎，就会引起民愤，影响社会稳定。事实上，单位的利益受到损害，也意味着数个个人利益受到损害。第三，从渎职犯罪行为对社会心理的影响看，有人可能认为，渎职造成个人财产损失，容易引起人们的愤恨，社会危害性更大；而造成公共财产或单位财产损失的，则不容易引起人们的愤恨，社会危害性较小。但是

① 陈国庆、韩耀元：“《关于渎职侵权犯罪案件立案标准的规定》的理解与适用”，载《人民检察》2006年第16期。

这种看法，恰恰表现了一些人只看重自己财产而漠视公共财产和单位财产的倾向，这与弘扬社会主义道德观是背道而驰的。如果我们的司法解释支持这种落后的道德观，则背离司法的公平性。

3. 不具有科学性。

第一，标准不明确。这一标准主要是根据是单位财产还是非单位财产来划分的。同时它又涉及个人财产还是非个人财产、公共财产还是非公共财产的划分问题。《立案标准》中对“法人、其他组织”没有进行限制，那意味着任何“法人、其他组织”都可以，但将私营公司、一人公司、合伙企业等都纳入“法人、其他组织”范围是否具有合理性？与相关的司法解释是否有矛盾？[①] 第二，标准不统一。如《立案标准》在滥用职权罪案的第3项、第4项分别规定了个人财产与公共财产、法人或者其他组织财产损失数额。但在第5项同时又规定：“虽未达到3、4两项数额标准，但3、4两项合计直接经济损失20万元以上，或者合计直接经济损失不满20万元，但合计间接经济损失100万元以上的”应予立案。这一规定有利于严密刑事法网，但由于它采纳的是单位损失的数额标准，在一定程度上又消解了第3项规定的意义，背离了解释者的初衷。第三，与其他司法解释相矛盾。2001年4月18日最高人民检察院、公安部联合颁布《关于经济犯罪案件追诉标准的规定》。该规定在规定相关立案标准时，均没有将造成个人财产与公共财产、法人或者其他组织财产损失分别规定。

4. 对司法实践将产生消极影响。

《立案标准》既然是最高人民检察院颁布的司法解释，那它对其他犯罪的立案标准就有参考作用。既然在国家机关工作人员渎职犯罪中对造成个人财产与公共财产、法人或者其他组织财产损失要分别规定，那么在其他渎职犯罪中是否也应该加以区分？在渎职犯罪中要加以区分，那么在其他非渎职犯罪中是否也应该加以区分？如盗窃罪、诈骗罪、抢劫罪及其他财产犯罪和经济犯罪中是否也应该加以区分？如不加以区分，其理论根据何在？这些都将给司法实践带来新的困惑。

---

① 根据2000年3月14日最高人民检察院《关于挪用公款给私有公司、私有企业使用行为的法律适用问题的批复》规定，挪用公款给私有公司、私有企业使用行为，均可构成挪用公款罪。根据这一规定，私有公司、私有企业是视为“个人”的。根据2001年10月17日最高人民法院颁布的《关于如何认定挪用公款归个人使用有关问题的解释》规定，国家工作人员利用职务上的便利，以个人名义将公款借给其他自然人或者不具有法人资格的私营独资企业、私营合伙企业等使用的，属于挪用公款归个人使用，可以构成挪用公款罪。根据这一规定，不具有法人资格的私营独资企业、私营合伙企业是视为“个人”的。

我们认为，《立案标准》将个人财产与公共财产、法人或者其他组织财产损失分别加以规定，体现的不是“对公私财产平等保护倾向明显”，“保障了执法的平衡性和协调性”，[①] 而是在更加注重保护个人合法财产的同时，忽视了对公共财产或者法人、其他组织财产的法律保护，它将加剧执法的不平等性。

二、关于《立案标准》与审判解释的冲突问题

（一）关于渎职罪中的“徇私”问题

关于“徇私”如何理解，是《刑法》中所有“徇私”类渎职犯罪的共性问题，也往往是认定行为人是否构成犯罪的关键问题。司法实践中，对此问题一直存在截然不同的两种看法：一种意见认为，《刑法》条文中规定的“徇私”应理解为徇个人私情、私利，私情、私利与单位利益相对应，徇单位之私不能理解为“徇私”。国家机关工作人员为了本单位的利益，实施滥用职权、玩忽职守行为，构成犯罪的，应依照《刑法》第397条第1款的规定定罪处罚。另一种意见认为，“徇私”不仅包括徇个人私情、私利，还包括徇单位之私、徇小团体之私。第一种观点被最高人民法院所肯定，第二种观点被最高人民检察院的《立案标准》所肯定，我们认为第二种观点是正确的。[②] 但我们仍然对最高人民检察院的《立案标准》提出质疑，主要是因为在规定中适用范围不明确。《试行标准》在附则中没有对“徇私舞弊”的含义作出解释，而《立案标准》一方面在附则第5条中规定：“本规定中的‘徇私舞弊’，是指国家机关工作人员为徇私情、私利，故意违背事实和法律，伪造材料，隐瞒情况，弄虚作假的行为。”另一方面又在第12条第2款第7项规定：“直接负责的主管人员和其他直接责任人员为牟取本单位私利而不移交刑事案件，情节严重的”应以徇私舞弊不移交刑事案件罪立案。附则的规定虽然没有明确指出“徇私情、私利”包括徇单位、集体之私，但根据解释制定者的解说，这里的“徇私情、私利”包括徇单位、集体之私。[③] 那么这一理解就应当适用于所有的渎职犯罪案件。如果这样理解可以成立，那么第12条第2款第7项规定就纯属多余。有了第12条第2款第7项规定，加之附则并没有明确指出“徇私情、私利”包括徇单位、集体之

---

① 丁海东：“渎职侵权犯罪案件立案标准公布施行”，载《检察日报》2006年7月27日。

② 详见第二章第二节。

③ 陈国庆、韩耀元：“《关于渎职侵权犯罪案件立案标准的规定》的理解与适用”，载《人民检察》2006年第16期。

私，那么人们一般的正常的理解是：只有徇私舞弊不移交刑事案件罪中的“徇私”包括了徇单位、集体之私，其他罪名中的“徇私”不包括徇单位、集体之私。这样一来，“徇私”是否包括徇单位、集体之私变得不明确，反而造成了司法适用中的混乱。

（二）关于环境监管失职犯罪的立案标准问题

2006 年 7 月 21 日最高人民法院颁布的《关于审理环境污染刑事案件具体应用法律若干问题的解释》（以下简称《解释》）第 1 条规定：具有下列情形之一的，属于《刑法》第 408 条规定的“公私财产遭受重大损失”：1. 致使公私财产损失 30 万元以上的；2. 致使基本农田、防护林地、特种用途林地 5 亩以上，其他农用地 10 亩以上，其他土地 20 亩以上基本功能丧失或者遭受永久性破坏的；3. 致使森林或者其他林木死亡 50 立方米以上，或者幼树死亡 2500 株以上的。《解释》第 2 条规定：具有下列情形之一的，属于《刑法》第 408 条规定的“人身伤亡的严重后果”或者“严重危害人体健康”：1. 致使 1 人以上死亡、3 人以上重伤、10 人以上轻伤，或者 1 人以上重伤并且 5 人以上轻伤的；2. 致使传染病发生、流行或者人员中毒达到《国家突发公共卫生事件应急预案》中突发公共卫生事件分级Ⅲ级情形，严重危害人体健康的；3. 其他致使“人身伤亡的严重后果”或者“严重危害人体健康”的情形。

《立案标准》在第 19 条环境监管失职案中则规定，涉嫌下列情形之一的，应予立案：1. 造成死亡 1 人以上，或者重伤 3 人以上，或者重伤 2 人、轻伤 4 人以上，或者重伤 1 人、轻伤 7 人以上，或者轻伤 10 人以上的；2. 导致 30 人以上严重中毒的；3. 造成个人财产直接经济损失 15 万元以上，或者直接经济损失不满 15 万元，但间接经济损失 75 万元以上的；4. 造成公共财产、法人或者其他组织财产直接经济损失 30 万元以上，或者直接经济损失不满 30 万元，但间接经济损失 150 万元以上的；5. 虽未达到 3、4 两项数额标准，但 3、4 两项合计直接经济损失 30 万元以上，或者合计直接经济损失不满 30 万元，但合计间接经济损失 150 万元以上的；6. 造成基本农田或者防护林地、特种用途林地 10 亩以上，或者基本农田以外的耕地 50 亩以上，或者其他土地 70 亩以上被严重毁坏的；7. 造成生活饮用水地表水源和地下水源严重污染的；8. 其他致使公私财产遭受重大损失或者造成人身伤亡严重后果的情形。

比较上述两个规定，可以看到《立案标准》在环境监管失职罪立案标准方面与《解释》所规定的追究刑事责任的标准有很大差异，主要体现在以下两个方面：

1.“两高”对“公私财产遭受重大损失”的规定不同。

第一，《立案标准》对个人财产损失和公共财产、法人或者其他组织财产直接经济损失区分开来，并规定了不同的立案标准，而《解释》只是笼统地规定了致使公私财产损失的一个标准。

第二，“两高”对基本农田、防护林地、特种用途林地，基本农田以外的耕地或其他农用地破坏的表述不一。《立案标准》规定为“被严重毁坏”，《解释》表述为“基本功能丧失或者遭受永久性破坏”，这两种表述有着重大的差别，且规定的对土地的破坏面积不一致，《立案标准》规定为“造成基本农田或者防护林地、特种用途林地10亩以上，或者基本农田以外的耕地50亩以上，或者其他土地70亩以上被严重毁坏的”，《解释》规定为“致使基本农田、防护林地、特种用途林地5亩以上，其他农用地10亩以上，其他土地20亩以上基本功能丧失或者遭受永久性破坏的”。

第三，《立案标准》规定了造成生活饮用水地表水源和地下水源严重污染也属于“公私财产遭受重大损失”的情形，而《解释》的司法解释对此未作规定。

第四，《立案标准》规定了“其他致使公私财产遭受重大损失或者造成人身伤亡严重后果的情形”也属于“公私财产遭受重大损失”，而《解释》对此未作规定。本罪是结果犯，即严重不负责任的行为须造成严重后果才构成犯罪，但在实际生活中，严重的危害结果会有各种各样的方式，法律无法详尽每一种结果，这种概括性的规定具有合理性。

第五，《解释》规定“致使森林或者其他林木死亡50立方米以上，或者幼树死亡2500株以上”属于“公私财产遭受重大损失”，而《立案标准》对此未作规定。

第六，《解释》第4条规定“本解释所称公私财产损失，包括污染环境行为直接造成的财产损毁、减少的实际价值，为防止污染扩大以及消除污染而采取的必要的、合理的措施而发生的费用”。这种规定有其合理性，因为环境污染行为发生后，除产生直接的财产损失外，为防止污染扩大以及消除污染要采取必要的、合理的措施，也要产生相关费用，这些费用从本质上来看，应当属于环境污染行为造成的损失。《立案标准》对此没有明确规定。

2.“两高”对“人身伤亡的严重后果”的规定不同。

第一，“两高”对致使人员死亡、轻伤、重伤的标准规定不一。《立案标准》规定为“造成死亡1人以上，或者重伤3人以上，或者重伤2人、轻伤4人以上，或者重伤1人、轻伤7人以上，或者轻伤10人以上的”，《解释》规定为“致使1人以上死亡、3人以上重伤、10人以上轻伤，或者1

人以上重伤并且5人以上轻伤的”，两者存在明显差别。

第二，《解释》规定“致使传染病发生、流行或者人员中毒达到《国家突发公共卫生事件应急预案》中突发公共卫生事件分级Ⅲ级情形，严重危害人体健康的”属于造成“人身伤亡的严重后果”的标准之一，而《立案标准》仅规定了“导致30人以上严重中毒的”情形。根据《国家突发公共卫生事件应急预案》的规定，突发公共卫生事件分级Ⅲ级中传染病发生、流行或者人员中毒的情形包括：（1）发生肺鼠疫、肺炭疽病例，一个平均潜伏期内病例数未超过5例，流行范围在一个县（市）行政区域以内；（2）腺鼠疫发生流行，在一个县（市）行政区域内，一个平均潜伏期内连续发病10例以上，或波及2个以上县（市）；（3）霍乱在一个县（市）行政区域内发生，1周内发病10—29例，或波及2个以上县（市），或市（地）级以上城市的市区首次发生；（4）一次食物中毒人数超过100人；（5）一次发生急性职业中毒10—49人。

《立案标准》与《解释》同属司法解释，两者不一致必然导致以下结果：

1. 一些被检察机关立案侦查的环境监管失职刑事案件会被法院认定为不是犯罪。如环境污染事件造成个人财产直接经济损失18万元，按照《立案标准》，应当立案；可是按照《解释》，却不够追究刑事责任的标准。

2. 按照《解释》的规定，本应追究刑事责任的一些环境监管失职案件，因为《立案标准》没有规定相应的立案标准或者规定了更高的立案标准而最终不能被立案侦查。如环境污染毁坏基本农田6亩，按照《解释》的规定，即“致使基本农田、防护林地、特种用途林地5亩以上，其他农用地10亩以上，其他土地20亩以上基本功能丧失或者遭受永久性破坏”，应当追究刑事责任；可是按照《立案标准》的规定，即“造成基本农田或者防护林地、特种用途林地10亩以上，或者基本农田以外的耕地50亩以上，或者其他土地70亩以上被严重毁坏”，则不应当立案。

在人类社会日益重视自身生存环境，加强对环境保护的今天，全面落实科学发展观的要求，重视对环境的保护，才能实现经济社会的可持续发展，达到经济效益、社会效益和环境效益的统一。环境保护部门负责对环境保护实行监督管理，对于保护环境、发展经济起着极为重要的作用。环境监管部门的工作人员，应该恪尽职守，否则，将会导致严重的环境污染事故，致使公私财产遭受重大损失或者造成人身伤亡的严重后果。“两高”对这些严重危害后果的规定应当协商一致，否则在司法实践中难以掌握，导致基层司法人员无所适从，从而影响对这种犯罪行为的打击。

为了明确《立案标准》存在的缺陷，这里有必要进一步阐述定罪标准与立案标准的关系。如何认识立案标准与定罪标准的关系，长期以来理论和实践中观点不一。

一种观点认为，立案标准不是定罪标准，立案标准应当低于定罪标准。这种观点在 20 世纪 80 年代比较流行，而且被最高司法机关所采纳。如 1986 年 3 月 24 日最高人民检察院制定的《人民检察院直接受理的经济检察案件立案标准的规定（试行)》。该规定指出：贪污公共财物金额在人民币 1000 元以上或实物折合人民币 1000 元以上的，收受贿赂金额在人民币 1000 元以上的，应予立案。[①] 但根据最高人民法院、最高人民检察院 1985 年 7 月 18 日颁布的《关于当前办理经济犯罪案件中具体应用法律的若干问题的解答（试行)》的规定，当时贪污受贿罪的定罪标准一般是 2000 元。1984 年至 1992 年间，根据 1984 年 11 月 2 日最高人民法院、最高人民检察院制定的《关于当前办理盗窃案件中具体应用法律若干问题的解答》规定，盗窃罪起点标准为 200 至 300 元，少数经济发达地区提高到 400 元，个人盗窃粮食以 1000 斤至 1500 斤为构成犯罪的起点。但根据 1984 年 8 月 9 日公安部颁布的《关于修改盗窃案件立案标准的通知》，盗窃罪的立案标准是城市 80 元、农村 40 元。虽不足标准数额，但有一些特殊情形也应立案，即：盗窃粮食 200 斤以上，粮票 500 斤以上的；盗窃旧自行车的；撬盗保险柜的，连续撬门破锁多处的，多次扒窃的，结伙扒窃或使用刀刃等作案工具扒窃的；有其他比较严重情节的。

当时造成立案标准明显低于犯罪起刑点的主要原因是：1. 对立案标准的重视不够。长期以来，由于受重实体轻程序等思想的影响，司法机关对刑事立案工作重视不够，认为立案只是办理刑事案件的一种内部手续，只是刑事诉讼程序的开始，又不最终决定被告人是否有罪，因此立案是否严格无所谓。2. 理论认识上的误区。认为司法机关规定的立案标准是侦查标准而不是量刑标准。司法机关为了维护社会秩序，保护公共财产和人民利益不受侵犯，不能把立案标准规定得太高，如果将立案起点数额规定得过高，就不利于制止犯罪、减少犯罪和打击犯罪。如当时有的学者不仅认为，公安部制定的盗窃案立案标准与刑事诉讼法规定的立案条件是一致的，而且认为盗窃案件的立案起点数额之所以比人民法院的判刑起点数额低，是由如下四个因素决定的：第一，是由公安机关和人民检察院的职权所决定的；第二，是从盗

① 罗辑主编：《中国反贪污受贿检察业务全书》，中国检察出版社 1996 年版，第 1366—1367 页。

窃案件的特点考虑制定的；第三，是由我国国情决定的；第四，为了维护社会治安，公安部必须对盗窃案立案起点数额规定得比人民法院定罪判刑的起点低。①

另一种观点则认为，立案标准就是定罪标准，立案标准低于定罪标准的做法是错误的，并主张提高立案标准，使立案标准与定罪标准相协调。② 这种观点20世纪90年代后逐渐被最高司法机关所认可，特别是《刑法》修订后，绝大多数立案标准是根据或参照“两高”司法解释（特别是最高人民法院的司法解释）制定的，因此与定罪标准基本吻合。③

笔者认为，立案数额标准与定罪数额标准属于不同的法律范畴，前者是程序法范畴，后者是实体法范畴，两者不能混淆。但也必须认识到，两者是有密切关系的。无论是修改前的《刑事诉讼法》还是修改后的《刑事诉讼法》，都规定刑事立案标准是“认为有犯罪事实，需要追究刑事责任”。判断某一案件是否存在犯罪事实必须以《刑法》为依据。立案数额标准远远低于定罪数额标准，势必使一些不构成犯罪的案件作为刑事案件立案侦查，这不符合《刑事诉讼法》的立法精神。有犯罪事实且需要追究刑事责任既是确定某一案件能否立为刑事案件的最基本的要求（即立案标准），也是提起公诉和判处有罪的最基本的条件。根据我国《刑事诉讼法》第15条和第86条的规定，对于没有犯罪事实或虽然有犯罪事实，但不需要追究刑事责任的，如已立案追究，应根据案件所处的阶段分别作出撤销案件、不起诉或宣告无罪的处理。可见刑事立案标准、提起公诉标准和最低量刑标准三者是完全一致的，都是“有犯罪事实，需要追究刑事责任”，并不存在立案标准低于提起公诉标准，提起公诉标准低于判刑标准的问题。三者之间的差别关键在于证据要求上，判刑的证据要求要高于起诉的证据要求，起诉的证据要求要高于立案的证据要求。正像有的同志所说的，“立案标准与定罪标准就其本质是一致的。……立案标准涉及的事实，就是犯罪事实，并且是需要追究刑事责任的犯罪事实，因此，就应然性讲，检察机关一旦决定立案，就意味着该案件事实已经达到了应当追究刑事责任的标准。为此，就这一意义上讲，立案标准就是定罪标准。当然，立案标准与定罪标准不是同一概念，它们之间的不同体现在证据方面，立案时的证据要求低于定罪之时。立案时主

① 刘根菊：“关于刑事立案标准之研讨”，载《政法论坛》1991年第2期。

② 张少华：“自侦案件立案标准再认识”，载《当代法学》1990年第3期。

③ 当然目前对这一问题的看法还不一致。有的同志还是认为立案标准应当低于定罪标准。参见杨耀仁：“浅论盗伐林木案件的立案标准与定罪量刑标准”，载《森林公安》2003年第6期。

要考察发生的事实是否需要追究刑事责任，并通过立案查明责任人，通过侦查活动收集事实证据。定罪必须要求案件事实清楚，证据确实、充分，而立案时则要求存在犯罪事实并需要追究刑事责任即可。至于最终犯罪事实是否存在，是否需要追究刑事责任，则要立案后通过大量的侦查、收集证据才能证实。因此，立案标准不是定罪标准，是从证据角度而言，而非立案标准在构罪的事实上低于定罪标准”。[①] 笔者赞同这一观点。

修订《刑法》颁布后，最高人民检察院就着手修改相关的立案标准。如最高人民检察院在1997年12月31日制定的《关于检察机关直接受理立案侦查中若干数额、数量标准的规定（试行）》第1条规定：“个人贪污数额在5000元以上的，应予立案；个人贪污数额不满5000元，但情节较重的，应予立案。”第3条规定：“个人受贿数额在5000元以上的，应予立案；个人受贿数额不满5000元，但情节较重的，应予立案。”在此基础上，最高人民检察院又于1999年9月16日颁布了《试行标准》。2001年4月18日最高人民检察院、公安部又联合颁布了《关于经济犯罪案件追诉标准的规定》。在这些规定中最高人民检察院大多将立案标准与定罪标准统一起来。从刑事司法实务看，大部分司法机关已认识到立案标准应当与定罪标准相统一。[②]

但遗憾的是在现行司法解释中仍然有一些立案标准低于或高于定罪标准。如根据《关于经济犯罪案件追诉标准的规定》规定，“以假报出口或者其他手段，骗取出口退税款，数额在1万元以上的”应予追诉。而根据2002年9月9日最高人民法院制定的《关于审理骗取出口退税刑事案件具体应用法律若干问题的解释》第3条的规定，骗取出口退税款5万元以上的，才构成犯罪。立案标准与定罪标准的不统一，就出现司法解释之间的冲突，影响对犯罪的认定。这次《立案标准》与《解释》之间的冲突则更为明显。两个司法解释就同一个问题，在同一天颁布（都在2006年7月26日见报），但内容却不一致，这在司法史上是罕见的。司法解释之间的冲突还

---

① 应建廷、戴红霞：“立案标准与定罪标准的关系——析谢希杰刑讯逼供、林来田、陶开强故意伤害案”，载《刑事司法指南》，法律出版社2005年版，第151页。

② 如浙江省公安厅《关于进一步做好如实规范刑事立案工作的通知》规定，盗窃600元以上、普通诈骗600元以上的应立刑事案件，而据浙江省高院、省检、省公安厅《关于盗窃罪数额认定标准问题的规定》，此两罪在浙江的追诉标准分别是1000元、4000元以上。于是，检察机关对盗窃未达1000元、诈骗未达4000元的案件进行监督，即监督是否有不该立案的立了案。如某县公安局将12起盗窃数额在600元以上、未达1000元的案件作了刑事立案，检察机关发现后，对该局发出检察建议，要求纠正违法。参见谢诚：“浅谈刑事立案的几个问题”，载《公安学刊》2005年第6期。

表明：中国刑事司法解释权的制定缺乏公开性和协调机制，[①] 面对同一法律适用问题可以“各自为政”。

如何解决司法解释冲突，近年不少学者提出了各种不同的思路。有的认为，审判解释与检察解释冲突以及检察权对审判权的介入问题可通过“两高”联合进行司法解释解决。[②] 更多的学者则认为应当在司法权重新配置状态下取消最高人民检察院的司法解释权。[③] 还有的认为，司法解释权的分割与分配事关检察权与审判权的平衡与制约，应当按照互惠、自主、制衡的原则重新设计：凡涉及检察权、审判权之权限问题的司法解释只能由最高权力机关作出或报最高权力机关批准；其余的司法解释只能由最高人民法院独立行使；最高人民检察院有权对最高人民法院作出的司法解释之合宪性与合法性问题向最高人民法院提出异议，异议不被接受的，参照《立法法》第 90 条、第 91 条的规定启动违宪或违宪审查程序。[④] 我们认为，取消最高人民检察院的司法解释权，既没有法律依据，也不具有现实性和可行性。鉴此，笔者曾提出应扩大检察解释或审判解释的效力范围，某一法律规定只有一家作出解释时，另一家应遵照执行。[⑤] 这观点当然是站得住脚的。但这种做法往往只有在一家作出的解释被另一家所认可时才行得通。我们认为，当一家作出的解释不被另一家所认可时，另一家不应作出与之相矛盾的解释。

三、《立案标准》对非物质性损失缺乏明确的规定

如何确定渎职犯罪中重大损失的认定标准，学术界主要有以下几种观点：1. 一元标准说，即采取量的标准衡量渎职罪的损失。这种观点认为，

---

① 解释程序不公开，有违民主原则。罪刑法定原则是现代刑法的根本原则，其思想基础是民主主义与尊重人权主义。民主主义要求，国家的重大事务由人民自己决定，各种法律应由人民自己制定。“刑法一经制定，便由司法机关适用，司法机关适用刑法的过程，也是实现人民意志的过程。如果不是这样，对什么行为是犯罪、对犯罪如何处罚，完全由司法机关自行决定，就违背了民主主义原则”（张明楷：《刑法分则的解释原理》，中国人民大学出版社 2004 年版，第 4—5 页）。解释程序的公开性是罪刑法定原则的应有之义。刑事司法解释的神秘性、不公开性，始终制约着刑事司法解释的发展。近年民事司法解释制定的公开性问题已得到重视，最高人民法院在制定关于执行《婚姻法》、《合同法》和《劳动法》的司法解释以及人身损害赔偿等司法解释时，已公开解释草案，让全国人民参与讨论。但刑事司法解释从未在颁布之前公布解释草案征求全国各界群众的意见。这也是导致刑事司法解释冲突现象不断的原因之一。

② 杨志宏、王守安、李记华：“论加强最高人民检察院的司法解释权”，载《法学研究》1993 年第 4 期。

③ 陈志军：《刑法司法解释研究》，中国人民公安大学出版社 2006 年版，第 190—205 页。

④ 邱景辉：“检察解释权的让渡与救济”，载 http://lawsky.org/detail.asp?id=2146。

⑤ 张兆松：“检察解释与审判解释冲突的解决”，载《法学》1997 年第 5 期。

渎职罪的损失仅包括物质损失，经济损失和人员伤亡等，而不包括非物质性损失。2. 二元标准说，即采取量的标准与质的标准分析渎职罪的损失。量的标准，一般适用于确定有形的、物质性的损害结果，它是指物质性的数量标准；质的标准适用于确定非物质性的、无形的损害后果，它不像量的标准那么直观、可感性强，它通常表现为法律对玩忽职守的社会危害后果的规定。3. 三元标准说，即采取质的标准、量的标准以及质和量相结合的标准对渎职罪的损失进行理论上的分析。① 第一种观点在20世纪80年代曾得到不少学者的肯定，② 但随着研究的深入和犯罪情况的变化，渎职罪的损失，既包括物质性损失，也包括非物质性损失的观点成为学界的通说。同时这种通说，也得到了最高司法机关的认可。《试行标准》在滥用职权罪、玩忽职守罪的立案标准中均规定“严重损害国家声誉，或者造成恶劣社会影响的”，检察机关应当立案侦查。

尽管对渎职罪的损失包括非物质性损失，大家已无争议，但如何把握“非物质性损失”，则由于无明确的规定，导致目前争议很大。我们认为，《立案标准》对“非物质性损失”没有作出更为明确的规定，是《立案标准》的重要缺陷之一。

罪刑法定原则要求什么是犯罪，对该犯罪应当处以什么刑罚，刑法不仅要在事先明文规定，而且还必须明确规定。明确性原则作为罪刑法定原则的实质内容之一，已经被一些国家的司法实践所全面承认。③ 明确性原则是“表示这样一种基本要求：规定犯罪的法律条文必须清楚明确，使人能确切了解违法行为的内容，准确地确定犯罪行为与非犯罪行为的范围，以保障该规范没有明文规定的行为不会成为该规范适用的对象”。④ 如果刑法规定的内容不明确、不具体，一般人难以理解该规定的意义，就不可能对自己行为的后果作出预测和判断，这不仅剥夺了公民根据刑法规定预测自己行为后果的可能，而且容易使刑法成为国家任意动用刑罚权的手段。刑法规范应该具有明确性，但是这种明确性是相对的，有限的。刑法立法必须具有一定的抽象性，否则就难以适应复杂、多变的社会现实。尤其是我国刑法中的犯罪概念与西方国家刑法中的犯罪概念有明显的区别。西方国家刑法中的犯罪概念只含定性因素，而我国刑法中的犯罪概念，不仅含有定性因素，而且含有定

① 贾济东：《渎职罪构成研究》，知识产权出版社2005年版，第169—170页。

② 高铭暄主编：《新中国刑法学研究综述》，河南人民出版社1986年版，第155页。

③ 张明楷、黎宏、周光权：《刑法新问题探究》，清华大学出版社2003年版，第3页。

④ 〔意〕杜里奥·帕多瓦尼：《意大利刑法学原理》，法律出版社1998年版，第24页。

量因素。也就是说，刑法条文中仅仅规定了某种犯罪的性质是不够的，还必须规定影响该犯罪构成及量刑轻重的具体情节、数量，而这些情节、数量靠立法是不能解决的。正因为如此，我国刑法条文中规定“情节严重”作为犯罪构成要件的有70处，把“情节恶劣”作为犯罪构成要件的有6处，把“数额较大”作为犯罪构成要件的有34处。对于这些条文所规定的行为，依照法律是无法定罪的，而必须有另外的标准来确定何为情节严重、何为情节恶劣、何为数额较大，从而在这类行为中区分罪与非罪。[①] 这种区分罪与非罪的标准由谁来确定呢？“把抽象的立法运用于具体的司法实践，又必须降低这种抽象程度，这就是刑法司法解释的使命。”[②] 刑法司法解释正是解决刑法规范细节问题，克服刑法立法原则性的重要方式和途径。刑法规范的含义通过刑法司法解释得以明确化，从而更好地保障公民对刑法规范的预测性。在现行刑法没有对“重大损失”的标准作出规定的情况下，司法解释的明确化和量化就是对罪刑法定原则的积极响应。只有具体明确的司法解释，才能统一各种不同的认识，以保证执法的平衡性。

针对非物质性损失《试行标准》缺乏明确的规定，在《立案标准》研究起草过程中，有的建议，应明确为“导致发生外交、外事事件，或者造成恶劣国际影响等严重损害国家声誉”和“导致发生恶性群体性事件，或者造成其他恶劣社会影响”。但在讨论中有的认为“外交、外事事件”的条件不好把握，“发生恶性群体性事件”不宜在立案标准中明确规定，有的恶性群体性事件发生的原因很复杂，处理恶性群体性事件政治性、政策性很强，如何认定有关国家机关工作人员的责任很难把握，还不如维持原来的规定，既原则又灵活，司法实践中可以具体案件具体分析处理。经研究对滥用职权案、玩忽职守案规定中的“严重损害国家声誉，或者造成恶劣社会影响的”的规定没有修改。[③] 我们认为，这一理由难以成立。正因为条件不好把握，才需要司法解释作出明确规定。如果司法解释本身模糊不清，界限不明，那地方司法机关就无所适从。有的学者认为，我国刑事裁量权未来走向的基本思路是：整体上紧缩警察裁量权的同时，减少及至废除立法解释和最高人民法院和最高人民检察院作出的司法解释，加强法官的具体个案中的法律适用解释权，限制法官的程序性裁量权和刑罚裁量权，同时强化检察机关

① 张智辉：《刑法理性论》，北京大学出版社2006年版，第127页。

② 陈志军：《刑法司法解释研究》，中国人民公安大学出版社2006年版，第68页。

③ 陈国庆、韩耀元：“《关于渎职侵权犯罪案件立案标准的规定》的理解与适用”，载《人民检察》2006年第16期。

在刑事司法中的裁量权。[①] 这种思路在我国是行不通的。从长期司法实践看，抽象司法解释的存在弊多利少，要么这种条款徒有虚名，根本不能发挥打击犯罪的作用，从而放纵犯罪；要么为一些司法人员滥用职权，随着开启刑事程序提供方便之门，从而侵犯人权，导致司法腐败。那种认为抽象规定“既原则又灵活，司法实践中可以具体案件具体分析处理”的想法是司法中的海市蜃楼。

为了更好地指导司法实践，司法解释应当对非物质性损失的标准进一步具体化。虽然目前对非物质性损失的标准理论界和实务界还有争议，但大体上可以包括以下几个方面：

1. 严重损害国家声誉。严重损害国家声誉是指国家机关工作人员在公务活动中，滥用职权、玩忽职守、徇私舞弊，严重损害国家威望和地位，或者严重损害党和政府的国际形象。主要表现为：（1）渎职行为影响了我国与缔约国或者其他国家、地区的关系，损害我国在世界上的威望和地位；（2）渎职行为影响了党和国家的对外方针、政策，造成不良国际影响；（3）渎职行为被国内外媒体广泛报道，严重影响党和政府的形象；（4）渎职行为在一定范围内造成恶劣影响，使他国公民或者国家对我国国家机关及其工作人员的信任度下降等。[②]

2. 造成恶劣社会影响。造成恶劣社会影响是指国家机关工作人员在公务活动中，滥用职权、玩忽职守、徇私舞弊，严重损害国家机关形象，引起群众不满，影响了一定地区社会的稳定等。主要表现为：（1）渎职行为造成某一地区、某一行业系统不稳定，引起群众性上访事件、静坐、游行及其他冲突事件发生；（2）渎职行为损害党和国家方针政策，引发民族矛盾，影响民族团结；（3）因渎职行为而引起他人自杀或精神失常或妻离子散等，造成亲属不断上访，干扰国家机关工作秩序；（4）因渎职行为影响国家机关处理抗洪、抢险等自然灾害或突发事件；（5）因渎职行为，致使基本国策在某一地区的实施受到严重影响等。[③]

---

① 周长军：《刑事裁量权论——在划一性与个别化之间》，中国人民公安大学出版社 2006 年版，第 53 页。

② 缪树权：《渎职罪疑难问题研究》，中国检察出版社 2006 年版，第 43 页。

③ 王琦：“善用‘非物质性损害’结果认定滥用职权、玩忽职守罪”，载《惩治与预防渎职侵权犯罪案件指南》，人民法院出版社 2004 年版，第 81 页。

第五节　适用《立案标准》应注意的几个问题

一、关于《立案标准》的溯及力问题

《立案标准》是最高人民检察院对检察工作中具体应用法律问题所作的具有法律效力的解释。《立案标准》于 2006 年 7 月 26 日公布施行，该标准是对 1999 年施行的最高人民检察院《试行标准》的完善。对于《立案标准》的溯及力问题，《立案标准》在附则中明确规定："本规定自公布之日起施行。本规定发布前有关人民检察院直接受理立案侦查的国家机关工作人员渎职和利用职权实施的侵犯公民人身权利、民主权利犯罪案件的立案标准，与本规定有重复或者不一致的，适用本规定。对于本规定施行前发生的国家机关工作人员渎职和利用职权实施的侵犯公民人身权利、民主权利犯罪案件，按照《最高人民法院、最高人民检察院关于适用刑事司法解释时间效力问题的规定》（以下简称《规定》）办理。"因此，对于这新、旧两个立案标准的衔接与适用问题，应当按照《规定》执行。如何把握《立案标准》的溯及力问题，理论和实践中仍有一些问题值得研究。

（一）如何理解"行为时没有相关司法解释"

《规定》第 1 条规定："司法解释是最高人民法院对审判工作中具体应用法律问题和最高人民检察院对检察工作中具体应用法律问题所作的具有法律效力的解释，自发布或者规定之日起施行，效力适用于法律的施行期间。"司法解释是从属于刑法的，司法解释的效力不同于刑法的效力。司法解释的依附性决定了司法解释的效力及于刑法生效后的施行期间。《规定》第 2 条又强调规定："对于司法解释实施前发生的行为，行为时没有相关司法解释，司法解释施行后尚未处理或者正在处理的案件，依照司法解释的规定办理。"根据这一规定精神，对于《立案标准》实施前发生的行为，如果当时没有相关司法解释规定的，《立案标准》施行后尚未处理或者正在处理的案件，依新立案标准处理。

但有必要探讨的是：《立案标准》有明确规定，而《试行标准》中没有规定的，是否属于"行为时没有相关司法解释"？如《立案标准》规定，国家机关工作人员滥用职权造成"重伤 1 人，轻伤 3 人以上"，以及玩忽职守造成"重伤 2 人，轻伤 4 人以上"或者"重伤 1 人，轻伤 7 人以上"的应予立案，而这一标准在《试行标准》中没有规定。那么，《立案标准》施行后，对《立案标准》施行前的这类行为能否追究刑事责任呢？我们认为，

不应追究刑事责任。理由是：《试行标准》对滥用职权罪和玩忽职守罪的立案标准已作了明确规定。如《试行标准》在滥用职权罪中规定，涉嫌下列情形之一的，应予立案：1. 造成死亡1人以上，或者重伤2人以上，或者轻伤5人以上的；2. 造成直接经济损失20万元以上的；3. 造成有关公司、企业等单位停产、严重亏损、破产的；4. 严重损害国家声誉，或者造成恶劣社会影响的；5. 其他致使公共财产、国家和人民利益遭受重大损失的情形；6. 徇私舞弊，具有上述情形之一的。根据这一规定，在《试行标准》施行期间，滥用职权造成重伤1人，轻伤3人或轻伤4人的行为，不构成滥用职权罪。

比较《立案标准》与《试行标准》的有关规定，我们认为，《立案标准》只是对《试行标准》有关内容的修改和完善，它并没有增加具体罪名的新的立案标准。所以，对国家机关工作人员渎职和利用职权实施的侵犯公民人身权利、民主权利犯罪案件不存在行为时没有相关立案标准的问题。

（二）如何把握立案标准中的“从旧兼从轻”的溯及力原则

《规定》第3条规定：“对于新的司法解释实施前发生的行为，行为时已有相关司法解释，依照行为时的司法解释办理，但适用新的司法解释对犯罪嫌疑人、被告人有利的，适用新的司法解释。”根据这一规定，对于《立案标准》实施前发生的行为，行为时已有相关立案标准规定，依照行为时的相关立案标准规定办理，但适用《立案标准》对犯罪嫌疑人、被告人有利的，适用新立案标准处理。

从总体上来说，《立案标准》加大了对渎职侵权犯罪的惩治力度，立案标准普遍低于《试行标准》。所以，在一般情况下，对于《立案标准》实施前发生的行为，应当适用《试行标准》，即《立案标准》没有溯及力。但值得注意的是，《立案标准》中也有一些规定在犯罪构成上要严于《试行标准》，适用《立案标准》对犯罪嫌疑人、被告人比较有利，在这种情况下，应当适用新立案标准处理，即《立案标准》有溯及力。如根据《试行标准》规定，国家机关工作人员或者非国家机关工作人员违反保守国家秘密法，故意“泄露绝密级或机密级国家秘密的”应予立案。而《立案标准》则规定，“泄露绝密级国家秘密1项（件）以上的；2. 泄露机密级国家秘密2项（件）以上的……”应予立案。根据上述规定，泄露机密级国家秘密1项（件）的，按《试行标准》规定，应当立案；而按《立案标准》规定，则不构成犯罪。《立案标准》对犯罪嫌疑人、被告人有利，所以，应当适用《立案标准》处理相关案件。

在这里，还有一个有争议的问题值得研究，即如何理解“行为时已有相关司法解释”？这主要涉及执行判决、裁定失职罪和执行判决、裁定滥用职权罪立案标准的掌握问题。在2002年12月28日第九届全国人民代表大会常务委员会第三十一次会议通过《刑法修正案（四）》之前，我国刑法中没有执行判决、裁定失职罪和执行判决、裁定滥用职权罪，《试行标准》也无法对此规定立案标准。《刑法修正案（四）》增设了执行判决、裁定失职罪和执行判决、裁定滥用职权罪后，《立案标准》也随之增设了这两个罪的立案标准。那么对《刑法修正案（四）》颁布之前，司法工作人员玩忽职守或者滥用职权，对能够执行的案件不执行或者故意拖延执行，或者违法采取诉讼保全措施、强制执行措施，给当事人或者他人的利益造成重大损失，能否立案追究刑事责任呢？有的同志认为，既然是刑法新增的罪名，这表明：《刑法修正案（四）》颁布之前的执行判决、裁定失职和执行判决、裁定滥用职权的行为，我国《刑法》没有规定为犯罪，也没有相关司法解释对此作出规定。根据罪刑法定原则，不能适用《立案标准》对2002年12月28日之前的执行判决、裁定失职和执行判决、裁定滥用职权的行为追究刑事责任。

我们不同意这种观点。《刑法修正案（四）》颁布之前，《刑法》中虽然没有执行判决、裁定失职罪和执行判决、裁定滥用职权罪，但《刑法》中有滥用职权罪、玩忽职守罪的规定。对这种执行判决、裁定失职罪和执行判决、裁定滥用职权的行为完全可以按滥用职权罪、玩忽职守罪的立案标准追究刑事责任。罪刑法定的价值在于定罪的时候必须以法律的明文规定为根据，但法律的明文规定不等于明确规定。法律明文规定不仅指法律的字面规定，而且指法律的逻辑涵括。法律规定包括两种情形：一是显形规定，二是隐形规定。显形规定是字面上的直接规定，而隐形规定则是指内容上的包容规定。在法律规定是显形的情况下，通过字面就可以确认对于某行为法律是否有明文规定。而在法律规定是隐形的情况下，通过字面尚难以确认，而须通过对内容的逻辑分析才能确认对于某一行为法律是否有明文规定。[①] 罪刑法定原则并不意味着刑法规范放在那里等着刑事司法工作者不费吹灰之力就可以机械地一一照搬过来。《刑法》的规定只是一种抽象化了的、类型化了的法律规范。现实生活中很多犯罪事实，其实早就蕴涵在刑法的明文规定之中，只不过需要刑事司法人员从社会正义观念出发，根据《宪法》和《刑法》的基本原则，怀着保护法益的使命感去寻找，能动地将这些规定发现出来。我们认为，《刑法修正案（四）》颁布之前的执行判决、裁定失职和

① 陈兴良、周光权：《刑法学的现代展开》，中国人民大学出版社2006年版，第72页。

执行判决、裁定滥用职权的行为完全符合《刑法》第397条规定的滥用职权罪和玩忽职守罪的犯罪构成，应当追究刑事责任。正像参与立法的同志所指出的，“司法腐败行为除在侦查、起诉、审判阶段存在外，在执行阶段也同样存在。有的司法工作人员玩忽职守或者滥用职权，对能够执行的案件不执行或者故意拖延执行，或者违法采取诉讼保全措施、强制执行措施，给当事人或者他人的利益造成重大损失，社会危害较大，也需要追究刑事责任，上述行为，按刑法第397条规定的滥用职权罪和玩忽职守罪是可以追究的，在司法实践中对这种行为普通没有及时追究刑事责任，主要是由于刑法对这种行为未作具体规定，司法机关在适用法律时认识不明确造成的。”① 这也表明，对这种司法腐败行为，并非《刑法》没有规定，而是由于规定不明确，导致司法实践中对这种行为没有追究刑事责任。由此可见，对2002年12月28日之前的执行判决、裁定失职和执行判决、裁定滥用职权的行为以滥用职权罪和玩忽职守罪追究刑事责任并不违反罪刑法定原则。而对滥用职权罪和玩忽职守罪的立案标准，《试行标准》中已作出了规定，所以应该认为，对2002年12月28日之前的执行判决、裁定失职和执行判决、裁定滥用职权的行为定罪处罚，不是没有司法解释，而是“行为时已有相关司法解释”。既然当时已有立案标准，那么在适用有关刑法条文和立案标准时，应严格遵守《刑法》“从旧兼从轻”的溯及力原则。

（三）如何处理《立案标准》施行前已办结的案件

《规定》第4条规定：“对于在司法解释施行前已办结的案件，按照当时的法律和司法解释，认定事实和适用法律没有错误的，不再变动。”于是有的同志认为，“对新立案标准施行前已经侦查终结的案件，如果在认定事实和适用法律上没有问题，就不应再行变动，包括新立案标准施行前已经作出不起诉或者撤案处理的案件，也不应再行更改；对于案件事实、证据发生变化，需要重新侦查、重新认定犯罪事实等较特殊情况的，可作个别调整，依新立案标准处理”。② 笔者不完全同意这一做法，原因在于它没有正确地理解《规定》中所规定的“司法解释施行前已办结的案件”的含义。

我们认为，“司法解释施行前已办结的案件”应当理解为司法解释施行前已判决生效的案件，而不是指司法解释施行前已侦查终结的案件。《规

---

① 黄太云：“《中华人民共和国刑法修正案（四）》的理解与适用”，载《人民检察》2003年第3期。

② 徐亚鹏、张伟：“渎职侵权犯罪案件新旧立案标准如何衔接”，载《检察日报》2006年9月8日。

定》之所以规定“对于在司法解释施行前已办结的案件，按照当时的法律和司法解释，认定事实和适用法律没有错误的，不再变动”是基于《刑法》第12条第2款的规定，即“本法施行以前，依照当时的法律已经作出的生效判决，继续有效”。其目的是尊重既判力的神圣权威，从而使法律规则的运行及至社会关系在一定期间内保持其稳定，不会因为法律的变更（包括司法解释的变更）而对所有生效案件进行重新审判。根据《刑法》第12条第2款规定的精神，“司法解释施行前已办结的案件”只能理解为：依照当时的法律、司法解释已经作出终局司法裁决的案件。这包括以下几种情况：1. 已由人民法院作出生效判决的；2. 已由人民检察院作出不起诉决定的；3. 已由人民检察院作出撤案处理的。对新立案标准施行前已经侦查终结的案件，即使侦查终结时在认定事实和适用法律上没有问题，但案件目前仍处于审查起诉和审判阶段的，还是应当根据从旧兼从轻原则，对照新的立案标准重新审视正在办理的渎职犯罪案件。如果根据新的立案标准，犯罪嫌疑人、被告人的行为不构成犯罪或判刑较轻的，应当根据新的立案标准进行处理。如在滥用职权罪中，《试行标准》规定：国家机关工作人员滥用职权“造成有关公司、企业等单位停产、严重亏损、破产的”应予立案；而《立案标准》则规定，国家机关工作人员滥用职权“造成公司、企业等单位停业、停产6个月以上，或者破产的”应予立案。某行为人滥用职权造成公司、企业等单位停业、停产3个月，按旧立案标准应予追究刑事责任，而按新立案标准则不应追究刑事责任。类似案件即使在新立案标准施行前已侦查终结，但如果目前案件尚处在审查起诉和审判阶段的，应当作无罪处理。

与此相关的还有一个问题，就是司法解释施行前已办结的案件，司法解释是否具有溯及力问题。近年一些学者提出，刑法的溯及力与刑法解释的溯及力是不同的，不能套用《刑法》第12条第2款规定来解决刑法解释对既判案件的效力问题。基于保护人权，体现有利于被告人的原则，司法解释对其施行以前司法机关已经办结的案件仍然具有效力。①

笔者认为，这一观点是错误的。第一，从法律规定看，《刑法》关于溯及力的规定，是针对刑事“法律”本身而言的。《刑法》第12条所指的“本法”限指《刑法》，而不包括刑法司法解释，刑法的溯及力与刑法解释的溯及力确实不能等同。正因为两者不能等同，所以《规定》才特别强调

① 刘宪权：“我国刑法司法解释时间效力的再思考”，载《法学》2002年第2期；刘仁文：“刑法解释的时间效力”，载《检察日报》2002年4月23日；周振晓：“狭义刑法解释若干问题探析”，载《刑事法学》2005年第5期等。

司法解释“自发布或者规定之日起施行，效力适用于法律的施行期间”。但我们必须清楚地看到，司法解释是“两高”在刑法条文已作出明文规定的前提下就如何具体适用法律问题所作的规定，司法解释的依附性特征决定了它不能脱离其解释的刑法而独立存在，司法解释的溯及力受制于被解释的条文的溯及力。司法解释一经公布施行，其效力就等同于所解释的法律本身。如果说“本法施行以前，依照当时的法律已经作出的生效判决，继续有效”，而刑法施行以前，依照当时的刑法司法解释已经作出的生效判决，不一定继续有效，从逻辑上是难以自圆其说的。第二，这种观点混淆了立法解释与司法解释的界限。立法解释是全国人大常委会以规范性的文件对《刑法》所作的解释。立法解释的效力高于司法解释，司法解释与立法解释不一致的，应当依照立法解释。如立法解释发布之前已有司法解释，而这一司法解释是违背立法原意的越权解释，根据这种越权解释所作出的生效判决，在立法解释发布之后，应当予以改判。但立法解释与司法解释的差异并不涉及溯及力问题，因为溯及力只发生在同一位阶的法律之间。这种生效判决之所以允许改判，关键是由法律解释的效力不同造成的，是基于法律规范效力等级的原理。据此并不能得出司法解释对其施行以前司法机关已经办结的案件也具有效力的结论。第三，在我国罪刑法定原则的价值取向是双向的，既要保护人权，也要保护社会，有利于被告人不是刑事司法的基本原则。[①] 因此，不能单纯以是否有利于被告人作为决定司法解释是否具有溯及力的标准。

综上所述，我们认为，《规定》第4条规定的“对于在司法解释施行前已办结的案件，按照当时的法律和司法解释，认定事实和适用法律没有错误的，不再变动”，是正确的、合理的，体现了刑事既判力原则。它有利于维护法院判决的稳定性和严肃性，有助于树立法治权威和最大限度地节约司法资源，也符合我国司法实践的一贯做法。所以，对《立案标准》施行前已办结的所有渎职犯罪案件，《立案标准》不再具有溯及力。

二、注意司法解释与刑事立法的冲突

由于各种原因，特别是司法解释的滞后性特点以及对立法与司法解释的协调性注意不够，有时会出现司法解释与立法之间有矛盾的现象。司法解释与刑事立法有冲突的，司法解释自然失效。《立案标准》中就存在这种情况。《立案标准》在滥用职权罪立案标准第2款第7项中规定：国家机关工

① 张兆松：“‘刑法存疑有利于被告人原则’质疑”，载《人民检察》2005年第8期。

作人员“弄虚作假，不报、缓报、谎报或者授意、指使、强令他人不报、缓报、谎报情况，导致重特大事故危害结果继续、扩大，或者致使抢救、调查、处理工作延误的”应予立案。而2006年6月29日第十届全国人民代表大会常务委员会第二十二次会议通过的《刑法修正案（六）》第4条规定：“在刑法第139条后增加1条，作为第139条之一：在安全事故发生后，负有报告职责的人员不报或者谎报事故情况，贻误事故抢救，情节严重的，处3年以下有期徒刑或者拘役；情节特别严重的，处3年以上7年以下有期徒刑。”据此《刑法》中已增加规定了不报、谎报安全事故罪。本条规定的犯罪主体是对安全事故“负有报告职责的人员”。“安全事故”不仅限于生产经营单位发生的安全生产事故、大型群众性活动中发生的重大伤亡事故，还包括《刑法》分则第二章规定的所有与安全事故有关的犯罪，但第133条、第138条除外，因为这两条已将不报告作为构成犯罪的条件之一。“负有报告职责的人员”，通常是指生产经营单位的主要负责人，对安全生产、作业负有组织、监管职责的部门的监督检查人员，地方政府负有安全生产监管职责的部门直接负责的主管人员，以及直接造成安全事故的责任人员。[①] 根据《刑法修正案（六）》的规定，不报、谎报安全事故罪的主体既包括国家机关工作人员，也包括非国家机关工作人员（生产经营单位的主要负责人，对安全生产、作业负有组织、监管职责的部门的监督检查人员）。负有报告职责的国家机关工作人员，在安全事故发生后，不报或者谎报事故情况，贻误事故抢救，情节严重的，既构成不报、谎报安全事故罪，也构成滥用职权罪，按法规竞合的特殊法优于普通法原则，应按不报、谎报安全事故罪定罪处罚。因此，《立案标准》中所规定的国家机关工作人员弄虚作假，不报、缓报、谎报或者授意、指使、强令他人不报、缓报、谎报情况，导致重特大事故危害结果继续、扩大，或者致使抢救、调查、处理工作延误的，应按不报、谎报安全事故罪定罪处罚，而不应该再定滥用职权罪。

① 黄太云：“刑法修正案（六）的理解与适用”，载《人民检察》2006年第14期。

Chapter 6

第六章　渎职犯罪的预防和控制对策研究

第一节　当前渎职犯罪的特点、趋势

一、当前渎职犯罪的特点

《刑法》规定的渎职犯罪，主要包括玩忽职守、滥用职权和徇私舞弊三种基本类型，共有23个条文，36个罪名。这些犯罪无论从刑法章节排列看，还是从处罚规定看，都明显不同于其他刑事犯罪。由于这些案件主体的特殊性和行为的职务性，决定了这类犯罪具有不同于一般刑事犯罪的特点。

当前渎职犯罪的特点主要表现在：

1. 事实上的模糊性。从表面看，渎职犯罪案件事实具有一定的公开性，即结果表现公开。但在判断是否涉嫌犯罪时却往往模糊不清。（1）要件事实不清。即符合犯罪构成条件的事实不明显。有实际损害结果事实不清的，有行为背职性特征不清的，也有主体身份不明确的，等等。（2）案件性质不清。即案件事实是刑事犯罪事实还是违规违纪事实不易判断。（3）职责义务不清。违的什么规、失的什么职、越的什么权、负的什么责往往不明确。①

2. 犯罪的隐蔽性和专业性。渎职案件发生在履行职务的过程中，具有很强的隐蔽性和欺骗性。渎职案件发生在不同的领域、不同的行业，具有很强的专业性和智能性。《刑法》分则第9章“渎职罪”中规定的罪名范围涉及公、检、法、工商、税务、海关、商检、土地、林业、教育、文物、卫生防疫等诸多行业和部门。一方面，渎职犯罪通常掩盖在职务行为背后，实际上就是一种“作弊”行为。如徇私舞弊，犯罪活动是在十分诡秘的情况下利用职务之便进行的，因犯罪行为与职务行为紧密地交织在一起，很难为他

① 郑广宇：“渎职侵权犯罪案件的特点及侦查对策”，载《惩治与预防渎职侵权犯罪指南》2004年第2辑。

人所察觉。而徇私舞弊案在一般情况下，又没有可供勘查的犯罪现场，很难获取有关物证。同时，行为人在实施犯罪行为时，都是执法犯法，深知行为后果的严重性，因此，往往在实施犯罪的过程中就订立了攻守同盟，即使犯罪行为被发现，该行为也可能被伪装成符合法律规定的、正当的职务行为。另一方面，渎职犯罪特别是玩忽职守犯罪，因为发生在履行职责的过程中，与一般工作失误有时很难界定，故特别容易被“失误”或“缺乏工作经验”所掩盖，也容易引起他人的同情和“帮助”，因而具有很大的欺骗性，与其他案件相比，办案阻力更大。

3. 渎职行为的相关性和利益的一致性。渎职案件的犯罪嫌疑人与原案当事人之间大多具有行为的相关性和利益的一致性。渎职案件往往都有与之相关的原案，而渎职案件的犯罪嫌疑人和原案当事人之间的利益在多数情况下是一致的，只有在少数情况下才会发生冲突。这是因为，渎职案件绝大多数都是行为人因徇私或者徇情，应原案当事人的请求实施犯罪的。双方因此结成一个利益联盟，双方的行为都是国家法律、法规所明文禁止的，如果不被发现，都可从中获取一定利益，如果有一方行为败露，则势必危及另一方，不但既得利益保不住，而且双方都难逃脱法律的追究。所以，这类案件一般难于发现、难于突破。即使行为露出马脚，他们也会竭力掩盖真相，千方百计阻挠侦查，规避法律。

4. 责任的分散性和背景的复杂性。渎职案件往往牵涉人员多，领导责任和直接责任、主要责任和次要责任、决策责任和执行责任交织在一起，从而给责任的认定带来一定的困难。“多因一果”、“多果一因”情况较多，因果关系复杂。渎职案件的犯罪主体多为握有一定实权的国家机关工作人员，有的甚至是位高权重的领导干部，这些人关系网多，保护层厚，犯罪手段隐蔽狡诈，反侦查能力强。一般外围调查不能知内情，深入调查难免触及其关系而打草惊蛇，调查难以深入。加之此类犯罪特别是玩忽职守，往往涉及人员多、责任分散、背景复杂，故稍有风声，即草木皆兵。在目前执法环境不太理想的情况下，一些人从本单位、本部门的利益出发，片面强调保护干部的积极性，过多顾及单位和领导的声誉、面子，瞒案不报、内部消化的现象较为普遍。有的甚至设置障碍，阻挠办案。

5. 案件具有多变性和反复性。渎职案件往往没有直接的被害人和相关物证，多凭言词证据定案，案件具有多变性和反复性。一方面，多数渎职案件没有直接的被害人，办案工作缺乏积极的、稳定的、有利于控方的言词证据的支持，而渎职案件的犯罪嫌疑人与原案当事人之间利益的一致性，又使得据以定案的言词证据极具消极性而缺乏稳定性。同时，多数渎职案件没有可供勘查的犯罪现场，这就给侦查工作中发现、收集各种物证，确定犯罪地点和场所增加了难度。不仅如此，渎职类犯罪分子特别是徇私舞弊案件的犯罪嫌疑人，大都知法懂法、具备较强的反侦查能力和职务上的便利，有条件接触原案的当事人和其他知情人，稍有风吹草动，便可能威胁、恐吓当事人，逼迫当事人翻供、证人翻证或者继续作虚假供述、陈述，或者毁灭证据，串供串证，制造假象，设置障碍，干扰侦查活动的进行。这一切，都给渎侦办案工作增添了很大难度，极易使案件出现反复。①

6. 案件查处的艰滞性。1997年《刑法》颁布后，到2002年，上海市各级检察机关渎职犯罪检察部门积极查处各类渎职侵权犯罪案件，共计立案176件，涉及20个罪名。在这176条个案件中，撤案10件14人，不诉19件23人，向法院提起公诉后判无罪1件1人，诉判率为80%，定性准确率为62.8%。渎职犯罪案件的诉判率及定性准确率虽高于全国平均水平。但一个无法回避的事实是，与大量的渎职行为相比，渎职犯罪案件的查处不仅没有进展，反而呈现出越办越少、越办越难的局面。现实生活中大量的渎职犯罪行为被人为掩盖了，组织说情、组织诿过的情况屡见不鲜。②

二、渎职犯罪的趋势

2003年1月到2007年3月，全国检察机关共立案查办渎职侵权犯罪案件29351件35011人，其中滥用职权类犯罪8247件9367人，玩忽职守类犯罪10983件12394人，徇私舞弊类犯罪4800件5535人，侵权类犯罪3597件5386人；在上述案件中，涉及司法机关工作人员渎职侵权犯罪的有11484人，涉及行政执法机关的有10383人；各级检察机关共起诉渎职侵权犯罪案件18200人，法院作出有罪判决12392人。③

当前渎职犯罪的趋势表现在：

1. 渎职与贪污贿赂等经济犯罪相互交织。近年来查办案件的实践表明，国家机关工作人员滥用职权、玩忽职守背后往往隐藏着索贿受贿等腐败行为。渎职失职掩盖权钱交易，权钱交易助长滥用职权、玩忽职守，二者相伴而生。如检察机关在查办矿难渎职犯罪过程中，发现权钱交易有几种表现形式：一是有的国家机关工作人员和国企负责人在矿山非法入股；二是自己或支持亲友办矿；三是利用手中的权力进行权钱交易，成为违法违规行为的保

① http：//lunwen. 7ide. com/falv/ShowArticle. asp？ArticleID = 12610。

② 陈思群、冯斌："查处渎职犯罪案件的难点及解决对策"，载《犯罪研究》2004年第5期。

③ 《检察日报》2007年5月10日。

护伞；四是参与瞒报事故或庇护事故责任人；五是袒护生产经营中的非法违法行为。监管人员贪图私利，大搞权力寻租。在2005年查处的6起矿难事故中被查处的46名涉案人员，相当一部分利用手中权力，在履行审查、发放安全许可证、日常监管、安全检查、复产验收、关闭非法矿井过程中，收受矿主贿金，在矿山入股或接受干股，大搞权力寻租。如广东省安监局原副局长胡建昌等人到大兴煤矿进行现场检查时，多次收取矿主曾云高所送“红包”、“下井费”。①

2. 领导干部渎职犯罪逐年上升。2003年1月至2007年3月，全国检察机关立案查处的领导干部，尤其是县处级以上干部渎职侵权犯罪呈逐年上升趋势，共立案查办县处级以上干部1341人，其中县处级干部1285人，厅局级干部55人，省部级干部1人。如国家食品药品监督管理局原局长郑筱萸，于1997年6月至2006年12月，利用担任国家医药管理局局长、国家药品监督管理局局长、国家食品药品监督管理局局长的职务便利，接受请托，为8家制药企业在药品、医疗器械的审批等方面谋取利益，先后多次直接或通过其妻、子非法收受上述单位负责人给予的款物共计折合人民币649万余元。2001年至2003年，郑筱萸先后担任国家药品监督管理局局长、国家食品药品监督管理局局长期间，在全国范围统一换发药品生产文号专项工作中，违背重大事项请示报告制度和民主决策程序，草率启动专项工作；严重不负责任，对这一事关国计民生的药品生产监管工作未做认真部署，并且擅自批准降低换发文号的审批标准。郑筱萸玩忽职守造成严重的后果，经后来抽查发现，包括部分药品生产企业使用虚假申报资料获得了药品生产文号的换发，其中6种药品竟然是假药。其行为严重侵害了国家工作人员的职务廉洁性，严重破坏了国家药品监管的正常工作秩序，危害人民群众的生命、健康安全，造成了极其恶劣的社会影响。2007年5月16日，北京市第一中级人民法院公开开庭审理郑筱萸涉嫌犯受贿罪、玩忽职守罪一案，并于5月29日作出一审判决，认定郑筱萸犯受贿罪，判处死刑，剥夺政治权利终身，没收个人全部财产；犯玩忽职守罪，判处有期徒刑七年，决定执行死刑，剥夺政治权利终身，没收个人全部财产。宣判后，郑筱萸不服，提出上诉。北京市高级人民法院经公开开庭审理于6月22日作出二审裁定，驳回上诉，维持原判，并依法报请最高人民法院核准。经最高人民法院核准，郑筱萸7月10日上午在北京被执行死刑。

---

① 王新友：“中国矿难渎职犯罪状况报告”，载《方圆法治》2007年6月（上半月刊），第17—18页。

3. 行政执法人员的失职渎职犯罪涉案领域广泛。2005 年 8 月至 2006 年 12 月，全国检察机关集中开展了查办破坏社会主义市场经济秩序渎职犯罪专项工作。专项工作期间，全国检察机关共立案查办国家机关工作人员渎职失职导致严重扰乱市场经济秩序，负有市场监管职责的行政执法机关工作人员渎职失职、徇私舞弊，司法人员徇私枉法、枉法裁判，以及徇私舞弊放纵制售假冒伪劣商品犯罪和不移交刑事案件犯罪等重点案件 5841 件 66664 人。其中，重大案件 1266 件 1432 人，特大案件 985 件 1100 人。立案查办处以上干部犯罪 218 人，其中厅级领导干部 11 人。

4. 司法人员徇私枉法、危害司法公正的犯罪日渐引起社会关注。从维护司法公正来看，一些司法人员渎职失职犯罪依然严重，破坏司法公正，损害司法权威，践踏法制尊严。有的徇私枉法、枉法裁判；有的滥用司法权，有法不依，执法不严；有的在民事、行政诉讼活动中弄虚作假，歪曲事实；有的利用执行刑罚、监管改造职权，徇私舞弊，非法减刑、假释、暂予监外执行等，还有极少数司法工作人员充当黑恶势力犯罪的“保护伞”。2005 年 8 月至 2006 年 12 月，全国检察机关在集中查办破坏社会主义市场经济秩序渎职犯罪专项工作期间，查办徇私枉法案 363 件 425 人，查办民事、行政枉法裁判案 87 件 98 人，查办执行判决、裁定失职案 18 件 19 人，查办执行判决、裁定滥用职权案 14 件 15 人。如广东清远市中级人民法院院长傅作庆，在执行苏宇宙诉深圳市一建设公司工程借款生效判决过程中滥用职权，在明知被执行单位已在指定期限内履行了法定义务的情况下，仍强行拍卖国有企业的厂房，造成被执行单位经济损失 267 万元，广东省人民检察院以涉嫌执行判决、裁定滥用职权罪、受贿罪等对傅作庆立案侦查，傅作庆一审被判处有期徒刑 12 年。

5. 渎职窝案串案及跨部门犯罪增多。如广东省兴宁煤矿造成 121 人死亡的特大透水事故案涉及的广东省安全生产监督管理局副局长胡建昌等 23 人渎职犯罪案件；河北省枣强县虚开增值税发票 50.47 亿元，造成 18 亿元损失的特大罪案涉及的衡水市国税局进出口税收管理分局原局长高能升等 6 人渎职犯罪案件。

6. 危害严重，一些个案造成经济损失数额巨大、人员伤亡严重。2003 年至 2006 年，全国检察机关立案侦查的贪污贿赂犯罪涉案总金额高达 504.6 亿元；渎职侵权犯罪行为造成直接经济损失 439.8 亿元，并且使 14049 人失去生命、2033 人严重伤残。经济损失数额巨大、人员伤亡严重。渎职犯罪，被称为“不落腰包的腐败”，其造成的损失远远大于贪污、贿赂犯罪所带来的损失。从个案数额上看，近年来因国家机关工作人员渎职失职，给国家和人民利益造成几千万、上亿元经济损失的案件已不鲜见。据统计，检察机关2003年以来查办的各类渎职犯罪，给国家造成直接经济损失高达357.3亿元。最高人民检察院曾经把1998年至2000年办理的贪污贿赂和渎职侵权犯罪案件个案平均涉案金额进行过比较，得出的结论是：前者的平均个案损失是15万元，后者的平均个案损失是258万元。据对3000余起职务犯罪案件的分析，渎职案件平均个案案值为500万元，而贪污贿赂平均个案案值为60万元。在526件渎职案件中，还造成了死亡548人、重伤344人的严重后果。① 可以看出，渎职侵权犯罪案件造成的损失是非常严重的。四川省成都市住房公积金管理中心原主任杨灿智等人违规进行国债投资，造成2亿余元损失；湖南省原娄底市常务副市长、住房公积金管委会主任易佑德滥用职权，违规决定将8200万元住房公积金委托不具备委托投资管理资质的恒信证券公司进行国债投资管理，造成全部损失；山东省曲阜市劳动和社会保障局农村养老保险处原主任陶宪友滥用职权，擅自将农保基金3292.3万元用于国债质押式回购套作，造成2659万元损失；江苏淮安市淮阴区农业行政执法监察大队大队长刘浩放任假农药在市场销售，导致4000余亩小麦绝收；广东省兴宁县大兴煤矿透水事故造成121人死亡，直接经济损失4700多万元；山西省左云县新井煤矿发生透水事故，被困井下的56名矿工全部遇难，直接经济损失5312万元等。

第二节　渎职犯罪的产生原因

渎职罪作为渎职犯罪的一种，是国家机关工作人员利用职权或严重违背职责，危害社会，触犯刑法，应受刑罚惩罚的行为。它的产生有着全方位、多层次的原因，分析和探究渎职犯罪产生的原因，是我们打击和预防该类犯罪的前提和基础。

一、渎职犯罪的政治原因②

（一）权力失去制衡

目前，我国渎职犯罪之所以泛滥成灾，关键原因还在体制。即在进行经济体制改革的同时，没有适时地进行政治体制改革，在国家权力系统中，尚

① 王悦、赵海利等："当前职务犯罪呈现十大特点"，载《检察日报》2007年3月27日。

② 李卫平、丁红兵等："试论渎职犯罪的预防"，载 http：//www. bj. yfw. com. cn/shownews. asp?id＝15175。

未及时建立起以权力制约权力的制衡机制，权力过于集中而又缺乏强有力的监督制衡机制，在新旧体制交替时期和市场经济负效应的影响下，很容易导致权力的异化，成为某些素质不高的国家公职人员利用或滥用手中掌握的权力，滋生渎职犯罪。二十多年来，我们党针对现行一些具体制度中存在的弊端进行了改革，取得了很大成效，但总体上来说，并未从根本上解决问题，普遍存在监督软化，整体效能差的弊端：第一，法律监督软化，致使行政权行使无章，有关行政法律贯彻不力，职能效力降低。第二，对渎职违法的国家公职人员惩罚过轻，难以引起一般违法者的警觉，致使有些国家公职人员从一般违法走向渎职犯罪。第三，有些国家公职人员滥用或随意超越行政权力，使其在碰撞和摩擦中权力异化。第四，在法律监督实践中监督法程序变形，难以保证监督实体法的完全实施。第五，监督工作人员由于权轻官卑，或种种利益牵制，受到反制约和干扰较多，人民群众的监督尚未发挥真正的作用。

（二）严重官僚主义

官僚主义行为和作风，亦是党政机关工作效能低下的一个主观原因，又是国家公职人员渎职犯罪的集中表现。邓小平同志 1980 年也列举了官僚主义的种种表现，除不负责任、压制民主外，还有徇私舞弊、贪赃枉法、滥用职权、专横跋扈等。渎职犯罪与官僚作风紧密联系，比如由于某些公职人员的玩忽职守，疏忽大意，违反科学，违章蛮干，冒险施工而造成矿企业重大责任事故；有些公职人员严重不负责任，没有查明签约对方资金情况和履行能力，就轻信对方，支付款项或发放贷款，造成国家巨额资金被骗或难以收回的现象；有些地区和部门的领导，不经调查研究和科学论证，草率决策和盲目投资，展开大规模的基建工程而导致国家巨款资金、资源的惊人浪费，等等。严重的官僚主义的存在，必然会出现滥用权力或不正确行使权力的现象，必然会导致玩忽职守、徇私舞弊等渎职犯罪的产生。

（三）民主与法制不健全

民主，是由国体和政体相结合组成的国家政治制度。社会主义民主是我们国家的大事，不是由一个人或少数几个人来决定的。人民代表大会制度规定为国家的根本政治制度，一切重大问题都应当由经过人民代表大会讨论和决定。在它闭会期间，经过它的常务委员会讨论和决定。地方性的重大问题经过地方人民代表大会讨论和决定，即人民当家做主。然而，由于历史和现实的原因，我国的民主化进程异常艰难，因此，无视民主，压制民主和破坏民主的现象依然大量存在，其中情节严重并造成重大损失的则构成职务上的犯罪。如有些地方和部门的领导人，放弃民主集中制原则，个人凌驾于组织之上，搞“一言堂”，听不进一点相反的意见，谁要违抗他们的意图和做法，便挟嫌报复，目无法纪，利用职权非法搜查，非法拘禁，非法审讯他人，构成专权型渎职犯罪。

二、渎职犯罪的经济原因

（一）商品经济的负面影响

商品经济，又叫市场经济，它是通过市场交换的价值规律来实现财产流转和确认财产利益的归属。而且，商品经济是通过市场交换实现自我组织、自我更新的动态扩展系统，通过市场在全社会范围内进行资源配置。市场经济与渎职犯罪本无共同的内涵，权力渎职犯罪也不是市场经济的必然产物，但无可辩驳的事实告诉我们，二者有着密不可分的联系。由于市场经济是商品经济高度发展的产物，一切生产要素都要进入市场，通过市场的公平竞争，促进社会资源优化配置目标的实现。因而一切有使用价值的东西，都具有了可以转化为商品的内在动因，一旦时机成熟，它们都有可能现实地转化为商品，其标志即是权利交易或以权谋私。目前，我国尚处于市场经济建立初期，各种规章制度、法律法规都处于建立、健全和发展完善阶段，尚没有形成一套完整的法制体系，来规范企业行为、经济行为和市场行为，正常的市场行为往往受制于非正常的行政干涉，也为利用手中权力谋取私利的行为创造了条件。司法实践中查处的大量的徇私枉法、徇私舞弊、渎职犯罪大多出于此种原因。

（二）新旧体制之间的矛盾

新旧体制之间的矛盾是随着经济体制的改革而出现的，经济体制改革是指在社会主义基本经济制度范围内，从一种经济模式向另一种经济模式的变革，这种改革不是简单地对原有经济体制里的具体细节进行修改补充，而是要对原有体制的不合理的基本框架和主要运行原则加以改造。由此可见，经济体制改革是由旧体制向新体制的转变。这种转变是一个曲折漫长的过程，在这个过程中的相当长时期内，将会存在双重体制并存的局面。这种局面下，新旧体制之间在各种环节上相互摩擦，这种矛盾和摩擦给权力异化带来了便利条件，是贪利型渎职犯罪产生的主要原因。

三、渎职犯罪的法文化原因

法文化，作为人类文化的一种，简单地说就是与法有关的诸种文化因素的总和，是特定的国家和民族在长期的历史发展过程中逐步创造并积累下来的与法有关的各种物质因素和精神因素的总和。具体包括一定的法律制度、法律习惯和法律意识三个基本要素。其中，法律思想是法文化中最基本、最重要的因素，它决定着一定的法律制度的健全，法律习惯的形成。法律思想又包括对法律的认识，对法律的情感取向和法律价值观，其中尤以法律价值观对法文化产生的影响最大。法律价值观是指人们对法律价值的基本看法，它包括两方面内容：法律价值追求或法律价值尺度，或叫法律价值目标和法律价值标准，也就是人们希望通过达到什么样的目标，以及用什么样的法律标准来衡量公平、正义等。在中国长达几千年的封建社会中，形成了以儒家法律思想和哲学思想为基础的传统文化，这种法律文化以“天人合一”、“内圣外王”、“中庸之道”为哲学基础，主张以伦理为中心建立宗法制度，宣扬“三纲五常”、“崇尚人治”，要求皇权至上，确认“刑不上大夫，礼不下庶人”等等级特权思想，主张“德主刑辅”，轻视法律作用，漠视对个体权利的保护，等等。是与以权利、平等、民主、法治、自由、公正等为主要内容的西方现代法文化相对称的一种法律文化，这种法律文化至今仍深深地根植于我们很多人的头脑中，尤其是当权者，“法自权出、权大于法”、“法从于政，领导个人至个人至上”、“官贵民贱”、“法治即治民”，“重实体轻程序”等观念仍有一定市场，在这样的法文化氛围中，各种各样的专权型，贪利型渎职犯罪的大量滋生就不足为怪了。

四、公众思想认识的错位

渎职侵权与贪污贿赂一样，给社会造成极大危害。但与反贪污贿赂工作相比，反渎职侵权工作的社会认知度和认同度都相对较低，一些干部甚至误认为“钱不揣自家腰包不算犯罪”。社会公众乃至某些领导干部对渎职侵权犯罪比较陌生，有的甚至“不把违法当违法、不把犯罪当犯罪”。地方保护主义和部门保护主义严重，一些行业和部门存在以罚代刑、降格处理，或者不向检察机关移送涉嫌犯罪的渎职侵权案件的现象。当前，社会公众特别是一些国家机关工作人员和领导干部，对渎职侵权犯罪的严重危害性，以及惩治渎职侵权犯罪的重要性和必要性的认知程度还不够高，相当多的渎职侵权犯罪案件被忽视、被容忍、被“谅解”。有的领导干部对发展经济、鼓励创新与惩治渎职犯罪的关系认识模糊，片面强调保护地方利益和部门利益，对办案工作不理解、不支持、不配合，甚至法外讲情，为犯罪嫌疑人开脱责任。有的对渎职失职、徇私舞弊的官员“恨不起来”，对给国家利益和人民生命财产造成的巨大损失，往往认为涉嫌犯罪人“没有中饱私囊”，属于“工作失误”，“好心办坏事”，“好人犯错误”；有的官员认为查办渎职侵权案件，可能会影响“地方经济发展”和“干部的积极性”，以这样那样的理由或借口袒护说情不配合查处工作；有的甚至设置阻力不让查、不让诉、不让判，致使案件无法正常查办和依法处理。[①]

五、刑事惩治不力

目前我国在预防和惩治渎职犯罪方面，明显存在着有法不依和无法可依的情况，尤其对渎职犯罪来说，更是如此。1997 年颁布实施的《刑法》中，渎职罪一章中的罪名作了大幅度提高，罪名达 33 个。从立法本意来看，细化犯罪罪名，严密法网，无疑有利于完善法律功能，强化执法手段。但事实是，良好的愿望并未取得预期的效果，有近一半的渎职犯罪还仅仅停留有纸面上，法律的效用并没有得到体现。法律规定不完善，构成犯罪的标准不清晰，对犯罪主体的界定、危害后果的认定、徇私界限的把握，在实践中很难形成共识，从而使渎职犯罪不能得到有效遏制。[②] 近年来，存在着对腐败官员从轻处罚，或者说渎职犯罪轻刑化现象。因渎职犯罪触犯《刑法》的官员，被判处有罪但免予刑事处罚，或虽被判处有期徒刑但适用缓刑的比率，由 2001 年的 51.38% 增至 2005 年的 66.48%。渎职侵权案件这方面的比率则增长得更快，已由 2001 年的 52.6% 增至 2005 年的 82.83%。2003 年至 2005 年，全国共有 33519 名渎职犯罪被告人被宣告缓刑，渎职犯罪案件的年均缓刑率为 51.5%，明显高于公安机关侦查案件 19.74% 的年均缓刑率。[③] 如根据《刑法》第 247 条规定，司法工作人员对犯罪嫌疑人、被告人实行刑讯逼供，处 3 年以下有期徒刑或者拘役。致人伤残、死亡的，依照本法第 234 条、第 232 条的规定定罪从重处罚。根据这一条的规定，刑讯逼供致人伤残、死亡的，被告人的刑事责任至少在 3 年以上，致人死亡的最高刑可以是死刑。但从查处情况看，大多数被告人都在法定刑以下量刑，甚至相当一部分被处以缓刑或者免予刑事处罚。《检察机关立案查处事故背后渎职犯罪情况报告》披露：2006 年，在检察机关立案侦查的 629 名犯罪嫌疑人中，已经对 370 人作出了刑事处理，其中，检察机关决定不起诉 8 人。法院已经作出刑事判决的有 249 人，其中判处免予刑事处罚 131 人，占判决总数的 52.6%；宣告缓刑 107 人，占判决总数的 43%；判无罪 2 人，占判决总数的 0.8%；判处实刑 9 人，占判决总数的 3.6%；还有 113 人已由检察机关提起公诉尚未宣判。数据分析显示，在已经作出的刑事判决中，判处免予刑事处

① 《法制日报》2006 年 12 月 20 日。

② 陈连福：“‘五个坚持’推进渎职侵权检察工作”，载《检察日报》2006 年 3 月 10 日。

③ 王治国：“渎职犯罪轻刑化倾向必须引起重视”，载《检察日报》2006 年 7 月 25 日。

罚和宣告缓刑的比例高达95.6%。[1] 2006年年底，法院对山西省左云县发生的特大透水事故案的12名责任人进行宣判，9人被判缓刑，3人被判免予刑事处罚，失职渎职的12名官员竟无一人领到实刑。[2] 如山西省高级法院刑二庭法官郭文明在担任被告人周腊成二审审判长期间，徇私枉法致使被告人周腊成重罪轻判。现经法院审理查明：2003年，晋城市中级法院一审以职务侵占罪判处周腊成有期徒刑13年，与寻衅滋事、非法拘禁、行贿、偷税等其他6项罪名数罪并罚，决定执行有期徒刑20年。周腊成上诉至山西省高级法院后，郭文明在担任该案审判长并主审期间，多次接受周腊成朋友的宴请。合议时，郭文明未如实汇报出庭检察员对相关重要证据的质疑意见，致使合议庭采信了不真实、不客观的证据，错误地对周腊成重罪轻判（由一审的20年改为3年）。法院还审理查明，郭文明在2000年审理黄伟等人贷款诈骗案时，接受黄伟之妻宴请，并多次与之发生性关系，致使合议庭作出了将该案发还重审的错误决定。这样一个情节严重的徇私枉法案件，2007年7月20日法院一审仅判处郭文明有期徒刑1年5个月。[3] 又如2005年7月4日，北京市通州公安分局永乐店派出所政委田秀池在值班时，接警称路边有一流浪女子需要救助，其出警后指使民警和保安将流浪女子抬进后备箱，丢弃到邻镇一偏僻的小树林后离开。该流浪女子因疾病未得到及时救治死亡。近日，田秀池被以玩忽职守罪判处有期徒刑1年，缓刑1年；同案民警刘洋也因同罪被判处有期徒刑6个月，缓刑1年。[4] 如此恶劣的犯罪案件，仅仅判缓刑，显见不能罚当其罪，违背罪刑相适应的刑法基本原则。而在检察环节，渎职犯罪案件起诉率偏低现象较为常见。如陕西省宝鸡市检察机关2003年到2006年共立案侦查渎职侵权案件67件74人，其中移送起诉61案66人，移送起诉率达89%，但移送起诉后提起公诉却只有18案20人，提起公诉率只有27%，有73%的渎检案件过不了起诉关，起诉率远远

---

① 王新友："中国矿难渎职犯罪状况报告"，载《方圆法治》2007年6月（上半月刊），第19页。

② 案件宣判后，引起众多媒体和网络的转载，社会舆论普遍认为量刑过低，且非实刑，没有起到打击腐败犯罪的目的。舆论热议左云矿难判决结果，引起了国家安监总局、山西省委省政府的高度重视。山西省高院要求有关法院认真依法妥善处理左云"5·18"矿难案件，并委派一名副院长奔赴大同指导审判工作；大同市中级人民法院与阳高县人民法院、灵丘县人民法院等4个基层人民法院相关领导、办案人员审查一审判决后认为，部分判决不当，除要求阳高县法院对已发还的常瑞等1案3人进行重审外，还要求其余3个法院按审判监督程序依法再审。重审或再审后，多数涉嫌渎职者的刑期比原先一审判决有所加重，并且没有缓刑。参见《法制日报》2007年3月4日。

③ 《检察日报》2007年7月29日。

④ 《新京报》2007年7月9日。

低于其他刑事案件。[①] 一些地方的执纪执法机关、司法机关受到贪官“关系网”、“保护圈”的干扰，违心违规办案，对贪官“心慈手软”。

对渎职犯罪给予法内或法外施恩，适用缓刑比例过高，量刑偏轻，大大削弱了惩治力度，导致一些人有恃无恐，造成了不良的社会影响：职务犯罪量刑偏轻现象的普遍存在，给维护司法公正、构建和谐社会带来了不容忽视的危害。[②] 首先，容易让犯罪分子形成一种侥幸心理，认为自己的行为虽然构成犯罪，但为官一任、高人一等，凭借多年来的为官资源免受羁押之苦，结果还是可以接受的。其次，容易让潜在的犯罪分子形成一种仿效心理，认为依据同等情形同等处理原则，也会得到轻刑化的照顾处理，这种低成本的违法操作还是很值得一试的。再次，容易让人民群众产生一种误解心理，认为司法机关对职务犯罪的处理不公，官官相护，进而对法律面前人人平等的司法理念产生怀疑。最后，容易让检察办案人员形成一种漠视心理。由于职务犯罪量刑轻刑化的普遍存在，认为“存在的就是合理的”，难以从罪刑相适应的角度积极履行审判监督职责，开展刑事抗诉工作。

第三节　预防渎职犯罪的基本原则

构建适应社会主义市场经济特点的渎职犯罪预防和控制战略，首先必须明确指导思想和基本原则。我们认为，在改革开放和发展社会主义市场经济的新的历史条件下，预防、控制渎职犯罪的指导思想是：高举邓小平理论伟大旗帜，以“三个代表”重要思想为指导，全面贯彻十七大精神，以加强党的执政能力建设和全面落实科学发展观为出发点，按照民主法治、公平正义、诚信友爱、充满活力、安定有序、人与自然和谐相处的总要求，解放思想、实事求是、与时俱进，坚持标本兼治、综合治理的方针，在继续大力惩处渎职犯罪的同时，加强教育，发展民主，健全法制，强化监督，创新体制，把反腐倡廉寓于各项重要政策措施之中，从源头上预防和解决渎职犯罪问题，不断提高有效预防渎职犯罪的能力和水平，更好地为实现全面建设小康社会的奋斗目标服务。

在社会主义初级阶段和市场经济条件下开展反渎职犯罪斗争，必须标本兼治，重在治本。治本须治“源”，通过建立“不愿渎职犯罪”、“不能渎职犯罪”、“不敢渎职犯罪”的“三不”机制和政治责任追究机制，从源头上

① 姚宏科：“渎职侵权案件，为何跨不过起诉关”，载《检察日报》2007 年 8 月 5 日。
② 王军：“三项对策遏制职务犯罪量刑偏轻”，载《检察日报》2007 年 8 月 19 日。

预防渎职犯罪的发生，从措施上严惩渎职犯罪行为。随着社会主义市场经济体制的逐步完善和各项改革的不断深入，党的十六届三中全会第一次提出“建立健全与社会主义市场经济体制相适应的教育、制度、监督并重的惩治和预防腐败体系”的崭新命题。党的十六届四中全会进一步发展了十五大以来“标本兼治、综合治理”的反腐倡廉方针，提出要“坚持标本兼治、综合治理、惩防并举、注重预防”，抓紧建立健全惩治和预防腐败体系。2005年1月3日经中央纪委常委会、中央党建工作领导小组、中央政治局常务委员会、中央政治局全体会议审议通过的《建立健全教育、制度、监督并重的惩治和预防腐败体系实施纲要》（以下简称《实施纲要》）颁布。《实施纲要》抓住教育、制度、监督三个关键环节，提出有效反对和防止腐败的一系列措施和办法。十七大报告进一步强调：“全党同志一定要充分认识反腐败斗争的长期性、复杂性、艰巨性，把反腐倡廉建设放在更加突出的位置，旗帜鲜明地反对腐败。坚持标本兼治、综合治理、惩防并举、注重预防的方针，扎实推进惩治和预防腐败体系建设，在坚决惩治腐败的同时，更加注重治本，更加注重预防，更加注重制度建设，拓展从源头上防治腐败工作领域。”渎职犯罪的预防和控制必须遵照十七大精神和《实施纲要》的有关规定进行。

渎职犯罪的预防和控制的基本原则是：①

一、坚持党的领导原则

党作为一切事业的领导核心，这是中国革命、建设和发展的历史选择，也是党的性质和使命所决定的。预防渎职犯罪作为反渎职犯罪斗争的重要方面，坚持党的领导是开展预防工作的第一原则，其着重体现在四个方面：一是必须按照“党委统一领导。党政齐抓共管，纪委组织协调，部门各负其责，依靠群众支持和参与”的工作机制来开展工作，坚持把预防渎职犯罪工作置于党委的绝对领导下；二是必须把预防渎职犯罪工作纳入当地党委和政府开展反渎职犯罪斗争的总体格局，统一部署、检查、考核和总结，在反渎职犯罪斗争的总体格局中，充分发挥检察机关预防渎职犯罪的职能作用；三是预防渎职犯罪工作要始终围绕全党和全国的工作大局来展开，紧紧围绕经济建设这个中心来实施，充分发挥预防工作的特有职能，为改革、发展和稳定创造更加有利的法制环境；四是要给党委当好参谋和助手，认真贯彻落实党委的统一部署，及时反馈预防工作信息，定期报告开展工作的效果，给

① 曾新民：《论预防渎职犯罪的基本原则》，http：//www.yfw.com.cn/shownews.asp？id =29998。

党委提供有价值的决策参考。

二、依靠群众支持和参与原则

渎职犯罪的表现形式和涉及方面是纷繁复杂的，这就决定了预防渎职犯罪是一个多渠道、多层面、多手段的社会系统工程，需要调动一切力量实行综合治理。其中，人民群众的支持和参与既是建筑这项“系统工程”的基石，又是开展这项工作取之不尽的力量源泉。人民群众的支持和参与，首先是对国家机关及其工作人员履行职责的广泛监督，具体表现为“对任何国家机关和国家工作人员的违法失职行为，有向有关国家机关提出申诉、控告或者检举的权利”，这是宪法赋予公民的一项基本权利；其次是对各个部门、各个层面开展实施预防行为的直接支持和参与，群众对防什么、怎么防，有着极大的热情，对防范措施是否落到实处、起到作用，也极为关注。因此，充分发动和紧紧依靠人民群众来开展预防工作，能够聚集力量并形成态势触及每一个角落；再次是对国家机关及其工作人员履职情况的社会评价，我们工作的目的是为人民谋利益，衡量我们的工作是以人民满意为标准，任何人的一言一行、所作所为都将在群众中展现，是廉洁还是渎职犯罪？是“公仆”还是“贪官”？群众的眼睛是明亮的，心里是清楚的，评价是客观的。

三、坚持打防结合原则

坚持打防结合、标本兼治，是预防渎职犯罪最有力度、最能体现成效的办法。“打击”，从广义上讲是一种特殊预防，通过加大办案力度，强化办案措施，突出办案重点，提高办案质量，不断揭露、证实和惩处渎职犯罪活动，有效地遏制渎职犯罪高发多发的势头，发挥惩一儆百的震慑作用，从而体现出检察机关依法查办渎职犯罪案件的威力，不断增强广大人民群众同渎职犯罪作斗争的自觉性和积极性。预防是打击的自然延伸和拓展，通过加强教育筑起思想防线，增强“免疫力”，树立“不想犯”的意识；通过加强管理健全防范制度，规范办事行为，创造“不能犯”的机制；通过加强监督形成严密制约，编织监控网络，形成“不愿犯”的格局。“打击”和“预防”虽然是两种表现方式，但两者是相互贯通、相互渗透、相互促进的，有效地打击必将为预防工作创造有利的条件，扎实地预防工作一定能巩固和拓展打击的成果。因此，要充分发挥“打击”与“预防”的优势，该严格教育的时候不能“心慈”，该重拳出击的时候不能“手软”，坚持“两手抓，两手都要硬”。同时，预防部门与办案部门要坚持信息共享，经常交流和定期分析渎职犯罪的相关信息，相互协调。要做到行动共通，对一些典型的渎职犯罪案件，预防部门可应侦查、起诉部门的要求，适时介入办案的某些活动，同步分析犯罪手段、特点和原因，共同研究实施个案预防的措施和方法。

四、坚持服务大局原则

坚持为党和国家的大局服务是预防渎职犯罪工作的基本要求，也是预防渎职犯罪工作的出发点和归宿，只有坚持服从于大局、服务好大局，预防措施才更有针对性和实效性，预防作用才能得到充分发挥和有效体现，预防工作才具有强大的生机与活力，才能沿着正确的方向健康发展。服务大局的核心内容，就是要增强全局观念，使预防渎职犯罪工作紧紧围绕经济建设这个中心来开展和实施，要结合社会主义市场经济体制的建立和完善，以及改革、发展和稳定需要，及时确定和调整预防渎职犯罪工作思路和措施，更好地为发展这个执政兴国的第一要务提供优良的法律服务，更加有力地为全面建设小康社会提供健康的法治环境。服务大局的基本要求，首先是要根据党和国家的统一部署，明确预防工作的主要任务、工作重点和目标要求，把党的路线、方针和政策落实到预防渎职犯罪工作的实践中去，做到方向正确，任务明确。其次是要根据党和国家的工作重点，在结合本地实际的情况下，确定预防工作的重点方面和重点部位，特别是渎职犯罪案件多发易发的部门和单位，以及群众反映强烈的渎职犯罪问题，要集中时间和力量，有针对性地开展专项预防和综合治理，有效地遏制和减少渎职犯罪案件的发生。再次是要在大局中检验预防工作的成效，要通过有效地预防措施，规范管理，强化监督，弘扬正气，刹住歪风，促进党风廉政建设，推动经济和社会的健康发展。

第四节　渎职犯罪的预防和控制对策

渎职犯罪已成为一个十分严重的社会问题。这种犯罪行为，破坏国家机关权力的正常运行，给国家、人民及公共财产造成巨大经济损失；危害司法公正和依法行政；严重败坏党和政府在公众中的形象，削弱国家机关的公信力，损害党群关系、干群关系；危害社会和谐，影响改革发展与社会稳定大局，危及社会主义市场经济体制的建立，妨碍国家机关职权效能的正常发挥，并引发一系列的社会矛盾和问题。

要彻底遏制渎职犯罪，必须建立一个完整预防体系，这一预防体系应包括事前预防和事后制裁两大部分。事前预防主要包括对现行渎职犯罪立法及司法的完善，监督机制、政治经济改革举措、规章制度的建立和完善等；事后制裁包括对现已发生的渎职犯罪所运用的惩治手段和种类。

预防和控制渎职犯罪的基本对策包括：

一、在思想上构建“不会渎职”的机制

渎职犯罪的产生，首先是精神的堕落，古人云：“物必自腐而后虫生。”不少事实证明，“千腐败、万腐败，都是思想先腐败”。堕落，都是从思想蜕化变质开始，逐步滑向腐败深渊的。中共中央《关于构建社会主义和谐社会若干重大问题的决定》指出：以思想道德教育为基础，加强党章和法纪学习教育，加强党员干部党性锻炼和思想道德修养，教育党员领导干部做道德表率，推进廉政文化建设，筑牢拒腐防变的思想道德防线。因此，防止渎职腐败首先就要加大思想教育力度。标本兼治，教育是基础。通过教育，提高国家公职人员、公安民警及至全民族的整体素质，使每个公职人员在思想道德上具备良好的修养，以人民的利益为最高利益，廉洁奉公、勤政为民，建立起一道以思想观念和伦理道德为基础的内心防线。加强对国家公职人员的职业道德教育、人生观教育、法制理念教育，使他们不断提高全心全意为人民服务的自觉性，提高抵制腐朽思想侵蚀的自觉性，提高遵纪守法的自觉性。要把对领导干部的教育，特别是中高级干部的教育作为重点，把党性、党风、党纪教育作为培训党员干部的必修课。思想教育既要突出教育的广泛性，又要讲究教育方法的多样性、针对性；既要讲实效，又要造成一定的声势。要在各级党委的统一领导下，把纪委、组织部门、宣传部门、党校以及新闻单位、文化艺术部门的力量集中起来，发挥思想教育工作的整体优势，形成纵横交错的思想教育网络，造成强大的思想教育攻势，使领导干部“不愿腐败”。对严重违法违纪和利用渎职犯罪的典型案件，要在严肃处理的同时，对其进行深入剖析，认清危害，吸取教训，引以为戒。同时，注意推广党风廉政教育工作的先进典型和经验，树立一批廉政勤政典型人物，以弘扬正气。

二、充分发挥刑事法律惩治渎职犯罪的作用

（一）完善现有刑事立法

尽管1997年《刑法》较1979年《刑法》在犯罪的种类和刑罚的规定上都有了明显进步，但也还存在着不尽如人意的地方，比如：对渎职犯罪主体的规定范围过窄，仅限于国家机关工作人员，而且国家机关及国家机关工作人员的范围又极不明确，在一定程度上限制了对该类犯罪的惩处；在不少

具体犯罪条文的设计上，缺漏很多，导致在司法实践中无法准确地划清罪与非罪、此罪和彼罪的界限。在我国目前的现行立法中，对渎职犯罪的量刑偏低，不少条文以“情节严重”、“情节特别严重”等模糊词语规定，缺乏具体的量刑标准，使很多本该定罪判刑的在司法实践中逃脱法网，或本该重罚的予以轻罚或以党纪、政纪予以代替。鉴于此，笔者认为，在打击渎职犯罪方面，应做好以下工作：一是要调整思路，保证协调。调整思路，也就是要转变观念，认清渎职犯罪的现实危害性，加大对其的打击力度；保证协调就是要做到刑法内部相协调和刑法外部与非法律手段相协调，使从严惩处渎职犯罪的立法精神真正落实到立法中。二是立法规定要与诉讼实践相一致，法律规定具有可行性，司法实践具有可操作性，保证法律规定在实践中得到严格执行。三是在渎职犯罪的惩罚手段和种类上，应组成一个严厉程度不同的多层次的法律责任和法律制裁体系。因此，在目前情况下，应尽快解决法律滞后问题，以适应新世纪惩治渎职罪的需要。

（二）建立和完善反渎职犯罪机制

首先，建立一个统一、权威、高效的反渎职专门机构。截至2007年6月，全国已有29个省级检察院、241个分州市检察院、1575个基层检察院成立了反渎职侵权局。7个省级检察院、36个市（分、州）检察院、806个基层检察院反渎职侵权局的局长职级实行了高配。建立一个权威的反渎职机构，不是翻换一个牌子，而是要实现运行机制的全面转换。“地方各级人民检察院反渎职侵权局的成立，不是机构名称的简单变更，而是反渎职侵权职能的强化和组织保障的加强。”正像最高人民检察院渎职侵权检察厅负责人所指出的，反渎职侵权机构的强化，其出发点和落脚点是：建立“上下一体，区域联动，指挥有力，协调高效”的反渎职侵权侦查一体化机制。

其次，建立有效的健全配合与协作机制。近年，高检院分别与监察部、国家安全生产监督管理总局联合会签了《关于加强行政机关与检察机关在重大责任事故调查处理中的联系和配合的暂行规定》，与全国整规办、公安部、监察部联合制定了《关于在行政执法中及时移送涉嫌犯罪案件的意见》，与国家审计署联合签发了《进一步加强检察机关与审计机关在反腐败工作中协作配合的通知》，与公安部、国家环保总局共同研究制定了《关于环境保护行政主管部门移送涉嫌环境犯罪案件的若干规定》。在这基础上检察机关应当积极探索更加具体、有效的新的联系配合机制，建立部门与部门之间的联系、配合与协作制度和案件线索发现、移送制度，建立信息通报、资源共享、资源互补的工作机制，保证多渠道多途径地解决渎职犯罪案源匮乏问题。

(三) 加大打击力度，依法严惩渎职犯罪分子

1. 突出打击重点。在工作重点上，要根据经济社会发展的需要和渎职犯罪多发高发的突出问题，始终把阻碍经济社会发展、影响和谐社会建设、破坏社会公平正义、危害群众切身利益、造成市场秩序混乱和国有资产流失的犯罪作为查办案件的主攻方向，以打击黑恶势力“保护伞”，查办影响公正司法和破坏土地资源与环境的渎职犯罪为重点，严肃查办涉及国计民生的资源环境、安全生产、医疗医药、食品卫生、房屋拆迁、社保资金、教育管理、企业改革改制等领域和司法领域的渎职犯罪案件。

2. 及时查办渎职犯罪，减少“犯罪黑数”。列宁曾一针见血地指出：“惩罚的警戒作用绝不是惩罚得严厉与否，而是看有没有漏网。重要的不是严惩罪行，而是使所有罪案都真相大白。”① 渎职侵权犯罪案件的查办难度很大。一方面，这类犯罪的主体都是国家机关工作人员，而且往往都有复杂的关系网，因此办案的阻力大、干扰大。另一方面，这类犯罪行为具有隐蔽性，多是案件中间的案件、事故背后的“故事”，而且犯罪嫌疑人往往具有较强的反侦查能力。因此，必须大力加强渎职犯罪的侦破工作，提高破案率，减少“犯罪黑数”，提高犯罪成本，以遏制犯罪分子的冒险性和侥幸心理。

3. 强化证据观念，提高办案质量。检察机关要针对职务犯罪“一对一”的犯罪行为方式，案件直接证据难以查找的特点，注意把工夫下在间接证据的运用上。一方面，慎重对待言词证据。运用共犯口供定案，必须注意口供细节是否一致，综合考虑全案情况是否存在逻辑上的矛盾；注意排除共犯事前订立攻守同盟、事后串供、诱供、逼供等情况。同时，针对言词证据的可变性，严格按照最高人民检察院制定的《人民检察院讯问职务犯罪嫌疑人实行全程同步录音录像的规定》要求，对讯问职务犯罪嫌疑人和询问重要证人实施全程同步录音、录像，强化对重要证据的复核和固定工作。另一方面，尽可能多地收集实物证据。在收集实物证据的手段上要充分运用技术侦查手段，努力实现从“口供本位”到“物证本位”的转变。

4. 依法从严惩治，增强处罚力度。坚持惩处的平等性。严禁对渎职犯罪分子降格处理，对“能人”犯罪不能法外施恩，更不能以“法不责众”为由“赦免”一大批渎职犯罪分子。慎用免刑、不诉、缓刑。充分运用开除党籍、开除公职等党纪、政纪处分，使刑事处分、行政处分、党纪处分三位一体，形成惩罚合力。2007 年 6 月 1 日施行的《行政机关公务员处分条例》第 17 条第 2 款规定：“行政机关公务员依法被判处刑罚的，给予开除

① 《列宁全集》第 9 卷第 356 页。

处分。”这就意味着，不论行政机关的公务员实施的是故意犯罪，还是过失犯罪，只要被依法判处刑罚——不论是被判处管制、拘役、有期徒刑、无期徒刑、死刑等主刑，还是被单独判处罚金、剥夺政治权利、没收财产等附加刑，或者被判处有期徒刑宣告缓刑，一律给予开除处分。[①] 这有利于严惩公务人员渎职犯罪。国家公职人员之所以能够实施滥用职权、玩忽职守及贪污受贿等腐败犯罪行为，就是因为他们手中掌握着某种公共权力。而担任公职又是掌握着公共权力的前提。如果将因腐败犯罪而被判处刑罚的官员一律开除公职，而不是将判实刑的开除而将判缓刑的保留公职，腐败官员也就没有了腐败的条件，也就不可能再腐败下去了。将被判刑公务员一律开除，这是治理腐败的釜底抽薪之举，也是反腐治本之策。

5. 加强司法解释，明确缓刑适用标准。在现代法治社会中，法官在审判过程中客观上存在裁量之余地，但没有不受约束的自由裁量。法官在理解法律的时候，决不能随心所欲地按照自己的偏好甚至私利去解释法律。为了给法官行使刑事自由裁量权设定合理的边界，将各种影响量刑的情节及幅度予以明确化，是我国刑事司法中极为迫切的任务。英美法系国家早在20世纪70年代中叶就开始了量刑改革运动，在量刑理论上提倡均衡量刑论，在量刑方法上主张实施量刑统一标准，以限制法官的自由裁量权。英国2003年刑事审判法第172条规定：“任何法院在对某一罪犯量刑时，必须注意与此罪名有关的量刑指南。”量刑指南对法官适用量刑有约束力。对此，我国应充分加以借鉴。来自第五次全国刑事审判工作会议的消息称，最高人民法院正在抓紧制定贪污、贿赂、挪用公款犯罪量刑指导意见，统一量刑情节的认定标准，规范缓刑、免刑的适用，重点解决少数案件量刑失衡的问题。[②] 我们认为，针对当前渎职犯罪缓刑、免刑适用过多的问题，最高人民法院应当制定渎职犯罪的量刑标准。由最高人民法院制定贪污、贿赂、挪用公款犯罪及其他渎职犯罪的量刑指导意见，统一量刑情节的认定标准，规范缓刑、免刑的适用，不仅有助于法律的正确全面实施，促进司法公正，而且有助于增强法律的权威和威慑力，更好地实现公平正义的社会和谐目标。最高人民检察院应当积极配合人民法院尽快出台量刑指导意见。同时，检察机关应当

---

① 2007年6月28日，人事部新闻发言人就6月1日施行的《行政机关公务员处分条例》答问时表示，《条例》改变了以往对判处刑罚宣告缓刑的公务员有的仍保留公职的做法，明确规定行政机关公务员依法被判处刑罚的，一律给予开除处分。人事部新闻发言人的发言，代表了全国人事工作主管行政机关的声音，可以看做是对《条例》第17条上述规定的官方解释。参见《检察日报》2007年7月3日。

② 《法制日报》2006年11月14日。

加强对法院量刑活动的监督，充分发挥刑事抗诉作用。

6. 优化刑事执法环境。执法环境不好表现为领导干预、说情、执法执纪机关不严格依法依纪办事等，优化执法环境就要从排除以上几个方面的情况努力。就执法执纪机关来说，应紧紧依靠党委和上级机关领导，顶住压力，顶住说情风，加强内部监督管理，不断提高执法执纪人员素质，要坚信党和国家反渎职犯罪的信心和决心，要认识到个别领导干预代表不了党委的意见，要有不怕丢乌纱帽的气概和豪情，敢于碰硬，善于碰硬，要敢于顶住说情，善于顶住说情，要通过加强内部监督管理，提高执法执纪人员素质，来不断提高办案质量和水平。可以说，执法执纪机关对反渎职犯罪工作的态度和工作情况是优化执法环境的重要内容，所以，优化执法环境，执法执纪机关严格执法执纪、反渎职犯罪的态度要坚决，工作效率和水平要高。

三、建立和完善相关配套制度

（一）建立、健全规章制度，狠抓监督管理

“监督管理”既包括国家有关职能部门的监督管理，也包括单位内部的监督管理。实际生活中，很多渎职犯罪与规章制度不健全、缺乏有效的监督管理有关。规范、科学的工作程序和及时有效的监督管理可使职务行为人不敢、不能为渎职犯罪，从而有效地减少和避免渎职犯罪的发生。所以，实际工作中，我们应加强对各行各业，包括本单位工作特点、规律的调查研究，并注意加强对各种渎职犯罪发生的原因、规律的调查研究，为制定科学、完备的规章制度提供有效依据。科学、完备的规章制度，如果缺乏有效的监督管理，就得不到执行、落不到实处，从而成为一纸空文，所以，我们还应狠抓监督管理，使各项规章制度得以执行，落到实处，发挥规章制度的效用，预防和减少因监督管理不到位而引发的渎职犯罪。

（二）建立和完善公务员制度

建立公务员制度是当今世界各国防范渎职犯罪的一项重要举措。长期以来，我国对公务员制度缺乏应有的重视，出现了公务员职责不清、职权不明等弊端，为渎职违法犯罪埋下了隐患。2005 年 4 月 27 日第十届全国人大常委会第十五次会议通过了《公务员法》。今后应以《公务员法》的实施为契机，加大人事管理制度改革步伐，健全完善公务员制度，建立任用干部责任制。转变政府职能，不断推进行政管理法制化，尽量减少政府审批项目，建立健全行政听证制度，减少和防止行政执法机关及其工作人员的“权力寻租”和“暗箱操作”。

（三）进一步完善渎职犯罪的举报机制

民惟邦本，本固邦宁；民为贵，社稷次之，君为轻。当代共产党人扬弃继承了传统民本思想的合理内核，衍生出“情为民所系，权为民所用，利为民所谋”的政治主张，并在当前建立教育、制度、监督并重的惩治和预防腐败体系中得以贯彻，这标志着我国反腐体制将进一步从官本反腐向民本反腐转变。我国是人民当家做主的社会主义国家，最广泛地动员、吸收和组织广大公众直接参与反渎职斗争，是我国政权的民主性质决定的。反渎职是人民的权利。动员、吸收和组织广大公众直接参与反渎职斗争的基本形式和途径是举报。为了保证人民举报权利的实现，应当充分赋予公民知情权、质询权。同时为了防止举报人被打击报复，应尽快出台《举报法》，以保护举报人的合法权益。

四、加强对权力的监督和制约

中外廉政实践证明：一切权力必须受到有效的监督和制约，绝对的权力必然导致绝对的腐败。贪污腐败是公共权力异化的结果，英国历史学家艾克顿曾作过深刻剖析：“权力倾向于腐败，绝对的权力倾向于绝对的腐败。”法国思想家孟德斯鸠在二百多年前就曾下过结论：一切有权力的人都容易滥用权力，这是一条万古不变的经验。权力的异化导源于人性的不完善，在权力运作过程中，要使权力始终成为谋取公共利益的工具，首先要求权力持有人具备高尚的道德。但个人道德修养的完成是一个长期复杂的工程，人类追求自身利益的天性，决定了权力持有人总是难以排除以权谋私的可能性。这说明，阻止权力的异化，既要靠人性的完善，更要靠外部的约束，在权力之外，构建一套完善的制度体系监控和规范权力的运作方式。十七大报告指出：“完善制约和监督机制，保证人民赋予的权力始终用来为人民谋利益。确保权力正确行使，必须让权力在阳光下运行。要坚持用制度管权、管事、管人，建立健全决策权、执行权、监督权既相互制约又相互协调的权力结构和运行机制。健全组织法制和程序规则，保证国家机关按照法定权限和程序行使权力、履行职责。”政治体制改革的目标就是使权力的操作趋向合理、正当、规范、高效。实现对权力的有效制约监督是“防患于未然”，减少和控制腐败发生的重要途径。权力寻租是腐败现象的一个重要表现形式。实践证明，没有制约的权力，必然会导致腐败。因此，推进反腐倡廉制度建设，重在科学合理地配置权力，形成结构合理、配置科学、程序严密、制约有效的权力运行机制。所谓结构合理、配置科学，是指合理分解和规范权力，避免权力过于集中到某一机关、部门，集中到少数人甚至一个人手中。所谓程序严密、制约有效，是指科学界定权力的职能和作用范围，明确权力界限，控制越权行为。为此，在制定制度、提出实体规定时，应有相配套的程序规定，使制度具有可操作性；在明确权力责任时，应做到权力行使与责任义务相对称，做到谁决策、谁负责，使制度具有制约性；在授权行使时，应做到优化流程，限定权力行使的范围和条件，使制度具有科学性。通过科学合理地配置权力，做到决策权、执行权、监督权既相互制约又相互协调。

中国人民大学法学院教授莫于川认为，“政府权力运作隐蔽，是导致渎职侵权案件发现难、查处难的一个重要原因”。他指出，当前法律对权力的规范不够明确具体，权力运作过程的透明度不高，在这种模式下，权力运作的弹性空间较大，对权力的监督制约机制也不能有效发挥作用。[①] 2007 年 4 月 5 日国务院颁布了《政府信息公开条例》，将于明年 5 月 1 日起正式施行。从权力制约方面看，政府信息公开有利于激励公民参与权力监督。政府信息公开通过保证公民知情权、参与权和监督权的实现，保证了公民权利的现实化，从而强化了对行政权力的监督和制约。

五、构建社会化预防渎职犯罪格局

预防渎职犯罪，需要党委的领导，政府的支持，需要职能部门主力军作用的发挥，需要各个部门及全社会的积极参与。由此，我们应建立党委领导，政府支持，检察机关在其中充分发挥职能作用，社会各部门及人人都来参与的社会化预防渎职犯罪格局。

（一）党委和政府重视

党和国家反渎职犯罪的态度是明朗的，决心是坚定的，并成立了相应的领导机构。所以，地方各级党委和政府应坚决拥护和执行党中央的决策，将反渎职犯罪和领导、支持查处和预防渎职犯罪工作列入重要议事日程，常抓不懈。党委领导主要是政治领导、组织领导，要建立本辖区预防渎职犯罪领导机构，确保辖区内渎职犯罪预防工作在党委的领导下统一有序进行，形成预防合力，打造整体预防效果。政府支持主要是从人力和财力两方面对渎职犯罪预防工作给予支持。从人力方面协同和配合党委选配好渎职犯罪预防工作干部，为渎职犯罪预防工作提供好的人力资源和坚实的人力保障；从财力方面主要是对渎职犯罪预防工作给予必要的财力倾斜和支持，保障渎职犯罪预防工作正常开展所需的必要经费。在渎职犯罪预防工作开展过程中，没有党委的领导，将会迷失方向，缺乏力度；没有政府的支持，将会失去支撑，

---

① 董瑞丰：“隐匿渎职四大误区”，载《瞭望新闻周刊》2007 年第 21 期。

缺乏保障。总之，没有党委和政府的重视，渎职犯罪预防工作将成无源之水，无本之木。

（二）检察机关充分发挥职能作用

检察机关要充分发挥职能作用，必须树立大预防意识，力戒单兵作战和点面脱离。检察机关也只有树立大预防意识，各业务部门协同配合作战，点面结合，以点带面，才能在渎职犯罪预防工作中充分发挥职能作用，取得预期实效。这里的“树立大预防意识”包括三层含义：

1. 检察机关内部应树立大预防意识，要认识到预防工作是各个检察业务部门的事，而不仅仅是预防部门一个部门的事。在实际工作中，各检察业务部门都应结合办案，结合自身业务开展渎职犯罪预防工作，预防部门应主动和其他检察业务部门加强联系、沟通和配合，充分运用和发挥自身职能优势，切实把预防工作做实、做好。其实，查办案件也是犯罪预防，它是刑罚功能的具体体现，即对犯罪人的特殊预防和对犯罪人以外的其他人的一般预防，但查办案件往往偏重于特殊预防。这就需要我们预防部门基于自身职能综合运用宣传、教育、调研、提检察建议等多种形式充分发挥刑罚的一般预防功能，确保一般预防实效，从而确保充分发挥刑罚功能的整体效能，以形成预防合力，确保预防效果。渎职犯罪预防工作应是查办案件和宣传教育，提检察建设的有机统一，离开查案工作，单纯去谈犯罪预防，那么，我们的预防工作将缺乏后盾和必要的支撑，从而显得苍白无力；离开宣传教育、提检察建议工作，单纯去查案，那么，我们的预防工作将不完整，从而很难取得完整的、理想的预防效果，很难达到从源头上预防和治理渎职犯罪的目标。

2. 渎职犯罪预防部门应树立大预防意识，要点面结合，以点带面。我们的预防工作对象是所有的渎职犯罪，是各行各业各个部门里的渎职犯罪，它涉及所有的国家工作人员，所以，搞渎职犯罪预防就不能仅仅局限于某个点，某个行业、领域，或某个部门，应面对各行各业，各个领域，所有的国家工作人员。当然，在我们预防工作的初级阶段，可根据实际情况在某个行业、领域，或某几个行业、领域，搞试点，针对渎职犯罪易发、多发单位、部位、环节，搞重点预防，但搞试点，搞重点预防应在确保预防效果的前提下立足于总结经验，达到向面上推广，向各行各业拓展，最终达到全面预防的目的。

3. 通过我们卓有成效的工作，教育、引导全社会、各行各业、各个单位都来参与预防工作，从而形成预防渎职犯罪大家来参与的大好局面和理想境界。如果大家都来参与渎职犯罪预防工作，人人都有预防意识，各单位都有预防意识，都主动加强自身修养，加强单位内部教育和管理，建章立制、堵塞漏洞，那么，我们的预防工作将会取得事半功倍的效果，从源头上治理渎职犯罪的目标才能得以全面实现。

（三）社会各部门和每个公民的积极参与和配合

1. 社会各部门的积极参与和配合。各种渎职犯罪具体发生在社会各个部门或领域，各有其发案特点和规律，与社会各部门、领域规章制度的健全、完备程度，监督管理情况密切相关。所以，预防渎职犯罪单靠检察机关而缺乏相应部门的积极参与和配合，就会显得单薄无力，很难取得实效。比如检察机关在查处某单位渎职犯罪的过程中，发现该渎职犯罪是由于该单位缺乏有效的监督管理造成的，遂发检察建议，建议该单位建章立制，堵塞漏洞，加强监督管理。此时，如果该单位不采纳检察机关的建议，存在的问题依然如故，则类似的渎职犯罪还可能会发生，检察机关也只能通过查处再度发生的类似渎职犯罪达到特殊预防的目的，而从源头上预防渎职犯罪的功效则不能实现。反之，如果该单位从中吸取经验教训，及时认真采纳检察机关的建议，建章立制，堵塞漏洞，加强监督管理，结合本单位已发生的渎职犯罪对本单位工作人员进行教育，使他们警钟长鸣，不想、不敢、不能为渎职犯罪，则刑罚功能的特殊预防和一般预防功能都能达到，从源头上预防和治理渎职犯罪的目标才能实现。

2. 公民的积极参与和配合。遵守宪法和法律是每个公民应尽的义务，对于任何国家机关和国家工作人员的违法失职行为向有关国家机关提出控告或者检举是每个公民享有的权利。因此，每个公民都应很好地履行遵守宪法和法律的义务，很好地运用向有关国家机关控告、检举任何国家机关和国家工作人员违法失职行为的权利，在全社会形成人人遵守宪法和法律，不为渎职犯罪，人人控告、检举任何国家机关和国家工作人员违法失职行为，不让任何国家机关和国家工作人员为渎职犯罪的大好局面。任何渎职犯罪都与其周围的生活环境息息相关，都存在于一定的现实生活中，都或多或少地会留下一些蛛丝马迹。我们大都痛恨渎职犯罪，我们何不很好地遵守宪法和法律，洁身自好？又何不很好地行使控告、检举权利，揭露渎职犯罪，让其无藏身之地？人人都如此，则渎职犯罪将无藏身之地，从源头上预防和治理渎职犯罪的目标就可能实现。

Appendix

附录：渎职罪立法、司法解释

全国人民代表大会常务委员会关于《中华人民共和国刑法》第九章渎职罪主体适用问题的解释

（2002 年 12 月 28 日第九届全国人民代表大会常务委员会第三十一次会议通过）

全国人大常委会根据司法实践中遇到的情况，讨论了刑法第九章渎职罪主体的适用问题，解释如下：

在依照法律、法规规定行使国家行政管理职权的组织中从事公务的人员，或者在受国家机关委托代表国家机关行使职权的组织中从事公务的人员，或者虽未列入国家机关人员编制但在国家机关中从事公务的人员，在代表国家机关行使职权时，有渎职行为，构成犯罪的，依照刑法关于渎职罪的规定追究刑事责任。

现予公告。

最高人民检察院
《对〈关于中国证监会主体认定的请示〉的答复函》

（2000 年 4 月 30 日　高检发法字［2000］7 号）

北京市人民检察院：

你院京检字［2000］41 号《关于中国证监会主体认定的请示》收悉，经我院发函向中央机构编制委员会办公室查询核定，中央机构编制委员会办公室已作出正式复函，答复如下："中国证券监督管理委员会为国务院直属事业单位，是全国证券期货市场的主管部门。其主要职责是统一管理证券期货市场，按规定对证券期货监管机构实行垂直领导，所以，它是具有行政职责的事业单位。据此，北京证券监督管理委员会干部应视同国家机关工作人员。"请你们按中编办答复意见办。

此复

最高人民检察院
《关于镇财政所所长是否适用国家机关工作人员的批复》

（2000 年 5 月 4 日　高检发研字［2000］9 号）

上海市人民检察院：

你院沪检发［2000］30 号文收悉。经研究，批复如下：

对于属行政执法事业单位的镇财政所中按国家机关在编干部管理的工作人员，在履行政府行政公务活动中，滥用职权或玩忽职守构成犯罪的，应以国家机关工作人员论。

此复

最高人民法院
《关于未被公安机关正式录用的人员、狱医能否构成失职致使在押人员脱逃罪主体问题的批复》

（2000年9月14日　法释［2000］28号）

吉林省高级人民法院：

你院吉高［1999］158号《关于未被正式录用的司法工作人员受委托执行职务的是否符合犯罪主体要件问题的请示》收悉。经研究，答复如下：

对于未被公安机关正式录用，受委托履行监管职责的人员，由于严重不负责任，致使在押人员脱逃，造成严重后果的，应当依照刑法第400条第2款的规定定罪处罚。不负监管职责的狱医，不构成失职致使在押人员脱逃罪的主体。但是受委托承担了监管职责的狱医，由于严重不负责任，致使在押人员脱逃，造成严重后果的，应当依照刑法第400条第2款的规定定罪处罚。

此复

最高人民检察院
《关于合同制民警能否成为玩忽职守罪主体问题的批复》

（2000年10月9日　高检发研字［2000］20号）

辽宁省人民检察院：

你院辽检发诉字［1999］76号《关于犯罪嫌疑人李海玩忽职守一案的请求》收悉。经研究，批复如下：

根据刑法第93条第2款的规定，合同制民警在依法执行公务期间，属其他依照法律从事公务的人员，应以国家机关工作人员论。对合同制民警在依法执行公务活动中的玩忽职守行为，符合刑法第 397 条规定的玩忽职守罪构成要件的，依法以玩忽职守罪追究刑事责任。

此复

最高人民检察院
《关于属工人编制的乡（镇）工商所所长能否依照刑法第 397 条的规定追究刑事责任问题的批复》

（2000 年 10 月 31 日　高检发研字［2000］23 号）

江西省人民检察院：

你院赣检研发［2000］3 号《关于乡（镇）工商所所长（工人编制）是否属于国家机关工作人员的请求》收悉。经研究，批复如下：

根据刑法第 93 条第 2 款的规定，经人事部门任命，但为工人编制的乡（镇）工商所所长，依法履行工商行政管理职责时，属其他依照法律从事公务的人员，应以国家机关工作人员论。如果玩忽职守，致使公共财产、国家和人民利益遭受重大损失，可适用刑法第 397 条的规定，以玩忽职守罪追究刑事责任。

此复

最高人民检察院
《关于工人等非监管机关在编监管人员私放在押人员行为和失职致使在押人员脱逃行为适用法律问题的解释》

（2001 年 3 月 2 日　高检发释字［2001］2 号）

为依法办理私放在押人员犯罪案件和失职致使在押人员脱逃犯罪案件，对工人等非监管机关在编监管人员私放在押人员行为和失职致使在押人员脱逃行为如何适用法律问题解释如下：

工人等非监管机关在编监管人员在被监管机关聘用受委托履行监管职责的过程中私放在押人员的，应当依照刑法第 400 条第 1 款的规定，以私放在押人员罪追究刑事责任；由于严重不负责任，致使在押人员脱逃，造成严重后果的，应当依照刑法第 400 条第 2 款的规定，以失职致使在押人员脱逃罪追究刑事责任。

最高人民检察院
《关于企业事业单位的公安机构在机构改革过程中其工作人员能否构成渎职侵权犯罪主体问题的批复》

（2002 年 4 月 24 日　高检发释字［2002］3 号）

陕西省人民检察院：

你院陕检发研［2001］159 号《关于对企业事业单位的公安机构在机构改革过程中其工作人员能否构成渎职侵权犯罪主体问题的请示》收悉。经研究，批复如下：

企业事业单位的公安机构在机构改革过程中虽尚未列入公安机关建制，其工作人员在行使侦查职责时，实施渎职侵权行为的，可以成为渎职侵权犯罪的主体。

此复

最高人民检察院法律政策研究室《关于非司法工作人员是否可以构成徇私枉法罪共犯问题的答复》

（2003 年 4 月 16 日　高检研发［2003］第 11 号）

江西省人民检察院法律政策研究室：

你院《关于非国家机关工作人员是否可以构成徇私枉法罪共犯问题的请示》（赣检发研字［2002］7 号）收悉。经研究，答复如下：

非司法工作人员与司法工作人员勾结，共同实施徇私枉法行为，构成犯罪的，应当以徇私枉法罪的共犯追究刑事责任。

此复

最高人民检察院《关于对林业主管部门工作人员在发放林木采伐许可证之外滥用职权玩忽职守致使森林遭受严重破坏的行为适用法律问题的批复》

（2007 年 5 月 14 日　高检发释字［2007］1 号）

福建省人民检察院：

你院《关于林业主管部门工作人员滥用职权、玩忽职守造成森林资源损毁立案标准问题的请示》（闽检［2007］14 号）收悉。经研究，批复如下：

林业主管部门工作人员违法发放林木采伐许可证，致使森林遭受严重破坏的，依照刑法第 407 条的规定，以违法发放林木采伐许可证罪追究刑事责任；以其他方式滥用职权或者玩忽职守，致使森林遭受严重破坏的，依照刑法第 397 条的规定，以滥用职权罪或者玩忽职守罪追究刑事责任，立案标准依照《最高人民检察院关于渎职侵权犯罪案件立案标准的规定》第一部分渎职犯罪案件第 18 条第 3 款的规定执行。

此复

最高人民法院
《全国法院审理经济犯罪案件工作座谈会纪要》

（2003年11月13日　法［2003］167号）

一、关于贪污贿赂犯罪和渎职犯罪的主体

（一）国家机关工作人员的认定

刑法中所称的国家机关工作人员，是指在国家机关中从事公务的人员，包括在各级国家权力机关、行政机关、司法机关和军事机关中从事公务的人员。

根据有关立法解释的规定，在依照法律、法规规定行使国家行政管理职权的组织中从事公务的人员，或者在受国家机关委托代表国家行使职权的组织中从事公务的人员，或者虽未列入国家机关人员编制但在国家机关中从事公务的人员，视为国家机关工作人员。在乡（镇）以上中国共产党机关、人民政协机关中从事公务的人员，司法实践中也应当视为国家机关工作人员。

（二）国家机关、国有公司、企业、事业单位委派到非国有公司、企业、事业单位、社会团体从事公务的人员的认定

所谓委派，即委任、派遣，其形式多种多样，如任命、指派、提名、批准等。不论被委派的人身份如何，只要是接受国家机关、国有公司、企业、事业单位委派，代表国家机关、国有公司、企业、事业单位在非国有公司、企业、事业单位、社会团体中从事组织、领导、监督、管理等工作，都可以认定为国家机关、国有公司、企业、事业单位委派到非国有公司、企业、事业单位、社会团体从事公务的人员。如国家机关、国有公司、企业、事业单位委派在国有控股或者参股的股份有限公司从事组织、领导、监督、管理等工作的人员，应当以国家工作人员论。国有公司、企业改制为股份有限公司后，原国有公司、企业的工作人员和股份有限公司新任命的人员中，除代表国有投资主体行使监督、管理职权的人外，不以国家工作人员论。

（三）"其他依照法律从事公务的人员"的认定

刑法第93条第2款规定的"其他依照法律从事公务的人员"应当具有

两个特征：一是在特定条件下行使国家管理职能；二是依照法律规定从事公务。具体包括：（1）依法履行职责的各级人民代表大会代表；（2）依法履行审判职责的人民陪审员；（3）协助乡镇人民政府、街道办事处从事行政管理工作的村民委员会、居民委员会等农村和城市基层组织人员；（4）其他由法律授权从事公务的人员。

（四）关于“从事公务”的理解

从事公务，是指代表国家机关、国有公司、企业事业单位、人民团体等履行组织、领导、监督、管理等职责。公务主要表现为与职权相联系的公共事务以及监督、管理国有财产的职务活动。如国家机关工作人员依法履行职责，国有公司的董事、经理、监事、会计、出纳人员等管理、监督国有财产等活动，属于从事公务。那些不具备职权内容的劳务活动、技术服务工作，如售货员、售票员等所从事的工作，一般不认为是公务。

……

六、关于渎职罪

（一）渎职犯罪行为造成的公共财产重大损失的认定

根据刑法规定，玩忽职守、滥用职权等渎职犯罪是以致使公共财产、国家和人民利益遭受重大损失为构成要件的。其中，公共财产的重大损失，通常是指渎职行为已经造成的重大经济损失。在司法实践中，有以下情形之一的，虽然公共财产作为债权存在，但已无法实现债权的，可以认定为行为人的渎职行为造成了经济损失：（1）债务人已经法定程序被宣告破产；（2）债务人潜逃，去向不明；（3）因行为人责任，致使超过诉讼时效；（4）有证据证明债权无法实现的其他情况。

（二）玩忽职守罪的追诉时效

玩忽职守行为造成的重大损失当时没有发生，而是玩忽职守行为之后一定时间发生的，应从危害结果发生之日起计算玩忽职守罪的追诉期限。

（三）国有公司、企业人员渎职犯罪的法律适用

对于1999年12月24日《中华人民共和国刑法修正案》实施以前发生的国有公司、企业人员渎职行为（不包括徇私舞弊行为），尚未处理或者正在处理的不能按照刑法修正案追究刑事责任。

（四）关于“徇私”的理解

徇私舞弊型渎职犯罪的“徇私”应理解为徇个人私情、私利。国家机关工作人员为了本单位的利益，实施滥用职权、玩忽职守行为，构成犯罪的，依照刑法第397条第1款的规定定罪处罚。

最高人民检察院关于渎职侵权犯罪案件立案标准的规定

（2006 年 7 月 26 日　高检发释字［2006］2 号）

根据《中华人民共和国刑法》、《中华人民共和国刑事诉讼法》和其他法律的有关规定，对国家机关工作人员渎职和利用职权实施的侵犯公民人身权利、民主权利犯罪案件的立案标准规定如下：

一、渎职犯罪案件

（一）滥用职权案（第 397 条）

滥用职权罪是指国家机关工作人员超越职权，违法决定、处理其无权决定、处理的事项，或者违反规定处理公务，致使公共财产、国家和人民利益遭受重大损失的行为。

涉嫌下列情形之一的，应予立案：

1. 造成死亡 1 人以上，或者重伤 2 人以上，或者重伤 1 人、轻伤 3 人以上，或者轻伤 5 人以上的；

2. 导致 10 人以上严重中毒的；

3. 造成个人财产直接经济损失 10 万元以上，或者直接经济损失不满 10 万元，但间接经济损失 50 万元以上的；

4. 造成公共财产或者法人、其他组织财产直接经济损失 20 万元以上，或者直接经济损失不满 20 万元，但间接经济损失 100 万元以上的；

5. 虽未达到 3、4 两项数额标准，但 3、4 两项合计直接经济损失 20 万元以上，或者合计直接经济损失不满 20 万元，但合计间接经济损失 100 万元以上的；

6. 造成公司、企业等单位停业、停产 6 个月以上，或者破产的；

7. 弄虚作假，不报、缓报、谎报或者授意、指使、强令他人不报、缓报、谎报情况，导致重特大事故危害结果继续、扩大，或者致使抢救、调查、处理工作延误的；

8. 严重损害国家声誉，或者造成恶劣社会影响的；

9. 其他致使公共财产、国家和人民利益遭受重大损失的情形。

国家机关工作人员滥用职权，符合刑法第九章所规定的特殊渎职罪构成要件的，按照该特殊规定追究刑事责任；主体不符合刑法第九章所规定的特殊渎职罪的主体要件，但滥用职权涉嫌前款第1项至第9项规定情形之一的，按照刑法第397条的规定以滥用职权罪追究刑事责任。

（二）玩忽职守案（第397条）

玩忽职守罪是指国家机关工作人员严重不负责任，不履行或者不认真履行职责，致使公共财产、国家和人民利益遭受重大损失的行为。

涉嫌下列情形之一的，应予立案：

1. 造成死亡1人以上，或者重伤3人以上，或者重伤2人、轻伤4人以上，或者重伤1人、轻伤7人以上，或者轻伤10人以上的；

2. 导致20人以上严重中毒的；

3. 造成个人财产直接经济损失15万元以上，或者直接经济损失不满15万元，但间接经济损失75万元以上的；

4. 造成公共财产或者法人、其他组织财产直接经济损失30万元以上，或者直接经济损失不满30万元，但间接经济损失150万元以上的；

5. 虽未达到3、4两项数额标准，但3、4两项合计直接经济损失30万元以上，或者合计直接经济损失不满30万元，但合计间接经济损失150万元以上的；

6. 造成公司、企业等单位停业、停产1年以上，或者破产的；

7. 海关、外汇管理部门的工作人员严重不负责任，造成100万美元以上外汇被骗购或者逃汇1000万美元以上的；

8. 严重损害国家声誉，或者造成恶劣社会影响的；

9. 其他致使公共财产、国家和人民利益遭受重大损失的情形。

国家机关工作人员玩忽职守，符合刑法第九章所规定的特殊渎职罪构成要件的，按照该特殊规定追究刑事责任；主体不符合刑法第九章所规定的特殊渎职罪的主体要件，但玩忽职守涉嫌前款第1项至第9项规定情形之一的，按照刑法第397条的规定以玩忽职守罪追究刑事责任。

（三）故意泄露国家秘密案（第398条）

故意泄露国家秘密罪是指国家机关工作人员或者非国家机关工作人员违反保守国家秘密法，故意使国家秘密被不应知悉者知悉，或者故意使国家秘密超出了限定的接触范围，情节严重的行为。

涉嫌下列情形之一的，应予立案：

1. 泄露绝密级国家秘密1项（件）以上的；

2. 泄露机密级国家秘密2项（件）以上的；

3. 泄露秘密级国家秘密3项（件）以上的；

4. 向非境外机构、组织、人员泄露国家秘密，造成或者可能造成危害社会稳定、经济发展、国防安全或者其他严重危害后果的；

5. 通过口头、书面或者网络等方式向公众散布、传播国家秘密的；

6. 利用职权指使或者强迫他人违反国家保守秘密法的规定泄露国家秘密的；

7. 以牟取私利为目的泄露国家秘密的；

8. 其他情节严重的情形。

（四）过失泄露国家秘密案（第398条）

过失泄露国家秘密罪是指国家机关工作人员或者非国家机关工作人员违反保守国家秘密法，过失泄露国家秘密，或者遗失国家秘密载体，致使国家秘密被不应知悉者知悉或者超出了限定的接触范围，情节严重的行为。

涉嫌下列情形之一的，应予立案：

1. 泄露绝密级国家秘密1项（件）以上的；

2. 泄露机密级国家秘密3项（件）以上的；

3. 泄露秘密级国家秘密4项（件）以上的；

4. 违反保密规定，将涉及国家秘密的计算机或者计算机信息系统与互联网相连接，泄露国家秘密的；

5. 泄露国家秘密或者遗失国家秘密载体，隐瞒不报、不如实提供有关情况或者不采取补救措施的；

6. 其他情节严重的情形。

（五）徇私枉法案（第399条第1款）

徇私枉法罪是指司法工作人员徇私枉法、徇情枉法，对明知是无罪的人而使他受追诉、对明知是有罪的人而故意包庇不使他受追诉，或者在刑事审判活动中故意违背事实和法律作枉法裁判的行为。

涉嫌下列情形之一的，应予立案：

1. 对明知是没有犯罪事实或者其他依法不应当追究刑事责任的人，采取伪造、隐匿、毁灭证据或者其他隐瞒事实、违反法律的手段，以追究刑事责任为目的立案、侦查、起诉、审判的；

2. 对明知是有犯罪事实需要追究刑事责任的人，采取伪造、隐匿、毁灭证据或者其他隐瞒事实、违反法律的手段，故意包庇使其不受立案、侦查、起诉、审判的；

3. 采取伪造、隐匿、毁灭证据或者其他隐瞒事实、违反法律的手段，故意使罪重的人受较轻的追诉，或者使罪轻的人受较重的追诉的；

4. 在立案后，采取伪造、隐匿、毁灭证据或者其他隐瞒事实、违反法律的手段，应当采取强制措施而不采取强制措施，或者虽然采取强制措施，但中断侦查或者超过法定期限不采取任何措施，实际放任不管，以及违法撤销、变更强制措施，致使犯罪嫌疑人、被告人实际脱离司法机关侦控的；

5. 在刑事审判活动中故意违背事实和法律，作出枉法判决、裁定，即有罪判无罪、无罪判有罪，或者重罪轻判、轻罪重判的；

6. 其他徇私枉法应予追究刑事责任的情形。

（六）民事、行政枉法裁判案（第 399 条第 2 款）

民事、行政枉法裁判罪是指司法工作人员在民事、行政审判活动中，故意违背事实和法律作枉法裁判，情节严重的行为。

涉嫌下列情形之一的，应予立案：

1. 枉法裁判，致使当事人或者其近亲属自杀、自残造成重伤、死亡，或者精神失常的；

2. 枉法裁判，造成个人财产直接经济损失 10 万元以上，或者直接经济损失不满 10 万元，但间接经济损失 50 万元以上的；

3. 枉法裁判，造成法人或者其他组织财产直接经济损失 20 万元以上，或者直接经济损失不满 20 万元，但间接经济损失 100 万元以上的；

4. 伪造、变造有关材料、证据，制造假案枉法裁判的；

5. 串通当事人制造伪证，毁灭证据或者篡改庭审笔录而枉法裁判的；

6. 徇私情、私利，明知是伪造、变造的证据予以采信，或者故意对应当采信的证据不予采信，或者故意违反法定程序，或者故意错误适用法律而枉法裁判的；

7. 其他情节严重的情形。

（七）执行判决、裁定失职案（第 399 条第 3 款）

执行判决、裁定失职罪是指司法工作人员在执行判决、裁定活动中，严重不负责任，不依法采取诉讼保全措施、不履行法定执行职责，或者违法采取保全措施、强制执行措施，致使当事人或者其他人的利益遭受重大损失的行为。

涉嫌下列情形之一的，应予立案：

1. 致使当事人或者其近亲属自杀、自残造成重伤、死亡，或者精神失常的；

2. 造成个人财产直接经济损失 15 万元以上，或者直接经济损失不满 15 万元，但间接经济损失 75 万元以上的；

3. 造成法人或者其他组织财产直接经济损失 30 万元以上，或者直接经济损失不满 30 万元，但间接经济损失 150 万元以上的；

4. 造成公司、企业等单位停业、停产1年以上，或者破产的；

5. 其他致使当事人或者其他人的利益遭受重大损失的情形。

（八）执行判决、裁定滥用职权案（第399条第3款）

执行判决、裁定滥用职权罪是指司法工作人员在执行判决、裁定活动中，滥用职权，不依法采取诉讼保全措施、不履行法定执行职责，或者违法采取保全措施、强制执行措施，致使当事人或者其他人的利益遭受重大损失的行为。

涉嫌下列情形之一的，应予立案：

1. 致使当事人或者其近亲属自杀、自残造成重伤、死亡，或者精神失常的；

2. 造成个人财产直接经济损失10万元以上，或者直接经济损失不满10万元，但间接经济损失50万元以上的；

3. 造成法人或者其他组织财产直接经济损失20万元以上，或者直接经济损失不满20万元，但间接经济损失100万元以上的；

4. 造成公司、企业等单位停业、停产6个月以上，或者破产的；

5. 其他致使当事人或者其他人的利益遭受重大损失的情形。

（九）私放在押人员案（第400条第1款）

私放在押人员罪是指司法工作人员私放在押（包括在羁押场所和押解途中）的犯罪嫌疑人、被告人或者罪犯的行为。

涉嫌下列情形之一的，应予立案：

1. 私自将在押的犯罪嫌疑人、被告人、罪犯放走，或者授意、指使、强迫他人将在押的犯罪嫌疑人、被告人、罪犯放走的；

2. 伪造、变造有关法律文书、证明材料，以使在押的犯罪嫌疑人、被告人、罪犯逃跑或者被释放的；

3. 为私放在押的犯罪嫌疑人、被告人、罪犯，故意向其通风报信、提供条件，致使该在押的犯罪嫌疑人、被告人、罪犯脱逃的；

4. 其他私放在押的犯罪嫌疑人、被告人、罪犯应予追究刑事责任的情形。

（十）失职致使在押人员脱逃案（第400条第2款）

失职致使在押人员脱逃罪是指司法工作人员由于严重不负责任，不履行或者不认真履行职责，致使在押（包括在羁押场所和押解途中）的犯罪嫌疑人、被告人、罪犯脱逃，造成严重后果的行为。

涉嫌下列情形之一的，应予立案：

1. 致使依法可能判处或者已经判处10年以上有期徒刑、无期徒刑、死刑的犯罪嫌疑人、被告人、罪犯脱逃的；

2. 致使犯罪嫌疑人、被告人、罪犯脱逃3人次以上的；

3. 犯罪嫌疑人、被告人、罪犯脱逃以后，打击报复报案人、控告人、举报人、被害人、证人和司法工作人员等，或者继续犯罪的；

4. 其他致使在押的犯罪嫌疑人、被告人、罪犯脱逃，造成严重后果的情形。

（十一）徇私舞弊减刑、假释、暂予监外执行案（第401条）

徇私舞弊减刑、假释、暂予监外执行罪是指司法工作人员徇私舞弊，对不符合减刑、假释、暂予监外执行条件的罪犯予以减刑、假释、暂予监外执行的行为。

涉嫌下列情形之一的，应予立案：

1. 刑罚执行机关的工作人员对不符合减刑、假释、暂予监外执行条件的罪犯，捏造事实，伪造材料，违法报请减刑、假释、暂予监外执行的；

2. 审判人员对不符合减刑、假释、暂予监外执行条件的罪犯，徇私舞弊，违法裁定减刑、假释或者违法决定暂予监外执行的；

3. 监狱管理机关、公安机关的工作人员对不符合暂予监外执行条件的罪犯，徇私舞弊，违法批准暂予监外执行的；

4. 不具有报请、裁定、决定或者批准减刑、假释、暂予监外执行权的司法工作人员利用职务上的便利，伪造有关材料，导致不符合减刑、假释、暂予监外执行条件的罪犯被减刑、假释、暂予监外执行的；

5. 其他徇私舞弊减刑、假释、暂予监外执行应予追究刑事责任的情形。

（十二）徇私舞弊不移交刑事案件案（第402条）

徇私舞弊不移交刑事案件罪是指工商行政管理、税务、监察等行政执法人员，徇私舞弊，对依法应当移交司法机关追究刑事责任的案件不移交，情节严重的行为。

涉嫌下列情形之一的，应予立案：

1. 对依法可能判处3年以上有期徒刑、无期徒刑、死刑的犯罪案件不移交的；

2. 不移交刑事案件涉及3人次以上的；

3. 司法机关提出意见后，无正当理由仍然不予移交的；

4. 以罚代刑，放纵犯罪嫌疑人，致使犯罪嫌疑人继续进行违法犯罪活动的；

5. 行政执法部门主管领导阻止移交的；

6. 隐瞒、毁灭证据，伪造材料，改变刑事案件性质的；

7. 直接负责的主管人员和其他直接责任人员为牟取本单位私利而不移交刑事案件，情节严重的；

8. 其他情节严重的情形。

（十三）滥用管理公司、证券职权案（第403条）

滥用管理公司、证券职权罪是指工商行政管理、证券管理等国家有关主管部门的工作人员徇私舞弊，滥用职权，对不符合法律规定条件的公司设立、登记申请或者股票、债券发行、上市申请予以批准或者登记，致使公共财产、国家和人民利益遭受重大损失的行为，以及上级部门、当地政府强令登记机关及其工作人员实施上述行为的行为。

涉嫌下列情形之一的，应予立案：

1. 造成直接经济损失50万元以上的；

2. 工商行政管理部门的工作人员对不符合法律规定条件的公司设立、登记申请，违法予以批准、登记，严重扰乱市场秩序的；

3. 金融证券管理机构工作人员对不符合法律规定条件的股票、债券发行、上市申请，违法予以批准，严重损害公众利益，或者严重扰乱金融秩序的；

4. 工商行政管理部门、金融证券管理机构的工作人员对不符合法律规定条件的公司设立、登记申请或者股票、债券发行、上市申请违法予以批准或者登记，致使犯罪行为得逞的；

5. 上级部门、当地政府直接负责的主管人员强令登记机关及其工作人员，对不符合法律规定条件的公司设立、登记申请或者股票、债券发行、上市申请予以批准或者登记，致使公共财产、国家或者人民利益遭受重大损失的；

6. 其他致使公共财产、国家和人民利益遭受重大损失的情形。

（十四）徇私舞弊不征、少征税款案（第404条）

徇私舞弊不征、少征税款罪是指税务机关工作人员徇私舞弊，不征、少征应征税款，致使国家税收遭受重大损失的行为。

涉嫌下列情形之一的，应予立案：

1. 徇私舞弊不征、少征应征税款，致使国家税收损失累计达10万元以上的；

2. 上级主管部门工作人员指使税务机关工作人员徇私舞弊不征、少征应征税款，致使国家税收损失累计达10万元以上的；

3. 徇私舞弊不征、少征应征税款不满10万元，但具有索取或者收受贿赂或者其他恶劣情节的；

4. 其他致使国家税收遭受重大损失的情形。

（十五）徇私舞弊发售发票、抵扣税款、出口退税案（第 405 条第 1 款）

徇私舞弊发售发票、抵扣税款、出口退税罪是指税务机关工作人员违反法律、行政法规的规定，在办理发售发票、抵扣税款、出口退税工作中徇私舞弊，致使国家利益遭受重大损失的行为。

涉嫌下列情形之一的，应予立案：

1. 徇私舞弊，致使国家税收损失累计达 10 万元以上的；

2. 徇私舞弊，致使国家税收损失累计不满 10 万元，但发售增值税专用发票 25 份以上或者其他发票 50 份以上或者增值税专用发票与其他发票合计 50 份以上，或者具有索取、收受贿赂或者其他恶劣情节的；

3. 其他致使国家利益遭受重大损失的情形。

（十六）违法提供出口退税凭证案（第 405 条第 2 款）

违法提供出口退税凭证罪是指海关、外汇管理等国家机关工作人员违反国家规定，在提供出口货物报关单、出口收汇核销单等出口退税凭证的工作中徇私舞弊，致使国家利益遭受重大损失的行为。

涉嫌下列情形之一的，应予立案：

1. 徇私舞弊，致使国家税收损失累计达 10 万元以上的；

2. 徇私舞弊，致使国家税收损失累计不满 10 万元，但具有索取、收受贿赂或者其他恶劣情节的；

3. 其他致使国家利益遭受重大损失的情形。

（十七）国家机关工作人员签订、履行合同失职被骗案（第 406 条）

国家机关工作人员签订、履行合同失职被骗罪是指国家机关工作人员在签订、履行合同过程中，因严重不负责任，不履行或者不认真履行职责被诈骗，致使国家利益遭受重大损失的行为。

涉嫌下列情形之一的，应予立案：

1. 造成直接经济损失 30 万元以上，或者直接经济损失不满 30 万元，但间接经济损失 150 万元以上的；

2. 其他致使国家利益遭受重大损失的情形。

（十八）违法发放林木采伐许可证案（第 407 条）

违法发放林木采伐许可证罪是指林业主管部门的工作人员违反森林法的规定，超过批准的年采伐限额发放林木采伐许可证或者违反规定滥发林木采伐许可证，情节严重，致使森林遭受严重破坏的行为。

涉嫌下列情形之一的，应予立案：

1. 发放林木采伐许可证允许采伐数量累计超过批准的年采伐限额，导致林木被超限额采伐10立方米以上的；

2. 滥发林木采伐许可证，导致林木被滥伐20立方米以上，或者导致幼树被滥伐1000株以上的；

3. 滥发林木采伐许可证，导致防护林、特种用途林被滥伐5立方米以上，或者幼树被滥伐200株以上的；

4. 滥发林木采伐许可证，导致珍贵树木或者国家重点保护的其他树木被滥伐的；

5. 滥发林木采伐许可证，导致国家禁止采伐的林木被采伐的；

6. 其他情节严重，致使森林遭受严重破坏的情形。

林业主管部门工作人员之外的国家机关工作人员，违反森林法的规定，滥用职权或者玩忽职守，致使林木被滥伐40立方米以上或者幼树被滥伐2000株以上，或者致使防护林、特种用途林被滥伐10立方米以上或者幼树被滥伐400株以上，或者致使珍贵树木被采伐、毁坏4立方米或者4株以上，或者致使国家重点保护的其他植物被采伐、毁坏后果严重的，或者致使国家严禁采伐的林木被采伐、毁坏情节恶劣的，按照刑法第397条的规定以滥用职权罪或者玩忽职守罪追究刑事责任。

（十九）环境监管失职案（第408条）

环境监管失职罪是指负有环境保护监督管理职责的国家机关工作人员严重不负责任，不履行或者不认真履行环境保护监管职责导致发生重大环境污染事故，致使公私财产遭受重大损失或者造成人身伤亡的严重后果的行为。

涉嫌下列情形之一的，应予立案：

1. 造成死亡1人以上，或者重伤3人以上，或者重伤2人、轻伤4人以上，或者重伤1人、轻伤7人以上，或者轻伤10人以上的；

2. 导致30人以上严重中毒的；

3. 造成个人财产直接经济损失15万元以上，或者直接经济损失不满15万元，但间接经济损失75万元以上的；

4. 造成公共财产、法人或者其他组织财产直接经济损失30万元以上，或者直接经济损失不满30万元，但间接经济损失150万元以上的；

5. 虽未达到3、4两项数额标准，但3、4两项合计直接经济损失30万元以上，或者合计直接经济损失不满30万元，但合计间接经济损失150万元以上的；

6. 造成基本农田或者防护林地、特种用途林地10亩以上，或者基本农田以外的耕地50亩以上，或者其他土地70亩以上被严重毁坏的；

7. 造成生活饮用水地表水源和地下水源严重污染的；

8. 其他致使公私财产遭受重大损失或者造成人身伤亡严重后果的情形。

（二十）传染病防治失职案（第409条）

传染病防治失职罪是指从事传染病防治的政府卫生行政部门的工作人员严重不负责任，不履行或者不认真履行传染病防治监管职责，导致传染病传播或者流行，情节严重的行为。

涉嫌下列情形之一的，应予立案：

1. 导致甲类传染病传播的；

2. 导致乙类、丙类传染病流行的；

3. 因传染病传播或者流行，造成人员重伤或者死亡的；

4. 因传染病传播或者流行，严重影响正常的生产、生活秩序的；

5. 在国家对突发传染病疫情等灾害采取预防、控制措施后，对发生突发传染病疫情等灾害的地区或者突发传染病病人、病原携带者、疑似突发传染病病人，未按照预防、控制突发传染病疫情等灾害工作规范的要求做好防疫、检疫、隔离、防护、救治等工作，或者采取的预防、控制措施不当，造成传染范围扩大或者疫情、灾情加重的；

6. 在国家对突发传染病疫情等灾害采取预防、控制措施后，隐瞒、缓报、谎报或者授意、指使、强令他人隐瞒、缓报、谎报疫情、灾情，造成传染范围扩大或者疫情、灾情加重的；

7. 在国家对突发传染病疫情等灾害采取预防、控制措施后，拒不执行突发传染病疫情等灾害应急处理指挥机构的决定、命令，造成传染范围扩大或者疫情、灾情加重的；

8. 其他情节严重的情形。

（二十一）非法批准征用、占用土地案（第410条）

非法批准征用、占用土地罪是指国家机关工作人员徇私舞弊，违反土地管理法、森林法、草原法等法律以及有关行政法规中关于土地管理的规定，滥用职权，非法批准征用、占用耕地、林地等农用地以及其他土地，情节严重的行为。

涉嫌下列情形之一的，应予立案：

1. 非法批准征用、占用基本农田10亩以上的；

2. 非法批准征用、占用基本农田以外的耕地30亩以上的；

3. 非法批准征用、占用其他土地50亩以上的；

4. 虽未达到上述数量标准，但造成有关单位、个人直接经济损失30万元以上，或者造成耕地大量毁坏或者植被遭到严重破坏的；

5. 非法批准征用、占用土地，影响群众生产、生活，引起纠纷，造成恶劣影响或者其他严重后果的；

6. 非法批准征用、占用防护林地、特种用途林地分别或者合计 10 亩以上的；

7. 非法批准征用、占用其他林地 20 亩以上的；

8. 非法批准征用、占用林地造成直接经济损失 30 万元以上，或者造成防护林地、特种用途林地分别或者合计 5 亩以上或者其他林地 10 亩以上毁坏的；

9. 其他情节严重的情形。

（二十二）非法低价出让国有土地使用权案（第 410 条）

非法低价出让国有土地使用权罪是指国家机关工作人员徇私舞弊，违反土地管理法、森林法、草原法等法律以及有关行政法规中关于土地管理的规定，滥用职权，非法低价出让国有土地使用权，情节严重的行为。

涉嫌下列情形之一的，应予立案：

1. 非法低价出让国有土地 30 亩以上，并且出让价额低于国家规定的最低价额标准的百分之六十的；

2. 造成国有土地资产流失价额 30 万元以上的；

3. 非法低价出让国有土地使用权，影响群众生产、生活，引起纠纷，造成恶劣影响或者其他严重后果的；

4. 非法低价出让林地合计 30 亩以上，并且出让价额低于国家规定的最低价额标准的百分之六十的；

5. 造成国有资产流失 30 万元以上的；

6. 其他情节严重的情形。

（二十三）放纵走私案（第 411 条）

放纵走私罪是指海关工作人员徇私舞弊，放纵走私，情节严重的行为。

涉嫌下列情形之一的，应予立案：

1. 放纵走私犯罪的；

2. 因放纵走私致使国家应收税额损失累计达 10 万元以上的；

3. 放纵走私行为 3 起次以上的；

4. 放纵走私行为，具有索取或者收受贿赂情节的；

5. 其他情节严重的情形。

（二十四）商检徇私舞弊案（第 412 条第 1 款）

商检徇私舞弊罪是指出入境检验检疫机关、检验检疫机构工作人员徇私舞弊，伪造检验结果的行为。

涉嫌下列情形之一的，应予立案：

1. 采取伪造、变造的手段对报检的商品的单证、印章、标志、封识、质量认证标志等作虚假的证明或者出具不真实的证明结论的；

2. 将送检的合格商品检验为不合格，或者将不合格商品检验为合格的；

3. 对明知是不合格的商品，不检验而出具合格检验结果的；

4. 其他伪造检验结果应予追究刑事责任的情形。

（二十五）商检失职案（第412条第2款）

商检失职罪是指出入境检验检疫机关、检验检疫机构工作人员严重不负责任，对应当检验的物品不检验，或者延误检验出证、错误出证，致使国家利益遭受重大损失的行为。

涉嫌下列情形之一的，应予立案：

1. 致使不合格的食品、药品、医疗器械等商品出入境，严重危害生命健康的；

2. 造成个人财产直接经济损失15万元以上，或者直接经济损失不满15万元，但间接经济损失75万元以上的；

3. 造成公共财产、法人或者其他组织财产直接经济损失30万元以上，或者直接经济损失不满30万元，但间接经济损失150万元以上的；

4. 未经检验，出具合格检验结果，致使国家禁止进口的固体废物、液态废物和气态废物等进入境内的；

5. 不检验或者延误检验出证、错误出证，引起国际经济贸易纠纷，严重影响国家对外经贸关系，或者严重损害国家声誉的；

6. 其他致使国家利益遭受重大损失的情形。

（二十六）动植物检疫徇私舞弊案（第413条第1款）

动植物检疫徇私舞弊罪是指出入境检验检疫机关、检验检疫机构工作人员徇私舞弊，伪造检疫结果的行为。

涉嫌下列情形之一的，应予立案：

1. 采取伪造、变造的手段对检疫的单证、印章、标志、封识等作虚假的证明或者出具不真实的结论的；

2. 将送检的合格动植物检疫为不合格，或者将不合格动植物检疫为合格的；

3. 对明知是不合格的动植物，不检疫而出具合格检疫结果的；

4. 其他伪造检疫结果应予追究刑事责任的情形。

（二十七）动植物检疫失职案（第413条第2款）

动植物检疫失职罪是指出入境检验检疫机关、检验检疫机构工作人员严重不负责任，对应当检疫的检疫物不检疫，或者延误检疫出证、错误出证，致使国家利益遭受重大损失的行为。

涉嫌下列情形之一的，应予立案：

1. 导致疫情发生，造成人员重伤或者死亡的；

2. 导致重大疫情发生、传播或者流行的；

3. 造成个人财产直接经济损失15万元以上，或者直接经济损失不满15万元，但间接经济损失75万元以上的；

4. 造成公共财产或者法人、其他组织财产直接经济损失30万元以上，或者直接经济损失不满30万元，但间接经济损失150万元以上的；

5. 不检疫或者延误检疫出证、错误出证，引起国际经济贸易纠纷，严重影响国家对外经贸关系，或者严重损害国家声誉的；

6. 其他致使国家利益遭受重大损失的情形。

（二十八）放纵制售伪劣商品犯罪行为案（第414条）

放纵制售伪劣商品犯罪行为罪是指对生产、销售伪劣商品犯罪行为负有追究责任的国家机关工作人员徇私舞弊，不履行法律规定的追究职责，情节严重的行为。

涉嫌下列情形之一的，应予立案：

1. 放纵生产、销售假药或者有毒、有害食品犯罪行为的；

2. 放纵生产、销售伪劣农药、兽药、化肥、种子犯罪行为的；

3. 放纵依法可能判处三年有期徒刑以上刑罚的生产、销售伪劣商品犯罪行为的；

4. 对生产、销售伪劣商品犯罪行为不履行追究职责，致使生产、销售伪劣商品犯罪行为得以继续的；

5. 3次以上不履行追究职责，或者对3个以上有生产、销售伪劣商品犯罪行为的单位或者个人不履行追究职责的；

6. 其他情节严重的情形。

（二十九）办理偷越国（边）境人员出入境证件案（第415条）

办理偷越国（边）境人员出入境证件罪是指负责办理护照、签证以及其他出入境证件的国家机关工作人员，对明知是企图偷越国（边）境的人员，予以办理出入境证件的行为。

负责办理护照、签证以及其他出入境证件的国家机关工作人员涉嫌在办理护照、签证以及其他出入境证件的过程中，对明知是企图偷越国（边）境的人员而予以办理出入境证件的，应予立案。

（三十）放行偷越国（边）境人员案（第415条）

放行偷越国（边）境人员罪是指边防、海关等国家机关工作人员，对明知是偷越国（边）境的人员予以放行的行为。

边防、海关等国家机关工作人员涉嫌在履行职务过程中，对明知是偷越国（边）境的人员而予以放行的，应予立案。

（三十一）不解救被拐卖、绑架妇女、儿童案（第416条第1款）

不解救被拐卖、绑架妇女、儿童罪是指对被拐卖、绑架的妇女、儿童负有解救职责的公安、司法等国家机关工作人员接到被拐卖、绑架的妇女、儿童及其家属的解救要求或者接到其他人的举报，而对被拐卖、绑架的妇女、儿童不进行解救，造成严重后果的行为。

涉嫌下列情形之一的，应予立案：

1. 导致被拐卖、绑架的妇女、儿童或者其家属重伤、死亡或者精神失常的；

2. 导致被拐卖、绑架的妇女、儿童被转移、隐匿、转卖，不能及时进行解救的；

3. 对被拐卖、绑架的妇女、儿童不进行解救3人次以上的；

4. 对被拐卖、绑架的妇女、儿童不进行解救，造成恶劣社会影响的；

5. 其他造成严重后果的情形。

（三十二）阻碍解救被拐卖、绑架妇女、儿童案（第416条第2款）

阻碍解救被拐卖、绑架妇女、儿童罪是指对被拐卖、绑架的妇女、儿童负有解救职责的公安、司法等国家机关工作人员利用职务阻碍解救被拐卖、绑架的妇女、儿童的行为。

涉嫌下列情形之一的，应予立案：

1. 利用职权，禁止、阻止或者妨碍有关部门、人员解救被拐卖、绑架的妇女、儿童的；

2. 利用职务上的便利，向拐卖、绑架者或者收买者通风报信，妨碍解救工作正常进行的；

3. 其他利用职务阻碍解救被拐卖、绑架的妇女、儿童应予追究刑事责任的情形。

（三十三）帮助犯罪分子逃避处罚案（第417条）

帮助犯罪分子逃避处罚罪是指有查禁犯罪活动职责的司法及公安、国家安全、海关、税务等国家机关工作人员，向犯罪分子通风报信、提供便利，帮助犯罪分子逃避处罚的行为。

涉嫌下列情形之一的，应予立案：

1. 向犯罪分子泄露有关部门查禁犯罪活动的部署、人员、措施、时间、地点等情况的；

2. 向犯罪分子提供钱物、交通工具、通讯设备、隐藏处所等便利条件的；

3. 向犯罪分子泄露案情的；

4. 帮助、示意犯罪分子隐匿、毁灭、伪造证据，或者串供、翻供的；

5. 其他帮助犯罪分子逃避处罚应予追究刑事责任的情形。

（三十四）招收公务员、学生徇私舞弊案（第418条）

招收公务员、学生徇私舞弊罪是指国家机关工作人员在招收公务员、省级以上教育行政部门组织招收的学生工作中徇私舞弊，情节严重的行为。

涉嫌下列情形之一的，应予立案：

1. 徇私舞弊，利用职务便利，伪造、变造人事、户口档案、考试成绩或者其他影响招收工作的有关资料，或者明知是伪造、变造的上述材料而予以认可的；

2. 徇私舞弊，利用职务便利，帮助5名以上考生作弊的；

3. 徇私舞弊招收不合格的公务员、学生3人次以上的；

4. 因徇私舞弊招收不合格的公务员、学生，导致被排挤的合格人员或者其近亲属自杀、自残造成重伤、死亡，或者精神失常的；

5. 因徇私舞弊招收公务员、学生，导致该项招收工作重新进行的；

6. 其他情节严重的情形。

（三十五）失职造成珍贵文物损毁、流失案（第419条）

失职造成珍贵文物损毁、流失罪是指文物行政部门、公安机关、工商行政管理部门、海关、城乡建设规划部门等国家机关工作人员严重不负责任，造成珍贵文物损毁或者流失，后果严重的行为。

涉嫌下列情形之一的，应予立案：

1. 导致国家一、二、三级珍贵文物损毁或者流失的；

2. 导致全国重点文物保护单位或者省、自治区、直辖市级文物保护单位损毁的；

3. 其他后果严重的情形。

二、国家机关工作人员利用职权实施的侵犯公民人身权利、民主权利犯罪案件

（一）国家机关工作人员利用职权实施的非法拘禁案（第238条）

非法拘禁罪是指以拘禁或者其他方法非法剥夺他人人身自由的行为。

国家机关工作人员利用职权非法拘禁，涉嫌下列情形之一的，应予立案：

1. 非法剥夺他人人身自由24小时以上的；

2. 非法剥夺他人人身自由，并使用械具或者捆绑等恶劣手段，或者实施殴打、侮辱、虐待行为的；

3. 非法拘禁，造成被拘禁人轻伤、重伤、死亡的；

4. 非法拘禁，情节严重，导致被拘禁人自杀、自残造成重伤、死亡，或者精神失常的；

5. 非法拘禁3人次以上的；

6. 司法工作人员对明知是没有违法犯罪事实的人而非法拘禁的；

7. 其他非法拘禁应予追究刑事责任的情形。

（二）国家机关工作人员利用职权实施的非法搜查案（第245条）

非法搜查罪是指非法搜查他人身体、住宅的行为。

国家机关工作人员利用职权非法搜查，涉嫌下列情形之一的，应予立案：

1. 非法搜查他人身体、住宅，并实施殴打、侮辱等行为的；

2. 非法搜查，情节严重，导致被搜查人或者其近亲属自杀、自残造成重伤、死亡，或者精神失常的；

3. 非法搜查，造成财物严重损坏的；

4. 非法搜查3人（户）次以上的；

5. 司法工作人员对明知是与涉嫌犯罪无关的人身、住宅非法搜查的；

6. 其他非法搜查应予追究刑事责任的情形。

（三）刑讯逼供案（第247条）

刑讯逼供罪是指司法工作人员对犯罪嫌疑人、被告人使用肉刑或者变相肉刑逼取口供的行为。

涉嫌下列情形之一的，应予立案：

1. 以殴打、捆绑、违法使用械具等恶劣手段逼取口供的；

2. 以较长时间冻、饿、晒、烤等手段逼取口供，严重损害犯罪嫌疑人、被告人身体健康的；

3. 刑讯逼供造成犯罪嫌疑人、被告人轻伤、重伤、死亡的；

4. 刑讯逼供，情节严重，导致犯罪嫌疑人、被告人自杀、自残造成重伤、死亡，或者精神失常的；

5. 刑讯逼供，造成错案的；

6. 刑讯逼供3人次以上的；

7. 纵容、授意、指使、强迫他人刑讯逼供，具有上述情形之一的；

8. 其他刑讯逼供应予追究刑事责任的情形。

（四）暴力取证案（第 247 条）

暴力取证罪是指司法工作人员以暴力逼取证人证言的行为。

涉嫌下列情形之一的，应予立案：

1. 以殴打、捆绑、违法使用械具等恶劣手段逼取证人证言的；

2. 暴力取证造成证人轻伤、重伤、死亡的；

3. 暴力取证，情节严重，导致证人自杀、自残造成重伤、死亡，或者精神失常的；

4. 暴力取证，造成错案的；

5. 暴力取证 3 人次以上的；

6. 纵容、授意、指使、强迫他人暴力取证，具有上述情形之一的；

7. 其他暴力取证应予追究刑事责任的情形。

（五）虐待被监管人案（第 248 条）

虐待被监管人罪是指监狱、拘留所、看守所、拘役所、劳教所等监管机构的监管人员对被监管人进行殴打或者体罚虐待，情节严重的行为。

涉嫌下列情形之一的，应予立案：

1. 以殴打、捆绑、违法使用械具等恶劣手段虐待被监管人的；

2. 以较长时间冻、饿、晒、烤等手段虐待被监管人，严重损害其身体健康的；

3. 虐待造成被监管人轻伤、重伤、死亡的；

4. 虐待被监管人，情节严重，导致被监管人自杀、自残造成重伤、死亡，或者精神失常的；

5. 殴打或者体罚虐待 3 人次以上的；

6. 指使被监管人殴打、体罚虐待其他被监管人，具有上述情形之一的；

7. 其他情节严重的情形。

（六）报复陷害案（第 254 条）

报复陷害罪是指国家机关工作人员滥用职权、假公济私，对控告人、申诉人、批评人、举报人实行报复陷害的行为。

涉嫌下列情形之一的，应予立案：

1. 报复陷害，情节严重，导致控告人、申诉人、批评人、举报人或者其近亲属自杀、自残造成重伤、死亡，或者精神失常的；

2. 致使控告人、申诉人、批评人、举报人或者其近亲属的其他合法权利受到严重损害的；

3. 其他报复陷害应予追究刑事责任的情形。

（七）国家机关工作人员利用职权实施的破坏选举案（第 256 条）

破坏选举罪是指在选举各级人民代表大会代表和国家机关领导人员时，以暴力、威胁、欺骗、贿赂、伪造选举文件、虚报选举票数或者编造选举结果等手段破坏选举或者妨害选民和代表自由行使选举权和被选举权，情节严重的行为。

国家机关工作人员利用职权破坏选举，涉嫌下列情形之一的，应予立案：

1. 以暴力、威胁、欺骗、贿赂等手段，妨害选民、各级人民代表大会代表自由行使选举权和被选举权，致使选举无法正常进行，或者选举无效，或者选举结果不真实的；

2. 以暴力破坏选举场所或者选举设备，致使选举无法正常进行的；

3. 伪造选民证、选票等选举文件，虚报选举票数，产生不真实的选举结果或者强行宣布合法选举无效、非法选举有效的；

4. 聚众冲击选举场所或者故意扰乱选举场所秩序，使选举工作无法进行的；

5. 其他情节严重的情形。

三、附则

（一）本规定中每个罪案名称后所注明的法律条款系《中华人民共和国刑法》的有关条款。

（二）本规定所称“以上”包括本数；有关犯罪数额“不满”，是指已达到该数额百分之八十以上的。

（三）本规定中的“国家机关工作人员”，是指在国家机关中从事公务的人员，包括在各级国家权力机关、行政机关、司法机关和军事机关中从事公务的人员。在依照法律、法规规定行使国家行政管理职权的组织中从事公务的人员，或者在受国家机关委托代表国家行使职权的组织中从事公务的人员，或者虽未列入国家机关人员编制但在国家机关中从事公务的人员，在代表国家机关行使职权时，视为国家机关工作人员。在乡（镇）以上中国共产党机关、人民政协机关中从事公务的人员，视为国家机关工作人员。

（四）本规定中的“直接经济损失”，是指与行为有直接因果关系而造成的财产损毁、减少的实际价值；“间接经济损失”，是指由直接经济损失引起和牵连的其他损失，包括失去的在正常情况下可以获得的利益和为恢复正常的管理活动或者挽回所造成的损失所支付的各种开支、费用等。

有下列情形之一的，虽然有债权存在，但已无法实现债权的，可以认定为已经造成了经济损失：（1）债务人已经法定程序被宣告破产，且无法清偿债务；（2）债务人潜逃，去向不明；（3）因行为人责任，致使超过诉讼时效；（4）有证据证明债权无法实现的其他情况。

直接经济损失和间接经济损失，是指立案时确已造成的经济损失。移送审查起诉前，犯罪嫌疑人及其亲友自行挽回的经济损失，以及由司法机关或者犯罪嫌疑人所在单位及其上级主管部门挽回的经济损失，不予扣减，但可作为对犯罪嫌疑人从轻处理的情节考虑。

（五）本规定中的“徇私舞弊”，是指国家机关工作人员为徇私情、私利，故意违背事实和法律，伪造材料，隐瞒情况，弄虚作假的行为。

（六）本规定自公布之日起施行。本规定发布前有关人民检察院直接受理立案侦查的国家机关工作人员渎职和利用职权实施的侵犯公民人身权利、民主权利犯罪案件的立案标准，与本规定有重复或者不一致的，适用本规定。

对于本规定施行前发生的国家机关工作人员渎职和利用职权实施的侵犯公民人身权利、民主权利犯罪案件，按照《最高人民法院、最高人民检察院关于适用刑事司法解释时间效力问题的规定》办理。

References

参考文献

1. 高铭暄主编：《新中国刑法学研究综述》，河南人民出版社 1986 年版。

2. 高铭暄主编：《中国刑法学》（高等学校文科教材），中国人民大学出版社 1989 年版。

3. 孙谦主编：《国家工作人员职务犯罪研究》，中国检察出版社 1990 年版。

4. 叶高峰：《共同犯罪理论及其运用》，河南人民出版社 1990 年版。

5. 陈兴良主编：《经济刑法学》（总论），中国社会科学出版社 1990 年版。

6. 张明楷：《犯罪论原理》，武汉大学出版社 1991 年版。

7. 陈兴良：《共同犯罪论》，中国社会科学出版社 1992 年版。

8. 高铭暄主编：《刑法学原理》（第二卷），中国人民大学出版社 1993 年版。

9. 李洁：《犯罪结果论》，吉林大学出版社 1994 年版。

10. 何秉松主编：《刑法教科书》，中国法制出版社 1995 年版。

11. 鲍遂献主编：《刑法学研究新视野》，中国人民公安大学出版社 1995 年版。

12. 赵秉志主编:《刑法争议问题研究》，河南人民出版社 1996 年版。

13. 胡康生、李福成主编：《中华人民共和国刑法释义》，法律出版社 1997 年版。

14. 高铭暄主编：《新编中国刑法学》，中国人民大学出版社 1998 年版。

15. 高铭暄、赵秉志编：《新中国刑法立法文献资料总览》，中国人民公安大学出版社 1998 年版。

16. 侯国云、白岫云：《新刑法疑难问题解析与适用》，中国检察出版社 1998 年版。

17. 苏惠渔主编：《刑法学（修订版）》，中国政法大学出版社 1999 年版。

18. 马克昌主编：《犯罪通论》，武汉大学出版社 1999 年版。

19. 刘生荣、张相军、许道敏：《贪污贿赂罪》，中国人民公安大学出版社 1999 年版。

20. 赵秉志主编：《疑难刑事问题司法对策》（第六集），吉林人民出版社 1999 年版。

21. 张明楷：《刑法格言的展开》，法律出版社 1999 年版。

22. 张穹主编：《贪污贿赂渎职"侵权"犯罪案件立案标准精释》，中国检察出版社 2000 年版。

23. 郭立新、杨迎泽：《刑法分则适用疑难问题解》，中国检察出版社 2000 年版。

24. 赵秉志主编：《渎职罪疑难问题的司法对策》，吉林人民出版社 2000 年版。

25. 杨春洗、杨敦先主编：《中国刑法论》，北京大学出版社 2001 年版。

26. 于志刚主编：《多发十种职务犯罪的定罪与量刑》，中国方正出版社 2001 年版。

27. 游伟主编：《刑法理论与司法问题研究》，上海文艺出版社 2001 年版。

28. 张明楷：《刑法的基本立场》，中国法制出版社 2002 年版。

29. 高铭暄主编：《刑法专论》，高等教育出版社 2002 年版。

30. 张俊霞、郝守财主编：《渎职罪的理论与司法适用》，中国检察出版社 2002 年版。

31. 史卫忠：《行为犯研究》，中国方正出版社 2002 年版。

32. 敬大力主编：《渎职罪》，中国人民公安大学出版社 2003 年版。

33. 张明楷：《法益初论》，中国政法大学出版社 2003 年修订版。

34. 张明楷、黎宏、周光权：《刑法新问题探究》，清华大学出版社 2003 年版。

35. 马长生、邱兴隆主编：《刑法热点问题研究》，湖南人民出版社 2003 年版。

36. 张穹主编：《解读最高人民检察院司法解释》，人民法院出版社 2003 年版。

37. 马克昌、莫洪宪主编：《中日共同犯罪比较研究》，武汉大学出版社 2003 年版。

38. 陈兴良：《规范刑法学》，中国政法大学出版社 2003 年版。
39. 周光权：《刑法各论讲义》，清华大学出版社 2003 年版。
40. 周道鸾、张军主编：《刑法罪名精释》，人民法院出版社 2003 年版。
41. 房清侠等：《刑法理论问题专题研究》，中国人民公安大学出版社 2003 年版。
42. 张军等：《刑法纵横谈》，法律出版社 2003 年版。
43. 刘树德：《刑法诸问题案解》，人民法院出版社 2003 年版。
44. 张明楷：《刑法分则的解释原理》，中国人民大学出版社 2004 年版。
45. 最高人民检察院渎职侵权检察厅编：《惩治与预防渎职侵权犯罪指南》（2004 年第 1 辑），人民法院出版社 2004 年版。
46. 赵秉志主编：《中国刑法案例与学理研究（六）》，法律出版社 2004 年版。
47. 祝铭山主编：《渎职罪》，中国法制出版社 2004 年版。
48. 杨书文：《复合罪过形式论纲》，中国法制出版社 2004 年版。
49. 陈兴良主编：《犯罪论体系研究》，清华大学出版社 2005 年版。
50. 周振想主编：《公务犯罪研究综述》，法律出版社 2005 年版。
51. 贾济东：《渎职罪构成研究》，知识产权出版社 2005 年版。
52. 李希慧、刘宪权主编：《中国刑法学年会文集》（2005 年度）第二卷：实务问题研究（上册），中国人民公安大学出版社 2005 年版。
53. 熊选国：《刑法刑事诉讼法实施中的疑难问题》，中国人民公安大学出版社 2005 年版。
54. 杜国强：《身份犯研究》，武汉大学出版社 2005 年版。
55. 刘士心：《竞合犯研究》，中国检察出版社 2005 年版。
56. 陈兴良、周光权：《刑法学的现代展开》，中国人民大学出版社 2006 年版。
57. 刘建国、刘宪权主编：《刑事司法中实务的疑难问题》，中国人民公安大学出版社 2006 年版。
58. 缪树权：《渎职罪疑难问题研究》，中国检察出版社 2006 年版。
59. 缪树权：《渎职、侵权案件重点、难点问题的司法适用》，中国法制出版社 2006 年版。
60. 张军主编：《解读最高人民法院司法解释》，人民法院出版社 2006 年版。
61. 梁根林主编：《刑法方法论》，北京大学出版社 2006 年版。
62. 张智辉：《刑法理性论》，北京大学出版社 2006 年版。

63. 陈志军：《刑法司法解释研究》，中国人民公安大学出版社 2006 年版。

64. 王雨田：《英国刑法犯意研究——比较法视野下的分析与思考》，中国人民公安大学出版社 2006 年版。

65. 最高人民检察院法律政策研究室、渎职侵权检察厅编著：《渎职侵权犯罪案件立案标准适用指南》，中国人民公安大学出版社 2006 年版。

66. 周长军：《刑事裁量权论——在划一性与个别化之间》，中国人民公安大学出版社 2006 年版。

67. 陈斌、刘继国、蒋克斌、丁猛：《渎职犯罪的司法适用》，法律出版社 2006 年版。

68. 刘树德、喻海松：《规则如何提炼》，法律出版社 2006 年版。

69. 庄劲：《犯罪竞合：罪数分析的结构与体系》，法律出版社 2006 年版。

70. 胡康生、朗胜主编：《中华人民共和国刑法释义》（第 3 版），法律出版社 2006 年版。

71. 王作富主编：《刑法分则实务研究》（第 3 版），中国方正出版社 2007 年版。

72. 高铭暄、马克昌主编：《刑法学》，北京大学出版社、高等教育出版社 2007 年版。

73. 阎二鹏：《共犯与身份》，中国检察出版社 2007 年版。

74. 韩玉胜主编：《刑法学博士论文精萃》，中国检察出版社 2007 年版。

75. 赵丙贵：《想象竞合犯研究》，中国检察出版社 2007 年版。

Postscript

后　　记

法律的价值在于实践。如果法学研究不关注法律实践，如果法学研究者不了解司法实践，那么由此形成的法学理论只能是空洞的教条主义。长期以来我国缺乏法学研究和法律实践的有效结合机制，很多学者不了解法律实践，却喜欢以理论教条批评现实；而不少实践部门的同志，不关注理论研究，动辄以“这观点实践中行不通”而拒绝采纳科学的理论观点。但这种现状在宁波市检察机关得到很大改善。近年由于领导重视、措施得力，宁波市检察机关理论研究蔚然成风，成绩斐然，出现了一批在全省及至全国有影响的专家型检察官。

我们秉承“着眼于法学理论的应用，着眼于提高对实践问题的理论思考”的原则，充分发挥自身的优势，积极开展院校合作，并取得了多项科研成果。2005 年宁波大学进一步明确提出，要加快建设国内一流的地方综合性大学，全面服务宁波经济社会发展。有鉴于此，宁波大学法学院向宁波江东区人民检察院提出合作进行课题研究的意向，得到了江东区人民检察院的大力支持，并决定将《渎职犯罪的理论与实践》作为课题研究的内容。

渎职犯罪的理论与实践是我们共同关注的问题。渎职犯罪与贪污贿赂犯罪一样，给社会造成极大危害。但与反贪污贿赂工作相比，反渎职工作的社会认知度和认同度都相对较低，一些干部甚至误认为“钱不揣自家腰包不算犯罪”。刑法典中渎职罪一章中的罪名达 36 个，但大部分罪名没有得到严格适用。法律规定不完善，构成犯罪的标准不清晰，对犯罪主体的界定、危害后果的认定、徇私界限的把握，在实践中很难形成共识，从而影响渎职犯罪的认定。司法实践中，渎职犯罪立案难、起诉少、判刑更少的现象不同程度地存在。加强对渎职犯罪问题的研究，对于统一认识，消除分歧，推动反渎职工作具有重要的理论和现实意义。

课题确定后，我们作了大量的调查研究，对课题的内容、结构反复斟酌，对需要重点研讨的问题深入实务部门广泛征求意见，对一些争论比较大的问题组织专题讨论，以期形成共识。

本专著是最高人民检察院2006年检察理论研究课题《渎职犯罪的理论与实践》（课题编号：GJ2006D06）的最终研究成果。在课题的申报、调研、写作及结题过程中，得到了最高人民检察院检察理论研究所的大力支持，在此表示衷心的感谢。

由于时间和精力有限，本书仅将研究的视野放在渎职犯罪的基础应用理论方面。由于课题是我们三人共同完成的，全书尚有不少问题有待于进一步的研究和探讨，不当之处敬请广大读者批评指正。

宁波市人民检察院陈长华检察长对本课题的研究和专著的出版给予了充分的肯定，并特撰写序言；江东区人民检察院周如郁检察长始终对本课题的研究和本书的出版给予了关注；宁波大学法学院副院长俞德鹏教授、张炳生教授对本课题的研究和专著的出版给予了大力的支持。

《渎职犯罪的理论与实践》得到宁波大学学术著作出版基金资助。

最后，感谢中国检察出版社的许睿主任及责任编辑海伟对本书的出版所付出的努力和为我们提供的帮助。

作者

2007年12月